2024

군무원[군수직렬]
7개년 기출문제집

군무원합격전략연구소

2024
군무원[군수직렬]
7개년 기출문제집

인쇄일 2024년 4월 5일 3판 1쇄 인쇄
발행일 2024년 4월 10일 3판 1쇄 발행
등 록 제17-269호
판 권 시스컴2024

발행처 시스컴 출판사
발행인 송인식
지은이 군무원합격전략연구소

ISBN 979-11-6941-231-5 13350
정 가 18,000원

주소 서울시 금천구 가산디지털1로 225, 514호(가산포휴) | **홈페이지** www.nadoogong.com
E-mail siscombooks@naver.com | **전화** 02)866-9311 | **Fax** 02)866-9312

군무원이란 군 부대에서 군인과 함께 근무하는 공무원으로서, 신분은 국가공무원법상 특정직 공무원으로 분류됩니다. 즉, 군무원은 군인이 아니라 군대행정을 담당하기도 하고 여러 군사시설에서 근무하거나 병무청 등에서도 근무하는 사실상 공무원입니다. 군무원은 국방부 직할부대(정보사, 기무사, 국통사, 의무사 등), 육군·해군·공군본부 및 예하부대 등에서 근무하게 됩니다.

공무원 시험에 수많은 응시생들이 몰리고 높은 경쟁률로 인해 오랜 공부에도 불구하고 합격을 장담하기 어려운 상황이 되었습니다. 이에 군무원 시험은 절박한 수험생 여러분에게 또 다른 기회의 장이자 돌파구가 될 수 있습니다.

군무원은 복리후생도 매우 우수하며 여성 지원자들도 크게 늘고 있으며, 군인의 장점인 군복지 혜택과 공무원으로서의 신분이 보장됨으로 군인으로서의 명예와 자긍심을 가질 수 있고 동시에 공무원으로서의 안정된 생활도 누릴 수 있습니다.

수험생들이 본 도서를 가지고 군무원 시험에 대비하기 위한 이 책의 특징은 다음과 같습니다.
첫째, 최근 7개년의 군무원 기출 및 기출복원문제를 수록하고 '정답해설'뿐만 아니라 '오답해설'도 상세하게 달아 다양한 유형의 문제에 보다 쉽게 대처할 수 있도록 하였습니다.
둘째, 빈출문제와 개념이 중요한 문제는 '군무원 필수'를 통하여 중요 표시를 하여 수험공부를 수월하도록 하였습니다.
셋째, 문제와 관련된 중요 내용이나 보충사항을 '모르면 간첩'을 통해 정리해둠으로써 효율적이면서도 충실한 수험공부가 가능하도록 하였습니다.

무한한 가능성을 가진 군무원에 도전함으로써 여러분의 꿈을 이루기 바라며 이 책이 든든한 동반자가 되었으면 합니다.

군무원 소개

○ 군무원이란?

군 부대에서 군인과 함께 근무하는 공무원으로서 신분은 국가공무원법상 특정직 공무원으로 분류됩니다.

○ 군무원 종류

일반군무원	전문군무경력관	임기제군무원

- 기술 · 연구 또는 행정일반에 대한 업무담당, 46개 직렬
- 계급구조 : 1~9급

- 특정업무담당
- 교관 등
- 계급구조 : 가군, 나군, 다군

○ 근무처

국방부 직할부대(정보사령부, 군사안보지원사령부, 국군지휘통신사령부, 국군의무사령부 등), 육군 · 해군 · 공군본부 및 예하부대

○ 직렬별 주용 업무내용(행정)

직군	직렬	업무내용
행정(6)	행정	• 국방정책, 군사전략, 체계분석, 평가, 제도, 계획, 연구업무 • 일반행정, 정훈, 심리업무, 법제, 송무, 행정소송업무 • 세입 · 세출결산, 재정금융 조사분석, 계산증명, 급여업무 • 국유재산, 부동산 관리유지 · 처분에 관한 업무
	사서	• 도서의 수집, 선택, 분류, 목록작성, 보관, 열람에 관한 업무
	군수	• 군수품의 소요/조달, 보급/재고관리, 정비계획, 물자수불업무 • 물품의 생산, 공정, 품질, 안전관리, 지원활용 등 작업계획, 생산시설 유지, 생산품 처리 업무
	군사정보	• 주변국 및 대북 군사정보 수집, 생산관리, 부대전파 및 군사보안 업무
	기술정보	• 외국정보 및 산업, 경제, 과학기술 정보의 수집, 생산관리 보안 업무 • 정보용 장비, 기기 등에 의한 정보수집 업무
	수사	• 범죄수사, 비위조사, 범죄예방, 계몽활동 등에 관한 업무

시험제도안내

○ 군무원 선발업무 주관부서

구 분	국방부	육군	해군	공군
선발대상	각군 5급 이상 및 국직부대 전계급	6급 이하	6급 이하	6급 이하
주관부서	국방부 군무원정책과	육군 인사사령부	해군 인사참모부	공군 인사참모부
연락처	02) 748-5105, 5106	042)550-7145	042)553-1284	042)552-1453

○ 시험방법

• 채용절차

채용공고 ⇒ 원서접수 ⇒ 서류전형(경력경쟁채용) ⇒ 필기시험 ⇒ 면접시험 ⇒ 합격자발표 ⇒ 채용후
보자 등록(신체검사) ⇒ 임용

※ 채용공고 : 신문(국방일보, 일간신문), 인터넷(군무원 채용관리 공지사항)

• 채용시험

시험구분	시험방법
공개경쟁채용시험	필기시험 ⇒ 면접시험
경력경쟁채용시험	서류전형 ⇒ 필시시험 ⇒ 면접시험

※ 시험시기 : 연 1회(4~10월경)

• 시험 출제수준

- 5급 이상 : 정책의 기획 및 관리에 필요한 능력 · 지식을 검정할 수 있는 정도
- 6~7급 : 전문적 업무수행 능력 · 지식을 검정할 수 있는 정도
- 8~9급 : 업무수행에 필요한 기본적 능력 · 지식을 검정할 수 있는 정도

시험제도안내

- **채용시험 응시연령**
  - 7급 이상 : 20세 이상
  - 8급 이하 : 18세 이상
  - ※ 최종시험의 시행 예정일이 속한 연도에 위의 계급별 응시연령에 해당하여야 함.

○ 응시자격증

- 군무원 공채시험 응시자는 채용직렬/계급에서 요구하는 자격증을 보유하여야 함
  - 직렬별 군무원 공채시험 응시자격증 및 면허증응시자격증 다운로드
  - 자격증은 필기시험 전일까지 취득하여야 함

○ 참고사항

- 폐지된 자격증으로서 국가기술자격법 등에 의해 그 자격이 계속 인정되는 경우에는 응시자격증으로 인정한다.
- 공무원임용시험령 [별표 10]에 의한 가산점 적용 자격증이 응시자격증으로 적용된 경우에는 가산점을 인정하지 아니한다.
- 응시계급별 자격등급 적용기준
  - 5급 및 7급 : 기사 이상, 9급 : 산업기사 이상
  - 단, 9급에 기능사 자격증을 적용하는 경우에 7급을 산업기사 자격증 이상으로 적용 가능

○ 합격자결정

- 서류전형(경력경쟁채용의 경우만 해당)
  응시자의 경력, 학력, 전공과목 등과 임용예정직급의 직무내용과의 관련정도에 따라 합격여부 결정

- 필기시험
  - 매 과목 4할 이상, 전과목 총점의 6할 이상 득점한 자 중에서 고득점자순으로 선발예정인원의 13할의 범위 안에서 합격자 결정
  - 단, 선발예정인원의 13할을 초과하여 동점자가 있는 경우 그 동점자 모두를 합격자로 하며, 기술분야 6급 이하의 일반군무원 및 임용시험은 매 과목 4할 이상을 득점한 자 중에서 고득점자 순으로 합격자 결정

- 면접시험
  - 아래의 평정요소마다 각각 상(3점), 중(2점), 하(1점)로 평정하여 15점 만점으로 하되, 각 면접시험위원이 채점한 평점의 평균이 중(10점) 이상인 자 중에서 고득점 순으로 합격자 결정
    1. 군무원으로서의 정신자세
    2. 전문지식과 그 응용능력
    3. 의사발표의 정확성과 논리성
    4. 창의력 · 의지력 기타 발전가능성
    5. 예의 · 품행 및 성실성

- 최종합격자 결정
  - 필기시험 합격자 중 면접시험을 거쳐 결정

○ 임용결격사유(신원조사 등을 통해 확인)

- 군무원인사법 제10조(결격사유)
  - 대한민국 국적을 가지지 아니한 사람
  - 대한민국 국적과 외국 국적을 함께 가지고 있는 사람
  - 「국방공무원법」 제33조 각 호의 어느 하나에 해당하는 사람

시험제도안내

- 국가공무원법 제33조(결격사유)
  - 피성년후견인 또는 피한정후견인
    ※ 개정된 민법 시행(2013.7.1.)에 따라 기존 금치산자 또는 한정치산자도 2018.6.30. 까지는 결격사유에 해당 됩니다.
  - 파산선고를 받고 복권되지 아니한 자
  - 금고 이상의 실형을 선고받고 그 집행이 종료되거나 집행을 받지 아니하기로 확정된 후 5년이 지나지 아니한 자
  - 금고 이상의 형을 선고받고 그 집행유예 기간이 끝난 날부터 2년이 지나지 아니한 자
  - 금고 이상의 형의 선고유예를 받은 경우에 그 선고유예 기간 중에 있는 자
  - 법원의 판결 또는 다른 법률에 따라 자격이 상실되거나 정지된 자
  - 공무원으로 재직기간 중 직무와 관련하여 「형법」 제355조 및 제356조에 규정된 죄를 범한 자로서 300만원이상의 벌금형을 선고받고 그 형이 확정된 후 2년이 지나지 아니한 자
  - 징계로 파면처분을 받은 때부터 5년이 지나지 아니한 자
  - 징계로 해임처분을 받은 때부터 3년이 지나지 아니한 자

- 군무원인사법 제31조(정년)
  - 군무원의 정년은 60세로 한다. 다만, 전시·사변 등의 국가비상 시에는 예외로 한다.

○ 영어능력시험 기준점수

- 응시원서 접수시 계급별 기준점수 이상 취득해야 응시가능(별표 참조)
  ※ 청각장애 2·3급 응시자의 경우, 듣기부분을 제외한 점수가 계급별 기준점수 이상이면 응시가능

- 당해 공개경쟁채용시험의 필기시험예정일로부터 역산하여 2년이 되는 해의 1.1일 이후에 실시된 시험에 한해 기준점수 인정
  예) 2021년 공개경쟁채용시험에서는 2019. 1. 1일 이후 실시된 시험점수 인정

- 응시원서 접수시에 본인이 기 취득한 당해 영어능력검정시험명, 시험일자 및 점수 등을 정확히 표기

시험의 종류		5급	7급	9급
토익 (TOEIC)	기준점수	700점 이상	570점 이상	470점 이상
	청각장애 (2, 3급)	350점 이상	285점 이상	235점 이상
토플 (TOEFL)	기준점수	PBT 530점 이상 CBT 197점 이상 IBT 71점이상	PBT 480점 이상 CBT 157점 이상 IBT 54점이상	PBT 440점 이상 CBT 123점 이상 IBT 41점이상
	청각장애 (2, 3급)	PBT 352점 이상 CBT 131점 이상	PBT 319점 이상 CBT 104점 이상	PBT 292점 이상 CBT 82점 이상
펠트 (PELT)	기준점수	PELT main 303점 이상	PELT main 224점 이상	PELT main 171점 이상
	청각장애 (2, 3급)	PELT main 152점 이상	PELT main 112점 이상	PELT main 86점 이상
텝스 (TEPS) (2018. 5. 12. 이후에 실시 된 시험)	기준점수	340점 이상	268점 이상	211점 이상
	청각장애 (2, 3급)	204점 이상	161점 이상	127점 이상
지텔프 (G-TELP)	기준점수	Level 2 65점 이상	Level 2 47점 이상	Level 2 32점 이상
플렉스 (FLEX)	기준점수	625점 이상	500점 이상	400점 이상
	청각장애 (2, 3급)	375점 이상	300점 이상	240점 이상

○ 한국사능력시험 응시 계급별 인증등급

• 당해 공개경쟁채용시험의 필기시험예정일로 부터 역산하여 3년이 되는 해의 1.1. 이후에 실시된 시험으로서, 원서접수마감일까지 성적이 발표된 시험 중 계급별 응시 기준등급 이상이 성적에 한해 인정(아래 표 참조)

예) 2018년 공개경쟁채용시험에서는 2015.1.1. 이후, 2018.4.18.(원서접수 마감일) 이전에 취득한 기준등급 인정

• 응시원서 접수시에 본인이 취득한 한국사능력검정시험의 합격등급, 인증번호(8자리)를 정확히 표기 (증빙서류 제출 없음)

시험의 종류	기준등급		
	5급 응시	7급 응시	9급 응시
한국사능력검정시험	2급 이상	3급 이상	4급 이상

시험과목안내

○ 군무원 임용시험 과목

「군무원인사법 시행규칙」 제15조 관련〈개정 2010.8.17〉 2012.1.1일부터 시행

○ 군무원 임용시험 과목

직군	직렬	계급	시험과목
행정	군수	5급	국어, 국사, 영어, 행정법, 행정학, 경제학, 경영학
		7급	국어, 국사, 영어, 행정법, 행정학, 경영학
		9급	국어, 국사, 영어, 행정법, 경영학

○ 가산점안내

- 취업지원대상자(적용 : 6급 이하 공개경쟁채용 및 경력경쟁채용)
  - 「독립유공자예우에 관한 법률」 제16조, 「국가유공자 등 예우 및 지원에 관한 법률」 제29조, 「보훈대상자 지원에 관한 법률」, 「5.18민주유공자 예우에 관한 법률」 제20조, 특수임무유공자 예우 및 단체 설립에 관한 법률」 제19조에 의한 취업지원대상자 그리고 「고엽제후유의증 환자지원 등에 관한 법률」 제7조에 의한 고엽제후유증의 환자와 그 가족은 각 과목별 만점의 10% 또는 5%의 가점비율에 해당하는 점수를 가산
  - 취업지원대상자 가점은 각 과목 만점의 4할 이상 득점한 자에 한함
  - 취업지원대상자 가점을 받아 합격하는 사람은 선발예정인원의 30%를 초과할 수 없음. 다만, 응시자의 수가 선발예정인원과 같거나 적은 경우에는 그러하지 아니함
  ※ 취업지원대상자 여부와 가점비율은 본인이 사전에 직접 국가보훈처 및 지방보훈지청 등에 확인하여야 함

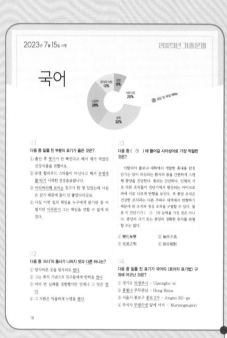

2023년 최신 기출문제 수록

2017~2023년까지의 7개년 기출문제를 빠짐 없이 복원하여 수록할 뿐만 아니라 2023년 최신 기출문제까지 수록하여 수험공부에 도움이 되도록 하였습니다. 국어, 경영학, 행정법을 한번에 준비할 수 있도록 연도별로 기출 및 기출복원문제를 수록하여 실제 시험에 대비할 수 있도록 하였습니다. 최근 기출문제부터 수록 하여 최신 문제 경향을 파악하는 데에 도움이 되도록 하였습니다.

확실한 문항 분석, 한눈에 영역 분류

매 문항별 핵심주제를 분석하여 해설에 수록 하였고, 핵심주제의 출제영역을 나누어 표로 문항수를 정리하였습니다. 뿐만 아니라 한눈에 보기 쉽게 문항 출제영역을 퍼센테이지 그래프 로 나타내어 효율적인 영역별 공부배분, 시간 배분에 도움이 되도록 하였습니다.

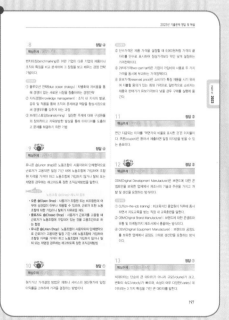

꼼꼼한 정답해설, 필요한 오답해설

기출문제의 의도를 파악하고, 의도에 맞는 꼼꼼하고, 적확한 해설을 달아 놓았습니다. 뿐만 아니라 다른 보기가 정답이 아닌 이유를 오답해설에 수록하여 폭넓은 수험공부가 되도록 하였습니다.

군무원 필수 문제, 개념 모르면 간첩

시험에 자주 나오거나 여러 영역과 융합되어 출제될 수 있는 필수 문제는 '군무원 필수'를 통하여 수험생이 반드시 공부할 수 있도록 하였습니다. 뿐만 아니라 기출문제에 숨어있는 필수 개념 또는 출제 가능 개념을 추가적으로 '모르면 간첩'에 수록하여 수험공부를 조금 더 풍부히 할 수 있도록 하였습니다.

목차

연도	과목	예상시간	실제시간	오답수
2023	국어	분	분	/25
	경영학	분	분	/25
	행정법	분	분	/25
2022	국어	분	분	/25
	경영학	분	분	/25
	행정법	분	분	/25
2021	국어	분	분	/25
	경영학	분	분	/25
	행정법	분	분	/25
2020	국어	분	분	/25
	경영학	분	분	/25
	행정법	분	분	/25
2019 (추가채용)	국어	분	분	/25
	경영학	분	분	/25
	행정법	분	분	/25
2019	국어	분	분	/25
	경영학	분	분	/25
	행정법	분	분	/25
2018	국어	분	분	/25
	경영학	분	분	/25
	행정법	분	분	/25
2017	국어	분	분	/25
	경영학	분	분	/25
	행정법	분	분	/25

PART 01

2023년 기출문제

국어 · 경영학 · 행정법

국어

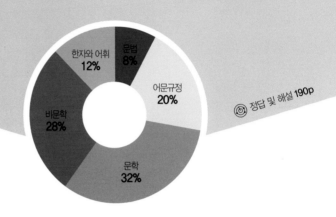

정답 및 해설 190p

01

다음 중 밑줄 친 부분의 표기가 옳은 것은?

① 출산 후 <u>붓기</u>가 안 빠진다고 해서 제가 먹었던 건강식품을 권했어요.
② 유명 할리우드 스타들이 마신다고 해서 <u>유명세를 타기</u> 시작한 건강음료랍니다.
③ <u>어리버리해</u> 보이는 친구가 한 명 있었는데 사실은 감기 때문에 몸이 안 좋았다더군요.
④ 사실 이번 일의 책임을 누구에게 묻기란 참 어렵지만 <u>아무튼지</u> 그는 책임을 면할 수 없게 되었다.

02

다음 중 '쓰다'의 품사가 나머지 셋과 다른 하나는?

① 양지바른 곳을 묏자리로 <u>썼다</u>.
② 그는 취직 기념으로 친구들에게 한턱을 <u>썼다</u>.
③ 여러 번 실패를 경험했지만 언제나 그 맛은 <u>썼다</u>.
④ 그 사람은 억울하게 누명을 <u>썼다</u>.

03

다음 중 (㉠) 에 들어갈 사자성어로 가장 적절한 것은?

> 이탈리아 볼로냐 대학에서 개발한 휴대용 암진단기는 암이 의심되는 환자의 몸을 간편하게 스캔해 종양을 진단한다. 원리는 간단하다. 인체의 서로 다른 조직들이 진단기에서 발산되는 마이크로파에 서로 다르게 반향을 보인다. 즉 종양 조직은 건강한 조직과는 다른 주파수 대역에서 반향하기 때문에 암 조직과 정상 조직을 구별할 수 있다. 물론 이 진단기가 (㉠)의 능력을 가진 것은 아니다. 종양의 크기 또는 종양의 정확한 위치를 판별할 수는 없다.

① 變化無雙   ② 無所不爲
③ 先見之明   ④ 刮目相對

04

다음 중 밑줄 친 표기가 국어의 〈로마자 표기법〉 규정에 어긋난 것은?

① 경기도 <u>의정부시</u> - Uijeongbu-si
② 홍빛나 주무관님 - Hong Binna
③ 서울시 종로구 <u>종로 2가</u> - Jongno 2(i)-ga
④ 부석사 <u>무량수전</u> 앞에 서서 - Muryangsujeon

05

밑줄 친 어휘의 쓰임이 의미상 적절하지 않은 것은?

① 자네 덕에 생일을 잘 쇠어서 고맙네.

② 그동안의 노고에 심심한 경의를 표하는 바입니다.

③ 나는 식탁 위에 밥을 차릴 겨를도 없이 닥치는 대로 게걸스럽게 식사를 해치웠다.

④ 아이가 밖에서 제 물건을 잃어버리고 들어온 날이면 어머니는 애가 칠칠맞다고 타박을 주었다.

06

다음 〈한글 맞춤법〉의 규정에 근거할 때 본말과 준말의 짝이 옳지 않은 것은?

〈제32항〉
단어의 끝모음이 줄어지고 자음만 남은 것은 그 앞의 음절에 받침으로 적는다.

〈제39항〉
어미 '-지' 뒤에 '않 -'이 어울려 '-잖-'이 될 적과 '-하지' 뒤에 '않 -'이 어울려 '-찮-'이 될 적에는 준 대로 적는다.

〈제40항〉
어간의 끝음절 '하'의 'ㅏ'가 줄고 'ㅎ'이 다음 음절의 첫소리와 어울려 거센소리로 될 적에는 거센소리로 적는다.

① 어제그저께 - 엊그저께

② 그렇지 않은 - 그렇잖은

③ 만만하지 않다 - 만만잖다

④ 연구하도록 - 연구토록

07

다음 중 밑줄 친 부분의 띄어쓰기가 적절하지 않은 것은?

① 가진 게 없으면 몸이나마 건강해야지.

② 그 책을 다 읽는데 삼 일이 걸렸다.

③ 그는 그런 비싼 차를 살 만한 형편이 못 된다.

④ 그 고통에 비하면 내 괴로움 따위는 아무것도 아니었다.

08

다음 중 밑줄 친 단어의 한자로 틀린 것은?

기업이 현장에서 ㉠ 체감할 때까지 규제 ㉡ 혁파를 지속적으로, 또 신속하게 추진해야 한다. 그러려면 기업이 덜어주기를 바라는 모래 주머니 얘기를 지금의 몇 배 이상으로 ㉢ 경청하고 즉각 혁파에 나서야 한다. 공무원들이 책상머리에서 이것저것 따지는 만큼 기업의 고통은 크다는 점을 명심하길 바란다. 규제 총량제, ㉣ 일몰제 등의 해법을 쏟아내고도 성과를 내지 못했던 과거의 실패에서 교훈을 얻어야 할 것이다.

① ㉠ : 體感

② ㉡ : 革罷

③ ㉢ : 敬聽

④ ㉣ : 日沒

09

"그렇게 하면 무릎에 무리가 갈텐데 괜찮을까요?"에서의 '-ㄹ텐데'를 국어사전에서 찾으니 표제어가 존재하지 않는다고 나왔다. 이에 대해 가장 적절하게 설명한 것은?

① '-ㄹ텐데'가 방언이기 때문에 표준어인 표제어가 실려 있지 않은 것이다.

② '-ㄹ텐데'를 '-ㄹ테'와 '-ㄴ데'로 분석해서 각각 찾으면 된다.

③ 기본형 '-ㄹ테다'를 찾아야 한다.

④ 의존명사 '터'를 찾아야 한다.

10

다음 중 아래 글에 나타난 저자의 의도를 가장 적절하게 설명한 것은?

> 인공지능은 컴퓨터 프로그램을 활용해 인간과 비슷한 인지적 능력을 구현한 기술을 말한다. 인공지능은 기본적으로 보고 듣고 읽고 말하는 능력을 갖춤으로써 인간과 대화할 수 있을 뿐만 아니라 지적 판단이 필요한 상황에서 합리적 결정을 내릴 수 있다. 인공지능이 인간의 말을 알아듣고 명령을 실행하는 똑똑한 기계가 되는 것은 반길 일인가, 아니면 주인과 노예의 관계를 역전시키는 재앙이라고 경계해야 할 일인가?

① 쟁점 제기   ② 정서적 공감

③ 논리적 설득   ④ 배경 설명

11

다음 중 (㉠)에 들어가기에 가장 적절한 속담은?

> 춘향이가 마지막으로 유언을 허는디,
> "서방님!"
> "왜야?"
> "내일 본관 사또 생신 잔치 끝에 나를 올려 죽인다니, 날 올리라고 영이 내리거든 칼머리나 들어 주고, 나를 죽여 내어놓거든, 다른 사람 손 대기 전에 서방님이 삯꾼인 체 달려들어, 나를 업고 물러나와 우리 둘이 인연 맺던 부용당에 나를 뉘고, 옥중에서 서방님을 그려 간장 썩은 역류수 땀내 묻은 속적삼 벗겨, 세 번 불러 초혼허고, 서방님 속적삼 벗어 나의 가슴을 덮어 주오. 수의 입관도 내사 싫소. 서방님이 나를 안고 정결한 곳 찾어가서 은근히 묻어 주고, 묘 앞에다 표석을 세워, '수절원사춘향지묘'라 크게 새겨주옵시면, 아무 여한이 없겠네."
> 어사또 이 말 듣고,
> "오, 춘향아! 오냐, 춘향아, 우지 마라. 내일 날이 밝거드면 상여를 탈지, 가마를 탈지 그 속이야 누가 알랴마는, 천붕우출이라, (㉠) 법이요, 극성이면 필패라니, 본관이 네게 너무 극성을 뵈었으니, 무슨 변을 볼지 알겠느냐?"

① 도둑이 제 발 저리는

② 웃는 낮에 침 못 뱉는

③ 모로 가도 서울만 가면 되는

④ 하늘이 무너져도 솟아날 구멍이 있는

12

다음 작품의 언어에 대한 설명으로 옳은 것은?

> 년닙희 밥 싸 두고 반찬으란 쟝만 마라
> 닫 드러라 닫 드러라
> 靑청蒻약笠립은 써 잇노라 綠녹蓑사依의 가져오냐
> 至지匊국悤총 至지匊국悤총 於어思亽臥와
> 無무心심한 白백駒구는 내 좃는 가 제 좃는가

① '년닙희'의 '닙'은 ㄴ첨가 현상이 표기에 반영된 것이다.
② '써 잇노라'는 현대국어에서 '-고 있다'를 이용해 표현하는 것으로 바뀌었다.
③ '닫'과 '좃는가'의 받침은 당시의 실제 발음대로 적은 것이다.
④ '반찬으란'의 '으란'은 현대국어 조사 '이랑'에 해당한다.

※ 다음 글을 읽고 물음에 답하시오.

(가) 공감은 상대방의 생각과 느낌을 자신의 생각과 느낌처럼 받아들이고 이해하는 것이다. (나) 상대방이 나를 분석하거나 판단하지 않고, 있는 그대로 나의 감정을 이해하고 있다고 느끼게 될 때 사람들은 그 상대방을 나를 이해하는 사람, 나를 알아주는 사람으로 여기게 된다. 판단 기준과 가치관이 다른 사람의 생각과 느낌을 공감을 하면서 이해하는 것은 여간 어려운 일이 아니다. (다) 사람은 누구나 자신의 느낌과 생각을 바탕으로 말하고 판단하고 일을 결정하게 되므로, 상대방의 입장을 헤아리고 그의 느낌과 생각을 내가 그렇게 생각하고 느끼는 것처럼 이해하기가 어렵다. (라) 상대방의 말투, 표정, 자세를 관찰하면서 그와 같은 관점, 심정, 분위기 또는 태도로 맞추는 것도 공감에 도움이 된다.

13

아래 내용을 위 글의 (가)~(라)에 넣을 때 가장 적절한 위치는?

> 공감의 출발은 상대방의 이야기를 경청하면서 상대방의 감정과 느낌이 어떠했을까를 헤아리며 그것을 이해하도록 노력하는 것이다. 그리고 상대방의 입장을 이해한다는 것을 언어적, 비언어적으로 표현하는 것이 중요하다.

① (가)　　　　② (나)
③ (다)　　　　④ (라)

[14~15] 다음 글을 읽고 물음에 답하시오.

> 가시리 가시리잇고 ⊙ 나ᄂᆞᆫ
> ᄇᆞ 리고 가시리잇고 나ᄂᆞᆫ
> 위 증즐가 大平盛代
>
> 날러는 엇디 살라 ᄒᆞ고
> ᄇᆞ 리고 가시리잇고 나ᄂᆞᆫ
> 위 증즐가 大平盛代
>
> ⓛ 잡ᄉᆞ아 두어리마ᄂᆞᆫ
> ⓒ 선ᄒᆞ면 아니 올셰라
> 위 증즐가 大平盛代
>
> ② 셜온 님 보내ᅌᅡ노니 나ᄂᆞᆫ
> 가시ᄂᆞᆫ 듯 도셔 오쇼셔 나ᄂᆞᆫ
> 위 증즐가 大平盛代

14

위 글에 대한 설명으로 가장 적절하지 않은 것은?

① 고려시대에 불리던 노래이다.
② 제목은 〈가시리〉이다.

③ 고려시대에 누군가 기록해 놓은 것을 찾아내어 다시 한글로 기록하였다.
④ 후렴구는 궁중악으로 불리면서 발생한 것으로 추정된다.

① 너는 중학생이냐? 고등학생이냐?
② 이번에 가시면 언제 돌아오세요?
③ 주말 내내 누워서 텔레비전만 보고 있는 당신도 참 대단(?)하네요.
④ 노자(? ~ ?)는 중국 춘추 시대의 사상가로 도를 좇아서 살 것을 역설하였다.

15

밑줄 친 ㉠~㉣에 대한 설명으로 가장 적절한 것은?

① ㉠: '나ᄂ '은 '나는'의 예전 표기이다.
② ㉡: '잡ᄉ아 두어리마ᄂᆞᆫ'의 뜻은 '(음식을) 잡수시고 가게 하고 싶다'는 의미이다.
③ ㉢: '선ᄒ면 아니 올셰라'의 뜻은 '선하게 살면 올 것이다'라는 믿음을 표현한 말이다.
④ ㉣: '셜온 님 보내ᅌᅡ노니'의 뜻은 '서러운 님을 보내 드린다'는 의미이다.

16

다음은 〈한글 맞춤법〉의 문장부호 사용법에 대한 설명이다. 이 설명에 어긋나는 예문은?

〈물음표(?)〉

(1) 의문문이나 의문을 나타내는 어구의 끝에 쓴다.
[붙임1] 한 문장 안에 몇 개의 선택적인 물음이 이어질 때는 맨 끝의 물음에만 쓰고, 각 물음이 독립적일 때는 각 물음의 뒤에 쓴다.

(2) 특정한 어구의 내용에 대하여 의심, 빈정거림 등을 표시할 때, 또는 적절한 말을 쓰기 어려울 때 소괄호 안에 쓴다.

(3) 모르거나 불확실한 내용임을 나타낼 때 쓴다.

[17~19] 다음 글을 읽고 물음에 답하시오.

창밖에 밤비가 속살거려
㉠ 육첩방(六疊房)은 남의 나라,

시인이란 슬픈 천명인 줄 알면서도
㉡ 한 줄 시를 적어 볼까,

땀내와 사랑내 포근히 품긴
보내주신 학비 봉투를 받아

대학 노트를 끼고
늙은 교수의 강의 들으러 간다.

생각해 보면 어린 때 동무를
하나, 둘, 죄다 잃어버리고

ⓐ 나는 무얼 바라
ⓑ 나는 다만, 홀로 침전하는 것일까?

인생은 살기 어렵다는데
시가 이렇게 쉽게 씌어지는 것은
㉢ 부끄러운 일이다.

육첩방은 남의 나라
창밖에 밤비가 속살거리는데,

등불을 밝혀 어둠을 조금 내몰고,
시대처럼 올 아침을 기다리는 최후의 ⓒ 나,

22

ⓓ <u>나</u>는 ⓔ <u>나</u>에게 작은 손을 내밀어
눈물과 위안으로 잡는 ㉣ <u>최초의 악수</u>.

- 윤동주, 「쉽게 씌어진 시」

17

㉠~㉣에 대한 설명으로 가장 적절하지 <u>않은</u> 것은?

① ㉠은 조선인으로서의 정체성에 대한 인식을 드러낸다.

② ㉡은 식민지 지식인으로서의 소명 의식을 드러낸다.

③ ㉢은 친일파 지식인에 대한 비판 정신을 보여 준다.

④ ㉣은 어두운 현실을 극복하려는 화자의 의지이다.

18

ⓐ~ⓔ에 대한 설명으로 가장 적절한 것은?

① ⓐ, ⓑ, ⓔ는 현실적 자아이고, ⓒ, ⓓ는 성찰적 자아이다.

② ⓐ, ⓑ는 현실적 자아이고, ⓒ, ⓓ, ⓔ는 성찰적 자아이다.

③ ⓐ, ⓑ, ⓔ는 이상적 자아이고, ⓒ, ⓓ는 현실적 자아이다.

④ ⓐ, ⓑ는 이상적 자아이고, ⓒ, ⓓ, ⓔ는 현실적 자아이다.

19

위 시의 제목에 대한 이해로 가장 적절한 것은?

① 시인의 평소 생각을 특별한 표현 기법 없이 소박하게 나타낸 작품이기에 쉽게 쓰인 시라고 하였다.

② 독립지사로서의 저항 정신을 시인의 시적 표현으로 여과 없이 옮긴 작품이기에 쉽게 쓰인 시라고 하였다.

③ 조선의 독립이 갑자기 쉽게 이루어질 것이라는 확고한 신념을 표현하려는 작품이기에 쉽게 쓰인 시라고 하였다.

④ 시인으로의 인간적 갈등과 자아 성찰을 담아 어렵게 쓴 작품이기에 반어적으로 표현하여 쉽게 쓰인 시라고 하였다.

20

다음 글의 문맥상 (   ) 안에 들어갈 말로 가장 적절한 것은?

> 행루오리(幸漏誤罹)는 운 좋게 누락되거나 잘못 걸려드는 것을 말한다. (   ) 걸려든 사람만 억울하다. 아무 잘못 없이 집행자의 착오나 악의로 법망에 걸려들어도 마찬가지다. 여기에 부정이나 청탁이 개입되기라도 하면 바로 국가의 법질서에 대한 불신으로 이어진다. 결국 행루오리는 법집행의 일관성을 강조한 말이다.

① 똑같이 죄를 지었는데 당국자의 태만이나 부주의로 법망을 빠져나가는 사람이 있으면

② 가벼운 죄를 짓고도 엄혹한 심판관 때문에 무거운 벌을 받으면

③ 가족이나 이웃의 범죄에 연루되어 죄 없이 벌을 받게 되면

④ 현실과 맞지 않는 법 때문에 성실한 사람이 범죄자로 몰리게 되면

[21~22] 다음 글을 읽고 물음에 답하시오.

2016년 3월을 생생히 기억한다. 알파고가 사람을 이겼다. 알파고가 뭔가 세상에 파란을 불러일으키지 않을까, 라고 상상하고 있던 시기였다. 이른바 '알파고 모멘텀' 이후 에이아이(AI) 산업은 발전했지만, 기대만큼 성장했다고 보긴 어렵다. 킬러 애플리케이션(Killer Application)이 나오지 않았기 때문이다. 에이아이(AI) 챗봇이 상용화됐지만, 알파고가 줬던 놀라움만큼은 아니다.

2022년 11월 또 다른 모멘텀이 등장했다. 오픈에이아이(OpenAI)의 챗지피티(ChatGPT)다. 지금은 1억 명 이상이 챗지피티를 사용하고 있다. '챗지피티 모멘텀'이라고 불릴 만하다. 챗지피티가 알파고와 다른 점은 대중성이다. TV를 통해 알파고를 접했다면, 챗지피티는 내가 직접 체험할 수 있다.

많은 사람이 챗지피티는 모든 산업에 지각변동을 불러일으킬 것으로 기대한다. 챗지피티는 그 자체로 킬러 애플리케이션이다. 챗지피티는 알려진 바와 같이 2021년 9월까지 데이터만으로 학습했다. 그 이후 정보는 반영이 안 됐다. 챗지피티만으로는 우리가 원하는 답변을 얻기 힘들 수 있다. 오픈에이아이는 챗지피티를 왜 이렇게 만들었을까?

챗지피티는 '언어 모델'이다. '지식 모델'은 아니다. 챗지피티는 정보를 종합하고 추론하는 능력은 매우 우수하지만, 최신 지식은 부족하다. 세상 물정은 모르지만, 매우 똑똑한 친구다. 이 친구에게 나도 이해하기 어려운 최신 논문을 주고, 해석을 부탁해 볼 수 있지 않을까? 챗지피티에 최신 정보를 전달하고, 챗지피티가 제대로 답변하도록 지시하는 일은 중요하다. 다양한 산업에 챗지피티를 적용하기 위해서도 그렇다. 챗지피티가 추론할 정보를 찾아 오는 시맨틱 검색(Semantic Search), 정확한 지시를 하는 프롬프트 엔지니어링(Prompt Engineering), 모든 과정을 조율하는 오케스트레이터(Orchestrator), 챗지피티와 같은 대형 언어 모델(Large Language Model)을 필요에 맞게 튜닝하는 일 등 서비스 영역에서 새로운 사업 기회를 찾을 수 있다.

챗지피티와 같은 대형 언어 모델 기반의 에이아이 산업 생태계는 크게 세 개다. 첫째, 오픈에이아이, 마이크로소프트, 구글과 같이 대형 언어 모델 자체를 제공하는 원천기술 기업, 둘째, 대형 언어 모델이 고객 요청에 맞게 작동하도록 개선하는 서비스기업, 셋째, 특정 도메인에서 애플리케이션을 제공하는 기업이다. 현재 대형 언어 모델을 만드는 빅테크 기업들이 주목받고 있지만, 실리콘밸리에서는 스케일에이아이(ScaleAI), 디스틸에이아이(Distyl AI), 퀀티파이(Quantiphi) 등 서비스 기업들이 부상 중이다. 실제 업무에 활용하기엔 원천기술만으로는 부족하기 때문이다. 엘지씨엔에스(LG CNS)도 서비스 기업이다. 우리나라에서도 많은 서비스 기업이 나와서 함께 국가 경쟁력을 높여 나가기를 기대해 본다.

21

다음 중 위 글의 제목으로 가장 적절한 것은?

① 챗지피티, 이제 서비스다
② 알파고 모멘텀, 그 끝은 어디인가?
③ 챗지피티야말로 킬러 애플리케이션이다
④ 대형 언어 모델 자체를 제공하는 빅테크 기업에 주목하라

22

다음 중 위 글의 내용에 대한 이해로 가장 적절하지 않은 것은?

① 챗지피티는 알파고보다 훨씬 더 대중적인 놀라움을 주고 있다.
② 많은 사람들은 챗지피티가 모든 산업에 지각변동을 불러일으킬 것으로 기대한다.
③ 챗지피티는 정보를 종합하여 추론하는 언어 모델이 아니라 최신 정보를 축적하는 지식 모델이다.
④ 현재 대형 언어 모델이 고객 요청에 맞게 작동하도록 개선하는 여러 서비스 기업이 부상 중이다.

23

다음 글에 대한 이해로 가장 적절한 것은?

우리 부부는 숙명적으로 발이 맞지 않는 절름발이인 것이다. 내가 아내나 제 거동에 로직(논리)을 붙일 필요는 없다. 변해(辯解)할 필요도 없다. 사실은 사실대로 오해는 오해대로 그저 끝없이 발을 절뚝거리면서 세상을 걸어가면 되는 것이다. 그렇지 않을까?

그러나 나는 이 발길이 아내에게로 돌아가야 옳은가 이것만은 분간하기가 좀 어려웠다. 가야 하나? 그럼 어디로 가나?

이때 뚜— 하고 정오 사이렌이 울렸다. 사람들은 모두 네활개를 펴고 닭처럼 푸드덕거리는 것 같고 온갖 유리와 강철과 대리석과 지폐와 잉크가 부글부글 끓고 수선을 떨고 하는 것 같은 찰나, 그야말로 현란을 극한 정오다.

나는 불현듯이 겨드랑이가 가렵다. 아하 그것은 내 인공의 날개가 돋았던 자국이다. 오늘은 없는 이 날개, 머릿속에서는 희망과 야심의 말소된 페이지가 딕셔너리(사전) 넘어가듯 번뜩였다.

나는 걷던 걸음을 멈추고 그리고 어디 한번 이렇게 외쳐 보고 싶었다.

날개야 다시 돋아라.
날자. 날자. 날자. 한 번만 더 날자꾸나.
한 번만 더 날아 보자꾸나.

– 이상, 「날개」

① 가난한 무명작가 부부의 생활고와 부부애를 다루고 있다.

② 농촌 계몽을 위한 두 남녀의 헌신적 노력과 사랑을 보여준다.

③ 식민지 농촌 사회에서 농민들이 겪는 가혹한 현실을 보여주려 한다.

④ 자아 상실의 무기력한 삶에서 벗어나 본래의 자아를 회복하려는 의지를 보여준다.

24

다음 글을 읽고 필자의 서술태도와 가장 거리가 먼 것을 고르시오.

겨울철에 빙판이 만들어지면 노인들의 낙상 사고가 잦아진다. 대부분의 노인들은 근육 감소로 인한 순발력 저하로 방어기제가 제대로 작동하지 않는다. 그런 사고를 당하면 운동이 부족해져 그나마 남아 있던 근육이 퇴화하고 노화가 빨라진다. 건강수명은 대부분 거기서 끝이다. 참으로 무서운 일이다. 그런데도 불구하고 노년층에게 적극적으로 근력운동을 처방하지 않는다. 우리의 주변을 둘러보라. 요양병원이 상당히 많이 늘어났다. 앞으로도 부가가치가 매우 높은 산업이라고 한다. 안타까운 일이다.

① 논리적　　② 회고적
③ 비판적　　④ 동정적

25

다음 글의 (가)와 (나)에 들어갈 적절한 말을 순서대로 바르게 짝지은 것은?

비즈니스 화법에서는 상사에게 보고할 때 결론부터 말하라고 한다. 이것도 맞는 말이다. 그렇지 않아도 바쁜데 주저리주저리 이야기를 길게 늘어놓으면 짜증이 난다. (가) 현실은 인간관계의 미묘한 심리가 복잡하게 얽혀 있는 비즈니스 사회다. 때로는 일부러 결론을 뒤로 미뤄 상대의 관심을 끌게 만들어야 할 때도 있다. 예를 들어, 회사에서의 라이벌 동료와의 관계처럼 자기와 상대의 힘의 균형이 미묘할 때이다.

당신과 상사, 당신과 부하라는 상하관계가 분명한 경우는 대응이 항상 사무적이 된다. 사무적인 관계에서는 쓸데없는 시간과 노력을 들이지 않아도 된다. (나) 같은 사내의 인간관계라도 라이벌 동료가 되면 일을 원활하게 해나가는 것만이 능사는 아니다. 권력 관계에서의 차이가 없는 만큼 미묘한 줄다리기가 필요하다. 이렇게 권력관계가 미묘한 상대와의 대화에서 탁월한 최면 효과를 발휘하는 것이 '클라이맥스 법'이다. 비즈니스 현장에서뿐만 아니라 미묘한 줄다리기를 요하는 연애 관계에서도 초기에는 클라이맥스 법이 그 위력을 발휘한다.

① 그러므로 – 그러므로
② 하지만 – 하지만
③ 하지만 – 그러므로
④ 그러므로 – 하지만

경영학

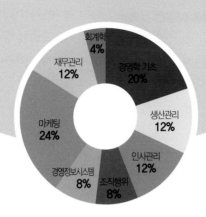

회계학 4%
경영학 기초 20%
재무관리 12%
생산관리 12%
마케팅 24%
인사관리 12%
경영정보시스템 8%
조직행위 8%

ⓞ 정답 및 해설 195p

01

다음 중 무한책임사원과 유한책임사원으로 구성된 기업 형태로 가장 옳은 것은?

① 주식회사
② 유한회사
③ 합자회사
④ 합명회사

02

'(주)오직커피'는 커피만을 판매하는 단일 매장 커피 전문점이며, 그 매장은 한국에 있다. '(주)오직커피'는 여러 가지 성장전략을 고민하고 있는데, 성장전략에 대한 설명으로 가장 적절한 것은?

① 한국에서 '(주)오직커피' 매장 하나를 추가로 여는 것은 '시장개발전략'에 해당한다.
② 베트남에 '(주)오직커피' 매장을 여는 것은 '시장침투전략'에 해당한다.
③ 기존 '(주)오직커피' 매장에서 기존 고객에게 샌드위치를 판매하는 것은 '다각화전략'에 해당한다.
④ 기존 '(주)오직커피' 매장에서 기존 고객을 대상으로 판촉활동을 하는 것은 '시장침투전략'에 해당한다.

03

다음에서 설명하는 생산시스템으로 가장 적절한 것은?

> 이 생산시스템은 생산활동에서 가치를 부가하지 않는 활동, 자재, 운영 등 낭비의 원천을 제거하여 생산효율을 극대화한다. 프로세스 개선을 통해 제품품질을 향상시킨다. 재고감소를 통한 생산 리드타임 단축으로 고객의 수요변화에 신속히 대응한다.

① 린(Lean) 생산시스템
② ERP 생산시스템
③ MRP 생산시스템
④ Q-system

04

포터(M. Porter)의 본원적 경쟁전략(generic competitive strategy)과 가장 거리가 먼 것은?

① 집중화 전략
② 차별화 전략
③ 현지화 전략
④ 원가우위 전략

05

마케팅 철학의 변화 과정을 순서대로 나열한 것으로 가장 적절한 것은?

① 생산지향 → 판매지향 → 제품지향 → 고객지향 → 사회지향

② 생산지향 → 제품지향 → 판매지향 → 고객지향 → 사회지향

③ 생산지향 → 판매지향 → 고객지향 → 제품지향 → 사회지향

④ 생산지향 → 제품지향 → 고객지향 → 판매지향 → 사회지향

06

허츠버그(F. Herzberg)의 2요인이론(two-factor theory)에 대한 설명으로 가장 적절한 것은?

① 임금, 작업조건, 회사정책은 위생요인에 해당한다.

② 위생요인을 개선하면 만족이 증가한다.

③ 직장에서 타인으로부터 인정받지 못한 직원은 불만족하게 된다.

④ 불만족을 해소시키면 만족이 증가한다.

07

다음 중 물류관리에 관한 설명으로 가장 거리가 먼 것은?

① 물류관리의 성과지표에는 매출액 대비 물류비용, 납기 준수율 등이 있다.

② 물류관리의 대상은 하역, 포장, 보관, 운송, 유통가공, 정보 등이다.

③ 제품이 수송 및 배송 활동을 거쳐 소비자에게 전달되는 과정은 인바운드 물류(in-bound logistics)에 해당한다.

④ 생산에 필요한 원자재를 자사 창고나 공장으로 이동하는 활동은 조달물류에 해당한다.

08

탁월한 기업들의 경영활동을 이해하고 활용하여 자사의 경영활동을 개선하는 혁신 기법은?

① 블루오션 전략(blue ocean strategy)

② 지식경영(knowledge management)

③ 브레인스토밍(brainstorming)

④ 벤치마킹(benchmarking)

09

노동조합 제도에 대한 설명으로 가장 거리가 먼 것은?

① 오픈 숍(open shop)은 조합원 여부와 상관없이 고용할 수 있으며, 조합 가입이 고용 조건이 아니다.

② 클로즈드 숍(closed shop)은 사용자가 조합원만 선발해야 하는 제도이다.

③ 에이전시 숍(agency shop)은 조합원뿐 아니라 비조합원 노동자에게도 조합 회비를 징수하는 제도이다.

④ 유니온 숍(union shop)은 하나의 사업장에 하나의 노동조합만 인정하는 제도이다.

10

가격전략에 대한 설명으로 가장 적절한 것은?

① 원가가산 가격결정 방법은 제품의 단위당 원가에 일정 비율의 마진을 더해 판매 가격을 결정하는 방법이다.

② 단수가격은 소비자가 제품의 구매를 결정할 때 기준이 되는 가격이다.

③ 2부제가격(two-part tariff)은 성수기와 비수기의 가격을 다르게 책정하는 방식이다.

④ 유보가격(reserved price)보다 제품의 가격이 낮으면, 소비자가 제품의 품질을 의심해서 구매를 유보하게 된다.

11

다음 중 채권(bond)에 대한 설명으로 가장 거리가 먼 것은?

① 채권 발행자는 구매자에게 액면가(face value)를 만기(maturity date)에 지불한다.

② 연간 지급되는 이자를 '액면가의 비율로 표시한 것'을 쿠폰(coupon)이라고 한다.

③ 채권의 이자를 1년에 2회 지급하기도 한다.

④ 기업이 채권을 발행하여 조달한 자금은 부채에 해당한다.

12

판매회사가 제조업체에 제품의 생산을 위탁하면 제조업체가 이 제품을 자체적으로 설계·개발·생산하여 판매회사에 납품하는 방식으로 가장 적절한 것은?

① OJT　　　　　② OBM

③ ODM　　　　　④ OEM

13

빅데이터(Big Data)의 대표적 특징인 3V에 해당하지 않는 것은?

① 변동성(Variability)　　② 규모(Volume)

③ 다양성(Variety)　　　　④ 속도(Velocity)

14

수직적 마케팅시스템(VMS : Vertical Marketing System)에 대한 설명으로 가장 거리가 먼 것은?

① 기업형 VMS를 통해 경로갈등을 해결할 수 있다.

② 제조기업이 중간상을 통합하는 것은 전방통합에 해당한다.

③ 프랜차이즈 시스템은 관리형 VMS에 해당한다.

④ 계약형 VMS가 관리형 VMS보다 수직적 통합의 정도는 강하다.

15

다음 중 회계상 거래에 해당하는 것으로만 짝지은 것은?

> ㄱ. ₩1,000짜리 상품을 주문받다.
>
> ㄴ. ₩5,000짜리 상품을 도난당하다.
>
> ㄷ. ㈜甲으로부터 ₩1,000,000짜리 프린터 1대를 기증받다.
>
> ㄹ. ₩500,000짜리 상품을 외상으로 매입하다.

① ㄱ, ㄴ, ㄷ　　　　② ㄱ, ㄴ, ㄹ

③ ㄱ, ㄷ, ㄹ　　　　④ ㄴ, ㄷ, ㄹ

16

직무 수행에 필요한 기술, 지식, 능력 등의 자격요인을 정리한 문서에 해당하는 것은?

① 직무기술서　　　② 직무명세서
③ 직무행위서　　　④ 직무분석서

17

여러 대안 중에서 자신의 선호도와 기준의 중요도에 따라 최선의 대안을 선택하는 경영 과학 기법으로 가장 적절한 것은?

① 선형계획법(linear programming)
② 게임 이론(game theory)
③ 네트워크 모형(network)
④ 계층화 분석법(AHP)

18

제품 전략에 관한 설명으로 옳지 않은 것은?

① 제품 전략은 전체 시장의 욕구(needs)를 바탕으로 적절한 제품의 개발 및 운영을 위한 전략이다.
② 제품 전략의 수립에는 물리적인 제품뿐만 아니라 다양한 요소가 포함되어야 한다.
③ 제품 전략을 창출하는 것은 브랜드, 포장, 보증기간 등의 선택을 포함한다.
④ 제품 전략은 마케팅 프로그램의 기본 요소가 되는 마케팅 믹스(4P) 중 하나의 전략이다.

19

경영자가 주주의 이익을 최대화하는 목적 이외에 자신의 이익을 위한 의사결정과 행동을 하는 대리인 문제(agency problem)에 해당하지 않는 것은?

① 경영자가 자신을 보호하기 위해 적대적 인수합병이 일어나지 않도록 방어하는 정관을 제정하는 행위
② 경영자가 이사회의 구성원을 선임하는 데에 영향을 미쳐 사외이사의 독립성을 훼손하는 행위
③ 경영자가 경영 실적에 비해 과다한 보상을 책정하는 행위
④ 경영자가 일반 주식보다 자신이 소유한 주식에 대해 많은 투표권을 갖도록 책정하는 행위

20

통제 범위(span of control)가 좁아지면 발생할 수 있는 상황에 대한 설명으로 가장 적절하지 않은 것은?

① 관리자의 통제는 능률이 오른다.
② 부하의 창의성 발휘가 고도화된다.
③ 관리비가 증대되어 기업 고정비가 증가한다.
④ 상하간의 의사소통이 원활해진다.

21

소비자 행동의 근간을 이루는 소비자 정보처리 과정을 순서에 맞게 나열한 것은?

① 노출 → 주의 → 지각 → 태도
② 주의 → 노출 → 지각 → 태도
③ 노출 → 태도 → 주의 → 지각
④ 태도 → 노출 → 주의 → 지각

22

〈SERVQUAL〉 모형의 품질 차원으로 가장 적절하지 않은 것은?

① 신뢰성　　　　② 공감성
③ 유형성　　　　④ 내구성

23

번스(J. Burns)의 변혁적리더십(transformational leadership)의 하부 요인으로 가장 적절하지 않은 것은?

① 카리스마　　　② 지적 자극
③ 자기 통제　　　④ 영감적 동기화

24

다음 중 레버리지 효과에 관한 설명으로 가장 적절한 것은? (단, 이자, 세금 등의 비용이 없다고 가정함.)

① 기업이 타인자본을 사용하면 자기자본만을 사용하는 경우보다 자기자본 이익률이 높아진다.
② 기업은 타인자본 조달로 인해 발생하는 이자비용보다 높은 수익률이 기대되는 경우에만 타인자본을 활용하여 투자하는 것이 바람직하다.
③ 기업이 부채비율을 낮게 유지하여야만 레버리지 효과를 최대로 활용할 수 있다.
④ 레버리지 비율을 낮추기 위해서는 자본을 감소시켜야 한다.

25

다음 중 시장세분화 전략에 대한 설명으로 가장 적절하지 않은 것은?

① 시장세분화란 시장을 서로 비슷한 요구를 가지는 구매자 집단으로 구분하는 것을 말한다.
② 시장을 고객의 심리적 특성에 따라 구분하기 위해 소비자의 구매 패턴, 소비자가 추구하는 편익 등을 고려한다.
③ 시장세분화 전략에서 인구통계학적 특성이 다른 특성보다 구분하기 용이하기 때문에 가장 많이 사용되는 변수이다.
④ 시장세분화의 기준으로 특정 제품군에서의 소비자 행동에 대한 정보를 사용할 수 있다.

행정법

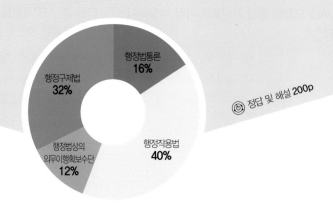

행정구제법
32%

행정법통론
16%

행정작용법
40%

행정법상의
의무이행확보수단
12%

◎ 정답 및 해설 200p

01

「행정기본법」상 행정의 법 원칙에 대한 설명으로 옳지 <u>않은</u> 것은?

① 행정청은 행정작용을 할 때 상대방에게 해당 행정작용과 실질적인 관련이 없는 의무를 부과해서는 아니 된다.

② 행정청은 합리적 이유 없이 국민을 차별하여서는 아니 된다.

③ 행정청은 공익을 현저히 해칠 우려가 있는 경우라도 행정에 대한 국민의 정당하고 합리적인 신뢰를 보호하여야 한다.

④ 행정청은 법령 등에 따른 의무를 성실히 수행하여야 한다.

02

행정행위의 성립과 효력발생에 대한 설명으로 옳지 <u>않은</u> 것은? (다툼이 있는 경우 판례에 의함)

① 상대방 있는 행정처분이 상대방에게 고지되지 아니한 경우에도 상대방이 다른 경로를 통해 행정처분의 내용을 알게 되었다면 행정처분의 효력이 발생한다고 볼 수 있다.

② 일반적으로 행정처분이 주체·내용·절차와 형식이라는 내부적 성립요건과 외부에 대한 표시라는 외부적 성립요건을 모두 갖춘 경우에는 행정처분이 존재한다.

③ 법무부장관이 입국금지에 관한 정보를 내부전산망인 출입국관리정보시스템에 입력한 것만으로는 법무부장관의 의사가 공식적인 방법으로 외부에 표시된 것이 아니어서 위 입국금지결정은 항고소송의 대상인 처분에 해당되지 않는다.

④ 행정처분의 외부적 성립은 행정의사가 외부에 표시되어 행정청이 자유롭게 취소·철회할 수 없는 구속을 받게 되는 시점을 확정하는 의미를 가진다.

03

부관에 대한 설명으로 옳은 것은? (다툼이 있는 경우 판례에 의함)

① 행정청은 부관을 붙일 수 있는 처분의 경우 일단 그 처분을 한 후에는 당사자의 동의가 있더라도 부관을 새로 붙일 수 없다.

② 행정청은 처분에 재량이 있는 경우에도 법률에 근거가 있어야만 부관을 붙일 수 있다.

③ 철회권의 유보는 해당 처분의 목적을 달성하기 위하여 필요한 최소한의 범위여야 한다.

④ 부담은 행정행위의 불가분적인 요소로서 부담 그 자체를 행정쟁송의 대상으로 할 수 없다.

04

기속행위와 재량행위에 대한 설명으로 옳지 <u>않은</u> 것은? (다툼이 있는 경우 판례에 의함)

① 기속행위와 재량행위의 구분은 당해 행위의 근거가 된 법규의 체재·형식과 그 문언, 당해 행위가 속하는 행정 분야의 주된 목적과 특성, 당해 행위 자체의 개별적 성질과 유형 등을 모두 고려하여 판단하여야 한다.

② 처분의 근거 법령이 행정청에 재량을 부여하였으나 행정청이 처분으로 달성하려는 공익과 처분상대방이 입게 되는 불이익을 전혀 비교형량하지 않은 채 처분을 하였더라도 재량권 일탈·남용으로 해당 처분을 취소해야 할 위법사유가 되지는 않는다.

③ 행정청은 처분에 재량이 없는 경우에는 법률에 근거가 있는 경우에 부관을 붙일 수 있다.

④ 재량행위의 경우 법원은 독자의 결론을 도출함이 없이 당해 행위에 재량권의 일탈·남용이 있는지 여부만을 심사한다.

05

행정상 손해배상에 대한 설명으로 옳지 <u>않은</u> 것은? (다툼이 있는 경우 판례에 의함)

① 「국가배상법」이 정한 손해배상청구의 요건인 '공무원의 직무'에는 국가나 지방자치단체의 권력적 작용뿐만 아니라 비권력적 작용으로서 단순한 사경제의 주체로서 하는 작용도 포함된다.

② 「국가배상법」 제5조 제1항에 정하여진 '영조물의 설치 또는 관리의 하자' 요건에서 안전성을 갖추지 못한 상태의 의미에는 그 영조물이 공공의 목적에 이용됨에 있어 그 이용상태 및 정도가 일정한 한도를 초과하여 제3자에게 사회통념상 수인할 것이 기대되는 한도를 넘는 피해를 입히는 경우까지 포함된다.

③ 외국인이 피해자인 경우에는 해당 국가와 상호보증이 있을 때에만 「국가배상법」이 적용되는데, 이때 상호보증의 요건 구비를 위해 반드시 당사국과의 조약이 체결되어 있을 필요는 없다.

④ 「국가배상법」에 따른 손해배상의 소송은 배상심의회에 배상신청을 하지 아니하고도 제기할 수 있다.

06

「공공기관의 정보공개에 관한 법률」상 정보공개제도에 대한 설명으로 옳은 것은? (다툼이 있는 경우 판례에 의함)

① 정보의 공개 및 우송에 드는 비용은 모두 정보공개 의무가 있는 공공기관이 부담한다.

② 사립대학교는 정보공개를 할 의무가 있는 공공기관에 해당하지 않는다.

③ 정보공개청구의 대상이 되는 정보를 공공기관이 보유·관리하고 있다는 점에 관하여는 정보공개를 구하는 사람에게 증명책임이 있다.

④ 국내에 사무소를 두고 있는 외국법인 또는 외국단체는 학술·연구를 위한 목적으로만 정보공개를 청구할 수 있다.

07

행정상 손실보상에 대한 설명으로 옳지 않은 것은? (다툼이 있는 경우 판례에 의함)

① 잔여지 수용청구를 받아들이지 않은 토지수용위원회의 재결에 대하여 토지소유자가 불복하여 제기하는 소송은 보상금의 증액에 관한 소송에 해당하여 사업시행자를 피고로 하여야 한다.

② 수용재결에 불복하여 취소소송을 제기하는 때에는 이의신청을 거친 경우에도 수용재결을 한 중앙토지수용위원회 또는 지방토지수용위원회를 피고로 하여 수용재결의 취소를 구하여야 한다.

③ 「공익사업을 위한 토지 등의 취득 및 보상에 관한 법률」에 의한 보상금 증감에 관한 소송은 수용재결서를 받은 날부터 90일 이내에, 이의신청을 거쳤을 때에는 이의신청에 대한 재결서를 받은 날부터 60일 이내에 각각 행정소송을 제기할 수 있다.

④ 「공익사업을 위한 토지 등의 취득 및 보상에 관한 법률」에 의한 사업인정의 고시 절차를 누락한 것을 이유로 수용재결처분의 취소를 구할 수 있다.

08

공법관계와 사법관계에 관한 판례의 내용으로 옳지 않은 것은?

① 서울특별시 지하철공사의 사장이 소속 직원에게 한 징계처분에 대한 불복절차는 민사소송에 의하여야 한다.

② 공기업 · 준정부기관이 계약에 근거한 권리행사로서 입찰참가자격 제한 조치를 하였더라도 입찰참가자격 제한 조치는 행정처분이다.

③ 국유재산 등의 관리청이 하는 행정재산의 사용 · 수익에 대한 허가는 관리청이 특정인에게 행정재산을 사용할 수 있는 권리를 설정하여 주는 강학상 특허로서 공법관계이다.

④ 기부자가 기부채납한 부동산을 일정기간 무상 사용한 후에 한 사용허가기간 연장신청을 거부한 지방자치단체의 장의 행위는 사법상의 행위이다.

09

대법원 판례의 내용으로 옳지 않은 것은?

① 기업의 비업무용 부동산 보유실태에 관한 감사원의 감사보고서의 내용은 직무상 비밀에 해당하지 않는다.

② 같은 정도의 비위를 저지른 자들 사이에 있어서 그 직무의 특성 등에 비추어, 개전의 정이 있는지 여부에 따라 징계의 종류의 선택과 양정에 있어서 차별적으로 취급하는 것은, 자의적 취급이라고 할 수 있어서 평등원칙 내지 형평에 반한다.

③ 국가공무원법상 직무상 비밀이라 함은 국가 공무의 민주적, 능률적 운영을 확보 하여야 한다는 이념에 비추어 볼 때 당해 사실이 일반에 알려질 경우 그러한 행정의 목적을 해할 우려가 있는지 여부를 기준으로 판단하여야 한다.

④ 수 개의 징계사유 중 일부가 인정되지 않더라도 인정되는 다른 징계사유만으로도 당해 징계처분의 타당성을 인정하기에 충분한 경우에는 그 징계처분을 유지하여도 위법하지 아니하다.

10

재건축 · 재개발사업에 대한 내용으로 옳지 <u>않은</u> 것은? (다툼이 있는 경우 판례에 의함)

① 이전고시의 효력이 발생한 이후에는 조합원 등이 해당 정비사업을 위하여 이루어진 수용재결이나 이의재결의 취소 또는 무효확인을 구할 법률상 이익이 없다.

② 「도시 및 주거환경정비법」 등 관련 법령에 의한 조합설립인가처분이 있은 후에 조합설립결의의 하자를 이유로 그 결의 부분만을 따로 떼어내어 무효 등 확인의 소를 제기하는 것이 허용되지 않는다.

③ 「도시 및 주거환경정비법」에 따른 이전고시는 공법상 처분이다.

④ 「도시 및 주거환경정비법」상 조합설립추진위원회 구성승인처분을 다투는 소송 계속 중 조합설립인가처분이 이루어진 경우에도 조합설립추진위원회 구성승인처분에 대하여 취소 또는 무효확인을 구할 법률상 이익이 있다.

11

다음 중 행정계획에 관한 설명으로 옳지 <u>않은</u> 것은? (다툼이 있는 경우 판례에 의함)

① 국립대학인 서울대학교의 '94학년도 대학입학고사 주요요강'은 행정계획이므로 헌법소원의 대상이 되는 공권력행사에 해당되지 않는다.

② 행정주체가 행정계획을 입안 · 결정하면서 이익형량을 전혀 행하지 않거나 이익형량의 고려 대상에 마땅히 포함시켜야 할 사항을 빠뜨린 경우 또는 이익형량을 하였으나 정당성과 객관성이 결여된 경우에는 행정계획결정은 형량에 하자가 있어 위법하게 된다.

③ 개발제한구역지정처분은 그 입안 · 결정에 관하여 광범위한 형성의 자유를 가지는 계획재량처분이다.

④ 「도시 및 주거환경정비법」에 따른 주택재건축정비사업조합이 행정주체의 지위에서 수립하는 관리처분계획은 구속적 행정계획으로서 주택재건축정비사업조합이 행하는 독립된 행정처분에 해당한다.

12

행정행위의 취소와 철회에 대한 설명으로 옳지 <u>않은</u> 것은? (다툼이 있는 경우 판례에 의함)

① 한 사람이 여러 종류의 자동차운전면허를 취득하는 경우뿐 아니라 이를 취소함에 있어서도 서로 별개의 것으로 취급하는 것이 원칙이다.

② 당사자가 처분의 위법성을 중대한 과실로 알지 못한 경우에는 행정청은 당사자에게 이익을 부여하는 처분의 취소로 인하여 당사자가 입게 될 불이익을 취소로 달성되는 공익과 비교 · 형량하지 않아도 된다.

③ 행정청은 정당한 사유가 있는 경우에는 처분을 장래를 향하여 취소할 수 있다.

④ 처분청은 행정처분에 하자가 있는 경우에는 별도의 법적 근거가 있어야만 스스로 이를 취소할 수 있다.

13

행정지도에 대한 설명으로 옳지 <u>않은</u> 것은? (다툼이 있는 경우 판례에 의함)

① 행정지도를 하는 자는 그 상대방에게 그 행정지도의 취지 및 내용과 신분을 밝혀야 한다.

② 행정지도는 말로 이루어질 수 있다.

③ 행정기관은 행정지도의 상대방이 행정지도에 따르지 아니할 경우 그에 상응하는 불이익 조치를 할 수 있다.

④ 행정지도의 상대방은 해당 행정지도의 방식에 관하여 행정기관에 의견제출을 할 수 있다.

14

행정상 강제에 관한 설명으로 옳지 <u>않은</u> 것은? (다툼이 있는 경우 판례에 의함)

① 관계 법령상 행정대집행의 절차가 인정되어 행정청이 행정대집행의 방법으로 건물의 철거 등 대체적 작위의무의 이행을 실현할 수 있는 경우에는 따로 민사소송의 방법으로 그 의무의 이행을 구할 수 없다.

② 「행정대집행법」에 따른 행정대집행에서 건물의 점유자가 철거의무자일 때에는 별도로 퇴거를 명하는 집행권원이 필요하다.

③ 「건축법」에 위반하여 건축한 것이어서 철거의무가 있는 건물이라 하더라도 그 철거의무를 대집행하기 위한 계고처분을 하려면 다른 방법으로는 이행의 확보가 어렵고 불이행을 방치함이 심히 공익을 해하는 것으로 인정될 때에 한하여 허용되고 이러한 요건의 주장 · 입증책임은 처분 행정청에 있다.

④ 과세관청이 체납처분으로서 행하는 공매는 우월한 공권력의 행사로서 행정소송의 대상이 되는 공법상의 행정처분이며 공매에 의하여 재산을 매수한 자는 그 공매처분이 취소된 경우에 그 취소처분의 위법을 주장하여 행정소송을 제기할 법률상 이익이 있다.

15

행정상 법률관계에 관한 설명으로 옳지 <u>않은</u> 것은? (다툼이 있는 경우 판례에 의함)

① 국유재산의 관리청이 그 무단점유자에 대하여 하는 변상금부과처분은 순전히 사경제 주체로서 행하는 사법상의 법률행위라 할 수 없고, 이는 관리청이 공권력을 가진 우월적 지위에서 행한 것으로서 행정소송의 대상이 되는 행정처분이다.

② 국가나 지방자치단체에 근무하는 청원경찰은 「국가공무원법」이나 「지방공무원법」상의 공무원은 아니지만, 다른 청원경찰과는 달리 그 임용권자가 행정기관의 장이고, 국가나 지방자치단체로부터 보수를 받으므로, 그 근무 관계는 사법상의 고용계약관계로 보기는 어려우므로 그에 대한 징계처분의 시정을 구하는 소는 행정소송의 대상이지 민사소송의 대상이 아니다.

③ 조세채무는 법률의 규정에 의하여 정해지는 법정채무로서 당사자가 그 내용 등을 임의로 정할 수 없고, 조세채무관계는 공법상의 법률관계이고 그에 관한 쟁송은 원칙적으로 행정사건으로서 「행정소송법」의 적용을 받는다.

④ 개발부담금 부과처분이 취소된 이상 그 후의 부당이득으로서의 과오납금 반환에 관한 법률관계는 단순한 민사 관계라 볼 수 없고, 행정소송 절차에 따라야 하는 행정법 관계로 보아야 한다.

16

헌법재판소와 대법원 판례의 내용으로 옳지 않은 것은?

① 「감염병의 예방 및 관리에 관한 법률」 제71조에 의한 예방접종 피해에 대한 국가의 보상책임은 무과실책임이지만, 질병, 장애 또는 사망이 예방접종으로 발생하였다는 점이 인정되어야 한다.

② 당사자적격, 권리보호이익 등 소송요건은 직권조사사항으로서 당사자가 주장하지 아니하더라도 법원이 직권으로 조사하여 판단하여야 하고, 사실심 변론종결 이후에 소송요건이 흠결되거나 그 흠결이 치유된 경우 상고심에서도 이를 참작하여야 한다.

③ 법령이 특정한 행정기관 등으로 하여금 다른 행정기관을 상대로 제재적 조치를 취할 수 있도록 하면서, 그에 따르지 않으면 그 행정기관에 대하여 과태료를 부과하거나 형사처벌을 할 수 있도록 정하는 경우, 제재적 조치의 상대방인 행정기관 등에게 항고소송 원고로서의 당사자능력과 원고적격을 인정할 수 없다.

④ 원고가 「행정소송법」상 항고소송으로 제기해야 할 사건을 민사소송으로 잘못 제기한 경우에 수소법원이 그 항고소송에 대한 관할을 가지고 있지 아니하여 관할법원에 이송하는 결정을 하였고, 그 이송결정이 확정된 후 원고가 항고소송으로 소 변경을 하였다면, 그 항고소송에 대한 제소기간의 준수 여부는 원칙적으로 처음에 소를 제기한 때를 기준으로 판단하여야 한다.

17

행정절차에 관한 설명으로 옳지 않은 것은? (다툼이 있는 경우 판례에 의함)

① 「국가공무원법」상 직위해제처분은 당해 행정작용의 성질상 행정절차를 거치기 곤란하거나 불필요하다고 인정되는 사항 또는 행정절차에 준하는 절차를 거친 사항에 해당하지 않으므로, 처분의 사전통지 및 의견청취 등에 관한 「행정절차법」의 규정이 적용되어야 한다.

② 군인사법령에 의하여 진급예정자명단에 포함된 자에 대하여 의견제출의 기회를 부여하지 아니한 채 진급선발을 취소하는 처분을 한 것은 절차상 하자가 있어 위법하다고 할 것이다.

③ 행정청이 침해적 행정처분을 하면서 당사자에게 행정절차법상의 사전 통지를 하거나 의견제출의 기회를 주지 않았다면, 사전 통지를 하지 않거나 의견제출의 기회를 주지 않아도 되는 예외적인 경우에 해당하지 않는 한, 그 처분은 위법하여 취소를 면할 수 없다.

④ 행정기관이 소속 공무원이나 하급행정기관에 대하여 세부적인 업무처리절차나 법령의 해석·적용 기준을 정해 주는 '행정규칙'은 상위 법령의 구체적 위임이 있지 않는 한 조직 내부에서만 효력을 가질 뿐 대외적으로 국민이나 법원을 구속하는 효력이 없다.

18

다음 중 제3자의 원고적격에 관한 설명으로 옳지 않은 것은? (다툼이 있는 경우 판례에 의함)

① 행정처분의 직접 상대방이 아닌 제3자라도 당해 처분에 관하여 법률상 직접적이고 구체적인 이해관계를 가지는 경우에는 당해 처분 취소소송의 원고적격이 인정된다.

② 환경상 이익은 본질적으로 자연인에게 귀속되는 것으로서 단체는 환경상 이익의 침해를 이유로 행정소송을 제기할 수 없다.

③ 우리 출입국관리법의 해석상 외국인은 사증발급 거부처분의 취소를 구할 법률상 이익이 있다.

④ 처분 등에 의해 법률상 이익이 현저히 침해되는 경우뿐만 아니라 침해가 우려되는 경우에도 원고적격이 인정된다.

19

다음 중 공공의 영조물에 관한 설명으로 옳지 않은 것은? (다툼이 있는 경우 판례에 의함)

① 「도로교통법」 제3조 제1항에 의하여 특별시장 · 광역시장 · 제주특별자치도지사 또는 시장 · 군수의 권한으로 규정되어 있는 도로에서 경찰서장 등이 설치 · 관리하는 신호기의 하자로 인한 「국가배상법」 제5조 소정의 배상책임은 그 사무의 귀속 주체인 국가가 부담한다.

② 사실상 군민의 통행에 제공되고 있던 도로 옆의 암벽으로부터 떨어진 낙석에 맞아 사망하는 사고가 발생하였다고 하여도 동 사고지점 도로가 군에 의하여 노선인정 기타 공용개시가 없었으면 이를 영조물이라 할 수 없다.

③ 국가나 지방자치단체가 영조물의 설치 · 관리의 하자를 이유로 손해배상책임을 부담하는 경우 영조물의 설치 · 관리를 맡은 자와 그 비용부담자가 동일하지 아니하면 비용부담자도 손해배상책임이 있다.

④ 경찰서지서의 숙직실에서 순직한 경찰공무원의 유족들은 「국가배상법」 및 「민법」의 규정에 의한 손해배상을 청구할 권리가 있다.

20

다음 중 행정심판의 재결의 효력에 관한 설명으로 옳지 않은 것은? (다툼이 있는 경우 판례에 의함)

① 재결의 기속력은 인용재결의 효력이며 기각재결에는 인정되지 않는다.

② 재결이 확정된 경우에는 처분의 기초가 된 사실관계나 법률적 판단이 확정되고 당사자들이나 법원이 이에 기속되어 모순되는 주장이나 판단을 할 수 없게 된다.

③ 당해 처분에 관하여 위법한 것으로 재결에서 판단된 사유와 기본적 사실관계에 있어 동일성이 인정되는 사유를 내세워 다시 동일한 내용의 처분을 하는 것은 허용되지 않는다.

④ 형성력이 인정되는 재결로는 취소재결, 변경재결, 처분재결이 있다.

21

다음 중 「개인정보보호법」에 관한 내용으로 옳지 않은 것은? (다툼이 있는 경우 판례에 의함)

① 개인정보처리자는 개인정보를 익명 또는 가명으로 처리하여도 개인정보 수집목적을 달성할 수 있는 경우 익명처리가 가능한 경우에는 익명에 의하여, 익명처리로 목적을 달성할 수 없는 경

우에는 가명에 의하여 처리될 수 있도록 하여야 한다.

② 개인정보처리자는 정보주체가 필요한 최소한의 정보 외의 개인정보 수집에 동의하지 아니한다는 이유로 정보주체에게 재화 또는 서비스의 제공을 거부할 수 있다.

③ 개인정보처리자는 공공기관이 법령 등에서 정하는 소관 업무의 수행을 위하여 불가피한 경우에는 개인정보를 수집할 수 있으며 그 수집 목적의 범위에서 이용할 수 있다.

④ 개인정보처리자는 보유기간의 경과, 개인정보의 처리 목적 달성, 가명정보의 처리 기간 경과 등 그 개인정보가 불필요하게 되었을 때에는 지체 없이 그 개인정보를 파기하여야 한다. 다만, 다른 법령에 따라 보존하여야 하는 경우에는 그러하지 아니하다.

22

헌법재판소와 대법원 판례의 내용으로 옳지 않은 것은?

① 도축장 사용정지·제한명령은 공익목적을 위하여 이미 형성된 구체적 재산권을 박탈하거나 제한하는 「헌법」 제23조 제3항의 수용·사용 또는 제한에 해당하는 것이 아니라, 도축장 소유자들이 수인하여야 할 사회적 제약으로서 「헌법」 제23조 제1항의 재산권의 내용과 한계에 해당한다.

② 토지수용위원회의 수용재결에 대한 이의절차는 실질적으로 행정심판의 성질을 갖는 것이므로 「토지수용법」에 특별한 규정이 있는 것을 제외하고는 「행정심판법」의 규정이 적용된다고 할 것이다.

③ 「공무원연금법」상 공무원연금급여 재심위원회에 대한 심사청구 제도는 사안의 전문성과 특수성을 살리기 위하여 특히 필요하여 행정심판법에 따른 일반행정심판을 갈음하는 특별한 행정불복절차, 즉 특별행정심판에 해당한다.

④ 당사자의 신청을 받아들이지 않은 거부처분이 재결에서 취소된 경우에 행정청은 종전 거부처분 또는 재결 후에 발생한 새로운 사유를 내세워 다시 거부처분을 할 수 없다.

23

다음 중 개인적 공권에 관한 설명으로 옳지 않은 것은? (다툼이 있는 경우 판례에 의함)

① 재량권이 영으로 수축하는 경우에는 무하자재량행사청구권은 행정개입청구권으로 전환되는 특성이 존재한다.

② 사회적 기본권의 성격을 가지는 연금수급권은 국가에 대하여 적극적으로 급부를 요하는 것이므로 헌법규정만으로는 이를 실현할 수 없고, 법률에 의한 형성을 필요로 한다.

③ 행정청에게 부여된 공권력 발동권한이 재량행위인 경우, 행정청의 권한행사에 이해관계가 있는 개인은 행정청에 대하여 무하자재량행사청구권을 가진다.

④ 환경부장관의 생태·자연도 등급결정으로 1등급 권역의 인근 주민들이 가지는 환경상 이익은 법률상 이익이다.

24

항고소송의 대상인 '처분'에 대한 설명으로 옳지 않은 것은? (다툼이 있는 경우 판례에 의함)

① 교육부장관이 대학에서 추천한 복수의 총장 후보자들 전부 또는 일부를 임용제청에서 제외하는 행위는 제외된 후보자들에 대한 불이익처분으로서 항고소송의 대상이 되는 처분에 해당한다고 보아야 한다.

② 법령상 토사채취가 제한되지 않는 산림 내에서의 토사채취에 대하여 국토와 자연의 유지, 환경보전 등 중대한 공익상 필요를 이유로 그 허가를 거부하는 것은 재량권을 일탈·남용하여 위법한 처분이라 할 수 있다.

③ 대학이 복수의 후보자에 대하여 순위를 정하여 추천한 경우 교육부장관이 후순위 후보자를 임용제청했더라도 이로 인하여 헌법과 법률이 보장하는 대학의 자율성이 제한된다고는 볼 수 없다.

④ 절차상 또는 형식상 하자로 무효인 행정처분에 대하여 행정청이 적법한 절차 또는 형식을 갖추어 다시 동일한 행정처분을 하였다면, 종전의 무효인 행정처분에 대한 무효확인청구는 과거의 법률관계의 효력을 다투는 것에 불과하므로 무효확인을 구할 법률상 이익이 없다.

25

행정소송에 관한 설명으로 옳지 않은 것은? (다툼이 있는 경우 판례에 의함)

① 「공기업·준정부기관 계약사무규칙」에 따른 낙찰적격 세부기준은 국민의 권리의무에 영향을 미치므로 대외적 구속력이 인정된다.

② 지적공부 소관청의 지목변경신청 반려행위는 국민의 권리관계에 영향을 미치는 것으로서 항고소송의 대상이 되는 행정처분에 해당한다.

③ 건축물대장 소관청의 용도변경신청 거부행위는 국민의 권리관계에 영향을 미치는 것으로서 항고소송의 대상이 되는 행정처분에 해당한다.

④ 국가계약법상 감점조치는 계약 사무를 처리함에 있어 내부규정인 세부기준에 의하여 종합취득점수의 일부를 감점하게 된다는 뜻의 사법상의 효력을 가지는 통지행위에 불과하므로 항고소송의 대상이 되지 않는다.

PART 02

2022년 기출문제

국어 · 경영학 · 행정법

국어

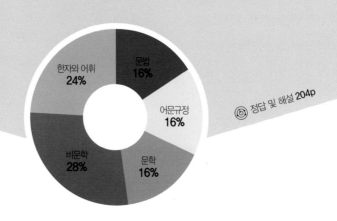

한자와 어휘 24%
문법 16%
어문규정 16%
문학 16%
비문학 28%

정답 및 해설 204p

01

다음 중 띄어쓰기가 가장 옳은 것은?

① 지난 달에 나는 딸도 만날겸 여행도 할겸 미국에 다녀왔어.

② 이 회사의 경비병들은 물 샐 틈없이 경비를 선다.

③ 저 사과들 중에서 좀더 큰것을 주세요.

④ 그 사람은 감사하기는 커녕 적게 주었다고 원망만 하더라.

02

다음 중 파생법으로 만들어진 단어가 아닌 것은?

① 교육자답다 ② 살펴보다
③ 탐스럽다   ④ 순수하다

03

다음 중 사자성어가 가장 적절하게 쓰이지 않은 것은?

① 견강부회(牽强附會) 하지 말고 타당한 논거로 반박을 하세요.

② 그는 언제나 호시우보(虎視牛步) 하여 훌륭한 리더가 되었다.

③ 함부로 도청도설(道聽塗說)에 현혹되어 주책없이 행동하지 마시오.

④ 이번에 우리 팀이 크게 이긴 것을 전화위복(轉禍爲福)으로 여기자.

04

다음 중 밑줄 친 부분의 한자가 나머지 셋과 다른 것은?

① 오래된 나사여서 마모가 심해 빼기 어렵다.

② 평소 절차탁마에 힘써야 대기만성에 이를 수 있다.

③ 정신을 수양하고 심신을 연마하는 것이 진정한 배움이다.

④ 너무 열중하여 힘을 주다 보니 근육이 마비되었다.

05

밑줄 친 부분의 띄어쓰기가 잘못된 것은?

① <u>한번</u> 실패했더라도 다시 도전하면 된다.
② <u>한번</u>은 네거리에서 큰 사고를 낼 뻔했다.
③ 고 녀석, 울음소리 <u>한번</u> 크구나.
④ 심심한데 노래나 <u>한번</u> 불러 볼까?

[06~07] 다음 글을 읽고 물음에 답하시오.

인류는 우주의 중심이 아니라 가장자리에 있으며, 인류의 기적 같은 진화는 유대, 기독교, 이슬람이 전제하고 있는 바와 같이 초월자의 선택에 의해 결정됐거나 힌두, 불교가 주장하고 있는 것과는 달리 자연의 우연한 산물이다. 우주적인 관점에서 볼 때 인류의 가치는 동물의 가치와 근원적으로 차별되지 않으며, 그의 존엄성은 다른 동물의 존엄성과 근본적으로 차등 지을 수 없다. 자연은 한없이 아름답고 자비롭다. 미국 원주민이 대지를 '어머니'라고 부르는 것으로 알 수 있듯이 자연은 모든 생성의 원천이자 젖줄이다. 그것은 대자연 즉 산천초목이 보면 볼수록 느끼면 느낄수록 생각하면 생각할수록 신선하고 풍요하기 때문이다. 자연은 무한히 조용하면서도 생기에 넘치고, 무한히 소박하면서도 환상적으로 아름답고 장엄하고 거룩한 모든 것들의 모체이자 그것들 자체이다. 자연은 영혼을 가진 인류를 비롯한 유인원, 그 밖의 수많은 종류의 식물과 동물들 및 신비롭고 거룩한 모든 생명체의 고향이자 거처이며, 일터이자 휴식처이고, 행복의 둥지이며, 영혼을 가진 인간이 태어났던 땅이기 때문이다. 자연은 모든 존재의 터전인 동시에 그 원리이며 그러한 것들의 궁극적 의미이기도 하다. 자연은 생명 그 자체의 활기, 존재 자체의 아름다움의 표상이다. 또한 그것은 인간이 배워야 할 진리이며 모든 행동의 도덕적 및 실용적 규범이며 지침이며 길이다. 자연은 정복과 활용이 아니라 감사와 보존의 대상이다.

06

다음 중 위 글을 통해 파악할 수 있는 글쓴이의 성격으로 가장 적절한 것은?

① 낭만주의자(浪漫主義者)
② 자연주의자(自然主義者)
③ 신비주의자(神秘主義者)
④ 실용주의자(實用主義者)

07

위 글의 구성 방식으로 가장 적절한 것은?

① 두괄식
② 양괄식
③ 미괄식
④ 중괄식

08

다음 중 아래의 글을 읽고 추론한 라캉의 생각과 가장 거리가 먼 것은?

라캉에 의하면, 사회화 과정에 들어서기 전의 거울 단계에서, 자기와 자기 영상, 혹은 자기와 어머니 같은 양자 관계에 새로운 타인, 다시 말해 아버지, 곧 법으로서의 큰 타자가 개입하는 삼자 관계, 즉 상징적 관계가 형성된다. 이 형성은 제3자가 외부에서 인위적으로 비집고 들어섬을 뜻하는 것이 아니다. 인간이 상징적 질서를 생각하게 되는 것은, 이미 그 질서가 구조적으로 인간에게 기능하게끔 되어 있기 때문이다. 인간이 후천적, 인위적으로 그 구조를 만들었다고 생각하는 것은 잘못이다. 인간은 단지 구조되어 있는 그 질서에 참여할 뿐이다.

말하자면 구조란 의식되지 않는 가운데 인간 문화의 기저에서 인간의 행위를 규정함을 뜻하는 것이다. 그러므로 라캉에게 있어서, 주체의 존재 양태는 무의식적인 것을 바탕으로 해서 가능하다. 주체 자체가 무의식적인 것으로서 형성된다. 그러므로 주체는 무의식적 주체이다.

라캉에게 나의 사유와 나의 존재는 사실상 분리되어 있다. 그는 나의 사유가 나의 존재를 확인시켜 주지 못한다고 주장한다. 라캉의 경우, '나는 생각한다'라는 의식이 없는 곳에서 '나는 존재'하고, 또 '내가 존재하는 곳'에서 '나는 생각하지 않는다'. 라캉은 무의식은 타자의 진술이라고 말한다. 바꾸어 말한다면 언어 활동에서 우리가 보내는 메시지는 타자로부터 발원되어 우리에게 온 것이다. '무의식은 주체에 끼치는 기표의 영향'이라고 라캉은 말한다.

이런 연유에서 '인간의 욕망은 타자의 욕망'이라는 논리가 라캉에게 성립된다. 의식의 차원에서 '내가 스스로 주체적'이라고 말하는 것 같지만, 그것은 어디까지나 허상이다. 실상은, 나의 진술은 타자의 진술에 의해서 구성된다는 것이다. 나의 욕망도 타자의 욕망에 의해서 구성된다. 내가 스스로 원한 욕망이란 성립하지 않는다.

① 주체의 무의식은 구조화된 상징적 질서에 의해 형성된다.
② 주체의 의식적 사유와 행위에 의해 새로운 문화 질서가 창조된다.
③ 대중매체의 광고는 주체의 욕망이 형성되는 데 큰 영향을 미친다.
④ 데카르트의 '나는 생각한다. 고로 존재한다'라는 명제는 옳지 않다.

09
다음 중 아래 시의 주제로 가장 옳은 것은?

바람결보다 더 부드러운 은빛 날리는
가을 하늘 현란한 광채가 흘러
양양한 대기에 바다의 무늬가 인다.

한 마음에 담을 수 없는 천지의 감동 속에
찬연히 피어난 백일(白日)의 환상을 따라
달음치는 하루의 분방한 정념에 헌신된 모습

생의 근원을 향한 아폴로의 호탕한 눈동자같이
황색 꽃잎 금빛 가루로 겹겹이 단장한
아! 의욕의 씨 원광(圓光)에 묻힌 듯 향기에 익어 가니

한줄기로 지향한 높다란 꼭대기의 환희에서
순간마다 이룩하는 태양의 축복을 받는 자
늠름한 잎사귀들 경이(驚異)를 담아 들고 찬양한다.

 – 김광섭, 〈해바라기〉

① 자연과 인간의 교감
② 가을의 정경과 정취
③ 생명에 대한 강렬한 의욕
④ 환희가 넘치는 삶

10
다음 중 아래 글의 제목으로 가장 옳은 것은?

방정식이라는 단어는 '정치권의 통합 방정식', '경영에서의 성공 방정식', '영화의 흥행 방정식' 등 다양한 분야에서 애용된다. 수학의 방정식은 문자를 포함하는 등식에서 문자의 값에 따라 등식이 참이 되기도 하고 거짓이 되기도 하는 경우를 말한다. 통합 방정식의 경우, 통합을 하는 데 여러 변수가 있고 변수에 따라 통합이 성공하거나 실패

할 수 있으므로 방정식이라는 표현은 대체로 적절하다.

그런데 방정식은 '변수가 많은 고차 방정식', '국내·국제·남북 관계의 3차 방정식'이란 표현에서 보듯이 차수와 함께 거론되기도 한다. 엄밀하게 따지면 변수의 개수와 방정식의 차수는 무관하다. 변수가 1개라도 고차 방정식이 될 수 있고 변수가 많아도 1차 방정식이 될 수 있다. 따라서 상황에 영향을 미치는 변수의 개수에 따라 m원 방정식으로, 상황의 복잡도에 따라 n차 방정식으로 구분할 필요가 있다. 또 4차 방정식까지는 근의 공식, 즉 일반해가 존재하므로 해를 구할 수 없을 정도의 난맥상이라면 5차 방정식 이상이라는 표현이 안전하다.

① 수학 용어의 올바른 활용
② 실생활에서의 수학 공식의 적용
③ 방정식의 정의와 구성 요소
④ 수학 용어의 추상성과 엄밀성

11

다음 중 ㉠~㉢에 알맞은 말을 순서대로 나열한 것은?

먼 곳의 물체를 볼 때 물체에서 반사되어 나온 빛이 눈 속으로 들어가면서 각막과 수정체에 의해 굴절되어 망막의 앞쪽에 초점을 맺게 되면 망막에는 초점이 맞지 않는 상이 맺힘으로써 먼 곳의 물체가 흐리게 보인다. 이것을 근시라고 한다.

근시인 눈에서 보고자 하는 물체가 눈에 가까워지면 망막의 (㉠)에 맺혔던 초점이 (㉡)으로 이동하여 망막에 초점이 맺혀 흐리게 보이던 물체가 선명하게 보인다. 그리고 이 지점보다 더 가까운 곳의 물체는 조절 능력에 의하여 계속 잘 보인다.

이와 같이 근시는 먼 곳의 물체는 잘 안 보이고 가까운 곳의 물체는 잘 보이는 것을 말한다. 근시의 정도가 심하면 심할수록 눈 속에 맺히는 초점이 망막으로부터 (㉢)으로 멀어져 가까운 곳의 잘 보이는 거리가 짧아지고 근시의 정도가 약하면 꽤 먼 곳까지 잘 볼 수 있다.

　　　㉠　　　㉡　　　㉢
① 앞쪽 – 뒤쪽 – 앞쪽
② 뒤쪽 – 앞쪽 – 앞쪽
③ 앞쪽 – 뒤쪽 – 뒤쪽
④ 뒤쪽 – 앞쪽 – 뒤쪽

12

다음 중 ㉠을 가리키기에 적절하지 <u>않은</u> 것은?

"허, 참, 세상 일두……."
마을 갔던 아버지가 언제 돌아왔는지,
"윤초시댁두 말이 아니어. ㉠ 그 많은 전답을 다 팔아 버리구, 대대루 살아오든 집마저 남의 손에 넘기드니, 또 악상꺼지 당하는 걸 보면……."
남폿불 밑에서 바느질감을 안고 있던 어머니가,
"증손이라곤 기집애 그 애 하나뿐이었지요?"
"그렇지. 사내애 둘 있든 건 어려서 잃구……."
"어쩌믄 그렇게 자식복이 없을까."

– 황순원, 〈소나기〉 중에서

① 雪上加霜
② 前虎後狼
③ 禍不單行
④ 孤掌難鳴

13

밑줄 친 말이 한자어와 고유어의 결합이 아닌 것은?

① 이번 달은 예상외로 가욋돈이 많이 나갔다.
② 앞뒤 사정도 모르고 고자질을 하면 안 된다.
③ 불이 나자 순식간에 장내가 아수라장으로 변했다.
④ 두통이 심할 때 관자놀이를 문지르면 도움이 된다.

14

다음 중 아래의 작품과 내용 및 주제가 가장 비슷한 것은?

동풍(東風)이 건듯 부러 적설(積雪)을 헤텨 내니
창 밧긔 심근 매화 두세 가지 픠여셰라
ᄀᆞᆺ득 냉담(冷淡)ᄒᆞᆫᄃᆡ 암향(暗香)은 므ᄉᆞ일고
황혼의 달이 조차 벼마ᄐᆡ빗최니
늣기난 닷 반기난 닷 님이신가 아니신가
뎌 매화 것거 내여 님 겨신 ᄃᆡ보내오져
님이 너ᄅᆞᆯ 보고 엇더타 너기실고

ᄭᅩᆺ 디고 새 닙 나니 녹음이 ᄭᆞᆯ렷ᄂᆞᆫᄃᆡ
나위(羅幃) 적막ᄒᆞ고 수막(繡幕)이 뷔여 잇다
부용(芙蓉)을 거더 노코 공작(孔雀)을 둘러 두니
ᄀᆞᆺ득 시ᄅᆞᆷ 한ᄃᆡ 날은 엇디 기돗던고
원앙금(鴛鴦錦) 버혀 노코 오색선 플텨 내여
금자ᄒᆡ견화이셔 님의 옷 지어내니
수품(手品)은ᄏᆞ니와 제도도 ᄌᆞ줄시고
산호수 지게 우ᄒᆡ백옥함의 다마 두고
님의게 보내오려 님 겨신 ᄃᆡᄇᆞ라보니
산인가 구름인가 머흐도 머흘시고
천리 만리 길ᄒᆡ뉘라셔 ᄎᆞ자갈고
니거든 여러 두고 날인가 반기실가

– 정철, 〈사미인곡〉 중에서

① 고인도 날 몯 보고 나도 고인 몯 뵈
고인을 몯 뵈도 녀던 길 알ᄑᆡ잇ᄂᆡ
녀던 길 알ᄑᆡ잇거든 아니 녀고 엇뎔고
② 삼동에 베옷 입고 암혈(巖穴)에 눈비 맞아
구름 낀 볕뉘도 쬔 적이 없건마는
서산에 해 지다 하니 눈물 겨워 하노라
③ 묏버들 갈ᄒᆡ것거 보내노라 님의
손ᄃᆡ자시ᄂᆞᆫ창 밧긔 심거두고 보쇼셔
밤비예 새 닙 곳 나거든 날인가도 너기쇼셔
④ 반중(盤中) 조홍(早紅) 감이 고아도 보이ᄂᆞ다
유자 안이라도 품엄즉도 ᄒᆞ다마ᄂᆞᆫ
품어 가 반기 리 업슬새 글노 설워ᄒᆞᄂᆞ이다

15

다음 중 표준어가 아닌 것은?

① 발가숭이 ② 깡총깡총
③ 뻗정다리 ④ 오뚝이

16

다음 중 아래 글의 내용을 포괄하여 설명하기에 가장 적절한 것은?

주체 경어법은 용언에 선어말 어미 '-시-'를 넣음으로써 이루어진다. 만약 여러 개의 용언이 함께 나타나는 경우라면 일률적인 규칙을 세우기는 어렵지만 대체로 문장의 마지막 용언에 선어말어미 '-시-'를 쓴다. 또한 여러 개의 용언 가운데 어휘적으로 높임의 용언이 따로 있는 경우에는 반드시 그 용언을 사용해야 한다.

① 할머니, 어디가 어떻게 편찮으세요?
② 어머님께서 돌아보시고 주인에게 부탁하셨다.
③ 선생님께서 책을 펴며 웃으셨다.
④ 할아버지께서 주무시고 가셨다.

17

아래의 글에 나타나지 <u>않는</u> 설명 방식은?

> 텔레비전에서는 여러 종류의 자막이 쓰인다. 뉴스의 경우, 앵커가 기사를 소개할 때에는 앵커의 왼쪽 위에 기사 전체의 내용을 요약하거나 핵심을 추려 제목 자막을 쓴다. 보도 중간에는 화면의 하단에 기사의 제목이나 소제목을 자막으로 보여준다. 그리고 보도 내용을 이해하는 데 꼭 필요한 핵심적인 내용이나 세부 자료도 자막으로 보여준다.
>
> 관객이나 시청자가 읽을 수 있도록 화면에 보여주는 글자라는 점에서 영화에서 쓰이는 자막도 텔레비전 자막과 비슷하게 활용된다. 그런데 영화의 자막은 타이틀과 엔딩 크레디트 그리고 번역 대사가 전부이다. 이는 모두 영화 제작과 관련된 정보를 알려주는 제한된 용도로만 사용된다. 번역 대사는 더빙하지 않은 외국영화의 대사를 보여주기 위한 수단으로 사용된다.
>
> 텔레비전에서는 영화에서 쓰는 자막을 모두 사용할 뿐 아니라 각종 제목과 요약 내용을 나타내기도 하고 시청자의 흥미를 돋우기 위해 말과 감탄사를 표현하기도 한다. 음성으로 전달할 수 없는 다양한 정보를 제작자의 의도에 맞게끔 자막을 활용하여 제공하는 것이다.

① 정의　　　　　　② 유추
③ 예시　　　　　　④ 대조

18

다음 중 (가)~(다)를 문맥에 맞는 순서대로 나열한 것은?

> 최근 수십 년간 세계 각국의 정부들은 공격적인 환경보호 조치들을 취해왔다. 대기오염과 수질오염, 살충제와 독성 화학물질의 확산, 동식물의 멸종 위기 등을 우려한 각국의 정부들은 인간의 건강을 증진하고 인간 활동이 야생 및 원시 지역에서 만들어 낸 해로운 결과를 줄이기 위해 상당한 자원을 투자해왔다.
>
> (가) 그러나 이러한 규제 노력 가운데는 막대한 비용을 헛되이 낭비한 것들도 상당수에 달하며, 그중 일부는 해결하고자 했던 문제를 오히려 악화시키기도 했다.
>
> (나) 이 중 많은 조치들이 커다란 성과를 거두었다. 이를테면 대기오염을 줄이려는 노력으로 수십만 명의 조기 사망과 수백만 가지의 질병을 예방할 수 있었다.
>
> (다) 예를 들어, 새로운 대기 오염원을 공격적으로 통제할 경우, 기존의 오래된 오염원의 수명이 길어져서 적어도 단기적으로는 대기오염을 가중시킬 수 있다.

① (나) → (가) → (다)　　② (나) → (다) → (가)
③ (다) → (가) → (나)　　④ (다) → (나) → (가)

19

다음 중 밑줄 친 부분과 같은 수사법이 쓰인 것은?

> <u>흰 수건</u>이 검은 머리를 두르고
> <u>흰 고무신</u>이 거친 발에 걸리우다.
>
> <u>흰 저고리 치마</u>가 슬픈 몸집을 가리고
> <u>흰 띠</u>가 가는 허리를 질끈 동이다.
>
> – 윤동주, 〈슬픈 족속〉

① 내 누님같이 생긴 꽃이여
② 나의 마음은 고요한 물결
③ 파도가 아가리를 쳐들고 달려드는 곳
④ 의(義) 있는 사람은 옳은 일을 위하여는 칼날을 밟습니다

20

밑줄 친 말의 표기가 <u>잘못된</u> 것은?

① 배가 고파서 <u>공기밥</u>을 두 그릇이나 먹었다.
② 선출된 임원들이 차례로 <u>인사말</u>을 하였다.
③ 사고 <u>뒤처리</u>를 하느라 골머리를 앓았다.
④ 이메일보다는 손수 쓴 <u>편지글</u>이 더 낫다.

21

다음 중 아래 글에 대한 이해로 가장 적절하지 <u>않은</u> 것은?

어떤 사람은 이곳이 옛 전쟁터였기 때문에 물소리가 그렇다고 말하나 그래서가 아니라 물소리는 듣기 여하에 달린 것이다.

나의 집이 있는 산속 바로 문 앞에 큰 내가 있다. 해마다 여름철 폭우가 한바탕 지나가고 나면 냇물이 갑자기 불어나 늘 수레와 말, 대포와 북의 소리를 듣게 되어 마침내 귀에 못이 박힐 정도가 되어 버렸다.

나는 문을 닫고 드러누워 그 냇물 소리를 구별해서 들어 본 적이 있었다. 깊숙한 솔숲에서 울려 나오는 솔바람 같은 소리, 이 소리는 청아하게 들린다. 산이 찢어지고 언덕이 무너지는 듯한 소리, 이 소리는 격분해 있는 것처럼 들린다. 뭇 개구리들이 다투어 우는 듯한 소리, 이 소리는 교만한 것처럼 들린다. 수많은 축(筑)이 번갈아 울리는 듯한 소리, 이 소리는 노기에 차 있는 것처럼 들린다. 별안간 떨어지는 천둥 같은 소리, 이 소리는 놀란 듯이 들린다. 약하기도 세기도 한 불에 찻물이 끓는 듯한 소리, 이 소리는 분위기 있게 들린다. 거문고가 궁조(宮調)·우조(羽調)로 울려 나오는 듯한 소리, 이 소리는 슬픔에 젖어 있는 듯이 들린다. 종이 바른 창문에 바람이 우는 듯한 소리, 이 소리는 회의(懷疑)스러운 듯 들린다. 그러나 이 모두가 똑바로 듣지 못한 것이다. 단지 마음속에 품

은 뜻이 귀로 소리를 받아들여 만들어 낸 것일 따름이다.

– 박지원, 〈일야구도하기〉 중에서

① 직유와 은유를 활용하여 대상을 묘사하였다.
② 세심한 관찰을 통해 사물의 본질을 이해할 수 있음을 역설하였다.
③ 일상에서의 경험을 자기 생각의 근거로 제시하였다.
④ 다른 이의 생각을 반박하기 위하여 서술하였다.

22

밑줄 친 '보다'의 활용형이 지닌 의미가 나머지 셋과 <u>다른</u> 것은?

① 어쩐지 그의 행동을 실수로 <u>볼</u> 수가 없었다.
② 손해를 <u>보면서</u> 물건을 팔 사람은 없다.
③ 그는 상대를 만만하게 <u>보는</u> 나쁜 버릇이 있다.
④ 날씨가 좋을 것으로 <u>보고</u> 우산을 놓고 나왔다.

23

다음 중 '을'이 '동의의 격률'에 따라 대화를 한 것은?

① 갑 : 저를 좀 도와주실 수 있어요?
　을 : 무슨 일이지요? 지금 급히 해야 할 일이 있어요.
② 갑 : 글씨를 좀 크게 써 주세요.
　을 : 귀가 어두워서 잘 들리지 않는데 좀 크게 말씀해 주세요.
③ 갑 : 여러 모로 부족한 점이 많은데, 앞으로 잘 부탁합니다.

을 : 저는 매우 부족한 사람이라서 제대로 도와
　　 드릴 수 있을지 걱정입니다.
④ 갑 : 여러 침대 중에 이것이 커서 좋은데 살까
　　 요?
　　 을 : 그 침대가 크고 매우 우아해서 좋군요. 그
　　　 런데 좀 커서 우리 방에 들어가지 않을 것
　　　 같아요.

③ 한라산 – Hanrasan
④ 북한산 – Bukhansan

24

아래의 글에서 밑줄 친 단어들 중 고유어에 해당하는 것은?

> 　절간의 여름 수도(修道)인 하안거(夏安居)가 끝나면 스님들은 바랑을 메고 바리를 들고서 <u>동냥</u> 수도에 나선다. 이 동냥이 경제적인 <u>구걸</u>로 타락된 적도 없지 않지만 원래는 <u>중생</u>으로 하여금 <u>자비</u>를 베풀 기회를 줌으로써 업고(業苦)를 멸각시키려는 수도 행사였다.

① 동냥　　　　　② 구걸
③ 중생　　　　　④ 자비

25

다음 중 밑줄 친 단어를 〈로마자 표기법〉에 맞게 표기한 것은?

> 내 이름은 복연필이다.
> 어제 우리는 <u>청와대</u>를 다녀왔다.
> 작년에 나는 <u>한라산</u>을 등산하였다.
> 다음 주에 나는 <u>북한산</u>을 등산하려고 한다.

① 복연필 – Bok Nyeonphil
② 청와대 – Chungwadae

경영학

국제경영과
국제경제 **4%**
회계학 **12%**
재무관리 **12%**
마케팅 **12%**
경영정보시스템 **4%**
조직행위 **16%**
인사관리 **4%**
생산관리 **4%**
경영학 기초 **32%**

◎ 정답 및 해설 210p

01

다음 중에서 일정 기간 내의 생산의 절대량이 증가할수록 제품(또는 제품을 생산하는 작업)의 단가가 저하되는 현상을 설명으로 가장 옳은 것은?

① 규모의 경제　　　② 범위의 경제
③ 경험효과　　　　④ 시너지

02

다음 중에서 가격책정방법이 아닌 것은?

① 원가가산의 방법
② 수요지향적 방법
③ 경쟁지향적 방법
④ 재고지향적 방법

03

다음 중에서 리더십의 관점이 아닌 것은?

① 전술이론　　　　② 특성이론
③ 행동이론　　　　④ 상황이론

04

다음 중에서 생산관리의 목적으로 가장 옳지 않은 것은?

① 원가절감　　　　② 최고의 품질
③ 유연성 확보　　　④ 촉진강화

05

다음 중 공급사슬관리(SCM, Supply Chain Management)의 기대효과에 해당하지 않는 것은?

① 거래 비용의 절감
② 채찍 효과(bullwhip effect)의 증폭
③ 거래의 오류 감소
④ 정보 전달과 처리의 편의성 증대

06

다음 중에서 기업의 종합적인 관점에서 비전과 목표를 설정하고 각 사업분야에서 경영자원을 배분하고 조정하는 일련의 활동으로 가장 옳은 것은?

① 기업전략　　　　② 사업부전략
③ 기능별전략　　　④ 마케팅전략

07

관리과정의 단계 중 조직화에 대한 설명으로 가장 적절한 것은?

① 과업의 목표, 달성 방법 등을 정리하는 것
② 전체 과업을 각자에게 나누어 맡기고 그 일들의 연결 관계를 정하는 것
③ 과업이 계획대로 실행되었는지 살펴보고 필요한 시정조치를 취하는 것
④ 과업이 실제로 실행되도록 시키거나 이끌어가는 것

08

다음 중에서 관리회계에 대한 설명 중 가장 옳지 않은 것은?

① 기업 외부의 이해관계자들이 필요한 정보를 제공한다.
② 사업부별 성과분석을 제공한다.
③ 원가절감을 위한 원가계산 정보를 제공한다.
④ 기업회계기준이나 국제회계기준 등의 규칙을 준수하지 않아도 된다.

09

다음 중에서 안전성 비율로 옳지 않는 것은?

① 부채비율
② 유동비율
③ 당좌비율
④ 자본이익율

10

다음 중 제품 포트폴리오 관리 도구인 BCG 매트릭스가 제공하는 4가지 진단상황에 대한 설명으로 가장 옳지 않은 것은?

① 별(star) : 시장성장률과 시장점유율이 모두 높은 제품
② 현금젖소(cash cow) : 시장점유율은 낮지만 시장성장률이 높은 제품
③ 개(dog) : 시장성장률과 시장점유율이 모두 낮은 제품
④ 물음표(question mark) : 시장성장률은 높지만 시장점유율이 낮은 제품

11

다음 중 법인세비용 차감 이후의 이익으로 가장 옳은 것은?

① 당기순이익
② 매출총이익
③ 영업이익
④ 법인세비용차감전순이익

12

다음 중 인간관계론에 대한 설명으로 가장 옳은 것은?

① 과학적관리법이라고도 한다.
② 차별적성과급을 핵심 수단으로 삼고 있다.
③ 비공식집단의 중요성을 발견했다.
④ 조직을 관리하는 최선의 관리방식은 회사의 규모나 시장 상황 등에 따라 상이할 수 있음을 발견했다.

13

다음 중 기업의 사회적 책임의 유형들에 대한 설명으로 가장 옳지 <u>않은</u> 것은?

① 경제적 책임 : 이윤을 창출하는 것으로 가장 기초적인 수준의 사회적 책임에 해당됨
② 법적 책임 : 법규를 준수하는 것
③ 윤리적 책임 : 법적 책임의 범위 내에서 기업을 경영하는 것
④ 자선적 책임 : 자발적으로 사회에 이바지하여 훌륭한 기업시민이 되는 것

14

조직 내부에서 지식을 증폭 및 발전시키는 과정에 대한 설명 중 가장 옳지 <u>않은</u> 것은?

① 이식(공동화 socialization) : 각 개인들이 가진 형식지(explicit knowledge)를 조직 안에서 서로 나누어 가지는 과정
② 표출(명료화 externalization) : 머릿속의 지식을 형식지로 옮기면서 새로운 지식이 얻어지는 과정
③ 연결(통합화 combination) : 각자의 단편지식들이 연결되면서 통합적인 새로운 지식들이 생성되는 과정
④ 체화(내재화 internalization) : 구성원들이 얻은 형식지를 머릿속에 쌓아 두면서 자신의 지식과 경험으로 만드는 과정

15

다음 중 목표에 의한 관리(MBO)의 성공요건이 <u>아닌</u> 것은?

① 목표의 난이도 ② 목표의 구체성
③ 목표의 유연성 ④ 목표의 수용성

16

다음 중 자본예산의 의사결정준칙에 대한 설명으로 가장 옳지 <u>않은</u> 것은?

① 회수기간법 ② 순현가법
③ 내부수익률법 ④ 선입선출법

17

다음 중 시장세분화를 통해 기대할 수 있는 효과에 대한 설명으로 가장 옳지 <u>않은</u> 것은?

① 고객들의 욕구를 보다 잘 이해할 수 있다.
② 마케팅 기회를 더 잘 발견할 수 있다.
③ 시장세분화를 하면 할수록 비용효율성이 높아지기 때문이다.
④ 기업들이 동일한 소비자를 놓고 직접 경쟁하지 않아도 되므로 가격경쟁이 완화될 수 있다.

18

다음 중 마케팅 믹스(4P Mix)에 해당하지 <u>않는</u> 것은?

① 상품(product) ② 가격(price)
③ 유통(place) ④ 과정(process)

19

다음 중 글로벌경영의 필요성에 대한 설명으로 가장 옳지 <u>않은</u> 것은?

① 해외시장 확보를 통한 매출액 증대

② 지리적 다변화를 통한 위험집중

③ 국내 규제의 회피

④ 해외조달을 통한 투입요소 비용의 절감

20

다음 중 전통적 품질관리(QC)와 전사적품질경영(TQC)에 대한 비교가 가장 옳지 <u>않은</u> 것은?

	구분	품질관리 (QC)	전사적품질경영 (TQC)
가	대상	제조부문 위주	기업 내 전 부문
나	업종	모든 업종에 적용됨	제조업 중심
다	목표	생산관리면에 국한 (불량률 감소, 원가 절감, 품질의 균일화 등)	기술혁신, 불량예방, 원가절감 등을 통한 총체적 생산성 향상 및 고객만족
라	성격	생산현장에 정통한 품질관리 담당자 중 심의 통제	생산직, 관리자, 최 고경영자까지 전사 적으로 참여

① 가

② 나

③ 다

④ 라

21

다음 중 재고관련비용의 유형에 대한 설명으로 가장 옳지 <u>않은</u> 것은?

① 품목비용 : 재고품목 그 자체의 구매비용 또는 생산비용

② 주문비용 : 재고품목을 외부에 주문할 때 발생하는 경비와 관리비

③ 재고유지비용 : 한 번의 조업을 위한 생산설비의 가동준비에 소요되는 비용

④ 재고부족비용 : 재고가 소진된 후 보충될 때까지 기다리는 과정에서 발생하는 비용

22

다음 중 시계열분석기법에 속하는 수요예측 방법과 가장 옳지 <u>않은</u> 것은?

① 델파이법

② 이동평균법

③ 지수평활법

④ 추세분석법

23

다음 중 거래에 대한 분개로 가장 옳은 것은?

> 거래내용 : ₩40,000원의 상품을 구매하였는데, 이 중 ₩10,000원을 현금으로 지급하였으며, 나머지는 외상으로 하였다.

	(차변)		(대변)	
①	현금	10,000	상품	40,000
	매출채권	30,000		
②	상품	40,000	현금	10,000
	매입채무	30,000		
③	상품	40,000	현금	10,000
	매출채권	30,000		
④	현금	10,000	상품	40,000
	매입채무	30,000		

24

다음 중 유가증권이나 투자안의 위험(risk) 중 특정 기업에만 해당하는 수익률변동성(위험)으로 가장 옳은 것은?

① 포트폴리오 효과

② 체계적 위험

③ 변동계수

④ 비체계적 위험

25

다음 중 균형성과표(BSC)의 4가지 관점에 해당하지 않는 것은?

① 학습과 성장 관점

② 내부 비즈니스 프로세스 관점

③ 경쟁자 관점

④ 재무적 관점

행정법

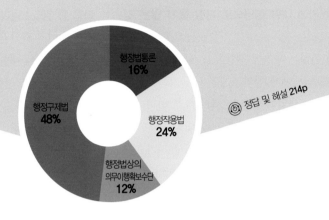

행정법통론 16%

행정작용법 24%

행정구제법 48%

행정법상의 의무이행확보수단 12%

◎ 정답 및 해설 214p

01

다음 중 행정법의 효력에 대한 설명으로 가장 옳지 않은 것은?

① 행정법령의 시행일을 정하지 않은 경우에는 공포한 날부터 20일이 경과함으로써 효력을 발생하는데, 이 경우 공포한 날을 첫날에 산입하지 아니하고 기간의 말일이 토요일 또는 공휴일인 때에는 그 말일의 다음날로 기간이 만료한다.

② 법령을 소급적용하더라도 일반 국민의 이해에 직접 관계가 없는 경우, 오히려 그 이익을 증진하는 경우, 불이익이나 고통을 제거하는 경우 등의 특별한 사정이 있는 경우에 한하여 예외적으로 법령의 소급적용이 허용된다.

③ 신청에 따른 처분은 신청 후 법령이 개정된 경우라도 법령 등에 특별한 규정이 있거나 처분 당시의 법령을 적용하기 곤란한 특별한 사정이 있는 경우를 제외하고는 개정된 법령을 적용한다.

④ 법령상 허가를 받아야만 가능한 행위가 법령 개정으로 허가 없이 할 수 있게 되었다 하더라도 개정의 이유가 사정의 변천에 따른 규제 범위의 합리적 조정의 필요에 따른 것이라면 개정 전 허가를 받지 않고 한 행위에 대해 개정 전 법령에 따라 처벌할 수 있다.

02

다음 중 행정법의 법원에 대한 설명으로 가장 옳은 것은?

① 행정청 내부의 사무처리준칙이 제정·공표되었다면 이 자체만으로도 행정청은 자기구속을 받게 되므로 이 준칙에 위배되는 처분은 위법하게 된다.

② 헌법재판소의 위헌결정이 있다면 행정청이 개인에 대하여 공적인 견해를 표명한 것으로 볼 수 있으므로 위헌 결정과 다른 행정청의 결정은 신뢰보호 원칙에 반한다.

③ 부당결부금지의 원칙은 판례에 의해 확립된 행정의 법원칙으로 실정법상 명문의 규정은 없다.

④ 법령의 규정만으로 처분 요건의 의미가 분명하지 아니한 경우에 법원이나 헌법재판소의 분명한 판단이 있음에도 합리적 근거가 없이 사법적 판단과 어긋나게 행정처분을 한 경우에 명백한 하자가 있다고 봄이 타당하다.

03

다음 중 허가에 대한 설명으로 가장 옳지 <u>않은</u> 것은?

① 한의사 면허는 허가에 해당하고, 한약조제 시험을 통해 약사에게 한약조제권을 인정함으로써 한의사들의 영업이익이 감소되었다고 하더라도 이는 법률상 이익 침해라고 할 수 없다.

② 건축허가는 기속행위이므로 건축법상 허가요건이 충족된 경우에는 항상 허가하여야 한다.

③ 허가신청 후 허가기준이 변경되었다 하더라도 그 허가관청이 허가신청을 수리하고도 정당한 이유 없이 그 처리를 늦추어 그 사이에 허가기준이 변경된 것이 아닌 이상 변경된 허가기준에 따라서 처분을 하여야 한다.

④ 석유판매업 등록은 대물적 허가의 성질을 가지고 있으므로, 종전 석유판매업자가 유사석유제품을 판매한 행위에 대해 승계인에게 사업정지 등 제재처분을 할 수 있다.

04

다음 중 처분의 사전통지에 대한 설명으로 가장 옳지 <u>않은</u> 것은?

① 고시 등에 의한 불특정 다수를 상대로 한 권익제한이나 의무부과의 경우 사전통지대상이 아니다.

② 수익적 처분의 신청에 대한 거부처분은 실질적으로 침익적 처분에 해당하므로 사전통지대상이 된다.

③ 「행정절차법」은 처분의 직접 상대방 외에 신청에 따라 행정절차에 참여한 이해관계인도 사전통지의 대상인 당사자에 포함시키고 있다.

④ 공무원의 정규임용처분을 취소하는 처분은 사전통지를 하지 않아도 되는 예외적인 경우에 해당하지 않는다.

05

다음 중 취소소송과 무효확인소송의 관계에 대한 설명으로 가장 옳지 <u>않은</u> 것은?

① 행정처분에 대한 취소소송과 무효확인소송은 단순 병합이나 선택적 병합의 방식으로 제기할 수 있다.

② 무효선언을 구하는 취소소송이라도 형식이 취소소송이므로 제소요건을 갖추어야 한다.

③ 무효확인을 구하는 소에는 당사자가 명시적으로 취소를 구하지 않는다고 밝히지 않는 한 취소를 구하는 취지가 포함되었다고 보아서 취소소송의 요건을 갖추었다면 취소판결을 할 수 있다.

④ 취소소송의 기각판결의 기판력은 무효확인소송에 미친다.

06

다음 중 판결의 효력에 대한 설명으로 가장 옳지 <u>않은</u> 것은?

① 취소판결 자체의 효력으로써 그 행정처분을 기초로 하여 새로 형성된 제3자의 권리까지 당연히 그 행정처분 전의 상태로 환원되는 것이라고는 할 수 없다.

② 처분의 취소를 구하는 청구에 대한 기각판결은 기판력이 발생하지 않는다.

③ 취소판결이 확정된 경우 행정청은 종전 처분과 다른 사유로 다시 처분할 수 있고, 이 경우 그 다른 사유가 종전 처분 당시 이미 존재하고 있었고 당사자가 이를 알고 있었다하더라도 확정판결의 기속력에 저촉되지 않는다.

④ 거부처분에 대한 취소판결이 확정된 후 법령이 개정된 경우 개정된 법령에 따라 다시 거부처분을 하여도 기속력에 반하지 아니하다.

07

다음 중 행정심판에 대한 설명으로 가장 옳지 <u>않은</u> 것은?

① 처분청이 처분을 통지할 때 행정심판을 제기할 수 있다는 사실과 기타 청구절차 및 청구기간 등에 대한 고지를 하지 않았다고 하여 처분에 하자가 있다고 할 수 없다.

② 행정심판청구서가 피청구인에게 접수된 경우, 피청구인은 심판청구가 이유 있다고 인정하면 직권으로 처분을 취소할 수 있다.

③ 수익적 처분의 거부처분이나 부작위에 대해 임시적 지위를 인정할 필요가 있어서 인정한 제도는 임시처분이다.

④ 의무이행심판에서 이행을 명하는 재결이 있음에도 불구하고 처분청이 이를 이행하지 아니할 때 위원회가 직접 처분을 할 수 있는데, 행정심판의 재결은 처분청을 기속하므로 지방자치단체는 직접 처분에 대해 행정심판위원회가 속한 국가기관을 상대로 권한쟁의심판을 청구할 수 없다.

08

다음 중 영조물의 설치 · 관리상 하자로 인한 손해배상에 대한 설명으로 가장 옳지 <u>않은</u> 것은?

① 공공의 영조물은 사물(私物)이 아닌 공물(公物)이어야 하지만, 공유나 사유임을 불문하고 행정주체에 의하여 특정 공공의 목적에 공여된 유체물이면 족하다.

② 도로의 설치 및 관리에 있어 완전무결한 상태를 유지할 정도의 고도의 안전성을 갖추지 아니하였다고 하여 하자가 있다고 단정할 수는 없고, 그것을 이용하는 자의 상식적이고 질서 있는 이용 방법을 기대한 상대적인 안전성을 갖추는 것으로 족하다.

③ 하천의 홍수위가 「하천법」상 관련규정이나 하천정비계획 등에서 정한 홍수위를 충족하고 있다고 해도 하천이 범람하거나 유량을 지탱하지 못해 제방이 무너지는 경우는 안전성을 결여한 것으로 하자가 있다고 본다.

④ 공군에 속한 군인이나 군무원의 경우 일반인에 비하여 공군비행장 주변의 항공기 소음 피해에 관하여 잘 인식하거나 인식할 수 있는 지위에 있다는 이유만으로 가해자가 면책되거나 손해배상액이 감액되지는 않는다.

09

통치행위에 관한 판례의 내용으로 가장 옳지 <u>않은</u> 것은?

① 외국에의 국군의 파견결정과 같이 성격상 외교 및 국방에 관련된 고도의 정치적 결단이 요구되는 사안에 대한 국민의 대의기관의 결정이 사법심사의 대상이 되지 아니한다.

② 선고된 형의 전부를 사면할 것인지 또는 일부만을 사면할 것인지를 결정하는 것은 사면권자의 전권사항에 속하는 것이고, 징역형의 집행유예에 대한 사면이 병과된 벌금형에도 미치는 것으로 볼 것인지 여부는 사면의 내용에 대한 해석문제에 불과하다.

③ 남북정상회담의 개최과정에서 재정경제부장관에게 신고하지 아니하거나 통일부장관의 협력사업 승인을 얻지 아니한 채 북한 측에 사업권의 대가 명목으로 송금한 행위는 사법심사의 대상이 되지 아니한다.

④ 비록 서훈취소가 대통령이 국가원수로서 행하는 행위라고 하더라도 법원이 사법심사를 자제하여야 할 고도의 정치성을 띤 행위라고 볼 수는 없다.

10

행정행위의 효력에 대한 설명으로 가장 옳지 않은 것은? (단, 다툼이 있는 경우 판례에 의함)

① 일반적으로 행정처분이나 행정심판 재결이 불복 기간의 경과로 확정될 경우에는 그 처분의 기초가 된 사실관계나 법률적 판단이 확정되고 당사자들이나 법원이 이에 기속되어 모순되는 주장이나 판단을 할 수 없게 된다.

② 제소기간이 이미 도과하여 불가쟁력이 생긴 행정처분에 대하여는 개별 법규에서 그 변경을 요구할 신청권을 규정하고 있거나 관계 법령의 해석상 그러한 신청권이 인정될 수 있는 등 특별한 사정이 없는 한 국민에게 그 행정처분의 변경을 구할 신청권이 있다 할 수 없다.

③ 불가쟁력이 발생한 행정행위로 손해를 입은 국민은 그 위법성을 들어 국가배상청구를 할 수 있다.

④ 불가변력이라 함은 행정행위를 한 행정청이 당해 행정행위를 직권으로 취소 또는 변경할 수 없게 하는 힘으로 실질적 확정력 또는 실체적 존속력이라고도 한다.

11

부관에 대한 판례의 내용으로 가장 옳지 않은 것은?

① 재량행위에 있어서는 관계 법령에 명시적인 금지규정이 없는 한 행정목적을 달성하기 위하여 조건이나 기한, 부담 등의 부관을 붙일 수 있다.

② 토지소유자가 토지형질변경행위허가에 붙은 기부채납의 부관에 따라 토지를 국가나 지방자치단체에 기부채납(증여)한 경우, 토지소유자는 원칙적으로 기부채납(증여)의 중요 부분에 착오가 있음을 이유로 증여계약을 취소할 수 있다.

③ 당초에 붙은 기한을 허가 자체의 존속기간이 아니라 허가조건의 존속기간으로 보더라도 그 후 당초의 기한이 상당 기간 연장되어 연장된 기간을 포함한 존속기간 전체를 기준으로 볼 경우 더 이상 허가된 사업의 성질상 부당하게 짧은 경우에 해당하지 않게 된 때에는 재량권의 행사로서 더 이상의 기간연장을 불허가할 수도 있다.

④ 일반적으로 행정처분에 효력기간이 정하여져 있는 경우에는 그 기간의 경과로 그 행정처분의 효력은 상실되며, 다만 허가에 붙은 기한이 그 허가된 사업의 성질상 부당하게 짧은 경우에는 이를 그 허가 자체의 존속기간이 아니라 그 허가조건의 존속기간으로 볼 수 있다.

12

행정계획에 관한 판례의 내용으로 가장 옳지 않은 것은?

① 관계 법령에는 추상적인 행정목표와 절차만이 규정되어 있을 뿐 행정계획의 내용에 관하여는 별다른 규정을 두고 있지 아니하므로 행정주체는 구체적인 행정계획을 입안·결정함에 있어서 비교적 광범위한 형성의 자유를 가진다.

② 행정주체가 가지는 이와 같은 형성의 자유는 무제한적인 것이 아니라 그 행정계획에 관련되는 자들의 이익을 공익과 사익 사이에서는 물론이고 공익 상호간과 사익 상호간에도 정당하게 비교 교량하여야 한다는 제한이 있다.

③ 판례에 따르면, 행정계획에 있어서 형량의 부존재, 형량의 누락, 평가의 과오 및 형량의 불비례 등 형량의 하자별로 위법의 판단기준을 달리하여 개별화하여 판단하고 있다.

④ 이미 고시된 실시계획에 포함된 상세계획으로

관리되는 토지 위의 건물의 용도를 상세계획 승인권자의 변경승인 없이 임의로 판매시설에서 상세계획에 반하는 일반목욕장으로 변경한 사안에서, 그 영업신고를 수리하지 않고 영업소를 폐쇄한 처분은 적법하다고 한 판례가 있다.

13

다음 중 취소소송의 대상이 되는 처분에 해당하는 것으로 옳은 것은 모두 몇 개인가?

> ㄱ. 한국마사회의 조교사나 기수에 대한 면허취소 · 정지
> ㄴ. 법규성 있는 고시가 집행행위 매개 없이 그 자체로서 이해당사자의 법률관계를 직접 규율하는 경우
> ㄷ. 행정계획 변경신청의 거부가 장차 일정한 처분에 대한 신청을 구할 법률상 이익이 있는 자의 처분자체를 실질적으로 거부하는 경우
> ㄹ. 국가공무원법상 당연퇴직의 인사발령

① 0개   ② 1개
③ 2개   ④ 3개

14

행정입법부작위에 대한 설명으로 가장 옳지 않은 것은? (단, 다툼이 있는 경우 판례에 의함)

① 현행법상 행정권의 시행명령제정의무를 규정하는 명시적인 법률규정은 없다.

② 삼권분립의 원칙, 법치행정의 원칙을 당연한 전제로 하고 있는 우리 헌법하에서 행정권의 행정입법 등 법집행의무는 헌법적 의무라고 보아야 한다.

③ 행정입법의 부작위가 위헌 · 위법이라고 하기 위하여는 행정청에게 행정입법을 하여야 할 작위의무를 전제로 하는 것이나, 그 작위의무가 인정되기 위하여는 행정입법의 제정이 법률의 집행에 필수불가결한 것일 필요는 없다.

④ 부작위위법확인소송의 대상이 될 수 있는 것은 구체적 권리의무에 관한 분쟁이어야 하고, 추상적인 법령에 관하여 제정의 여부 등은 그 자체로서 국민의 구체적인 권리의무에 직접적 변동을 초래하는 것이 아니어서 행정소송의 대상이 될 수 없다.

15

판례에 따르면 공법상 당사자소송과 가장 옳지 않은 것은?

① 조세부과처분의 당연무효를 전제로 하여 이미 납부한 세금의 반환청구

② 재개발조합을 상대로 조합원자격 유무에 관한 확인을 구하는 소송

③ 사업주가 당연가입자가 되는 고용보험 및 산재보험에서 보험료 납부의무 부존재확인소송

④ 한국전력공사가 한국방송공사로부터 수신료의 징수업무를 위탁받아 자신의 고유업무와 관련된 고지행위와 결합하여 수신료를 징수할 권한이 있는지 여부를 다투는 쟁송

16

행정소송법의 규정 내용으로 가장 옳지 <u>않은</u> 것은?

① 법원은 소송의 결과에 따라 권리 또는 이익의 침해를 받을 제3자가 있는 경우에는 당사자 또는 제3자의 신청 또는 직권에 의하여 결정으로써 그 제3자를 소송에 참가시킬 수 있다.

② 법원은 다른 행정청을 소송에 참가시킬 필요가 있다고 인정할 때에는 당사자 또는 당해 행정청의 신청 또는 직권에 의하여 결정으로써 그 행정청을 소송에 참가시킬 수 있다.

③ 법원이 제3자의 소송참가와 행정청의 소송참가에 관한 결정을 하는 경우에는 각각 당사자 및 제3자의 의견, 당사자 및 당해 행정청의 의견을 들어야 한다.

④ 법원은 취소소송을 당해 처분 등에 관계되는 사무가 귀속하는 국가 또는 공공단체에 대한 당사자소송 또는 취소소송 외의 항고소송으로 변경하는 것이 상당하다고 인정할 때에는 청구의 기초에 변경이 없는 한 사실심의 변론종결시까지 원고의 신청 또는 직권에 의하여 결정으로써 소의 변경을 허가할 수 있다.

17

판례에 따르면, 처분사유의 추가 · 변경 시 기본적 사실관계 동일성을 긍정한 사례로 가장 적절한 것은?

① 석유판매업허가신청에 대하여, 주유소 건축예정 토지에 관하여 도시계획법령에 의거하여 행위제한을 추진하고 있다는 당초의 불허가처분 사유와, 항고소송에서 주장한 위 신청이 토지형질변경허가의 요건 불비 및 도심의 환경보전의 공익상 필요라는 사유

② 석유판매업허가신청에 대하여, 관할 군부대장의 동의를 얻지 못하였다는 당초의 불허가 사유와, 토지가 탄약창에 근접한 지점에 있어 공익적인 측면에서 보아 허가신청을 불허한 것은 적법하다는 사유

③ 온천으로서의 이용가치, 기존의 도시계획 및 공공사업에의 지장 여부 등을 고려하여 온천발견신고수리를 거부한 것은 적법하다는 사유와, 규정온도가 미달되어 온천에 해당하지 않는다는 사유

④ 이주대책신청기간이나 소정의 이주대책실시(시행)기간을 모두 도과하여 이주대책을 신청할 권리가 없고, 사업시행자가 이를 받아들여 택지나 아파트공급을 해 줄 법률상 의무를 부담한다고 볼 수 없다는 사유와, 사업지구 내 가옥 소유자가 아니라는 사유

18

다음 중 허가에 대한 설명으로 가장 옳지 <u>않은</u> 것은? (단, 다툼이 있는 경우 판례에 의함)

① 개정 전 허가기준의 존속에 관한 국민의 신뢰가 개정된 허가기준의 적용에 관한 공익상의 요구보다 더 보호가치가 있다고 인정되는 경우에는 그러한 국민의 신뢰를 보호하기 위하여 개정된 허가기준의 적용을 제한할 여지가 있다.

② 법령상의 산림훼손 금지 또는 제한 지역에 해당하지 아니하더라도 중대한 공익상의 필요가 있다고 인정되는 경우, 산림훼손허가신청을 거부할 수 있다.

③ 어업에 관한 허가의 경우 그 유효기간이 경과하면 그 허가의 효력이 당연히 소멸하지만, 유효기간의 만료 후라도 재차 허가를 받게 되면 그 허

가기간이 갱신되어 종전의 어업허가의 효력 또는 성질이 계속된다.

④ 요허가행위를 허가를 받지 않고 행한 경우에는 행정법상 처벌의 대상이 되지만 당해 무허가행위의 법률상 효력이 당연히 부정되는 것은 아니다.

19

다음 중 행정행위의 철회에 대한 설명으로 가장 옳지 않은 것은? (단, 다툼이 있는 경우 판례에 의함)

① 부담부 행정처분에 있어서 처분의 상대방이 부담을 이행하지 아니한 경우에 처분행정청으로서는 이를 들어 당해 처분을 철회할 수 있다.

② 외형상 하나의 행정처분이라 하더라도 가분성이 있거나 그 처분대상의 일부가 특정될 수 있다면 그 일부만의 취소도 가능하고 그 일부의 취소는 당해 취소부분에 관하여 효력이 생긴다.

③ 행정행위의 철회는 적법요건을 구비하여 완전히 효력을 발하고 있는 행정행위를 사후적으로 효력을 장래에 향해 소멸시키는 별개의 행정처분이다.

④ 처분 후에 원래의 처분을 그대로 존속시킬 수 없게 된 사정변경이 생긴 경우 처분청은 처분을 철회할 수 있다고 할 것이므로, 이 경우 처분의 상대방에게 그 철회·변경을 요구할 권리는 당연히 인정된다고 할 것이다.

20

다음 중 이행강제금에 대한 설명으로 가장 옳지 않은 것은? (단, 다툼이 있는 경우 판례에 의함)

① 구 건축법상 이행강제금은 위반행위에 대하여 시정명령을 받은 후 시정기간 내에 당해 시정명령을 이행하지 아니한 건축주 등에 대하여 부과되는 간접강제의 일종으로서 금전제재의 성격을 가지므로 그 이행강제금 납부의무는 상속인 기타의 사람에게 승계될 수 있다.

② 행정청은 의무자가 행정상 의무를 이행할 때까지 이행강제금을 반복하여 부과할 수 있고, 의무자가 의무를 이행하면 새로운 이행강제금의 부과를 즉시 중지하되, 이미 부과한 이행강제금은 징수하여야 한다.

③ 장기 의무위반자가 이행강제금 부과 전에 그 의무를 이행하였다면 이행강제금의 부과로써 이행을 확보하고자 하는 목적은 이미 실현된 것이므로 이행강제금을 부과할 수 없다.

④ 이행강제금은 의무위반에 대하여 장래의 의무이행을 확보하는 수단이라는 점에서 과거의 의무위반에 대한 제재인 행정벌과 구별된다.

21

다음 중 행정상 손실보상에 대한 설명으로 가장 옳지 않은 것은? (단, 다툼이 있는 경우 판례에 의함)

① 「공익사업을 위한 토지 등의 취득 및 보상에 관한 법률」 시행령에서 이주대책의 대상자에서 세입자를 제외하고 있는 것이 세입자의 재산권을 침해하는 것이라 볼 수 없다.

② 공익사업으로 인하여 영업을 폐지하거나 휴업하는 자가 구 「공익사업을 위한 토지 등의 취득 및 보상에 관한 법률」에 규정된 재결절차를 거치지 않은 채 곧바로 사업시행자를 상대로 영업손실보상을 청구할 수 없다.

③ 사업시행자 스스로 공익사업의 원활한 시행을 위하여 생활대책을 수립·실시할 수 있도록 하는 내부규정을 두고 이에 따라 생활대책대상자

선정기준을 마련하여 생활대책을 수립·실시하는 경우, 생활대책대상자 선정기준에 해당하는 자기 자신을 생활대책대상자에서 제외하거나 선정을 거부한 사업시행자를 상대로 항고소송을 제기할 수 있다.

④ 보상청구권이 성립하기 위해서는 재산권에 대한 법적인 행위로서 공행정작용에 의한 침해를 말하고 사실행위는 포함되지 않는다.

22

다음 중 행정심판의 재결에 대한 설명으로 가장 옳지 않은 것은? (단, 다툼이있는 경우 판례에 의함)

① 조세부과처분이 국세청장에 대한 불복심사청구에 의하여 그 불복사유가 이유있다고 인정되어 취소되었음에도 처분청이 동일한 사실에 관하여 부과처분을 되풀이 한 것이라면 설령 그 부과처분이 감사원의 시정요구에 의한 것이라 하더라도 위법하다.

② 행정심판위원회는 의무이행재결이 있는 경우에 피청구인이 처분을 하지 아니한 경우에는 당사자의 신청 또는 직권으로 기간을 정하여 시정을 명하고 그 기간에 이행하지 아니하면 직접 처분을 할 수 있다.

③ 행정심판의 재결이 확정된 경우에도 처분의 기초가 된 사실관계나 법률적 판단이 확정되고 당사자들이나 법원이 이에 기속되어 모순되는 주장이나 판단을 할 수 없게 되는 것은 아니다.

④ 처분 취소재결이 있는 경우 당해 처분청은 재결의 취지에 반하지 아니하는 한 그 재결에 적시된 위법사유를 시정·보완하여 새로운 처분을 할 수 있는 것이고, 이러한 새로운 부과처분은 재결의 기속력에 저촉되지 아니한다.

23

X시의 공무원 甲은 乙이 건축한 건물이 건축허가에 위반하였다는 이유로 철거명령과 행정대집행법상의 절차를 거쳐 대집행을 완료하였다. 乙은 행정대집행의 처분들이 하자가 있다는 이유로 행정소송 및 손해배상소송을 제기하려고 한다. 다음 중 설명으로 가장 옳지 <u>않은</u> 것은? (단, 다툼이 있는 경우 판례에 의함)

① 乙이 취소소송을 제기하는 경우, 행정대집행이 이미 완료된 것이므로 소의 이익이 없어 각하판결을 받을 것이다.

② 乙이 손해배상소송을 제기하는 경우, 민사법원은 그 행정처분이 위법인지 여부는 심사할 수 없다.

③ 「행정소송법」은 처분 등의 효력 유무 또는 존재 여부가 민사소송의 선결문제로 되는 경우 당해 민사소송의 수소법원이 이를 심리·판단할 수 있는 것으로 규정하고 있다.

④ X시의 손해배상책임이 인정된다면 X시는 고의 또는 중대한 과실이 있는 甲에게 구상할 수 있다.

24

다음 중 취소소송에 대한 설명으로 가장 옳지 않은 것은? (단, 다툼이 있는 경우 판례에 의함)

① 제재적 행정처분의 효력이 제재기간 경과로 소멸하였더라도 관련 법규에서 제재적 행정처분을 받은 사실을 가중사유나 전제요건으로 삼아 장래의 제재적 행정처분을 하도록 정하고 있다면, 선행처분의 취소를 구할 법률상 이익이 있다.

② 행정처분의 취소소송 계속 중 처분청이 다툼의 대상이 되는 행정처분을 직권으로 취소하면 그 처분은 효력을 상실하여 더 이상 존재하지 않는 것이므로 존재하지 않는 처분을 대상으로 한 항

고소송은 원칙적으로 소의 이익이 소멸하여 부적법하다.

③ 고등학교 졸업이 대학 입학 자격이나 학력인정으로서의 의미밖에 없다고 할 수 없으므로 고등학교졸업학력검정고시에 합격하였다 하여 고등학교 학생으로서의 신분과 명예가 회복될 수 없는 것이니 퇴학처분을 받은 자로서는 퇴학처분의 위법을 주장하여 그 취소를 구할 소송상의 이익이 있다.

④ 소송계속 중 해당 처분이 기간의 경과로 그 효과가 소멸하더라도 예외적으로 그 처분의 취소를 구할 소의 이익을 인정할 수 있는 '행정처분과 동일한 사유로 위법한 처분이 반복될 위험성이 있는 경우'란 해당 사건의 동일한 소송 당사자 사이에서 반복될 위험이 있는 경우만을 의미한다.

지의 적극적 요건인 '회복하기 어려운 손해'에 해당한다.

④ 효력기간이 정해져 있는 제재적 행정처분에 대한 취소소송에서 법원이 본안소송의 판결선고 시까지 집행정지결정을 하면, 처분에서 정해 둔 효력기간은 판결 선고 시까지 진행하지 않다가 판결이 선고되면 그때 집행정지결정의 효력이 소멸함과 동시에 처분의 효력이 당연히 부활하여 처분에서 정한 효력기간이 다시 진행한다.

25

다음 중 「행정소송법」상 집행정지결정에 대한 설명으로 가장 옳지 **않은** 것은? (단, 다툼이 있는 경우 판례에 의함)

① 법원은 당사자의 신청 또는 직권에 의하여 처분 등의 효력이나 그 집행 또는 절차의 속행의 전부 또는 일부의 정지를 결정하거나, 또는 집행정지의 취소를 결정할 수 있다.

② 집행정지결정은 속행정지, 집행정지, 효력정지로 구분되고 이 중 속행정지는 처분의 집행이나 효력을 정지함으로써 목적을 달성할 수 있는 경우에는 허용되지 아니한다.

③ 과징금납부명령의 처분이 사업자의 자금사정이나 경영전반에 미치는 파급효과가 매우 중대하다는 이유로 인한 손해는 효력정지 내지 집행정

PART 03

2021년 기출문제

국어 · 경영학 · 행정법

국어

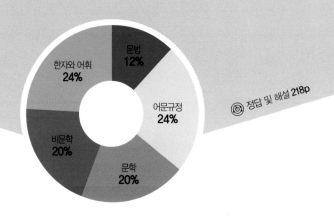

정답 및 해설 218p

01

밑줄 친 단어 중 어법에 맞지 <u>않는</u> 것은?

① 오늘 이것으로 치사를 <u>갈음하고자</u> 합니다.

② <u>내노라하는</u> 재계의 인사들이 한곳에 모였다.

③ 예산을 대충 <u>겉잡아서</u> 말하지 말고 잘 뽑아보시오.

④ 그가 무슨 잘못을 저질렀는지 나와 눈길을 <u>부딪치기를</u> 꺼려했다.

02

띄어쓰기 규정에 맞지 <u>않는</u> 것은?

① 모르는 척하고 넘어갈 만도 하다.

② 내가 몇 등일지 걱정이 가득했다.

③ 그 책을 다 읽는 데 삼 일이 걸렸다.

④ 그는 돕기는 커녕 방해할 생각만 한다.

03

밑줄 친 ㉠~㉣에 해당하는 한자로 적절하지 <u>않은</u> 것은?

> 목판이 오래되어 ㉠ 훼손되거나 분실된 경우에는 판목을 다시 만들어 보충하는 경우가 있다. 이것을 ㉡ 보판 혹은 보수판이라고 한다. 판목의 일부분에서 수정이 필요한 경우, 그 부분을 깎아 내고 대신 다른 나무판을 박아 글자를 새기는 경우가 있다. 이 나무판을 ㉢ 매목이라고 하고, 매목에 글자를 새로 새긴 것을 ㉣ 상감이라고 한다.

① ㉠ : 毁損　　② ㉡ : 保版

③ ㉢ : 埋木　　④ ㉣ : 象嵌

[04~05] 다음은 어떤 사전에 제시된 '고르다'의 내용이다.

> ■고르다1 [고르다]. 골라[골라], 고르니[고르니].
> 「동사」【…에서 …을】 여럿 중에서 가려내거나 뽑다.
> ■고르다2 [고르다]. 골라[골라], 고르니[고르니].
> 「동사」【…을】
> 「1」 울퉁불퉁한 것을 평평하게 하거나 들쭉날쭉한 것을 가지런하게 하다.

「2」 붓이나 악기의 줄 따위가 제 기능을 발휘하
도록 다듬거나 손질하다.
■ 고르다3 [고르다]. 골라[골라], 고르니[고르니].
「형용사」「1」 여럿이 다 높낮이, 크기, 양 따위의
차이가 없이 한결같다.
「2」 상태가 정상적으로 순조롭다.

04

위 사전에 대한 설명으로 가장 옳지 않은 것은?

① '고르다 1', '고르다 2', '고르다 3'은 서로 동음이
의어이다.
② '고르다 1', '고르다 2', '고르다 3'은 모두 불규칙
활용을 한다.
③ '고르다 2'와 '고르다 3'은 다의어이지만 '고르다1'
은 다의어가 아니다.
④ '고르다 1', '고르다 2', '고르다 3'은 모두 현재진
행형으로 사용할 수 있다.

05

**다음 밑줄 친 '고르다'가 위 사전의 '고르다2'의 「2」에
해당하는 것은?**

① 울퉁불퉁한 곳을 흙으로 메워 판판하게 <u>골라</u>놓
았다.
② 요즘처럼 <u>고른</u> 날씨가 이어지면 여행을 가도 좋
겠어.
③ 그는 이제 가쁘게 몰아쉬던 숨을 <u>고르고</u> 있다.
④ 이 문장의 서술어는 저 사전에서 <u>골라</u> 써.

06

**아래의 문장이 들어가기에 가장 적절한 위치로 옳은
것은?**

문학의 범위를 좁게 잡는 것은 나중에 나타난 새
로운 관습이다.

(가) 문학의 범위는 시대에 따라서 달라져왔다. 한
문학에서 '문(文)'이라고 하던 것은 '시(詩)'와
함께 참으로 큰 비중을 차지하고 실용적인 글
도 적지 않게 포함했다.
(나) 시대가 변하면서 '문'이라는 개념은 뒷전으로
밀려나고, 시 · 소설 · 희곡이 아닌 것 가운데
는 수필이라고 이름을 구태여 따로 붙이는 글
만 문학세계의 준회원 정도로 인정하기에 이
르렀다.
(다) 근래에 와서 사람이 하는 활동을 세분하면서
무엇이든지 전문화할 때 문학 고유의 영역을
좁게 잡았다.
(라) 문학의 범위를 좁게 잡는 오늘날의 관점으로
과거의 문학을 재단하지 말고, 문학의 범위에
관한 오늘날의 통념을 반성해야 한다.

① (가)문단 뒤
② (나)문단 뒤
③ (다)문단 뒤
④ (라)문단 뒤

07

한글 맞춤법 규정에 맞는 문장으로 옳은 것은?

① 아무래도 나 자리 **뺐겼나** 봐요.
② 오늘 하룻동안 해야 할 일이 엄청나네.
③ 그런 일에 발목 잡혀 번번히 주저앉았지.
④ 저희 아이의 석차 백분율이 1%만 올라도 좋겠습
니다.

08

아래 글의 (㉠)과 (㉡)에 들어갈 가장 적절한 접속어로 옳은 것은?

히포크라테스가 분류한 네 가지 기질이나 성격 유형에 대한 고대의 개념으로 성격에 대한 논의를 시작하는 것이 일반적인 방식이지만, 나는 여기에서 1884년 『포트나이트리 리뷰』에 실렸던 프랜시스 골턴 경의 논문 「성격의 측정」으로 이야기를 시작하겠다.

찰스 다윈의 사촌이었던 골턴은 초기 진화론자로서 진화가 인간에게도 영향을 끼쳤다고 주장한 사람이다. (㉠) 그의 관념은 빅토리아 시대적 편견을 가지고 있었고, (㉡) 그의 주장이 오늘날에는 설득력이 떨어진다. 그럼에도 불구하고 결국에는 자연 선택 이론이 인간을 설명하는 지배적인 학설이 될 것이라는 그의 직관은 옳았다.

	㉠	㉡
①	그래서	그리하여
②	그리고	그래서
③	그러나	따라서
④	그런데	그리고

09

밑줄 친 단어 중 외래어 표기법이 모두 맞는 문장으로 옳은 것은?

① <u>리모콘</u>에 있는 <u>버턴</u>의 번호를 눌러주세요.
② <u>벤젠</u>이나 <u>시너</u>, <u>알코올</u> 등으로 닦지 마세요.
③ 전원 코드를 <u>컨센트</u>에 바르게 연결해 주세요.
④ <u>썬루프</u> 안쪽은 수돗물을 적신 <u>스폰지</u>로 닦아냅니다.

[10~11] 다음 글을 읽고 물음에 답하시오.

紅塵에 뭇친 분네 이 내 生涯 엇더ᄒ고
녯사름 風流를 미츨가 못 미츨가
天地間男子몸이 날만 흔 이 하건마는
山林에 뭇쳐 이셔 至樂을 ᄆ룰 것가
數間茅屋을 碧溪水 앒픠두고
松竹鬱鬱裏예 風月主人 되여셔라
엇그제 겨을 지나 새 봄이 도라오니
桃花杏花ᄂ 夕陽裏예 퓌여 잇고
綠楊芳草ᄂ 細雨中에 프르도다
칼로 몰아 낸가 붓으로 그려낸가
造化神功이 物物마다 헌ᄉ롭다
(가) <u>수풀에 우ᄂ 새ᄂ 春氣를 뭇내 계워</u>
<u>소ᄅ마다 嬌態로다</u>
物我一體어니 興이이 다ᄅ소냐
柴扉예 거러 보고 亭子애 안자 보니
逍遙吟詠ᄒ야 山日이 寂寂ᄒᄃ
閒中眞味를 알 니 업시 호재로다
이바 니웃드라 山水구경 가쟈스라

－ 정극인, 「상춘곡」 －

10

이 글에 대한 설명으로 가장 적절한 것은?

① '홍진에 묻힌 분'과 묻고 대답하는 형식이다.
② '나'의 공간이동에 따라 시상을 전개하고 있다.
③ '이웃'을 끌어들임으로써 봄의 아름다움을 객관화하고 있다.
④ 서사 – 본사 – 결사가 진행되는 가운데 여음을 삽입하여 흥을 돋운다.

11

(가)에 나타난 화자의 정서로 가장 적절한 것은?

① 화자와 산수자연 사이에 가로놓인 방해물에 대한 불만

② 산수자연 속의 모든 존재들과 합일하는 흥겨움의 마음

③ 산수자연의 즐거움을 혼자서만 누리는 것에 대한 안타까움

④ 산수자연에 제대로 몰입하지 못하는 자신의 처지에 대한 회한

12

밑줄 친 ㉠~㉣에 대한 설명으로 가장 적절하지 않은 것은?

> 잠자코 앉아 있노라면 한 큼직한 사람이 느릿느릿 돌계단을 밟고 올라와서는 탑을 지나 종루의 문을 열고 무거운 망치를 꺼내어 들었다. 그는 한참동안 멍하니 서서는 음향에 귀를 ㉠기울였다. 음향이 끝나자마자 그는 망치를 ㉡매어 들며 큰 종을 두들겼다. 그 소리는 산까지 울리며 떨리었다. 우리는 그 ㉢종루지기를 둘러싸고 모여 몇 번이나 치는지 헤아려 보았다. 그러면 열이 되고 그래서 우리는 오른손으로 다시 열까지 셀 수 있도록 곧 왼손의 ㉣엄지손가락을 굽혔다.

① ㉠ : '기울다'의 피동사이다.

② ㉡ : '메어'로 표기되어야 한다.

③ ㉢ : 접미사 '-지기'는 "그것을 지키는 사람"을 뜻한다.

④ ㉣ : 가장 짧고 굵은 손가락으로 '무지(拇指)'라고도 한다.

13

다음 로마자 표기법 중 옳은 것은?

① 순대 sundai

② 광희문 Gwanghimun

③ 왕십리 Wangsibni

④ 정릉 Jeongneung

14

대괄호의 사용이 적절하지 않은 것은?

① 말소리[音聲]의 특징을 알아보자.

② 모두가 건물[에, 로, 까지] 달려갔다.

③ 이윽고 겨울이 오면 초록은 실색한다. [이상 전집3(1958), 235쪽 참조]

④ 난 그 이야기[합격 소식]를 듣고 미소 짓기 시작했다.

[15~17] 다음 글을 읽고 물음에 답하시오.

> (가) (㉠)의 확산은 1930년에 접어들어 보다 빠른 속도로 경성의 거리를 획일적인 풍경으로 바꿔 놓았는데, 뉴욕이나 파리의 (㉠)은 경성에서도 거의 동시에 (㉠)했다. 이는 물론 영화를 비롯한 근대 과학기술의 덕택이었다.
>
> (나) 하지만 뉴욕과 경성의 (㉠)이 모두 동일한 것은 아니었다. 뉴욕걸이나 할리우드 배우들이나 경성의 모던걸이 입은 패션은 동일해도, 그네들 주변의 풍경은 근대적인 빌딩 숲과 초가집만큼 차이가 났기 때문이다. 경성 모던걸의 (㉠)은 이 같은 근대와 전근대의 아이러니를 내포하고 있었다.

(다) (㉠)은 "일초 동안에 지구를 네박휘"를 돈다는 전파만큼이나 빨라서, 1931년에 이르면 뉴욕이나 할리우드에서 (㉠)하던 파자마라는 '침의패션'은 곧 바로 서울에서도 (㉠)했다. 서구에서 시작한 (㉠)이 일본을 거쳐 한국으로 전달되는 속도는 너무나 빨라 거의 동시적이었다.

(라) 폐쇄된 규방에만 있었던 조선의 여성이 신문과 라디오로, 세계의 동태를 듣게 되면서부터, 지구 한 모퉁이에서 일어나는 일이 그 지구에 매달려 사는 자기 자신에도 큰 파동을 끼치고 있다는 사실을 깨닫게 되었다. 규방 여성이 근대여성이 되기까지는 그리 오랜 시간이 필요하지 않았다. 신문이나 라디오 같은 미디어를 통해 속성 세계인이 될 수 있었기 때문이다. 동시에 미디어는 식민지 조선 여성에게 세계적인 불안도 함께 안겨주었다. 자본주의적 근대의 환상과 그 이면의 불안을 동시에 던져 주었던 것이다.

(마) 근대로 이행하는 데 필요한 절대적인 시간을 뛰어넘어 조선에 근대가 잠입해 올 수 있었던 것은 한편으로 미디어 덕분이었다. 미디어는 근대를 향한 이행을 식민지 조선에 요구했고, 단기간에 조선 사람들을 '속성 세계인'으로 변모시키는 역할을 했다.

15

문맥상 ㉠에 들어갈 단어로 가장 적절한 것은?

① 성행(盛行)

② 편승(便乘)

③ 기승(氣勝)

④ 유행(流行)

16

내용에 따른 (나)~(마)의 순서 배열로 가장 적절한 것은?

① (나) - (다) - (라) - (마)

② (나) - (라) - (다) - (마)

③ (다) - (나) - (마) - (라)

④ (마) - (다) - (라) - (나)

17

위 글을 이해한 내용으로 가장 적절하지 않은 것은?

① 모던걸의 패션은 뉴욕걸이나 할리우드 배우들과 동일했다.

② 신문이나 라디오는 조선 사람이 속성 세계인이 되도록 해 주었다.

③ 파자마 '침의패션'은 뉴욕과 할리우드보다 일본에서 먼저 시작되었다.

④ 식민지 조선 여성은 근대적 환상과 그 이면의 불안을 함께 안고 있었다.

18

다음 밑줄 친 합성어를 구성하는 성분이 모두 고유어인 것은?

① 비지땀을 흘리며 공부하는구나.

② 이분을 사랑채로 안내해 드려라.

③ 이렇게 큰 쌍동밤을 본 적 있어?

④ 아궁이에는 장작불이 활활 타올랐다.

[19~20] 다음 글을 읽고 물음에 답하시오.

정 씨 옆에 앉았던 노인이 두 사람의 행색과 무릎 위의 배낭을 눈여겨 살피더니 말을 걸어왔다.

"어디 일들 가슈?" / "아뇨, 고향에 갑니다." / "고향이 어딘데……." / "삼포라구 아십니까?" / "어 알지, 우리 아들놈이 거기서 도자를 끄는데……." / "삼포에서요? 거 어디 공사 벌릴 데나 됩니까? 고작해야 ㉠ 고기잡이나 하구 ㉡ 감자나 매는데요." / "어허! 몇 년 만에 가는거요?" / "십 년."

노인은 그렇겠다며 고개를 끄덕였다.

"말두 말우. 거긴 시금 육지야. 바다에 방둑을 쌓아 놓구, 트럭이 수십 대씩 돌을 실어 나른다구." / "뭣 땜에요?" / "낸들 아나. 뭐 관광호텔을 여러 채 짓는담서, 복잡하기가 말할 수 없네." / "동네는 그대로 있을까요?" / "그대루가 뭐요. 맨 천지에 공사판 사람들에다 장까지 들어섰는걸." / "그럼 ㉢ 나룻배두 없어졌겠네요." / "바다 위로 ㉣ 신작로가 났는데, 나룻배는 뭐에 쓰오. 허허, 사람이 많아지니 변고지. 사람이 많아지면 하늘을 잊는 법이거든."

작정하고 벼르다가 찾아가는 고향이었으나, 정 씨에게는 풍문마저 낯설었다. 옆에서 잠자코 듣고 있던 영달이가 말했다.

"잘 됐군. 우리 거기서 공사판 일이나 잡읍시다."

그때에 기차가 도착했다. 정 씨는 발걸음이 내키질 않았다. 그는 마음의 정처를 방금 잃어버렸던 때문이었다. 어느 결에 정 씨는 영달이와 똑같은 입장이 되어 버렸다.

기차는 눈발이 날리는 어두운 들판을 향해서 달려갔다.

– 황석영, 「삼포 가는 길」 –

19

문맥적 성격이 다른 하나는?

① ㉠　　　　　② ㉡
③ ㉢　　　　　④ ㉣

20

이 글의 주제를 표현한 시구로 가장 적절한 것은?

① 빼앗긴 들에도 봄은 오는가.
② 죽어도 아니 눈물 흘리우리다.
③ 내가 사랑했던 자리마다 모두 폐허다.
④ 님은 갔지마는 나는 님을 보내지 아니하였습니다.

21

다음 시의 주된 정조를 가장 잘 나타내는 것은?

神策究天文妙算窮地理
戰勝功旣高知足願云止

– 乙支文德, 「與隋將于仲文」 –

① 悠悠自適　　　　② 戀戀不忘
③ 得意滿面　　　　④ 山紫水明

22

다음 예문의 밑줄 친 ㉠에 들어갈 말로 가장 적절한 것은?

시집갈 때 혼수를 간소하게 하라는 간절한 요청은 　　　㉠　　　 부잣집과 사돈을 맺는 데 따르는 부담감을 일시에 벗겨주었다.

– 박완서, 「아주 오래된 농담」 –

① 불감청이언정 고소원이어서
② 배보다 배꼽이 더 크다고
③ 미운 자식 떡 하나 더 준다고
④ 똥 묻은 개가 겨 묻은 개를 나무라는 격이라

23

다음 시에 대한 설명으로 가장 옳은 것은?

> 차운 산 바위 위에
> 하늘은 멀어
> 산새가 구슬피
> 울음 운다
>
> 구름 흘러가는
> 물길은 칠백 리
>
> 나그네 긴 소매
> 꽃잎에 젖어
> 술 익는 강마을의
> 저녁노을이여
>
> 이 밤 자면 저 마을에
> 꽃은 지리라
>
> 다정하고 한 많음도
> 병인 양하여
> 달빛 아래 고요히
> 흔들리며 가노니……
>
> – 조지훈, 「완화삼」 –

① '구름, 물길'은 정처 없이 유랑하는 내적 현실을 암시한다.
② '강마을'은 방황하던 서정적 자아가 정착하고자 하는 공간이다.
③ '나그네'는 고향을 떠남으로써 현실의 질곡을 벗어나려는 의지를 상징한다.
④ '한 많음'은 민중적 삶 속에 구현된 전통적 미학에 맞닿아 있는 정서를 대변한다.

24

다음 한자어의 발음 중 표준 발음으로 옳지 <u>않은</u> 것은?

① 마천루(摩天樓) – [마천누]
② 공권력(公權力) – [공꿘녁]
③ 생산력(生産力) – [생산녁]
④ 결단력(決斷力) – [결딴녁]

25

다음 글의 중심내용으로 가장 옳은 것은?

> 이제 우리는 세계의 변방이 아니다. 세계화는 점점 더, 과거와는 분명 다르게 우리가 주목과 관심의 대상이 되는 방향으로 진행되고 있다. 이제 한국은 더 이상 '작은 나라'라고만 생각하지 않게 되었다. 한국인의 예술성을 세계에서 인정하고 있는 지금 이 시기에 가장 중요한 것은 무엇일까? 그 무엇보다 시급한 것이 바로 '전략'이다. 지금이야말로 세계 시장에 우리의 예술을 알릴 수 있는 기회가 왔고, 우리만의 전략이 필요한 시기가 왔다.
> 한국인의 끼는 각별하다. 신바람, 신명풀이가 문화유전자로 등록되어 있는 민족이다. 게다가 신이 나면 어깨춤 덩실덩실 추던 그 어깨 너머로 쓱 보고도 뚝딱 뭔가 만들어낼 줄 아는 재주와 감각도 있고, 문화선진국의 전문가들도 감탄하는 섬세한 재능과 디테일한 예술적 취향도 있다. 문화예술의 시대를 맞은 오늘날, 우리가 먹거리로 삼을 수 있고 상품화할 수 있는 바탕들이 다 갖추어진 유전자들이다. 선진이 선진이고 후진이 후진이면 역사는 바뀌지 않는다. 선진이 후진 되고 후진이 선진 될 때 시대가 바뀌고 새로운 역사가 시작되는 법이다. 우리 앞에 그런 전환점이 놓여 있다.

① 주어진 현실에 안주하는 실리감각
② 다가오는 미래에 대한 희망찬 포부
③ 냉엄한 국제질서에 따른 각박한 삶
④ 사라져 가는 미풍양속에 대한 아쉬움

경영학

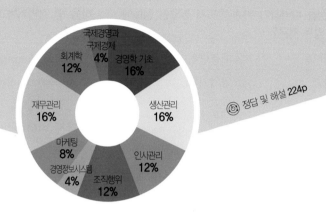

정답 및 해설 224p

01

조직을 구축할 때 분업을 하는 이유로 가장 옳지 않은 것은?

① 업무몰입의 지원
② 숙련화의 제고
③ 관찰 및 평가 용이성
④ 전문화의 촉진

02

테일러의 과학적 관리법의 설명으로 가장 옳지 않은 것은?

① 내적 보상을 통한 동기부여
② 표준화를 통한 효율성 향상
③ 선발, 훈련, 평가의 합리화
④ 계획과 실행의 분리

03

헌법이 보장하고 있는 노동자의 3가지 기본 권리에 해당하지 않는 것은?

① 단결권
② 단체협의권
③ 단체교섭권
④ 단체행동권

04

가치사슬 분석에서 본원적 주된 활동에 해당하지 않는 것은?

① 구매
② 생산
③ 판매
④ 연구개발

05

타인자본 비율에 따라 기업의 수익에 차이가 발생하는 현상을 의미하는 용어로 가장 적절한 것은?

① 레버리지 효과
② 가중 효과
③ 톱니바퀴 효과
④ 비례 효과

06

다음은 기업이 세계화를 추진하는 과정에서 취할 수 있는 다양한 방법들이다. 이 중에서 경영관리를 위한 이슈나 의사결정이 가장 많이 발생하는 것은?

① 글로벌 소싱(global sourcing)
② 전략적 제휴(strategic alliance)
③ 해외 자회사(foreign subsidiary)
④ 프랜차이즈(franchise)

07

손익분기점을 파악하기 위해 반드시 필요한 정보에 해당하지 않는 것은?

① 총고정비용　　② 제품단위당 변동비용
③ 제품가격　　　④ 영업이익

08

다음 중 생산성이 저하될 위험이 가장 큰 상황에 해당되는 것은?

① 집단 응집력이 높고 집단과 조직목표가 일치하는 경우
② 집단 응집력이 높지만 집단과 조직목표가 일치하지 않는 경우
③ 집단 응집력이 낮지만 집단과 조직목표가 일치하는 경우
④ 집단 응집력이 낮고 집단과 조직목표가 일치하지 않는 경우

09

전사적 자원관리(ERP)의 장점으로 가장 옳지 않은 것은?

① 경영자원의 통합적 관리
② 자원의 생산성 극대화
③ 차별화된 현지 생산
④ 즉각적인 의사결정 지원

10

진성 리더십(authentic leadership)의 내용과 관련이 없는 것은?

① 명확한 비전제시　　② 리더의 자아인식
③ 내재화된 도덕적 신념　④ 관계의 투명성

11

다음 중 경영기능과 그 내용이 가장 적절하지 않은 것은?

① 계획화(planning) - 목표설정
② 조직화(organizing) - 자원획득
③ 지휘(leading) - 의사소통, 동기유발
④ 통제(controlling) - 과업달성을 위한 책임의 부과

12

재무상태표에 대한 설명으로 가장 옳지 않은 것은?

① 재무상태표는 자산, 부채 및 자본으로 구분한다.
② 재무상태표를 통해 기업의 유동성과 재무상태를 파악할 수 있다.
③ 재무상태표는 일정 기간 동안의 경영성과를 나타낸 재무제표이다.
④ 재무상태표의 자산항목은 유동자산과 비유동자산으로 구분한다.

13

직장 내 교육훈련(OJT)에 관한 설명으로 가장 옳지 않은 것은?

① 교육훈련 프로그램 설계 시 가장 먼저 해야 할 것은 필요성 분석이다.
② 직장상사와의 관계를 돈독하게 만들 수 있다.
③ 교육훈련이 현실적이고 실제적이다.
④ 많은 종업원들에게 통일된 훈련을 시킬 수 있다.

14

소비자 구매행동에 영향을 미치는 요인 중 내적인 동기요인과 가장 관련이 없는 것은?

① 소비자의 태도 ② 가족
③ 학력 ④ 나이

15

개인적 권력에 해당하는 것은?

① 부하 직원의 휴가 요청을 받아들이지 않을 수 있는 영향력
② 다른 직원에게 보너스를 제공하는 것을 결정할 수 있는 영향력
③ 높은 지위로 인해 다른 직원에게 작업 지시를 내릴 수 있는 영향력
④ 다른 직원에게 전문지식을 제공하여 발생하는 영향력

16

신상품 개발 프로세스에 관한 설명으로 가장 적절한 것은?

① 아이디어 창출단계에서 많은 수의 아이디어 창출에 중점을 둔다.
② 제품컨셉트 개발단계에서 시제품을 만든다.
③ 신상품 컨셉트는 아이디어를 소비자가 사용하는 언어나 그림 등을 통하여 추상적으로 표현한 것이다.
④ 시장테스트는 제품 출시 후에 소규모로 실시된다.

17

식스 시그마와 관련된 내용으로 옳지 않은 것은?

① 매우 높은 품질을 확보하기 위한 혁신활동이다.
② 백만 개 중에 8개 정도의 불량만을 허용하는 수준이다.
③ 시그마는 정규분포에서의 표준편차를 의미한다.
④ 모토롤라가 시작해서 GE에 의해 널리 알려졌다.

18

JIT(Just-In Time) 생산시스템의 특징에 해당하지 않는 것은?

① 적시구매
② 소로트의 반복생산
③ 안전재고의 저장
④ 다기능공의 존재

19

생산시스템 설계과정에 해당하지 않는 것은?

① 생산입지선정 ② 자원계획
③ 설비배치 ④ 제품설계

20

재무분석에 관한 설명으로 가장 옳지 않은 것은?

① 재무분석은 기업과 관련된 의사결정에 필요한 정보를 제공하기 위하여 설계된 일종의 정보 가공 시스템이다.

② 재무분석은 경영자가 내부통제 또는 재무예측을 위하여 기업의 재무상태와 경영성과의 적정성 여부를 검토하는 것을 의미한다.

③ 재무분석을 좁은 의미로 말할 때는 주로 재무비율분석을 지칭한다.

④ 재무분석 시 주로 회계적 자료를 이용한다.

21

순현가(NPV)의 특성으로 옳지 않은 것은?

① 투자안의 모든 현금흐름을 사용한다.

② 모든 개별 투자안들 간의 상호관계를 고려한다.

③ 가치의 가산원칙이 성립한다.

④ 화폐의 시간가치를 고려한다.

22

다음 중 재무관리자의 역할이 아닌 것은?

① 투자결정　　　② 자본조달결정

③ 회계처리　　　④ 배당결정

23

경영자들이 내리는 의사결정에는 다양한 오류들이 존재한다. 다음 중 매몰비용 오류에 해당하는 것은?

① 선별적으로 정보를 구성하고 선택하는 오류

② 과거의 선택과 부합되는 정보만을 선택하는 오류

③ 실패 원인을 내부가 아닌 외부에서만 찾는 오류

④ 과거의 선택에 매달리고 집착하는 오류

24

경영과 관리의 차이점에 대한 설명으로 옳지 않은 것은?

① 경영은 지향성을 가지고 조직을 운영하는 활동이라 할 수 있다.

② 경영은 기업을 운영하고 통제하는 활동이라 할 수 있다.

③ 관리는 업무를 조직화하고 감독하는 활동이라 할 수 있다.

④ 관리는 일을 진행하고 통제하는 활동이라 할 수 있다.

25

품질경영에 관한 설명으로 가장 옳은 것은?

① 지속적 개선을 위한 도구로 데밍(E. Deming)은 PDAC(Plan-Do-Act-Check)싸이클을 제시하였다.

② 싱고 시스템은 통계적 품질관리 기법을 일본식 용어로 표현한 것이다.

③ 품질과 관련하여 발생하는 비용은 크게 예방 및 검사 등 사전조치에 관련된 비용과 불량이 발생한 이후의 사후조치에 관련된 비용으로 분류해 볼 수 있다.

④ 품질의 집 구축과정은 기대품질과 지각품질의 차이를 측정하고 차이분석을 하는 작업이다.

행정법

행정구제법 32%
행정법통론 24%
행정법상의 의무이행확보수단 8%
행정작용법 36%

◎ 정답 및 해설 228p

01

사인의 공법행위에 대한 설명으로 옳지 <u>않은</u> 것은? (단, 다툼이 있는 경우 판례에 의함)

① 국민이 어떤 신청을 한 경우에 그 신청의 근거가 된 조항의 해석상 행정발동에 대한 개인의 신청권을 인정하고 있다고 보이면 그 거부행위는 항고소송의 대상이 되는 처분으로 보아야 하고, 구체적으로 그 신청이 인용될 수 있는가 하는 점은 본안에서 판단하여야 할 사항이다.

② 민원사항의 신청서류에 실질적인 요건에 관한 흠이 있더라도 그것이 민원인의 단순한 착오나 일시적인 사정 등에 기한 경우에는 행정청은 보완을 요구할 수 있다.

③ 건축주 등은 건축신고가 반려될 경우 건축물의 건축을 개시하면 시정명령, 이행강제금, 벌금의 대상이 되거나 당해 건축물을 사용하여 행할 행위의 허가가 거부될 우려가 있어 불안정한 지위에 놓이게 되므로, 건축신고 반려행위는 항고소송의 대상성이 인정된다.

④ 건축법상의 건축신고가 다른 법률에서 정한 인가 · 허가 등의 의제효과를 수반하는 경우라도 특별한 사정이 없는 한 수리를 요하는 신고로 볼 수 없다.

02

평등원칙에 대한 설명으로 옳지 <u>않은</u> 것은? (단, 다툼이 있는 경우 판례에 의함)

① 국가기관이 채용시험에서 국가유공자의 가족에게 10%의 가산점을 부여하는 규정은 평등권과 공무담임권을 침해한다.

② 평등원칙은 동일한 것 사이에서의 평등이므로 상이한 것에 대한 차별의 정도에서의 평등을 포함하지 않는다.

③ 재량준칙이 공표된 것만으로는 행정의 자기구속의 원칙이 적용될 수 없고, 재량준칙이 되풀이 시행되어 행정관행이 성립한 경우에 적용될 수 있다.

④ 행정의 자기구속의 원칙이 인정되는 경우에는 행정관행과 다른 처분은 특별한 사정이 없는 한 위법하다.

03

행정소송제도에 대한 설명으로 옳지 <u>않은</u> 것은?

① 개별법령에 합의제 행정청의 장을 피고로 한다는 명문규정이 없는 한 합의제 행정청 명의로 한 행정처분의 취소소송의 피고적격자는 당해

합의제 행정청이 아닌 합의제 행정청의 장이다.

② 원고가 피고를 잘못 지정한 경우 피고경정은 취소소송과 당사자소송 모두에서 사실심 변론종결에 이르기까지 허용된다.

③ 법원은 당사자소송을 취소소송으로 변경하는 것이 상당하다고 인정할 때에는 청구의 기초에 변경이 없는 한 사실심의 변론종결시까지 원고의 신청에 의하여 결정으로써 소의 변경을 허가할 수 있다.

④ 당사자소송의 원고가 피고를 잘못 지정하여 피고경정신청을 한 경우 법원은 결정으로써 피고의 경정을 허가할 수 있다.

04

수익적 행정행위의 철회에 대한 설명으로 옳은 것은? (단, 다툼이 있는 경우 판례에 의함)

① 수익적 행정행위에 대한 취소권 등의 행사는 기득권의 침해를 정당화할 만한 중대한 공익상의 필요 또는 제3자의 이익을 보호할 필요가 있고, 이를 상대방이 받는 불이익과 비교·교량하여 볼 때 공익상의 필요 등이 상대방이 입을 불이익을 정당화할 만큼 강한 경우에 한하여 허용될 수 있다.

② 행정행위를 한 처분청은 비록 처분 당시에 별다른 하자가 없었고, 처분 후에 이를 철회할 별도의 법적 근거가 없더라도 원래의 처분을 존속시킬 필요가 없게 된 중대한 공익상 필요가 발생한 경우에도 그 효력을 상실케 하는 별개의 행정행위로 이를 철회할 수 없다.

③ 수익적 행정행위를 취소 또는 철회하거나 중지시키는 경우에는 이미 부여된 국민의 기득권을 침해하는 것이 되므로, 비록 취소 등의 사유가 있다고 하더라도 허용되지 않는다.

④ 행정행위를 한 처분청은 비록 처분 당시에 별다른 하자가 없었고, 처분 후에 이를 철회할 별도의 법적 근거가 없더라도 원래의 처분을 존속시킬 필요가 없게 된 사정변경이 생겼다는 이유만으로 그 효력을 상실케 하는 별개의 행정행위로 이를 철회하는 것은 허용되지 않는다.

05

행정법의 효력에 대한 설명으로 옳지 않은 것은?

① 조례와 규칙은 특별한 규정이 없으면 공포한 날부터 20일이 경과함으로써 효력을 발생한다.

② 행정법령은 특별한 규정이 없는 한 시행일로부터 장래에 향하여 효력을 발생하는 것이 원칙이다.

③ 법령을 소급적용하더라도 일반국민의 이해에 직접 관계가 없는 경우에는 법령의 소급적용이 허용된다.

④ 법률불소급의 원칙은 그 법률의 효력발생 전에 완성된 요건사실뿐만 아니라 계속 중인 사실이나 그 이후에 발생한 요건사실에 대해서도 그 법률을 소급적용할 수 없다.

06

「행정절차법」상 청문에 대한 설명으로 옳지 않은 것은?

① 청문 주재자에게 공정한 청문 진행을 할 수 없는 사정이 있는 경우 당사자 등은 행정청에 기피신청을 할 수 있다.

② 청문 주재자가 청문을 시작할 때에는 먼저 예정된 처분의 내용, 그 원인이 되는 사실 및 법적 근거 등을 설명하여야 한다.

③ 청문 주재자는 직권으로 또는 당사자의 신청에 따라 필요한 조사를 할 수 있으며, 당사자 등이 주장하지 아니한 사실에 대하여는 조사할 수 없다.

④ 행정청은 청문을 마친 후 처분을 할 때까지 새로운 사정이 발견되어 청문을 재개(再開)할 필요가 있다고 인정할 때에는 청문조서 등을 되돌려 보내고 청문의 재개를 명할 수 있다.

07

행정지도에 대한 설명으로 옳지 <u>않은</u> 것은?

① 행정지도가 그의 한계를 일탈하지 아니하였다면, 그로 인하여 상대방에게 어떤 손해가 발생하였다 하더라도 행정기관은 그에 대한 손해배상책임이 없다.

② 위법한 건축물에 대한 단전 및 전화통화 단절 조치 요청행위는 처분성이 인정되는 행정지도이다.

③ 상대방이 행정지도에 따르지 아니하였다는 것을 직접적인 이유로 하는 불이익한 조치는 위법한 행위가 된다.

④ 국가배상법이 정한 배상청구의 요건인 공무원의 직무에는 행정지도도 포함된다.

08

개인정보 보호에 대한 설명으로 옳지 <u>않은</u> 것은?

① 정보통신서비스 제공자는 이용자가 필요한 최소한의 개인정보 이외의 개인정보를 제공하지 아니한다는 이유로 그 서비스의 제공을 거부할 수 있다.

② 개인정보처리자가 집단분쟁조정을 거부하거나 집단분쟁조정의 결과를 수락하지 아니한 경우에는 법원에 권리침해 행위의 금지·중지를 구하는 단체소송을 제기할 수 있다.

③ 개인정보보호법은 외국의 정보통신서비스 제공자 등에 대하여 개인정보보호규제에 대한 상호주의를 채택하고 있다.

④ 개인정보자기결정권의 보호대상이 되는 개인정보는 개인의 내밀한 영역에 속하는 영역뿐만 아니라 공적 생활에서 형성되었거나 이미 공개된 개인정보까지 포함한다.

09

「행정소송법」상 당사자소송에 대한 설명으로 옳지 <u>않은</u> 것은?

① 공법상 당사자소송이란 행정청의 처분 등을 원인으로 하는 법률관계에 관한 소송 그 밖에 공법상의 법률관계에 관한 소송으로서 그 법률관계의 한쪽 당사자를 피고로 하는 소송을 말한다.

② 공법상 계약의 한쪽 당사자가 다른 당사자를 상대로 효력을 다투거나 이행을 청구하는 소송은 공법상의 법률관계에 관한 분쟁이므로 분쟁의 실질이 공법상 권리·의무의 존부·범위에 관한 다툼에 관해서는 공법상 당사자소송으로 제기하여야 한다.

③ 원고가 고의 또는 중대한 과실 없이 행정소송으로 제기하여야 할 사건을 민사소송으로 잘못 제기한 경우, 수소법원으로서는 만약 그 행정소송에 대한 관할도 동시에 가지고 있다면 이를 행정소송으로 심리·판단하여야 하고, 그 행정소송에 대한 관할을 가지고 있지 아니하다면 관할법원에 이송하여야 한다.

④ 당사자소송의 경우 법원은 필요하다고 인정할 때에는 직권으로 증거조사를 할 수 있으나, 당사자가 주장하지 아니한 사실에 대하여는 판단하여서는 안된다.

10

행정법상 허가에 대한 설명으로 옳지 않은 것은?

① 허가는 규제에 반하는 행위에 대해 행정강제나 제재를 가하기보다는 행위의 사법상 효력을 부인함으로써 규제의 목적을 달성하는 방법이다.

② 허가란 법령에 의해 금지된 행위를 일정한 요건을 갖춘 경우에 그 금지를 해제하여 적법하게 행위할 수 있게 해준다는 의미에서 상대적 금지와 관련되는 경우이다.

③ 전통적인 의미에서 허가는 원래 개인이 누리는 자연적 자유를 공익적 차원(공공의 안녕과 질서 유지)에서 금지해 두었다가 일정한 요건을 갖춘 경우 그러한 공공에 대한 위험이 없다고 판단되는 경우 그 금지를 풀어줌으로써 자연적 자유를 회복시켜주는 행위이다.

④ 실정법상으로는 허가 이외에 면허, 인가, 인허, 승인 등의 용어가 사용되고 있기 때문에 그것이 학문상 개념인 허가에 해당하는지 검토할 필요가 있다.

11

「행정기본법」에 대한 설명으로 옳은 것만을 모두 고른 것은?

> ㄱ. 행정은 공공의 이익을 위하여 적극적으로 추진되어야 한다.

ㄴ. 행정작용은 법률에 위반되어서는 아니 되며, 국민의 권리를 제한하거나 의무를 부과하는 경우와 그 밖에 국민생활에 중요한 영향을 미치는 경우에는 법률에 근거하여야 한다.

ㄷ. 행정청은 합리적 이유 없이 국민을 차별하여서는 아니 된다.

ㄹ. 행정청은 행정작용을 할 때 상대방에게 해당 행정작용과 실질적인 관련이 없는 의무를 부과해서는 아니 된다.

ㅁ. 행정청은 처분에 재량이 있는 경우에는 부관(조건, 기한, 부담, 철회권의 유보 등을 말한다)을 붙일 수 있다.

① ㄱ, ㄴ, ㄷ

② ㄱ, ㄴ, ㄷ, ㄹ

③ ㄱ, ㄴ, ㄷ, ㄹ, ㅁ

④ ㄴ, ㄷ, ㄹ, ㅁ

12

행정소송의 원고적격에 대한 설명으로 옳지 않은 것은? (단, 다툼이 있는 경우 판례에 의함)

① 면허나 인·허가 등의 수익적 행정처분의 근거가 되는 법률이 해당 업자들 사이의 과당경쟁으로 인한 경영의 불합리를 방지하는 것도 그 목적으로 하고 있는 경우, 다른 업자에 대한 면허나 인·허가 등의 수익적 행정처분에 대하여 미리 같은 종류의 면허나 인·허가 등의 처분을 받아 영업을 하고 있는 기존의 업자는 당해 행정처분의 취소를 구할 원고적격이 인정될 수 있다.

② 광업권설정허가처분과 그에 따른 광산 개발로 인하여 재산상·환경상 이익의 침해를 받거나 받을 우려가 있는 토지나 건축물의 소유자와 점유자 또는 이해관계인 및 주민들은 그 처분 전과 비교하여 수인한도를 넘는 재산상·환경상 이익의 침해를 받거나 받을 우려가 있다는 것을 증명하더라도 원고적격을 인정받을 수 없다.

③ 행정처분의 직접 상대방이 아닌 제3자라 하더라도 당해 행정처분으로 인하여 법률상 보호되는 이익을 침해당한 경우에는 취소소송을 제기하여 그 당부의 판단을 받을 자격이 있다.

④ 법인의 주주가 그 처분으로 인하여 궁극적으로 주식이 소각되거나 주주의 법인에 대한 권리가 소멸하는 등 주주의 지위에 중대한 영향을 초래하게 되는데도 그 처분의 성질상 당해 법인이 이를 다툴 것을 기대할 수 없고 달리 주주의 지위를 보전할 구제방법이 없는 경우에는 주주도 그 처분에 관하여 직접적이고 구체적인 법률상 이해관계를 가진다고 보이므로 그 취소를 구할 원고적격이 있다.

13

공법상 결과제거청구권에 대한 설명으로 옳지 <u>않은</u> 것은?

① 공법상 결과제거청구권의 대상은 가해행위와 상당인과관계가 있는 손해이다.

② 결과제거청구는 권력작용뿐만 아니라 관리작용에 의한 침해의 경우에도 인정된다.

③ 원상회복이 행정주체에게 기대가능한 것이어야 한다.

④ 피해자의 과실이 위법상태의 발생에 기여한 경우에는 그 과실에 비례하여 결과제거청구권이 제한되거나 상실된다.

14

행정심판의 재결에 대한 설명으로 옳지 <u>않은</u> 것은?

① 기각재결이 있은 후에도 원처분청은 원처분을 직권으로 취소 또는 변경할 수 있다.

② 재결의 기속력에는 반복금지효와 원상회복의무가 포함된다.

③ 행정심판에는 불고불리의 원칙과 불이익변경금지의 원칙이 인정되며, 처분청은 행정심판의 재결에 대해 불복할 수 없다.

④ 행정심판의 재결기간은 강행규정이다.

15

사례에 대한 설명으로 옳지 <u>않은</u> 것은? (단, 다툼이 있는 경우 판례에 의함)

> 병무청장이 법무부장관에게 '가수 甲이 공연을 위하여 국외여행허가를 받고 출국한 후 미국시민권을 취득함으로써 사실상 병역의무를 면탈하였으므로 재외동포 자격으로 재입국하고자 하는 경우 국내에서 취업, 가수활동 등 영리활동을 할 수 없도록 하고, 불가능할 경우 입국 자체를 금지해 달라'고 요청함에 따라 법무부장관이 甲의 입국을 금지하는 결정을 하고, 그 정보를 내부전산망인 '출입국관리정보시스템'에 입력하였으나, 甲에게는 통보하지 않았다.

① 일반적으로 처분이 주체 · 내용 · 절차와 형식의 요건을 모두 갖추고 외부에 표시된 경우에는 처분의 존재가 인정된다.

② 행정의사가 외부에 표시되어 행정청이 자유롭게 취소 · 철회할 수 없는 구속을 받게 되는 시점에 처분이 성립한다.

③ 그 성립 여부는 행정청이 행정의사를 공식적인 방법으로 외부에 표시하였는지를 기준으로 판단해야 한다.

④ 위 입국금지결정은 항고소송의 대상이 되는 '처분'에 해당한다.

16

계획재량에 대한 설명으로 옳지 않은 것은?

① 통상적인 재량행위와 계획재량은 양적인 점에서 차이가 있을 뿐 질적인 점에서는 차이가 없다는 견해는 형량명령이 계획재량에 특유한 하자이론 이라기보다는 비례의 원칙을 계획재량에 적용한 것이라고 한다.

② 행정주체는 그 행정계획에 관련되는 자들의 이익을 공익과 사익 사이에서는 물론이고 공익 상호간과 사익 상호간에도 정당하게 비교교량하여야 한다는 제한을 받는다.

③ 행정주체가 행정계획을 입안·결정함에 있어서 이익형량의 고려 대상에 마땅히 포함시켜야할 사항을 누락한 경우 이익형량을 전혀 행하지 아니하는 등의 사정이 없는 한 그 행정계획결정은 형량에 하자가 있다고 보기 어렵다.

④ 행정계획과 관련하여 이익형량을 하였으나 정당성과 객관성이 결여된 경우에는 그 행정계획결정은 형량에 하자가 있어 위법하게 된다.

17

「행정조사기본법」상 행정조사의 기본원칙에 대한 설명으로 옳지 않은 것은? (단, 다툼이 있는 경우 판례에 의함)

① 행정조사는 조사목적을 달성하는데 필요한 최소한의 범위 안에서 실시하여야 하며, 다른 목적 등을 위하여 조사권을 남용하여서는 아니 된다.

② 행정기관은 유사하거나 동일한 사안에 대하여는 공동조사 등을 실시함으로써 행정조사가 중복되지 아니하도록 하여야 한다.

③ 행정조사는 법령등의 위반에 대한 처벌에 중점을 두되 법령등을 준수하도록 유도하여야 한다.

④ 행정기관은 행정조사를 통하여 알게 된 정보를 다른 법률에 따라 내부에서 이용하거나 다른 기관에 제공하는 경우를 제외하고는 원래의 조사 목적 이외의 용도로 이용하거나 타인에게 제공하여서는 아니 된다.

18

행정규칙에 대한 설명으로 옳지 않은 것은? (단, 다툼이 있는 경우 판례에 의함)

① 행정규칙인 고시가 법령의 수권에 의해 법령을 보충하는 사항을 정하는 경우에는 법령보충적 고시로서 근거법령규정과 결합하여 대외적으로 구속력 있는 법규명령의 효력을 갖는다.

② 행정규칙은 행정규칙을 제정한 행정기관에 대하여는 대내적으로 법적 구속력을 갖지 않는다.

③ 사실상의 준비행위 또는 사전안내로 볼 수 있는 국립대학의 대학입학고사 주요요강은 공권력 행사이므로 항고소송의 대상이 되는 처분이다.

④ 일반적인 행정처분절차를 정하는 행정규칙은 대외적 구속력이 없다.

19

「공익사업을 위한 토지 등의 취득 및 보상에 관한 법률」상의 환매권에 대한 설명으로 옳지 않은 것은? (단, 다툼이 있는 경우 판례에 의함)

① 토지의 협의취득일 또는 수용의 개시일부터 10년 이내에 해당 사업의 폐지·변경 또는 그 밖의 사유로 취득한 토지의 전부 또는 일부가 필요 없게 된 경우 취득일 당시의 토지소유자 또는 그 포괄승계인은 환매권을 행사할 수 있다.

② 환매권의 발생기간을 제한한 것은 사업시행자의 지위나 이해관계인들의 토지이용에 관한 법률관계 안정, 토지의 사회경제적 이용 효율 제고, 사회일반에 돌아가야 할 개발이익이 원소유자에게 귀속되는 불합리 방지 등을 위한 것이라 하더라도, 그 입법목적은 정당하다고 할 수 없다.

③ 환매권 발생기간 '10년'을 예외 없이 유지하게 되면 토지수용 등의 원인이 된 공익사업의 폐지 등으로 공공필요가 소멸하였음에도 단지 10년이 경과하였다는 사정만으로 환매권이 배제되는 결과가 초래될 수 있다.

④ 법률조항 제91조의 위헌성은 환매권의 발생기간을 제한한 것 자체에 있다기보다는 그 기간을 10년 이내로 제한한 것에 있다. 이 사건 법률조항의 위헌성을 제거하는 다양한 방안이 있을 수 있고 이는 입법재량 영역에 속한다.

20

「국가배상법」의 내용에 대한 설명으로 옳지 않은 것은? (단, 다툼이 있는 경우 판례에 의함)

① 국가나 지방자치단체는 공무를 위탁받은 사인이 직무를 집행하면서 고의 또는 과실로 법령을 위반하여 타인에게 손해를 입힌 때에는 국가배상법에 따라 그 손해를 배상하여야 한다.

② 도로 · 하천, 그 밖의 공공의 영조물(營造物)의 설치나 관리에 하자(瑕疵)가 있기 때문에 타인에게 손해를 발생하게 하였을 때에는 국가나 지방자치단체는 그 손해를 배상하여야 한다. 이 경우 군인 · 군무원의 2중배상금지에 관한 규정은 적용되지 않는다.

③ 직무를 집행하는 공무원에게 고의 또는 중대한 과실이 있으면 국가나 지방자치단체는 그 공무원에게 구상(求償)할 수 있다.

④ 군인 · 군무원이 전투 · 훈련 등 직무 집행과 관련하여 전사(戰死) · 순직(殉職)하거나 공상(公傷)을 입은 경우에 본인이나 그 유족이 다른 법령에 따라 재해보상금 · 유족연금 · 상이연금 등의 보상을 지급받을 수 있을 때에는 「국가배상법」 및 「민법」에 따른 손해배상을 청구할 수 없다.

21

「공공기관의 정보공개에 관한 법률」에 대한 설명으로 옳지 않은 것은?

① 정보공개의 원칙에 따라 공공기관이 보유 · 관리하는 정보는 국민의 알권리 보장 등을 위하여 이 법에서 정하는 바에 따라 적극적으로 공개하여야 한다.

② 모든 국민은 정보의 공개를 청구할 권리를 가진다.

③ 공공기관의 정보공개 담당자(정보공개 청구 대상 정보와 관련된 업무 담당자를 포함한다)는 정보공개 업무를 성실하게 수행하여야 하며, 공개여부의 자의적인 결정, 고의적인 처리 지연 또는 위법한 공개 거부 및 회피 등 부당한 행위를 하여서는 아니 된다.

④ 공공기관은 예산집행의 내용과 사업평가 결과 등 행정감시를 위하여 필요한 정보에 대해서는 공개의 구체적 범위, 주기, 시기 및 방법 등을 미리 정하여 정보통신망 등을 통하여 알릴 필요까지는 없으나, 정기적으로 공개하여야 한다.

22

행정의 실효성 확보수단에 대한 설명으로 옳지 않은 것은? (단, 다툼이 있는 경우 판례에 의함)

① 계고서라는 명칭의 1장의 문서로서 일정기간 내에 위법건축물의 자진철거를 명함과 동시에 그 소정기한 내에 자진철거를 하지 아니할 때에는 대집행할 뜻을 미리 계고한 경우라도 건축법에 의한 철거명령과 행정대집행법에 의한 계고처분은 독립하여 있는 것으로서 각 그 요건이 충족되었다고 볼 것이다.

② 이행강제금은 행정상 간접적인 강제집행 수단의 하나로서, 과거의 일정한 법률위반 행위에 대한 제재인 형벌이 아니라 장래의 의무이행 확보를 위한 강제수단일 뿐이어서, 범죄에 대하여 국가가 형벌권을 실행하는 과벌에 해당하지 아니한다.

③ 세무조사결정은 납세의무자의 권리·의무에 직접 영향을 미치는 공권력의 행사에 따른 행정작용으로 보기 어려우므로 항고소송의 대상이 될 수 없다.

④ 토지·건물 등의 인도의무는 비대체적 작위의무이므로 행정대집행법상 대집행 대상이 될 수 없다.

23

개인적 공권에 대한 설명으로 옳지 않은 것은? (단, 다툼이 있는 경우 판례에 의함)

① 한의사들이 가지는 한약조제권을 한약조제시험을 통하여 약사에게도 인정함으로써 감소하게 되는 한의사들의 영업상 이익은 법률에 의하여 보호되는 이익이라 볼 수 없다.

② 합병 이전의 회사에 대한 분식회계를 이유로 감사인 지정제외 처분과 손해배상공동기금의 추가 적립의무를 명한 조치의 효력은 합병 후 존속하는 법인에게 승계될 수 있다.

③ 당사자 사이에 석탄산업법시행령 제41조 제4항 제5호 소정의 재해위로금에 대한 지급청구권에 관한 부제소합의가 있는 경우 그러한 합의는 효력이 인정된다.

④ 석유판매업 허가는 소위 대물적 허가의 성질을 갖는 것이어서 양수인이 그 양수후 허가관청으로부터 석유판매업허가를 다시 받았다하더라도 이는 석유판매업의 양수도를 전제로 한 것이어서 이로써 양도인의 지위승계가 부정되는 것은 아니므로 양도인의 귀책사유는 양수인에게 그 효력이 미친다.

24

행정행위의 부관에 대한 설명으로 옳지 않은 것은? (단, 다툼이 있는 경우 판례에 의함)

① 재량행위에 있어서는 관계 법령에 명시적인 금지규정이 없는 한 행정목적을 달성하기 위하여 조건이나 기한, 부담 등의 부관을 붙일 수 있고, 그 부관의 내용이 이행 가능하고 비례의 원칙 및 평등의 원칙에 적합하며 행정처분의 본질적 효력을 저해하지 아니하는 이상 위법하다고 할 수 없다.

② 부담은 행정청이 행정처분을 하면서 일방적으로 부가하는 것이 일반적이므로 상대방과 협의하여 협약의 형식으로 미리 정한 다음 행정처분을 하면서 이를 부가하는 경우 부담으로 볼 수 없다.

③ 부관의 사후변경은, 법률에 명문의 규정이 있거나 그 변경이 미리 유보되어 있는 경우 또는 상대방의 동의가 있는 경우에 한하여 허용되는 것이 원칙이지만, 사정변경으로 인하여 당초에 부담을 부가한 목적을 달성할 수 없게 된 경우에도 그 목적달성에 필요한 범위 내에서 예외적으로 허용된다.

④ 건축허가를 하면서 일정 토지를 기부채납하도록 하는 내용의 허가조건은 부관을 붙일 수 없는 기속행위 내지 기속적 재량행위인 건축허가에 붙인 부담이거나 또는 법령상 아무런 근거가 없는 부관이어서 무효이다.

25

행정소송법상 행정입법부작위에 대한 설명으로 옳지 않은 것은?

① 행정권의 시행명령제정의무는 헌법적 의무이다.

② 시행명령을 제정해야 함에도 불구하고 제정을 거부하는 것은 법치행정의 원칙에 반하는 것이 된다.

③ 시행명령을 제정 또는 개정하였지만 그것이 불충분 또는 불완전하게 된 경우에는 행정입법부작위가 아니다.

④ 행정입법부작위는 부작위위법확인소송의 대상이 된다.

PART 04

2020년 기출(복원)문제

국어 · 경영학 · 행정법

국어

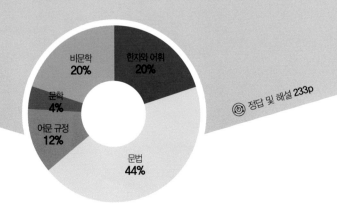

◎ 정답 및 해설 233p

01

홀문장에 해당하는 것은?

① 어제 빨간 모자를 샀다.
② 봄이 오니 꽃이 피었다.
③ 남긴 만큼 버려지고, 버린 만큼 오염된다.
④ 우리 집 앞마당에 드디어 장미꽃이 피었다.

02

다음 중 가장 적절한 문장은?

① 인생을 살다 보면 남을 도와주기도 하고 도움을 받기도 한다.
② 형은 조문객들과 잠시 환담을 나눈 후 다시 상주 자리로 돌아왔다.
③ 가벼운 물건이라도 높은 위치에서 던지면 인명 사고나 차량 파손을 일으킬 수 있다.
④ 증인이 보는 앞에서 병기에게 친히 불리어서 가까이 가는 것만 해도 여간한 우대였다.

03

국어 순화가 옳지 <u>않은</u> 것은?

① 핸드레일(handrail) → 안전손잡이
② 스크린 도어(screen door) → 차단문
③ 프로필(profile) → 인물 소개, 약력
④ 팝업창(pop-up 窓) → 알림창

04

밑줄 친 부분의 비유 방식이 <u>다른</u> 것은?

> 비유(比喩/譬喩) : 「명사」 어떤 현상이나 사물을 직접 설명하지 아니하고 다른 비슷한 현상이나 사물에 빗대어서 설명하는 일.

① 요즘은 회사의 경영진에 합류하는 <u>블루칼라가 많아지고 있다.</u>
② 암 진단 결과를 받아들자, <u>그의 마음은 산산조각이 났다.</u>
③ 내부의 <u>유리 천장은 없으며</u> 여성들의 상위적 진출이 확대될 것이라고 전망했다.
④ 사업이 실패한 후 <u>그는 사회의 가장 밑바닥으로 떨어졌다.</u>

05

다음 글을 요약한 것으로 가장 적절한 것은?

요즘 들어 사람들은 건강에 대한 많은 관심을 보이고 있다. 특히 운동을 통한 건강 유지에 대한 관심이 각별하다고 할 수 있다. 부지런히 뛰고 땀을 흠뻑 흘린 뒤에 느끼는 개운함을 좋아한다. 그렇지만 무조건 신체를 움직인다고 해서 다 운동이 되는 것은 아니다. 무리하게 움직이면 오히려 역효과를 가져온다. 그러므로 운동의 강도를 결정할 때는 자신의 신체 조건을 우선적으로 고려해야 한다. 자신의 체력에 비추어 신체 기능을 충분히 자극할 수는 있어야 하지만 부담이 지나치지 않게 해야 한다. 운동의 시간과 빈도는 개인의 생활양식에 의해 많은 영향을 받게 되지만, 일반적으로는 일주일에 한 번씩 오랜 운동 시간을 하는 것보다는 운동 시간이 짧더라도 빈도를 높여서 규칙적으로 움직이는 것이 운동의 효과를 높이는데 효과적이다. 가장 바람직한 것은 매일 일정량의 운동을 실천하여 운동을 하나의 생활 습관으로 정착시키는 것이다.

① 운동의 효과는 운동의 빈도를 높일수록 좋다고 할 수 있으므로 가급적 쉬지 말고 부지런히 운동을 하는 것이 좋다.
② 운동의 효과를 높이기 위해서는 무리한 운동보다는 신체에 적절한 자극이 가해지는 운동을 생활 습관으로 정착시켜야 한다.
③ 신체를 무조건 움직인다고 해서 운동이 되는 것이 아니므로 자신의 신체 조건을 우선적으로 고려하여 운동의 강도를 결정한다.
④ 매일 일정량의 운동을 통해 운동을 생활습관으로 정착시키기 위해서는 운동의 긍정적인 측면과 부정적인 측면을 모두 고려해야 한다.

06

국어 로마자 표기법 규정에 어긋난 것은?

① 종로 2가 Jongno 2(i)-ga
② 신라 Silla
③ 속리산 Songnisan
④ 금강 Keumgang

07

사동사와 피동사를 만드는 형태와 방식이 <u>다른</u> 것은?

- 사동사(使動詞) : 『언어』 문장의 주체가 자기 스스로 행하지 않고 남에게 그 행동이나 동작을 하게 함을 나타내는 동사.
- 피동사(被動詞) : 『언어』 남의 행동을 입어서 행하여지는 동작을 나타내는 동사.

① 보다   ② 잡다
③ 밀다   ④ 안다

08

㉠의 처지와 관련된 속담으로 가장 적절한 것은?

"쥔 어른 계서유?"
몸을 돌리어 바느질거리를 다시 들려 할 제 이번에는 짜장 인끼가 난다. 황급하게 "누구유?" 하고 일어서며 문을 열어보았다.
"왜 그리유?"
"저어, 하룻밤만 드새고 가게 해주세유."
남정네도 아닌데 이 밤중에 웬일인가, 맨발에 짚신 짝으로. 그야 아무렇든,
"어서 들어와 불 쬐게유."

ㄱ 나그네는 주춤주춤 방 안으로 들어와서 화로 곁에 도사려 앉는다. 낡은 치맛자락 위로 비어지려는 속살을 아무리자 허리를 지그시 튼다. 그리고는 묵묵하다. 주인은 물끄러미 보고 있다가 밥을 좀 주려느냐고 물어보아도 잠자코 있다.

그러나 먹던 대궁을 주워모아 짠지쪽하고 갖다 주니 감지덕지 받는다. 그리고 물 한 모금 마심 없이 잠깐 동안에 밥그릇의 밑바닥을 긁는다.

밥숟가락을 놓기가 무섭게 주인은 이야기를 붙이기 시작하였다. 미주알고주알 물어보니 이야기는 지수가 없다. 자기로도 너무 지쳐 물은 듯싶은 만치 대구 추근거렸다. 나그네는 싫단 기색도 좋단 기색도 별로 없이 시나브로 대꾸하였다. 남편 없고 몸 붙일 곳 없다는 것을 간단히 말하고 난 뒤,

"이리저리 얻어먹고 단게유." 하고 턱을 가슴에 묻는다.

① 패랭이에 숟가락 꽂고 산다.

② 태산 명동에 서일필이라.

③ 터진 방앗공이에 보리알 끼듯 하였다.

④ 보리누름까지 세배한다.

09

밑줄 친 단어의 품사가 다른 것은?

① 집에 들어가 보니 동생이 혼자 밥을 먹고 있었다.

② 정녕 가시겠다면 고이 보내 드리리다.

③ 나는 과일 중에 사과를 제일 좋아한다.

④ 둘째 며느리 삼아 보아야 맏며느리 착한 줄 안다.

10

밑줄 친 부분의 한자어로 적절하지 않은 것은?

코로나가 갖고 온 변화는 ㄱ 침체된 것처럼 보이는 삶 – ㄴ 위축된 경제와 단절된 관계와 불투명한 미래까지–에서부터 일상의 작은 규칙들, 마스크를 쓰고 손을 씻고 사회적 거리두기를 하는 것 등 삶의 전반에 크고 작은 영향을 끼쳤다. 그것이 우리 눈앞에 펼쳐진 코로나 이후의 맞닥뜨린 냉혹한 현실이지만 반대급부도 분명 존재한다. 가만히 들여다보면 차가운 현실의 이면에는 분명 또 다른 내용의 속지가 숨겨져 있다. 코로나로 인해 '국가의 감염병 예방 시스템이 새롭게 정비되고 ㄷ 방역 의료체계가 발전하고 환경오염이 줄고'와 같은 거창한 것은 ㄹ 차치하고라도 당장, 홀로 있음의 경험을 통해서 내 자신의 마음 들여다보기가 가능해졌다.

① ㄱ : 沈滯   ② ㄴ : 萎縮

③ ㄷ : 紡疫   ④ ㄹ : 且置

11

띄어쓰기가 옳지 않은 것은?

① 그녀는 사업차 외국에 나갔다.

② 들고 갈 수 있을 만큼만 담아라.

③ 그는 세 번만에 시험에 합격했다.

④ 쌀, 보리, 콩, 조, 기장 들을 오곡(五穀)이라한다.

12

언어 예절에 가장 알맞게 발화한 것은?

① (아침에 출근해서 직급이 같은 동료에게) 좋은 아침!

② (집에서 손님을 보낼 때 손위 사람에게) 살펴 가
십시오.

③ (윗사람의 생일을 축하하며) 건강하십시오.

④ (관공서에서 손님이 들어올 때) 무엇을 도와 드
릴까요?

14

(㉠)에 들어갈 접속부사로 가장 적절한 것은?

① 그리고

② 그런데

③ 그러므로

④ 왜냐하면

[13~14] 다음 글을 읽고 물음에 답하시오.

계해년(癸亥年) 겨울에 우리 전하께서 정음 28
자를 처음으로 만들어 예의(例義)를 간략하게 들
어 보이고 이름을 훈민정음(訓民正音)이라 하였
다. (①) 천지인(天地人) 삼극(三極)의 뜻과 음
양(陰陽)의 이기(二氣)의 정묘함을 포괄(包括)하지
않은 것이 없다. 28자로써 전환이 무궁하고 간요
(簡要)하며 모든 음에 정통하였다. (㉠) 슬기
로운 사람은 하루아침을 마치기도 전에 깨우치고,
어리석은 이라도 열흘이면 배울 수 있다. (②)
이 글자로써 글을 풀면 그 뜻을 알 수 있고, 이 글
자로써 송사를 심리하더라도 그 실정을 알 수 있
게 되었다. (③) 한자음은 청탁을 능히 구별할
수 있고 악기는 율려에 잘 맞는다. 쓰는 데 갖추어
지지 않은 바가 없고, 가서 통달되지 않는 바가 없
다. 바람 소리, 학의 울음, 닭의 홰치며우는 소리,
개 짖는 소리일지라도 모두 이 글자를 가지고 적을
수가 있다. (④)

– 〈훈민정음 해례(解例)〉 정인지(鄭麟趾) 서문(序文) 중에서 –

15

우리말 어법에 맞고 가장 자연스러운 문장은?

① 그의 하루 일과를 일어나자마자 아침 신문을 읽
는 데서 시작한다.

② 저녁노을이 지는 들판에서 농부 내외가 조용히
기도하는 모습이 멀리 보였다.

③ 졸업한 형도 못 푸는 문제인데, 하물며 네가 풀
겠다고 덤볐다.

④ 제가 여러분에게 당부하고 싶은 것은 주변 환경
을 탓하지 마시기 바랍니다.

16

밑줄 친 '성김'과 '빽빽함'의 의미 관계와 같지 <u>않은</u>
것은?

구도의 필요에 따라 좌우와 상하의 거리 조정,
허와 실의 보완, <u>성김</u>과 <u>빽빽함</u>의 변화 표현 등이
자유로워졌다.

① 곱다 : 거칠다

② 무르다 : 야무지다

③ 넉넉하다 : 푼푼하다

④ 느슨하다 : 팽팽하다

13

위 글에서 다음 (가)의 위치로 가장 적절한 것은?

(가) 상형을 기본으로 하고 글자는 고전(古篆)을
본떴고 사성을 기초로 하고 음(音)이 칠조(七
調)를 갖추었다.

①   ②   ③   ④

17

한글 맞춤법에 옳게 쓰인 것을 모두 고른 것은?

나는 먼저 미역을 물에 ㉠ 담궈 두고 밥을 ㉡ 안쳤다. 불린 미역을 냄비에 넣고 불을 ㉢ 붙였다. 미역국이 끓는 동안 생선도 ㉣ 졸였다. 마지막으로 두부에 달걀옷을 입혀 ㉤ 부쳤다. 상을 차려놓고 어머니가 오시기를 기다렸다. ㉥ 하느라고 했는데 생일상 치고 영 볼품이 없는 것 같다.

① ㉠, ㉡, ㉣   ② ㉢, ㉤, ㉥
③ ㉡, ㉣, ㉤   ④ ㉡, ㉢, ㉤

18

다음 내용과 관계있는 한자성어로 가장 거리가 먼 것은?

선비는 단순한 지식 습득에 목적을 두지 않고 아는 것을 실천하는 것에 중점을 두고 있다. 또한 선비는 개인의 이익보다 사회 정의를 생각하며 행동하고 살아간다. 자신의 인격을 완성하고 그것을 통해 모든 사람에게 평안한 삶을 살게 하는 것이 그들의 궁극적 목적이다. 선비가 갖추어야 할 덕목은 많지만 상호 연결되어 있다. 자신을 낮추는 자세, 타인을 존중하는 마음, 검소하고 청렴결백한 삶 등이 하나로 연결되어 있는 것이다.

① 見利思義   ② 勞謙君子
③ 修己安人   ④ 梁上君子

19

다음 밑줄 친 '-의' 중에서 '기쁨의 열매'와 쓰임이 같은 것은?

① 조선의 독립국임
② 천(天)의 명명(明命)
③ 인도(人道)의 간과(干戈)
④ 대의(大義)의 극명(克明)

20

다음 글에서 밑줄 친 ㉠과 바꿔 쓰기에 가장 적절한 것은?

킬트의 독특한 체크무늬가 각 씨족의 상징으로 자리 잡은 것은, 1822년에 영국 왕이 방문했을 때 성대한 환영 행사를 마련하면서 각 씨족장들에게 다른 무늬의 킬트를 입도록 종용하면서부터이다. 이때 채택된 독특한 체크무늬가 각 씨족을 대표하는 의상으로 ㉠ 자리를 잡게 되었다.

① 정돈(整頓)되었다.   ② 정제(精製)되었다.
③ 정리(整理)되었다.   ④ 정착(定着)되었다.

21

다음 글의 내용과 가장 부합하는 것은?

심리학자 융은 인간에게는 '페르소나(persona)'와 '그림자(shadow)'의 측면이 있다고 한다. 페르소나란 한 개인이 사회에서 요구하는 역할에 적응하면서 얻어진 자아의 한 측면을 의미한다. 그런데 오로지 페르소나만 추구하려 한다면 그림자가 위축되어 결국 자기 자신으로부터 소외를 당해 무기력하고 생기가 없어지게 된다. 한편 그림자는 인간의 원시적인 본능 성향을 의미한다. 이것은 사회에서 부도덕하다고 생각하는 충동적인 면이 있지만, 자발성, 창의성, 통찰력, 깊은 정서 등 긍정적인 면이 있어 지나치게 억압해서는 안 된다.

① 페르소나는 현실적인 속성, 그림자는 근원적인 속성을 갖고 있다.

② 페르소나를 멀리 하게 되면, 자아는 무기력하게 된다.

③ 그림자는 도덕성을 추구할 때, 자발성과 창의성이 더욱 커진다.

④ 그림자를 억압하게 되면 페르소나를 더욱 추구하게 된다.

22

낱말의 발음이 옳지 않은 것은?

① 맑고 → [말꼬]　　② 끊기다 → [끈기다]

③ 맏형 → [마텽]　　④ 밟고 → [밥 : 꼬]

23

단어의 구조가 다른 것은?

① 도시락　　　　② 선생님

③ 날고기　　　　④ 밤나무

24

다음 글의 내용과 가장 거리가 먼 것은?

　항생제는 세균에 대한 항균 효과가 있는 물질을 말한다. '프로폴리스'같이 자연적으로 존재하는 항생제를 자연 요법제라고 하고, '설파제'같이 화학적으로 합성된 항생제를 화학 요법제라고 한다. 현재 사용되고 있는 많은 항생제들은 곰팡이가 생성한 물질을 화학적으로보다 효과가 좋게 합성한 것들이어서 넓은 의미에서는 이들도 화학 요법제라고 할 수 있을 것이다.

　'페니실린', '세파로스포린' 같은 것은 우리 몸의 세포에는 없는 세균의 세포벽에 작용하여 세균을 죽이는 것이다. 그 밖의 항생제들은 '테트라사이크린', '클로로마이신' 등과 같이 세균세포의 단백합성에 장애를 만들어 항균 효과를 나타내거나, '퀴노론', '리팜핀' 등과 같이 세균세포의 핵산합성을 저해하거나, '포리믹신' 등과 같이 세균세포막의 투과성에 장애를 일으켜 항균 효과를 나타낸다.

① 항생제의 정의　　② 항생제의 내성 정도

③ 항균 작용의 기제　④ 항생제의 분류 방법

25

주장하는 말이 범하는 논리적 오류 유형이 다른 하나는?

① 식량을 주면, 옷을 달라고 할 것이고, 그다음 집을 달라고 할 것이고, 결국 평생직장을 보장하라고 할 것이 틀림없어. 식량 배급은 당장 그만두어야 해.

② 네가 술 한 잔을 마시면, 다시 마시게 되고, 결국 알코올 중독자가 될 거야. 애초부터 술 마실 생각은 하지 마라.

③ 아이들에게 부드럽게 말하면, 아이들은 부모를 무서워하지 않게 되고, 그 부모는 아이들을 망치게 될 겁니다. 아이들에게 엄하게 말하는 것을 두려워하지 마세요.

④ 식이요법을 시작하면 영양 부족에 빠지고, 어설픈 식이요법이 알코올 중독에 이르게 한다는 것을 암시해. 식이요법을 시작하지 못하게 막아야 해.

경영학

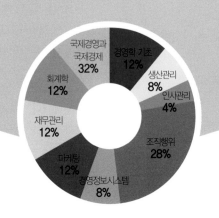

국제경영과
국제경제
32%

경영학 기초
12%

회계학
12%

생산관리
8%

인사관리
4%

재무관리
12%

조직행위
28%

마케팅
12%

경영정보시스템
8%

◎ 정답 및 해설 238p

01

페이욜(H. Fayol)에 따른 리더의 역할이 <u>아닌</u> 것은?

① 조직화　　　　② 예산안 기획

③ 지휘　　　　　④ 조정

02

다음 중 프로젝트 조직의 특성에 관한 설명 중 옳은 것은?

① 장기적으로 유지될 필요가 있는 조직에 적합한 형태이다.

② 복잡한 환경에는 어울리지 않는다.

③ 프로젝트에 따라 인력 규모 등을 가감하여 유연한 조정을 할 수 있다.

④ 일상적 과업을 목표보다 중요시하는 조직형태이다.

03

다음 중 암묵지에 해당하지 <u>않는</u> 것은?

① 체화된 지식　　② 자신만의 노하우

③ 주관적 관점의 지식　④ 컴퓨터 매뉴얼

04

자재소요계획(MRP)의 구성요소가 <u>아닌</u> 것은?

① 주일정계획(MPS)　② 재고기록철(IR)

③ 자재명세서(BOM)　④ 선형계획(LP)

05

다음 중 구매의사 결정과정을 순서대로 나열한 것은?

> (가) 대안 평가
> (나) 문제 인식
> (다) 구매 의사결정
> (라) 대안 탐색
> (마) 기준별 가중치 부여
> (바) 대안 선택
> (사) 의사결정 기준 설정
> (아) 구매 후 행동 확인

① (나) − (사) − (마) − (라) − (가) − (바) − (다) − (아)

② (사) − (나) − (라) − (마) − (가) − (바) − (다) − (아)

③ (마) − (가) − (아) − (바) − (나) − (라) − (사) − (다)

④ (다) − (마) − (가) − (라) − (나) − (아) − (사) − (바)

06

다음 중 재고비용에 관한 설명 중 옳지 않은 것은?

① 준비비용에는 준비시간 중 발생되는 기계의 유휴비용도 포함된다.
② 재고비용은 창고비용을 포함하지 않는다.
③ 생산라인 가동을 준비하는 비용을 준비비용이라고 한다.
④ 발주비용에는 수송비, 하역비, 통관료, 검사 시험비가 포함된다.

07

기업의 사회적 책임이 아닌 것은?

① 경제적 책임　　　② 환경적 책임
③ 윤리적 책임　　　④ 법적 책임

08

다음 자료를 이용하여 총가중평균법에 의한 재고자산 평가금액은 얼마인가? (실지재고조사법에 의함)

> 기초 상품 재고 : 없음
> 1월 매입 30개(단가 220원)
> 2월 매입 50개(단가 230원)
> 3월 매출 40개(단가 280원)
> 4월 매입 10개(단가 200원)
> 5월 매출 20개(단가 250원)
> 기말 상품재고 : 30개

① 6,510원　　　② 6,600원
③ 6,900원　　　④ 6,700원

09

다음 중 재무비율 용어와 분류내용이 올바르게 짝지어진 것은?

(가) 수익성비율	(나) 당좌비율
(다) 활동성비율	(라) 부채비율
(마) 유동성비율	(바) 투자수익률
(사) 레버리지비율	(아) 재고자산회전율

① 수익성비율 – 당좌비율
② 유동성비율 – 재고자산회전율
③ 레버리지비율 – 부채비율
④ 활동성비율 – 투자수익률

10

기능식 조직과 사업부제 조직의 비교에 관한 설명 중 옳지 않은 것은?

① 기술혁신으로 인한 신제품 개발을 위해 사업부제 조직이 요구되었다.
② 기능식 조직은 사업부제 조직에 비해 자원의 효율성이 낮다.
③ 사업부제 조직은 기능식 조직보다 부서 간 상호조정이 쉽다.
④ 기능식 조직은 전문화·기능화 원리가 잘 이루어진다.

11

중소기업의 특징이 아닌 것은?

① 자본의 비한계성
② 작은 시장규모
③ 시장수요 변동에 대한 탄력적 대응
④ 소유와 경영의 미분화

12

포트폴리오 분산투자에 관한 설명으로 옳지 않은
것은?

① 분산투자로 제거되지 않는 위험을 체계적 위험
   이라 말한다.
② 비체계적 위험에는 종업원 파업, 법적 문제 등이
   있다.
③ 투자 종목이 많을수록 위험이 낮아진다.
④ 상관계수가 1일 때 위험분산효과가 크다.

13

시장표적화 전략 유형 중 시장전문화 전략과 제품전
문화 전략의 특징으로 옳은 것은?

① 시장전문화 전략은 단일제품, 복수 시장일 경우
   유리하다.
② 시장전문화 전략은 고객집단의 욕구 변동에 관
   계없이 위험성이 낮다.
③ 제품전문화 전략은 특정 제품을 다양한 세분시
   장에 진출시키는 전략이다.
④ 제품전문화 전략은 위험을 분산시키는 효과가
   있다.

14

재무회계와 관리회계의 비교에 관한 설명으로 옳지
않은 것은?

① 재무회계는 외부정보이용자를 주 고객으로 삼지
   만, 관리회계는 내부정보이용자를 주 고객으로
   삼는다.
② 관리회계는 일정한 형식이 존재하지 않는다.
③ 재무회계는 미래지향 정보를 제공한다.
④ 재무회계는 IFRS 등 일정한 기준에 따른다.

15

균형성과표(BSC)에서 고려하지 않는 관점은?

① 고객 관점
② 학습 및 성장 관점
③ 경영전략 관점
④ 재무적 관점

16

유통과정 중 수직적 통합의 특징이 아닌 것은?

① 유통경로 내에서 한 경로구성원에 의한 권력 횡
   포가 발생할 일이 없다.
② 기업의 역량을 지키기 위해 비중요부분을 다른
   기업에 하청업체에게 맡길 수 있다.
③ 기업 활동의 유연성이 낮아진다.
④ 생산시설이 노후화되어도 쉽게 포기하지 못할
   수 있다.

17

개방시스템의 구조적 절차로 옳은 것은?

① 투입 – 과정 – 산출 – 피드백
② 산출 – 과정 – 투입 – 피드백
③ 피드백 – 과정 – 산출 – 투입
④ 과정 – 산출 – 피드백 – 투입

18

가속 감가상각방법이 아닌 것은?

① 연수합계법
② 정률법
③ 이중체감법
④ 생산량평균법

19

직무특성이론에서 말하는 직무특성이 <u>아닌</u> 것은?

① 기술다양성 ② 직무정체성

③ 피드백 ④ 동기부여

20

포터(M. Porter)의 산업구조분석 모형에서 산업 내 기업 상호 간의 경쟁 상태에 영향을 주는 요인을 모두 고른 것은?

(가) 공급자의 협상력
(나) 대체품의 압력
(다) 시장의 불균형
(라) 기업지배구조의 변동성
(마) 새로운 기업의 진입 가능성
(바) 구매자의 교섭력
(사) 현재 기업들의 성장잠재력
(아) 기존 기업들 간의 경쟁 정도

① (나), (다), (마), (바), (사)

② (가), (나), (마), (바), (아)

③ (라), (마), (바), (사), (아)

④ (다), (라), (마), (바), (아)

21

다음 행위기준고과법에 대한 설명 중 옳지 <u>않은</u> 것은?

① 직무수행의 과정과 성과를 담당할 고과자가 필요하다.

② 주요사건 서술법과 평정척도법을 결합한 방식이다.

③ 실무 적용에 적합하다.

④ 척도개발과정에 주관성 개입의 우려가 있다.

22

민츠버그의 다섯 가지 조직구조 중 전문적 관료제의 특징으로 옳은 것은?

① 벤처기업에 적용할 수 있다.

② 동태적인 환경에 적합하다.

③ 복잡한 환경인 경우에 적합하다.

④ 공식화 정도가 높다.

23

상황이론에서 고려하는 환경요인이 <u>아닌</u> 것은?

① 최선의 관리방식 ② 전략기술

③ 기업 구조 ④ 기업 규모

24

작업집단(work group)에 대한 특징이 <u>아닌</u> 것은?

① 공통된 리더십

② 개별적 결과물 산출

③ 정보 및 의견 공유

④ 책임 범위 내 상호접촉

25

부채를 통한 자금조달에 관한 다음 설명 중 옳지 <u>않은</u> 것은?

① 기업의 입장에선 부채가 자기자본보다 유리하다.

② 부채조달 시 소유권을 포기하지 않아도 된다.

③ 이율이 낮아지면 대출의 기회비용이 낮아진다.

④ 부채가 증가할수록 재무곤경위험이나 기대파산 비용이 증가한다.

행정법

행정법총론 12%

행정구제법 32%

행정작용법 44%

행정법상의 의무이행확보수단 12%

◎ 정답 및 해설 242p

01

행정법의 효력에 대한 설명으로 옳지 않은 것은? (다툼이 있는 경우 판례에 의함)

① 행정법규는 시행일부터 그 효력을 발생한다.

② 법령이 변경된 경우 신 법령이 피적용자에게 유리하여 이를 적용하도록 하는 경과규정을 두는 등의 특별한 규정이 없는 한 「헌법」 제13조 등의 규정에 비추어 볼 때 그 변경 전에 발생한 사항에 대하여는 변경 후의 신 법령이 아니라 변경 전의 구 법령이 적용되어야 한다.

③ 법령불소급의 원칙은 법령의 효력발생 전에 완성된 요건 사실에 대하여 당해 법령을 적용할 수 없다는 의미일 뿐, 계속 중인 사실이나 그 이후에 발생한 요건 사실에 대한 법령적용까지를 제한하는 것은 아니다.

④ 진정소급입법의 경우에는 신뢰보호의 이익을 주장할 수 있으나 부진정소급입법의 경우에는 신뢰보호의 이익을 주장할 수 없다.

02

행정규칙 형식의 법규명령에 대한 설명으로 옳지 않은 것은?(다툼이 있는 경우 판례에 의함)

① 헌법이 인정하고 있는 위임입법의 형식은 예시적인 것으로 보아야 할 것이고, 그것은 법률이 행정규칙에 위임하더라도 그 행정규칙은 위임된 사항만을 규율할 수 있으므로, 국회입법의 원칙과 상치되지도 않는다.

② 재산권 등과 같은 기본권을 제한하는 작용을 하는 법률이 입법위임을 할 때에는 법규명령에 위임함이 바람직하고, 금융감독위원회의 고시와 같은 행정규칙 형식으로 입법위임을 할 때에는 적어도 「행정규제기본법」 제4조 제2항 단서에서 정한 바와 같이 법령이 전문적·기술적 사항이나 경미한 사항으로서 업무의 성질상 위임이 불가피한 사항에 한정된다.

③ 법률이 행정규칙 형식으로 입법위임을 하는 경우에는 행정규칙의 특성상 포괄위임금지의 원칙은 인정되지 않는다.

④ 상위법령의 위임에 의하여 정하여진 행정규칙은 위임한계를 벗어나지 아니하는 한 그 상위법령의 규정과 결합하여 대외적인 구속력이 있는 법규명령으로서의 효력을 갖게 된다.

03

인가에 대한 설명으로 옳지 않은 것은?(다툼이 있는 경우 판례에 의함)

① 기본행위가 적법·유효하고 보충행위인 인가처분 자체에 흠이 있다면 그 인가처분의 무효나 취소를 주장할 수 있다.

② (구)외자도입법에 따른 기술도입계약에 대한 인가는 기본행위인 기술도입계약을 보충하여 그 법률상 효력을 완성시키는 보충적 행정행위에 지나지 아니하므로 기본행위인 기술도입계약의 해지로 소멸되었다면 위 인가처분은 처분청의 직권취소에 의하여 소멸한다.

③ 「공유수면매립법」 등 관계법령상 공유수면매립의 면허로 인한 권리의무의 양도·양수에 있어서의 면허관청의 인가는 효력요건으로서, 면허로 인한 권리의무양도약정은 면허관청의 인가를 받지 않은 이상 법률상 아무런 효력도 발생할 수 없다.

④ 인가처분에 흠이 없다면 기본행위에 흠이 있다고 하더라도 따로 기본행위의 흠을 다투는 것은 별론으로 하고 기본행위의 흠을 내세워 바로 그에 대한 인가처분의 무효확인 또는 취소를 구할 수는 없다.

04

행정지도에 대한 설명으로 옳지 않은 것은?(다툼이 있는 경우 판례에 의함)

① 행정지도가 단순한 행정지도로서의 한계를 넘어 규제적·구속적 성격을 상당히 강하게 갖는 것이라면 헌법소원의 대상이 되는 공권력의 행사로 볼 수 있다.

② 행정관청이 국토이용관리법 소정의 토지거래계약 신고에 관하여 공시된 기준시가를 기준으로 매매가격을 신고하도록 행정지도를 하여 그에 따라 피고인이 허위신고를 한 것이라면 그 범법행위는 정당화된다.

③ 구 「남녀차별금지및구제에관한법률」상 국가인권위원회의 성희롱결정과 이에 따른 시정조치의 권고는 성희롱 행위자로 결정된 자의 인격권에 영향을 미침과 동시에 공공기관의 장 또는 사용자에게 일정한 법률상의 의무를 부담시키는 것이므로 국가인권위원회의 성희롱결정 및 시정조치권고는 행정소송의 대상이 되는 행정처분에 해당한다.

④ 적법한 행정지도로 인정되기 위해서는 우선 그 목적이 적법한 것으로 인정될 수 있어야 할 것이므로, 행정청이 행한 주식매각의 종용이 정당한 법률적 근거 없이 자의적으로 주주에게 제재를 가하는 것이라면 행정지도의 영역을 벗어난 것이라고 보아야 할 것이다.

05

헌법재판소 결정례와 대법원 판례의 내용으로 옳지 않은 것은?(다툼이 있는 경우 판례에 의함)

① 현역군인만을 국방부의 보조기관 및 차관보·보좌기관과 병무청 및 방위사업청의 보조기관 및 보좌기관에 보할 수 있도록 정하여 군무원을 제외하고 있는 정부조직법 관련 조항은 군무원인 청구인들의 평등권을 침해한다고 보아야 한다.

② 행정소송에 있어서 처분청의 처분권한 유무는 직권조사 사항이 아니다.

③ 행정권한의 위임이 행하여진 때에는 위임관청은 그 사무를 처리할 권한을 잃는다.

④ 자동차운전면허시험 관리업무는 국가행정사무

이고 지방자치단체의 장인 서울특별시장은 국가로부터 그 관리업무를 기관위임 받아 국가행정기관의 지위에서 그 업무를 집행하므로, 국가는 면허시험장의 설치 및 보존의 하자로 인한 손해배상책임을 부담한다.

06

개인정보보호법상 고유식별정보에 관한 설명으로 옳지 않은 것은?

① 「여권법」에 따른 여권번호나 「출입국관리법」에 따른 외국인등록번호는 고유식별정보이다.

② 고유식별정보를 처리하려면 정보주체에게 정보의 수집·이용·제공 등에 필요한 사항을 알리고 다른 개인정보의 처리에 대한 동의와 함께 일괄적으로 동의를 받아야 한다.

③ 개인정보처리자가 이 법에 따라 고유식별정보를 처리하는 경우에는 그 고유식별정보가 분실·도난·유출·위조·변조 또는 훼손되지 아니하도록 대통령령으로 정하는 바에 따라 암호화 등 안전성 확보에 필요한 조치를 하여야 한다.

④ 개인정보처리자는 다른 개인정보의 처리에 대한 동의와 별도로 동의를 받은 경우라 하더라도 주민등록번호는 법에서 정한 예외적 인정사유에 해당하지 않는 한 처리할 수 없다.

07

신뢰보호 원칙에 대한 설명으로 옳지 않은 것은? (다툼이 있는 경우 판례에 의함)

① 신뢰보호 원칙의 법적 근거로는 신의칙설 또는 법적 안정성을 드는 것이 일반적인 견해이다.

② 신뢰보호 원칙의 설정법적 근거로는 「행정절차법」 제4조 제2항, 「국세기본법」 제18조 제3항 등을 들 수 있다.

③ 대법원은 실권의 법리를 신뢰보호 원칙의 파생원칙으로 본다.

④ 조세법령의 규정내용 및 행정규칙 자체는 과세관청의 공적 견해 표명에 해당하지 아니한다.

08

정보공개에 대한 설명으로 옳지 않은 것은?

① 정보의 공개를 청구하는 자는 해당 정보를 보유하거나 관리하고 있는 공공기관에 법령상의 요건을 갖춘 정보공개 청구서를 제출하거나 말로써 정보의 공개를 청구할 수 있다.

② 공공기관은 공개 청구된 공개 대상 정보의 전부 또는 일부가 제3자와 관련이 있다고 인정할 때에는 그 사실을 제3자에게 지체 없이 통지하여야 하며, 필요한 경우에는 그의 의견을 들을 수 있다.

③ 「공공기관의 정보공개에 관한 법률」 제11조 제3항에 따라 공개 청구된 사실을 통지받은 제3자는 그 통지를 받은 날부터 7일 이내에 해당 공공기관에 대하여 자신과 관련된 정보를 공개하지 아니할 것을 요청할 수 있다.

④ 「공공기관의 정보공개에 관한 법률」 제21조 제2항에 따른 비공개 요청에도 불구하고 공공기관이 공개 결정을 할 때에는 공개 결정 이유와 공개 실시일을 분명히 밝혀 지체 없이 문서로 통지하여야 하며, 제3자는 해당 공공기관에 문서로 이의신청을 하거나 행정심판 또는 행정소송을 제기할 수 있다.

09

통고처분에 대한 설명으로 옳지 <u>않은</u> 것은?(다툼이 있는 경우 판례에 의함)

① 지방국세청장이 조세범칙행위에 대하여 고발을 한 후에 동일한 조세범칙행위에 대하여 통고처분을 하여 조세범칙행위자가 이를 이행하였다면 고발에 따른 형사절차의 이행은 일사부재리의 원칙에 반하여 위법하다.

② 「도로교통법」에 따른 경찰서장의 통고처분은 행정소송의 대상이 되는 행정처분이 아니다.

③ 통고처분은 상대방의 임의의 승복을 그 발효요건으로 하는 것으로서 상대방의 재판받을 권리를 침해하는 것으로 인정되지 않는다.

④ 「관세법」상 통고처분을 할 것인지의 여부는 관세청장 또는 세관장의 재량에 맡겨져 있고, 따라서 관세청장 또는 세관장이 관세범에 대하여 통고처분을 하지 아니한 채 고발하였다는 것만으로는 그 고발 및 이에 기한 공소의 제기가 부적법하게 되는 것은 아니다.

10

다음은 1993년 8월 12일에 발하여진 대통령의 금융실명거래 및 비밀보장에 관한 긴급재정경제명령(이하 '긴급재정경제명령'이라 칭함)에 관한 위헌확인소원에서 헌법재판소가 내린 결정 내용이다. 옳지 <u>않은</u> 것은?(다툼이 있는 경우 판례에 의함)

① 대통령의 긴급재정경제명령은 국가긴급권의 일종으로서 고도의 정치적 결단에 의하여 발동되는 행위이다.

② 대통령의 긴급재정경제명령은 이른바 통치행위에 속한다고 할 수 있다.

③ 통치행위를 포함하여 모든 국가작용은 국민의 기본권적 가치를 실현하기 위한 수단이라는 한계를 반드시 지켜야 한다.

④ 국민의 기본권 침해와 직접 관련되는 경우라도 그 국가작용이 고도의 정치적 결단에 의하여 행해진다면 당연히 헌법재판소의 심판대상이 되지 않는다.

11

다음 중 대법원 판례의 내용과 <u>다른</u> 것은?(다툼이 있는 경우 판례에 의함)

① 일정한 자격을 갖추고 소정의 절차에 따라 국립대학의 장에 의하여 임용된 조교는 법정된 근무기간 동안 신분이 보장되는 교육공무원법상의 교육 공무원 내지 「국가공무원법」상의 특정직 공무원 지위가 부여되지만, 근무관계는 공법상 근무관계가 아닌 사법상의 근로계약관계에 해당한다.

② 행정규칙의 내용이 상위법령에 반하는 것이라면 법치국가원리에서 파생되는 법질서의 통일성과 모순금지 원칙에 따라 그것은 법질서상 당연무효이고, 행정내부적 효력도 인정될 수 없다.

③ 계약직공무원에 관한 현행 법령의 규정에 비추어 볼 때, 계약직공무원 채용계약해지의 의사표시는 일반공무원에 대한 징계처분과는 달라서 항고소송의 대상이 되는 처분 등의 성격을 가진 것으로 인정되지 아니한다.

④ 「국가공무원법」상 당연퇴직은 결격사유가 있을 때 법률상 당연히 퇴직하는 것이지, 공무원관계를 소멸시키기 위한 별도의 행정처분을 요하는 것이 아니며, 당연퇴직의 인사발령은 법률상 당연히 발생하는 퇴직사유를 공적으로 확인하여 알려주는 이른바 관념의 통지에 불과하고 공무원의 신분을 상실시키는 새로운 형성적 행위가 아니므로 행정소송의 대상이 되는 독립한 행정처분이라고 할 수 없다.

12

「**병역법**」에 관련한 설명으로 옳지 <u>않은</u> 것은?(다툼이 있는 경우 판례에 의함)

① 현역입영대상자인 피고인이 정당한 사유 없이 병역의무부과통지서인 현역입영통지서의 수령을 거부하고 입영기일부터 3일이 경과하여도 입영하지 않은 경우, 통지서 수령거부에 대한 처벌만 인정될 뿐 입영의 기피에 대한 처벌은 인정되지 않는다.

② 병역의무부과통지서인 현역입영통지서는 그 병역의무자에게 이를 송달함이 원칙이고, 이러한 송달은 병역의무자의 현실적인 수령행위를 전제로 하고 있다고 보아야 하므로, 병역의무자가 현역입영통지의 내용을 이미 알고 있는 경우에도 여전히 현역입영통지서의 송달은 필요하다.

③ 현역입영대상자로서는 현실적으로 입영을 하였다고 하더라도, 입영 이후의 법률관계에 영향을 미치고 있는 현역병입영통지처분 등을 한 관할 지방병무청장을 상대로 위법을 주장하여 그 취소를 구할 소송상의 이익이 있다.

④ 「병역법」상 보충역편입처분과 공익근무요원소집처분이 각각 단계적으로 별개의 법률효과를 발생하는 독립된 행정처분이 아니므로, 불가쟁력이 생긴 보충역편입처분의 위법을 이유로 공익근무요원소집처분의 효력을 다툴 수 있다.

13

다수의 당사자 등이 공동으로 행정절차에 관한 행위를 할 때에 정하는 대표자에 관한 행정절차법의 규정 내용으로 옳지 <u>않은</u> 것은?

① 당사자 등은 대표자를 변경하거나 해임할 수 있다.

② 대표자는 각자 그를 대표자로 선정한 당사자 등을 위하여 행정절차에 관한 모든 행위를 할 수 있다. 다만, 행정절차를 끝맺는 행위에 대하여는 당사자 등의 동의를 받아야 한다.

③ 대표자가 있는 경우에는 당사자 등은 그 대표자를 통하여서만 행정절차에 관한 행위를 할 수 있다.

④ 다수의 대표자가 있는 경우 그중 1인에 대한 행정청의 행위는 모든 당사자 등에게 효력이 있다. 다만, 행정청의 통지는 대표자 1인에게 하여도 그 효력이 있다.

14

사실행위에 관한 판례의 내용으로 옳지 <u>않은</u> 것은?(다툼이 있는 경우 판례에 의함)

① 교도소장이 수형자를 '접견내용 녹음·녹화 및 접견 시 교도관 참여대상자'로 지정한 행위는 수형자의 구체적 권리의무에 직접적 변동을 가져오는 행정청의 공법상 행위로서 항고소송의 대상이 되는 '처분'에 해당한다.

② 구청장이 사회복지법인에 특별감사 결과, 지적사항에 대한 시정지시와 그 결과를 관계서류와 함께 보고하도록 지시한 경우, 그 시정지시는 항고소송의 대상이 되는 행정처분에 해당하지 아니한다.

③ 교도소 수형자에게 소변을 받아 제출하게 한 것은, 형을 집행하는 우월적인 지위에서 외부와 격리된 채 형의 집행에 관한 지시, 명령을 복종하여야 할 관계에 있는 자에게 행해진 것으로서 권력적 사실행위이다.

④ 국세징수법에 의한 체납처분의 집행으로서 한 압류처분은, 행정청이 한 공법상의 처분이고,

따라서 그 처분이 위법이라고 하여 그 취소를 구하는 소송은 행정소송이다.

15

다음 중 대법원 판례의 내용과 다른 것은?(다툼이 있는 경우 판례에 의함)

① 방사능에 오염된 고철을 타인에게 매도하는 등으로 유통시킴으로써 거래 상대방이나 전전취득한 자가 방사능오염으로 피해를 입게 되었더라도 그 원인자는 방사능오염 사실을 모르고 유통시켰을 경우에는 「환경정책기본법」 제44조 제1항에 따라 피해자에게 피해를 배상할 의무는 없다.

② 토양은 폐기물 기타 오염물질에 의하여 오염될 수 있는 대상일 뿐 오염토양이라 하여 동산으로서 '물질'인 폐기물에 해당한다고 할 수 없고, 나아가 오염토양은 법령상 절차에 따른 정화 대상이 될 뿐 법령상 금지되거나 그와 배치되는 개념인 투기나 폐기 대상이 된다고 할 수 없다.

③ 행정청이 폐기물처리사업계획서 부적합 통보를 하면서 처분서에 불확정개념으로 규정된 법령상의 허가기준 등을 충족하지 못하였다는 취지만을 간략히 기재하였다면, 부적합 통보에 대한 취소소송절차에서 행정청은 그 처분을 하게 된 판단 근거나 자료 등을 제시하여 구체적 불허가 사유를 분명히 하여야 한다.

④ 불법행위로 영업을 중단한 자가 영업 중단에 따른 손해배상을 구하는 경우 영업을 중단하지 않았으면 얻었을 순이익과 이와 별도로 영업중단과 상관없이 불가피하게 지출해야 하는 비용도 특별한 사정이 없는 한 손해배상의 범위에 포함될 수 있다.

16

행정법규 위반에 대한 제재조치의 설명으로 옳지 않은 것은?(다툼이 있는 경우 판례에 의함)

① 행정법규 위반에 대한 제재조치는 행정목적의 달성을 위하여 행정법규 위반이라는 객관적 사실에 착안하여 가하는 제재이므로, 반드시 현실적인 행위자가 아니라도 법령상 책임자로 규정된 자에게 부과되며, 그러한 제재조치의 위반자에게 고의나 과실이 있어야 부과할 수 있다.

② 법규가 예외적으로 형사소추 선행 원칙을 규정하고 있지 않은 이상 형사판결 확정에 앞서 일정한 위반사실을 들어 행정처분을 하였다고 하여 절차적 위반이 있다고 할 수 없다.

③ 제재적 행정처분은 권익침해의 효과를 가져오므로 철회권이 유보되어 있거나, 법률유보의 원칙상 명문의 근거가 있어야 하며, 행정청이 이러한 권한을 갖고 있다고 하여도 그러한 권한의 행사는 의무에 합당한 재량에 따라야 한다.

④ 세무서장 등은 납세자가 허가 · 인가 · 면허 및 등록을 받은 사업과 관련된 소득세, 법인세 및 부가가치세를 대통령령으로 정하는 사유 없이 체납하였을 때에는 해당 사업의 주무관서에 그 납세자에 대하여 허가 등의 갱신과 그 허가 등의 근거 법률에 따른 신규 허가 등을 하지 아니할 것을 요구할 수 있다.

17

행정심판법의 규정 내용으로 옳지 않은 것은?

① 관계 행정기관의 장이 특별행정심판 또는 행정심판법에 따른 행정심판 절차에 대한 특례를 신설하거나 변경하는 법령을 제정 · 개정할 때에는 미리 법무부장관과 협의하여야 한다.

② 행정청의 처분 또는 부작위에 대하여는 다른 법률에 특별한 규정이 있는 경우 외에는 이 법에 따라 행정심판을 청구할 수 있다.

③ 대통령의 처분 또는 부작위에 대하여는 다른 법률에서 행정심판을 청구할 수 있도록 정한 경우 외에는 행정심판을 청구할 수 없다.

④ 행정청이란 행정에 관한 의사를 결정하여 표시하는 국가 또는 지방자치단체의 기관, 그 밖에 법령 또는 자치법규에 따라 행정권한을 가지고 있거나 위탁을 받은 공공단체나 그 기관 또는 사인(私人)을 말한다.

18

행정소송의 대상이 되는 처분에 관한 판례의 내용으로 옳지 않은 것은?(다툼이 있는 경우 판례에 의함)

① 당사자가 지방노동위원회의 처분에 대하여 불복하기 위해서는 처분 송달일로부터 10일 이내에 중앙노동위원회에 재심을 신청하고 중앙노동위원회의 재심판정서 송달일로부터 15일 이내에 고용노동부 장관을 피고로 하여 재심판정취소의 소를 제기하여야 할 것이다.

② 지방의회 의장에 대한 불신임의결은 의장으로서의 권한을 박탈하는 행정처분의 일종으로서 항고 소송의 대상이 된다.

③ 조례가 집행행위의 개입 없이도 그 자체로서 직접 국민의 구체적인 권리의무나 법적 이익에 영향을 미치는 등의 법률상 효과를 발생하는 경우 그 조례는 항고소송의 대상이 되는 행정처분에 해당한다.

④ 항정신병 치료제의 요양급여 인정기준에 관한 보건복지부 고시가 다른 집행행위의 매개 없이 그 자체로서 제약회사, 요양기관, 환자 및 국민

건강보험공단 사이의 법률관계를 직접 규율한다는 이유로 항고소송의 대상이 되는 행정처분에 해당한다.

19

소의 이익에 관한 판례의 내용으로 옳지 않은 것은?(다툼이 있는 경우 판례에 의함)

① 소음·진동배출시설에 대한 설치허가가 취소된 후 그 배출시설이 어떠한 경위로든 철거되어 다시 복구 등을 통하여 배출시설을 가동할 수 없는 상태라면 이는 배출시설 설치허가의 대상이 되지 아니하므로 외형상 설치허가 취소행위가 잔존하고 있다고 하여도 특단의 사정이 없는 한 이제 와서 굳이 위 처분의 취소를 구할 법률상의 이익이 없다.

② 원자로 및 관계 시설의 부지사전승인처분은 나중에 건설허가처분이 있게 되더라도 그 건설허가처분에 흡수되어 독립된 존재가치를 상실하는 것이 아니하므로, 부지사전승인 처분의 취소를 구할 이익이 있다.

③ 법인세 과세표준과 관련하여 과세관청이 법인의 소득처분 상대방에 대한 소득처분을 경정하면서 증액과 감액을 동시에 한 결과 전체로서 소득처분금액이 감소된 경우, 법인이 소득금액변동통지의 취소를 구할 소의 이익이 없다.

④ 건물철거대집행계고처분취소 소송 계속 중 건물철거대집행의 계고처분에 이어 대집행의 실행으로 건물에 대한 철거가 이미 사실행위로서 완료된 경우에는 원고로서는 계고처분의 취소를 구할 소의 이익이 없게 된다.

20

재결 자체에 고유한 위법이 있는 경우와 관련된 내용으로 옳지 <u>않은</u> 것은?(다툼이 있는 경우 판례에 의함)

① 권한이 없는 행정심판위원회에 의한 재결의 경우가 그 예이다.

② 재결 자체의 내용상 위법도 재결 자체에 고유한 위법이 있는 경우에 포함된다.

③ 제3자효를 수반하는 행정행위에 대한 행정 심판 청구의 인용재결은 원처분과 내용을 달리하는 것이므로 그 인용재결의 취소를 구하는 것은 원처분에는 없는 재결에 고유한 하자를 주장하는 것이라고 하더라도 당연히 항고소송의 대상이 되는 것은 아니다.

④ 행정처분에 대한 행정심판의 재결에 이유모순의 위법이 있다는 사유는 재결처분 자체에 고유한 하자로서 재결처분의 취소를 구하는 소송에서는 그 위법사유로서 주장할 수 있으나, 원처분의 취소를 구하는 소송에서는 그 취소를 구할 위법사유로서 주장할 수 없다.

21

「공공기관의 정보공개에 관한 법률」의 내용으로 옳지 <u>않은</u> 것은?(다툼이 있는 경우 판례에 의함)

① 정보공개를 거부하기 위해서는 반드시 그 정보가 진행 중인 재판의 소송기록 그 자체에 포함된 내용의 정보일 필요는 없으나, 재판에 관련된 일체의 정보가 그에 해당하는 것은 아니고 진행 중인 재판의 심리 또는 재판 결과에 구체적으로 영향을 미칠 위험이 있는 정보에 한정된다고 보는 것이 타당하다.

② 처분청이 처분 당시에 적시한 구체적 사실을 변경하지 아니하는 범위 내에서 단지 그 처분의 근거법령만을 추가·변경하거나 당초의 처분사유를 구체적으로 표시하는 것에 불과한 경우에는 새로운 처분사유를 추가하거나 변경하는 것이라고 볼 수 없다.

③ 학교환경위생구역 내 금지행위(숙박시설) 해제 결정에 관한 학교환경위생정화위원회의 회의록에 기재된 발언내용에 대한 해당 발언자의 인적사항 부분에 관한 정보는 「공공기관의 정보공개에 관한 법률」 제7조 제1항 제5호 소정의 비공개대상에 해당한다고 볼 수 없다.

④ 의사결정과정에 제공된 회의 관련 자료나 의사결정과정이 기록된 회의록 등은 의사가 결정되거나 의사가 집행된 경우에는 더 이상 의사결정과정에 있는 사항 그 자체라고는 할 수 없으나, 의사결정과정에 있는 사항에 준하는 사항으로서 비공개대상정보에 포함될 수 있다.

22

「국가배상법」 제2조와 관련한 내용으로 옳지 <u>않은</u> 것은?(다툼이 있는 경우 판례에 의함)

① 국·공립대학 교원에 대한 재임용거부처분이 재량권을 일탈·남용한 것으로 평가되어 그것이 불법행위가 됨을 이유로 국·공립대학 교원임용권자에게 손해배상책임을 묻기 위해서는 당해 재임용거부가 국·공립대학 교원 임용권자의 고의 또는 과실로 인한 것이라는 점이 인정되어야 한다.

② 입법부가 법률로써 행정부에게 특정한 사항을 위임했음에도 불구하고 행정부가 정당한 이유 없이 이를 이행하지 않는다면 권력분립의 원칙과 법치국가 내지 법치행정의 원칙에 위배되는 것으로서 위법함과 동시에 위헌적인 것이 된다.

③ 유흥주점에 감금된 채 윤락을 강요받으며 생활하던 여종업원들이 유흥주점에 화재가 났을 때 미처 피신하지 못하고 유독가스에 질식해 사망한 사안에서, 지방자치단체의 담당 공무원이 위 유흥주점의 용도변경, 무허가 영업 및 시설기준에 위배된 개축에 대하여 시정명령 등 식품위생법상 취하여야 할 조치를 게을리 한 직무상 의무위반행위와 위 종업원들의 사망 사이에 상당인과관계가 존재한다.

④ 「국가배상법」 제2조 제1항의 '법령을 위반하여'라고 함은 엄격하게 형식적 의미의 법령에 명시적으로 공무원의 행위의무가 정하여져 있음에도 이를 위반하는 경우만을 의미하는 것은 아니고, 인권존중·권력남용금지·신의성실과 같이 공무원으로서 마땅히 지켜야 할 준칙이나 규범을 지키지 아니하고 위반한 경우를 비롯하여 널리 그 행위가 객관적인 정당성을 결여하고 있는 경우도 포함한다.

23

무효와 취소의 구별실익에 관한 내용으로 옳지 않은 것은?

① 취소할 수 있는 행정행위에 대하여서만 사정재결, 사정판결이 인정된다.

② 행정심판전치주의는 무효선언을 구하는 취소소송과 무효확인소송 모두에 적용되지 않는다.

③ 무효확인판결에 간접강제가 인정되지 않는 것은 입법의 불비라는 비판이 있다.

④ 판례에 따르면, 무효선언을 구하는 취소소송은 제소기한의 제한이 인정된다고 한다.

24

이행강제금에 대한 설명으로 옳지 않은 것은?(다툼이 있는 경우 판례에 의함)

① 현행 「건축법」상 위법건축물에 대한 이행강제수단으로 대집행과 이행강제금이 인정되고 있는데, 행정청은 개별사건에 있어서 위반내용, 위반자의 시정의지 등을 감안하여 대집행과 이행강제금을 선택적으로 활용할 수 있다.

② 「건축법」에서 무허가 건축행위에 대한 형사처벌과 「건축법」 제80조 제1항에 의한 시정명령위반에 대한 이행강제금의 부과는 「헌법」 제13조 제1항이 금지하는 이중처벌에 해당한다고 할 수 없다.

③ 비록 건축주 등이 장기간시정명령을 이행하지 아니하였더라도, 그 기간 중에는 시정명령의 이행 기회가 제공되지 아니하였다가 뒤늦게 시정명령의 이행 기회가 제공된 경우라면, 시정명령의 이행 기회가 제공되지 아니한 과거의 기간에 대한 이행강제금까지 한꺼번에 부과할 수 있다.

④ 「부동산 실권리자명의 등기에 관한 법률」상 장기미등기자가 이행강제금 부과 전에 등기신청의무를 이행하였다면 이행강제금의 부과로써 이행을 확보하고자 하는 목적은 이미 실현된 것이므로 이 법상 규정된 기간이 지나서 등기신청의무를 이행한 경우라 하더라도 이행강제금을 부과할 수 없다.

25

처분의 신청에 관한 행정절차법의 규정 내용으로 옳지 않은 것은?

① 행정청에 처분을 구하는 신청은 문서로 하여야 한다. 다만, 다른 법령 등에 특별한 규정이 있는

경우와 행정청이 미리 다른 방법을 정하여 공시한 경우에는 그러하지 아니하다.

② 행정청은 신청에 필요한 구비서류, 접수기관, 처리기간, 그 밖에 필요한 사항을 게시(인터넷 등을 통한 게시를 포함)하거나 이에 대한 편람을 갖추어 두고 누구나 열람할 수 있도록 하여야 한다.

③ 행정청은 신청에 구비서류의 미비 등 흠이 있는 경우에는 보완에 필요한 상당한 기간을 정하여 지체 없이 신청인에게 보완을 요구할 수 있다.

④ 행정청은 신청인의 편의를 위하여 다른 행정청에 신청을 접수하게 할 수 있다. 이 경우 행정청은 다른 행정청에 접수할 수 있는 신청의 종류를 미리 정하여 공시하여야 한다.

PART 05

2019년 (추가채용) 기출 (복원) 문제

국어 · 경영학 · 행정법

국어

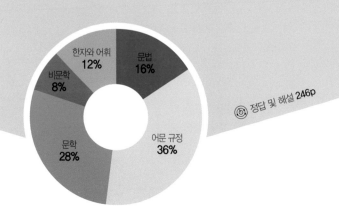

한자와 어휘 12%
문법 16%
비문학 8%
문학 28%
어문 규정 36%

◎ 정답 및 해설 246p

01

다음 중 준말이 <u>아닌</u> 것은?

① 기럭아 　　　　② 국말이

③ 애꾸눈아 　　　④ 열무

02

다음 중 「예덕선생전」의 출전은?

① 연암집 　　　　② 과정록

③ 열하일기 　　　④ 방경각외전

03

다음 중 고유 명사 및 전문 용어의 띄어쓰기에 대한 설명으로 올바른 것은?

① 성과 이름, 성과 호 등은 띄어 쓴다. – 홍 길동, 최 남선

② 성명 또는 성이나 이름 뒤에 붙는 호칭어나 관직 명 등은 띄어 쓴다. – 홍 씨, 최치원 선생

③ 성명 이외의 고유 명사는 단위별로 띄어 쓸 원

칙으로 하되, 단어별로 띄어 쓸 수 있다. – 한국 대학교 사범대학(원칙), 한국 대학교 사범 대학 (허용)

④ 전문 용어는 단어별로 붙여 씀을 원칙으로 하되, 띄어 쓸 수 있다. – 만성골수성백혈병(원칙), 만 성 골수성 백혈병(허용)

04

다음 밑줄 친 내용 중 '상대방으로 하여금 무엇을 하게 하다'라는 뜻을 가지지 <u>않은</u> 것은?

① 어머니가 아이들에게 밥을 <u>먹게 하셨다.</u>

② 우리는 전투에서 적군들에게 <u>당했다.</u>

③ 사장님은 아이들을 미국으로 유학 <u>보냈다.</u>

④ 부모님은 나를 <u>입원시켰다.</u>

05

다음 중 사자성어의 한자 표기가 바르지 <u>않은</u> 것은?

① 이심전심(以心傳心) 　② 전전반측(輾轉反側)

③ 사필귀정(事必歸定) 　④ 인과응보(因果應報)

110

[06~07] 다음 글을 읽고 물음에 답하라.

판소리는 호남의 음악과 결합되면서 그 정체성을 획득할 수 있었다. 그러나 그 기본적인 토대는 호암의 무악(巫樂)이었지만, 다른 지역의 음악이라 하여 배제하지 않았다. 경기 지역의 것을 받아들이니 '경드름'이고, 흥부 아내는 경상도와 가까운 곳에 살아 '메나리 목청'으로 박 타는 사설을 매겼다. 또한 판소리는 '아니리 광대'라는 말이 있는 것처럼 이야기를 그 본질로 하여 이루어진 형태이다. 그래서 '춘향가(春香歌)'는 노래(歌)이면서 동시에 '춘향의 이야기'이다. 그러나 판소리는 이렇게 장편의 노래로만 이루어져 있지 않다. '본사가(本事歌)'의 앞에 불리는 단가(短歌) 또한 판소리의 하위 영역일 뿐, 그것을 판소리 아닌 다른 어떤 것으로 부르지 않는다. 또 본사가의 어떤 한 대목, 이른바 오페라의 아리아라고 할 수 있는 ㉠ 더늠만을 불러도 그것은 훌륭한 판소리로 인정된다. 심지어는 일상적 말투로 이루어진 (㉡)만을 불러도 우리는 그것을 판소리로 인식한다.

06

윗글의 밑줄 친 ㉠에 대한 설명으로 **잘못된** 것은?

① 명창이 자신의 독특한 방식으로 다듬어 부르는 어떤 마당의 한 대목으로, 명창 개인의 이름이 붙는다.
② 명창의 장기(長技)로 인정되고, 또 다른 창자들에 의해 널리 연행되어 후대에 전승된 것이다.
③ 독창적이면서 예술적으로 뛰어나야 하는데, 이 독창성과 예술성은 주로 음악적인 측면에서 구현된 경우가 대부분이다.
④ 명창이 스승으로부터 전승하여 판소리 한 마당 전부를 음악적으로 절묘하게 다듬어 놓은 소리를 말한다.

07

윗글의 ㉡에 들어갈 말로 알맞은 것은?

① 발림   ② 추임새
③ 아니리   ④ 눈대목

08

다음 글의 배열 순서로 알맞은 것은?

(가) 여기서 그가 말하는 사이보그는 우리가 아는 것과 조금 다르다. 그는 사이보그를 오늘날 로봇과 인공지능(AI) 시스템의 후예로 자급자족하고 자각할 수 있는 존재라고 묘사했다. 이는 뇌를 제외한 팔다리나 장기를 기계로 바꾼 개조인간을 뜻하는 사이보그보다 AI 로봇의 의미에 가깝다. 새 시대를 뜻하는 「노바세(Novacene)」라는 이 책에서 그는 인류의 후임자가 영화 터미네이터 속 폭력적인 존재가 아니라 오히려 진화적인 전환으로 우위에 설 것이라고 말했다. 이는 인류는 기술에 의해 점차 뒤처지게 된다는 것이다.

(나) 또 그는 "사이보그를 생물의 또 다른 계(kingdom)라고 생각한다"면서 "그들은 인간이 동물계로서 식물계 위에 선 것처럼 우리 위에 설 것"이라고 말했다. 그 과정은 구글 딥마인드의 '알파 제로' 같은 AI 시스템을 통해 이미 진행 중이라고 그는 덧붙였다. 알파 제로는 세계 최고의 인간 프로 바둑 기사들을 꺾은 알파고를 상대로 전승을 거둔 알파고 제로의 범용 버전으로, 독학으로 바둑과 체스 등을 독파한 AI 시스템이다. 이에 대해 러브록은 계속해서 자신을 개선할 수 있는 알파 제로 같은 AI 시스템의 발명은 노바세의 결실에 다가가는 중요한 핵심 요소라고 말했다. 러브록은 인류세 다음이 되는 노바세가 이미 시작됐다면서도 이는 컴퓨터를 사용해 스스로 설계하고 만들어내는 것이라고 밝혔다. 이

와 함께 이제 우리 중 누군가가 만든 선구적인 AI 시스템, 아마 알파 제로 같은 것으로부터 새로운 형태의 지적 생명체가 생겨날 가능성이 있다고 말했다.

(다) 지구를 하나의 작은 생명체로 보는 '가이아 이론'의 창시자가 인간은 인공지능(AI) 로봇에 의해 지구 최상위층 자리를 내줄 수도 있다는 경고를 하고 나섰다. 영국의 과학자이자 환경운동가 그리고 미래학자인 제임스 러브록은 신간 「노바세(Novacene)」에서 이렇게 밝혔다고 미국 NBC 뉴스 등 외신이 15일(현지시간) 전했다. 보도에 따르면, 러브록은 책에서 "인간의 우위가 급격히 약해지고 있다. 미래에는 인간이 아니라 스스로 설계하고 만드는 존재들이 우위에 설 것"이라면서 "난 그들을 쉽게 사이보그라고 부른다"고 말했다.

(라) 만일 지구가 멸망 위기에 직면하면 사이보그는 대규모 지구공학을 이용해 지구를 인간보다 자신들 환경에 맞게 바꿔놓으려 할 수도 있을 것이라고 그는 설명했다. 그러면 세계는 산소나 물이 필요하지 않은 사이보그에게 맞게 변해 인간의 생존에는 적합하지 않을 수도 있다는 것이다. 하지만 이보다 가능성이 높은 상황은 지능이 매우 높은 사이보그들은 지구에서 지내기 어려운 상황이 되기 전에 지구를 떠나는 길을 선택할 수도 있다. 러브록은 자신의 견해가 무서운 소리로 들릴지도 모르지만, 미래는 반드시 암울하게 변하는 것이 아니라 오히려 자연스럽게 바뀌어 나갈 것이라고 말했다.

① (가) – (라) – (다) – (나)
② (나) – (다) – (라) – (가)
③ (다) – (가) – (나) – (라)
④ (라) – (나) – (가) – (다)

09

다음 중 단어의 형성 방법이 <u>다른</u> 것은?

① 높푸르다　　　② 풋고추
③ 시뻘겋다　　　④ 덧붙이다

10

다음 밑줄 친 단어의 쓰임이 바르지 <u>않은</u> 것은?

① 할머니는 도토리의 <u>보늬</u>를 벗겨 내셨다.
② 원숭이는 먹이를 주는 대로 <u>닝큼닝큼</u> 주워 먹었다.
③ 외상값 대신에 고구마 <u>엇셈</u>을 했다.
④ 날씨가 추워 모시로 만든 <u>핫옷</u>을 꺼내 입었다.

11

다음 중 로마자 표기가 모두 올바른 것은?

㉠ 구미(Kumi)	㉡ 학여울(Hangnyeoul)
㉢ 합덕(Hapdeok)	㉣ 울릉(Ulreung)
㉤ 구리(Guri)	㉥ 왕십리(Wangsimri)

① ㉠, ㉡, ㉣　　② ㉡, ㉢, ㉣
③ ㉢, ㉣, ㉤　　④ ㉣, ㉤, ㉥

12

다음 〈보기〉와 같은 문학의 갈래에 대한 설명으로 바르지 <u>않은</u> 것은?

보기
천 만리(千萬里) 머느먼 길ㅎ 고은 님 여희옵고
ᄂᆡ ᄆᆞᆷ 둘 ᄃᆡ 업서 냇ㄱ의 안쟈시니
져 물도 ᄂᆡ 안 ᄀᆞᆺᄒᆞ여 우러 밤길 녜놋다
　　　　　　　　　　　　　　　　　– 왕방연

① 3장 6구 45자 내외로 우리 민족이 만든 독특한 정형시이다.

② 대체로 3·4조, 4·4조의 음수율과 4음보의 율격을 유지한다.

③ 종장의 첫 구는 반드시 4음절로 고정되어 있다.

④ 고려 말에 형식이 확립되어 조선 시대에 가장 활발하게 창작되었다.

13
다음 중 어휘의 뜻이 바르지 않은 것은?

① 소래기 : 운두가 조금 높고 굽이 없는 접시 모양으로 생긴 넓은 질그릇

② 장부꾼 : 가래질을 할 때 가랫장부를 잡는 사람

③ 세섯덩이 : 개피떡 세 개를 붙여 만든 떡

④ 윤똑똑이 : 자기만 혼자 잘나고 영악한 체하는 사람

14
다음 중 밑줄 친 어휘의 표기가 올바른 것은?

> ㉠ 날씨가 추워서 <u>웃옷</u>을 걸쳐 입었다.
> ㉡ 그는 일을 끝내고 나서 <u>윗몸</u>을 뒤로 젖혔다.
> ㉢ 오른쪽에서 <u>윗쪽</u>으로 가야 한다.
> ㉣ <u>윗입술</u>을 자꾸만 깨물어 상처가 생겼다.
> ㉤ 그는 <u>위도리</u> 안주머니에서 명함을 한 장 꺼내 놓았다.
> ㉥ 어르신들이 <u>윗돈</u>을 더 챙겨 주셨다.

① ㉠, ㉡, ㉣
② ㉡, ㉢, ㉥
③ ㉠, ㉣, ㉤
④ ㉡, ㉣, ㉥

15
다음 중 복수표준어로 바르게 연결된 것이 <u>아닌</u> 것은?

① 샛별 – 새벽별
② 제가끔 – 제각기
③ 멀찌감치 – 멀찌가니
④ 욕심꾸러기 – 욕심쟁이

16
다음 밑줄 친 어휘의 표준 발음으로 인정하는 것만으로 연결된 것은?

> • 이번 달 용돈을 <u>야금야금</u> 다 써 버렸다.
> • 낯선 사람이 알은척을 한다.
> • 흰 눈이 소복하게 <u>쌓인</u> 거리를 걸었다.
> • 양가 부모님을 모시고 <u>상견례</u> 자리를 마련했다.

① 야금야금[야금냐금], 낯선[나썬], 쌓인[싸힌], 상견례[상결례]

② 야금야금[야금냐금], 낯선[낟썬], 쌓인[싸인], 상견례[상견녜]

③ 야금야금[야그먀금], 낯선[낟썬], 쌓인[싸힌], 상견례[상결례]

④ 야금야금[야그먀금], 낯선[나썬], 쌓인[싸인], 상견례[상견녜]

[17~19] 다음 글을 읽고 물음에 답하시오.

> (가) 만물은 시간의 흐름에 따라 끊임없이 변화한다. ㉠ <u>언어 또한 끊임없이 변화하는 실체이다.</u> 언어의 변화는 음운, 형태, 통사, 의미 등 언어를 구성하는 모든 측면에서 변화한다.

(나) 특정한 어느 한 시기의 언어 상태를 공시태라고 하고, 어떤 언어의 변화 상태를 통시태라고 할 때, 공시태는 같은 언어의 같은 시기에 속하는 언어 상태를 말하며, ⓛ 통시태는 같은 언어의 다른 변화 시기에 속하는 다른 언어 상태를 말한다.

(다) 그러나 모든 언어 현상은 항상 역사적인 요인과 결합되어 있다. 즉, 공시적 언어 현상은 항상 다음 단계로 변화하는 시발점이 되어 동요하고 있다. 따라서 공시적 언어 상태는 새로이 생겨나는 요소와 없어져 가는 요소의 혼합체라고 할 수 있으며, 공시태는 과거를 반영하고 미래를 예측하게 하는 것이다.

(라) 언어의 변화는 음운, 형태, 통사, 의미 등 언어를 구성하는 모든 측면에서 일어난다고 하였다. 통사 현상 역시 변화한다. 통사 변화에는 역시 문법범주의 변화와 문장구성의 변화를 포함한다.

17
다음 중 〈보기〉의 지문이 들어가기에 적절한 곳은?

보기

이러한 언어의 변화는 원칙적으로는 어느 한 공시태에서 다른 공시태로의 변화를 의미한다.

① (가)의 뒤   ② (나)의 뒤
③ (다)의 뒤   ④ (라)의 뒤

18
다음 중 윗글의 밑줄 친 ㉠에 해당하는 언어의 특성으로 알맞은 것은?

① 자의성   ② 역사성
③ 사회성   ④ 창조성

19
윗글의 밑줄 친 ⓛ에 해당하지 않은 것은?

① 모음조화 현상이 문란해졌다.
② 청자 높임법의 체계나 실현 방식이 변화하였다.
③ 신조어가 등장하고, 방언이 다양하게 실현되고 있다.
④ 아래아, 순경음 비읍, 반치음의 표기방식이 변화하였다.

20
다음 중 띄어쓰기가 올바른 것은?

① 열내지 스물
② 먹을만큼만 먹어라.
③ 여기서부터가 서울입니다.
④ 십이억 삼천사백 오십육만 칠천팔백구십팔

[21~22] 다음 글을 읽고 물음에 답하라.

이 몸 삼기실 제 님을 조차 삼기시니,
흔 연분(緣分)이며 하늘 모를 일이런가.
나 나 졈어 잇고 ㉠ 님 나 날 괴시니,
이 이 스랑 견졸 노여 업다.
평 (平生)애 원(願)   ⓛ 흔 녜쟈 야더니,
늙거야 므스 일로 외오 두고 글이 고,
엊그제 님을 뫼셔 광한뎐(廣寒殿)의 올낫더니,
그 더 엇디 야 하계(下界)예 려오니,
올 적의 비슨 머리 ⓒ 얼크연디 삼 년(三年)이라.
연지분(臙脂粉) 잇 마   눌 위 야 고이 흘고,
 음의 미친 실음 텹텹(疊疊)이 혀 이셔,
ⓔ 짓 니 한숨이오 디 니 눈믈이라.

인싱(人生)은 유훈(有限)훈딕 시름도 그지업다.
무심(無心)훈 셰월(歲月)은 믈 흐르닷 흐ᄂ고야.
[개]
┌ 염냥(炎凉)이 째를 아라 가는 듯 고텨 오니,
└ 듯시니 보거니 늣길 일도 하도 할샤.

③ 우리는 <u>학생으로서</u> 공부를 열심히 해야 한다.

④ 그는 우스갯소리를 툭툭 <u>던짐으로서</u> 딱딱한 분
위기를 풀어 주었다.

21

윗글의 ㉠~㉣을 현대어로 해석한 것으로 바르지 않
은 것은?

① ㉠ : 임은 오직 나를 사랑하시니

② ㉡ : 함께 살아가려 하였더니

③ ㉢ : 헝클어진 지 3년이라

④ ㉣ : 짓는 것이 한숨이요, 지나는 것은 눈물이라

24

다음 중 맞춤법이 바르지 않은 것은?

① 조용히 ② 번듯이
③ 따뜻이 ④ 꼼꼼이

22

윗글의 [가]에 나타난 화자의 심리로 적절한 것은?

① 임에 대한 원망의 마음이 드러나 있다.

② 계절의 변화에 따라 사랑이 변화하고 있음을 고
백하고 있다.

③ 자신이 한 일에 대한 회한의 정서가 잘 드러나
있다.

④ 임과 이별한 채 세월만 덧없이 흘러가는 것을 안
타까워하고 있다.

25

다음 중 남사당패 놀이에 대한 설명으로 바르지 않
은 것은?

① '버나'는 사발이나 대접을 두어 뼘 되는 막대기나
담뱃대 같은 것으로 돌리는 묘기이다.

② '어름'은 줄타기 재주이며, 어름산이와 매호씨가
재담을 주고 받으며, 줄 위에서 가창을 한다.

③ '덜미'는 꼭두각시 놀음을 말하는데 인형의 목덜
미를 잡고 논다는 데서 나온 말이다.

④ '살판'은 판소리를 부르면서 마당에서 하는 놀이
를 뜻한다.

23

다음 밑줄 친 어휘의 맞춤법이 올바른 것은?

① 인간은 자연을 잘 <u>보전함으로서</u> 자연으로부터
여러 가지 혜택을 얻는다.

② 신재생 에너지 비중을 <u>높임으로서</u> 미래 성장 동
력을 키워야 한다.

PART 05 2019 (추가채용)

115

경영학

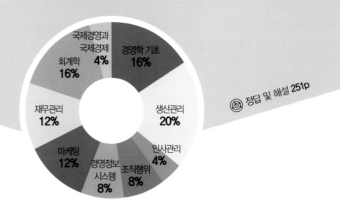

국제경영과 국제경제 4%
회계학 16%
경영학 기초 16%
재무관리 12%
생산관리 20%
마케팅 12%
인사관리 4%
경영정보시스템 8%
조직행위 8%

◎ 정답 및 해설 251p

01

다음 중 자재소요계획(MRP)의 구성요소에 해당하지 않는 것은?

① 재고기록철(IR)   ② 주일정계획(MPS)

③ 자재명세서(BOM)   ④ 작업일정계획(OP)

02

다음 중 수요예측에 대한 설명으로 옳지 않은 것은?

① 수요예측기법을 선택하는 기준은 예측 품목, 예측 기간, 분석비용 및 시간, 정확도, 변수의 복잡성 등이 있다.

② 주문생산에서 수요예측은 중요하다.

③ 수요예측의 대상이 되는 수요는 독립수요이다.

④ 수요예측을 할 때 우연변동은 고려하지 않아도 된다.

03

기업의 내부·외부환경을 분석해 기회와 위협, 강점과 약점을 바탕으로 경영전략을 수립하는 기법은?

① 사업포트폴리오 전략   ② 가치사슬 분석

③ 시장침투 전략   ④ SWOT 분석

04

집단성과급을 도입함으로써 기대할 수 있는 점으로 옳은 것은?

① 기업이 적정한 생산량을 유지하는 데 있어 감독비용을 줄일 수 있다.

② 집단의 응집성을 완화할 수 있다.

③ 업무 프로세스가 측정 가능해 개인별 성과 측정이 용이하다.

④ 표준작업량과 표준작업시간 등의 설정에 있어 노사 간의 갈등을 줄일 수 있다.

05

다음 중 의사결정지원시스템에 대한 설명 중 옳지 않은 것은?

① 관련성 있는 데이터를 포함하고 있는 데이터베이스에 접근을 용이하게 해주는 기능을 수행한다.

② 구조적 의사결정에서만 쓰인다.

③ 의사결정지원시스템을 통한 효과적인 문제해결은 사용자와 시스템 간의 대화를 통해 향상된다.

④ 복수의 대안을 개발하고 비교 평가하여 최적안을 선택하도록 하는 시스템이다.

06

주주에 관한 다음 설명 중 옳지 않은 것은?

① 주주는 채권자보다 먼저 이자비용을 받는다.
② 주주는 출자한도 내에서 유한책임을 진다.
③ 주주는 회사의 궁극적인 주인이다.
④ 주주는 언제든지 주식을 양도하여 주주의 지위에서 벗어날 수 있다.

07

손익계산서에 관한 다음 설명 중 옳은 것은?

① 일정기간 동안 기업의 현금흐름의 변동을 나타내는 보고서이다.
② 기업의 재무상태를 나타내는 보고서이다.
③ 일정기간 동안의 경영성과를 보여주는 것이다.
④ 수익에서 비용을 차감하지 않고 기업의 경영성과를 보여준다.

08

리더십 이론이 아닌 것은?

① 특성이론
② 상황이론
③ 행동이론
④ ERG이론

09

경영자의 유형에 대한 다음 설명 중 옳지 않은 것은?

① 소유경영자는 단기이익을 추구한다.
② 소유경영자는 위험을 부담하고 상대적으로 높은 수익을 추구한다.
③ 전문경영자는 이해집단으로부터 권한을 위임받아 기업의 존속과 성장을 위해 최고의사를 결정하여 하부에 지시하는 역할을 한다.
④ 전문경영자는 소유자와 독립하여 기업을 경영하는 자로, 기업 경영상의 결정에 대해 판단의 자유를 가진다.

10

마케팅전략 중 시장세분화에 관한 설명으로 옳지 않은 것은?

① 시장세분화는 동질적 시장을 가정하여 하위시장으로 구분하는 전략이다.
② 시장세분화가 성공하기 위해 시장 사이에 충분한 차별성이 필요하다.
③ 시장세분화를 통해 경쟁자보다 해당 시장에서 먼저 경쟁우위를 확보할 수 있다.
④ 제품구매고객을 분류하는 대표적 기준으로 인구통계적 기준, 가치관 및 성격을 비롯한 심리특성적 기준 등이 있다.

11

A 회사의 지난 해 실제수요가 110만 대이고, 예측수요가 100만 대이다. 지수평활계수가 0.6일 때 올해 예측 수요로 옳은 것은?

① 106만 대
② 104만 대
③ 100만 대
④ 96만 대

12

마케팅믹스(4P)가 아닌 것은?

① 제품(Product)　　② 유통(Place)

③ 가격(Price)　　④ 포장(Package)

13

다음 중 재무비율이 높아졌을 때 개선되는 것이 아닌 것은?

① 부채비율　　② 총자본순이익률

③ 매출액순이익률　　④ 이자보상비율

14

순현재가치법(NPV)에 관한 다음 설명 중 옳지 않은 것은?

① 화폐시간가치를 고려한다.

② 모든 현금흐름을 고려한다.

③ 할인율이 요구된다.

④ 매출액을 기준으로 삼는다.

15

포터(M. Porter)의 본원적 전략에 관한 다음 설명 중 옳지 않은 것은?

① 소기업이 집중화전략을 쓸 경우 저원가전략은 고려할 필요가 없다.

② 소기업이 집중화전략을 사용할 경우 차별화전략

을 고려할 수 있다.

③ 시장점유율이 높은 기업은 원가우위전략을 통해 시장 지배력을 강화할 수 있다.

④ 시장점유율이 낮은 기업은 차별화전략을 통해 시장점유율의 확대를 모색해볼 수 있다.

16

다음 중 재고비용이 아닌 것은?

① 자본의 기회비용　　② 창고유지비용

③ 진부화비용　　④ 매출손실비용

17

채권에 대한 다음 설명 중 옳지 않은 것은?

① 회사에서 발행하는 유가증권으로 일정한 이자의 지급을 예정하여 발행하는 타인자본을 말한다.

② 주식과는 달리 만기가 정해져 있다.

③ 채권의 발행기관은 정부 및 지차체, 특수법인 등이 있다.

④ 영구채권은 일정기간 동안 이자만 지급하는 것으로 만기가 도래하면 이자와 원금을 모두 지급해야 한다.

18

파생상품에 관한 다음 설명 중 옳지 않은 것은?

① 콜옵션은 사는 것, 풋옵션은 파는 것을 의미한다.

② 미국형은 만기에만 결제할 수 있고, 유럽형은 언제든지 결제할 수 있다.

③ 선물, 옵션, 스왑계약은 대표적인 파생상품이다.

④ 파생상품은 거래장소에 따라 장내거래, 장외거래로 구분된다.

19

제품수명주기 중 성장기에 관한 다음 설명 중 옳은 것은?

① 제품 품질에 대한 신뢰성을 확보하고 경쟁기업의 진입을 대비한다.

② 제품 차별화를 통해 기존 고객의 점유율을 유지하고 새로운 고객을 창출한다.

③ 마케팅믹스(4P)를 수정하여 상품모델의 다양화를 추구한다.

④ 마케팅 전략을 통해 수익성이 낮은 시장에서 철수하거나 시장 참여를 축소한다.

20

국제경영에 대한 다음 설명 중 옳은 것은?

① 라이센싱계약은 해외시장에 이미 진입해 있는 자신의 자회사와는 이루어질 수 없다.

② 전략적 제휴는 둘 이상의 기업이 장기적인 관점에서 협력을 유지하는 경우이다.

③ 계약생산은 외국의 기업과 계약을 맺어 생산을 한 뒤 마케팅과 판매를 해당 외국 기업에서 직접 담당하도록 하는 것을 말한다.

④ 프랜차이징을 통해 해외 지역의 빠른 성장을 위한 자원 확보가 가능하며, 상대적으로 많은 비용이 든다.

21

마케팅조사를 위한 자료수집에 관한 다음 설명 중 옳지 않은 것은?

① 2차 자료는 1차 자료에 비하여 직접 마케팅과 관련된 자료를 수집하는 것이므로 마케팅조사에 있어서 관련성이 높다.

② 1차 자료는 2차 자료에 비하여 정보의 질이 우수하다.

③ 2차 자료는 1차 자료에 비하여 획득비용이 저렴하다.

④ 1차 자료는 2차 자료에 비해 시간과 비용이 많이 든다.

22

다음 자료로부터 계산한 영업순이익으로 옳은 것은?

- 총매출액 : 2,000,000원
- 매출원가 : 1,000,000원
- 판매 및 관리비용 : 400,000원
- 이자비용 : 30,000원
- 법인세비용 : 240,000원

① 1,000,000원　　② 330,000원

③ 600,000원　　④ 570,000원

23

매슬로의 욕구단계이론에 해당하지 않는 것은?

① 성장의 욕구　　② 자아실현의 욕구

③ 애정과 공감의 욕구　　④ 존경의 욕구

24

직무충실화에 관한 다음 설명 중 옳은 것은?

① 근로자의 과업량을 늘리고 권한은 그대로 유지한다.

② 근로자의 과업량을 늘리고 그에 따른 권한과 책임 및 자율성을 추가한다.

③ 근로자의 과업을 주기적으로 변경함으로써 과업의 단조로움을 극복한다.

④ 직무의 수평적 확대를 의미한다.

25

가빈(Garvin)의 품질 8차원에 대한 설명으로 옳지 않은 것은?

① 성능 – 제품이 가지고 있는 기본적인 운영적 특성

② 특징 – 제품이 가지고 있는 기능을 보충하는 부가적인 특성

③ 적합성 – 제품이 정해진 표준규격에 부합하는 정도

④ 신뢰성 – 소비자가 수용하는 제품에 대한 만족도

행정법

행정구제법
20%

행정법통론
32%

행정법상의
의무이행확보수단
8%

◎ 정답 및 해설 256p

행정작용법
40%

01

다음은 행정행위의 취소와 철회에 대한 설명이다. 옳은 것은?(다툼이 있는 경우에는 판례에 의함)

① 취소는 행정행위의 성립에 하자가 있어 이를 사후에 권한 있는 기관이 처분의 효력을 장래에 향해 소멸시키는 독립된 행정처분이다.

② 철회는 성립 당시에 적법하게 성립된 행정처분을 새로운 사유를 이유로 성립 당시로 소급하여 효력을 소멸시키는 행위이다.

③ 취소나 철회는 양자 모두 행정목적을 위한 행정청의 행위라는 점은 동일하다.

④ 취소는 성립 당시의 하자에 대한 시정조치로서 별도의 법적 근거 없이 가능하나, 철회는 새로운 사유를 이유로 하여 법적 근거를 요한다.

02

다음 중 행정상 법률관계에서 사법관계에 해당하는 것은?(다툼이 있는 경우에는 판례에 의함)

① 행정재산에 대한 사용 · 수익허가

② 중학교 의무교육 위탁관계

③ 국유 일반재산의 대부 및 대부료 납입고지

④ 산업단지 입주변경계약의 취소

03

다음 중 법치행정에 관한 설명으로 옳지 않은 것은?(다툼이 있는 경우에는 판례에 의함)

① 법률유보원칙은 기본권 보장, 의회민주주의 등을 이념적 기초로 한다.

② 법률우위가 법치행정 체계의 것이라면 법률유보는 입법과 행정의 관계성의 문제이다.

③ 법률유보에서의 법률이란 원칙적으로 국회가 제정한 형식적 의미의 법률을 말하지만 법률에 의하여 구체적인 위임을 받은 법규명령이 포함될 수 있다.

④ 헌법재판소는 TV수신료 사건에서 행정유보원칙을 취하였다.

04

다음 중 공법상 계약이 아닌 것은?(다툼이 있는 경우에는 판례에 의함)

①「공익사업을 위한 토지 등의 취득 및 보상에 관한 법률」상의 사업시행자와 토지소유자간의 보상금 협의

② 지방자치단체의 공해방지협정

③ 행정주체간의 도로관리협정

④ 별정우체국장의 지정 및 체신업무위탁계약

05

다음의 행정상 법률관계에서의 시효 및 기간에 관한 내용 중 옳지 않은 것은?(다툼이 있는 경우에는 판례에 의함)

① 「국회법」에서 기간을 계산함에 있어서 초일을 산입한다.

② 행정상 법률관계에 있어서 소멸시효는 사법상의 금전채권을 포함하여 특별한 규정이 없으면 5년이나, 「공무원연금법」에 따른 급여를 받을 권리는 3년간 행사하지 않으면 시효로 소멸한다.

③ 행정상 법률관계에 있어서 시효의 중단이나 정지에 대하여 특별한 규정이 없으면 「민법」 규정이 준용된다.

④ 「국세기본법」 또는 세법에서의 기간의 계산은 특별한 규정이 없으면 「민법」을 준용한다.

06

다음 중 행정주체가 아닌 것은?

① 대한민국

② 「도시 및 주거환경정비법」에 따른 재개발조합

③ 강원도의회

④ 한국토지주택공사

07

다음 중 「행정절차법」에 규정된 행정지도의 방식이나 원칙으로 바르지 않은 것은?

① 행정지도는 그 목적 달성에 필요한 최소한도에 그쳐야 하며, 행정지도의 상대방의 의사에 반하여 부당하게 강요하여서는 아니 된다.

② 행정지도의 상대방은 해당 행정지도의 방식이나 내용 등에 관하여 행정기관에 의견을 제출할 수 있다.

③ 행정지도는 행정강제를 위한 단계적 행정작용으로 행정지도를 불이행한 자에 대하여 행정청은 불이익조치를 할 수 있다.

④ 행정기관이 같은 행정목적을 실현하기 위하여 많은 상대방에게 행정지도를 하려는 경우에는 특별한 사정이 없으면 행정지도에 공통된 내용이 되는 사항을 공표하여야 한다.

08

행정상 법률관계에서 당사자에 관한 설명으로 옳지 않은 것은?(다툼이 있는 경우에는 판례에 의함)

① 한국학중앙연구원, 국립의료원 등의 공공단체는 행정주체로서 행정객체는 될 수 없다.

② 행정소송에서 항고소송의 피고는 행정주체가 아닌 행정청이다.

③ 지방자치단체는 공공단체의 하나로서 행정주체가 된다.

④ 공무를 위탁받은 사인도 위탁범위 내에서 행정을 수행하는 경우에 행정주체가 된다.

09

다음 중 통치행위에 대한 설명으로 옳지 않은 것은?(다툼이 있는 경우에는 판례에 의함)

① 헌법재판소는 고도의 정치적 결단인 통치행위라도 그것이 국민의 기본권 침해와 직접 관련되는 경우에는 헌법재판소의 심판대상이 된다고 한다.

② 대통령의 서훈취소결정은 고도의 정치적 결단인 통치행위라고 볼 수 없다.

③ 고도의 정치작용인 통치행위는 정치적·사법적 측면에서 통제되지 않는다.

④ 남북정상회담의 개최는 고도의 정치적 성격을 지니고 있는 행위라 할 것이므로 특별한 사정이 없는 한 그 당부를 심판하는 것은 사법권의 내재적·본질적 한계를 넘어서는 것이 되어 적절하지 못하다.

10

다음 중 「행정절차법」에 관한 설명으로 옳지 않은 것은?(다툼이 있는 경우에는 판례에 의함)

① 행정청은 당사자에게 의무를 부과하거나 권익을 제한하는 처분을 하는 경우에는 미리 일정한 사항을 당사자 등에게 사전에 통지하여야 한다.

② 당사자에게 의무를 부과하는 처분이라도 공공의 안전 또는 복리를 위하여 긴급히 처분을 할 필요가 있는 경우에는 사전통지를 하지 않아도 된다.

③ 법령상의 청문을 행정청이 상대방과의 협약을 통해 청문을 배제하는 규정을 두어 청문을 생략할 수 없다.

④ 국민의 권익을 침해하는 행정이라도 청문이나 공청회 실시에 대한 내용이 법령에 규정되어 있지 않다면 의견제출절차를 거치지 않고도 처분을 할 수 있다.

11

다음 중 주민투표에 관한 설명으로 옳지 않은 것은?(다툼이 있는 경우에는 판례에 의함)

① 주민투표의 투표절차 등에 관한 사항은 「주민투표법」에 의한다.

② 지방자치단체의 장은 주민에게 과도한 부담을 주거나 중대한 영향을 미치는 지방자치단체의 주요 결정사항 등에 대하여 주민투표에 부칠 수 있다.

③ 주민투표의 실시는 주민 또는 지방의회의 청구가 있어야만 한다.

④ 중앙행정기관의 장은 국가정책의 수립에 관하여 주민의 의견을 듣기 위하여 필요하다고 인정하는 때에는 주민투표의 실시구역을 정하여 관계 지방자치단체의 장에게 주민투표의 실시를 요구할 수 있다.

12

다음 중 「행정대집행법」상의 대집행이 가능한 경우로 옳은 것은?(다툼이 있는 경우에는 판례에 의함)

① 법외 단체인 전국공무원노동조합지부의 공무원직장협의회의 운영에 이용되던 군청사시설인 사무실의 임의사용에 대한 지방자치단체장의 자진폐쇄 요청에 대한 불이행

② 「주택건설촉진법」상 도지사의 허가를 받지 않고 사업계획에 따른 용도 이외의 용도에 사용하는 행위 등을 금지하고, 그 위반행위에 대하여 벌칙규정만을 두고 있을 경우

③ 구 「공공용지취득 및 손실보상특례법」상 협의취득 시 건축물의 자진철거에 대한 약정을 불이행한 경우

④ 행정청의 환지예정지 지정과 이에 따른 지장물의 자진철거요구를 불이행한 경우

13

행정행위의 내용 중 나머지와 다른 성질의 것은?(다툼이 있는 경우에는 판례에 의함)

① 조세부과
② 사립학교 임원선임에 대한 승인
③ 임용기간 만료통지
④ 공유수면매립면허

14

다음은 행정입법에 관한 헌법재판소의 결정의 일부이다. (   )안에 들어갈 것으로 올바르게 짝지어진 것은?

> 오늘날 의회의 입법독점주의에서 (㉠)로 전환하여 일정한 범위 내에서 행정입법을 허용하게 된 동기가 사회적 변화에 대응한 입법수요의 급증과 종래의 형식적 권력분립주의로는 현대사회에 대응할 수 없다는 기능적 권력분립론에 있다는 점 등을 감안하여 헌법 제40조와 헌법 제75조, 제95조의 의미를 살펴보면, 국회입법에 의한 수권이 입법기관이 아닌 행정기관에게 법률 등으로 구체적인 범위를 정하여 위임한 사항에 관하여는 당해 행정기관에게 법정립의 권한을 갖게 되고, 입법자가 규율의 형식도 선택할 수도 있다 할 것이므로, 헌법이 인정하고 있는 (㉡)의 형식은 (㉢)인 것으로 보아야 할 것이고, 그것은 법률이 행정규칙에 위임하더라도 그 행정규칙은 위임된 사항만을 규율할 수 있으므로, 국회입법의 원칙과 상치되지도 않는다.

	㉠	㉡	㉢
①	행정중심주의	행정규칙	열기적
②	입법중심주의	위임입법	예시적
③	입법중심주의	위임입법	열기적
④	행정중심주의	행정규칙	예시적

15

다음 중 개인정보보호에 관한 내용으로 옳지 않은 것은?(다툼이 있는 경우에는 판례에 의함)

① 주민등록번호의 유출을 이유로 한 주민등록번호의 변경신청에 대한 구청장의 주민등록번호 변경신청 거부행위는 항고소송대상인 처분에 해당한다.
② 개인정보처리자는 정보주체가 필요한 최소한의 정보 외의 개인정보 수집에 동의하지 아니한다는 이유로 정보주체에게 재화 또는 서비스의 제공을 거부하여서는 아니 된다.
③ 개인정보처리자는 개인정보를 수집하는 경우에는 그 목적에 필요한 최소한의 개인정보를 수집하여야 하며 이 경우 최소한의 개인정보 수집이라는 입증책임은 개인정보처리자가 부담한다.
④ 개인정보처리자의 고의 또는 중대한 과실로 인하여 개인정보의 분실 등으로 정보주체에게 손해가 발생한 때에는 법원은 손해액의 3배를 넘지 않는 범위에서 손해배상액을 정할 수 있으나, 이 경우 법정손해배상의 청구로 변경할 수는 없다.

16

다음 중 「지방자치법」 등에서 지방자치단체장의 권한인 것은?

> ㉠ 조례에 대한 재의요구권
> ㉡ 조례제정권
> ㉢ 주민투표부의권
> ㉣ 행정사무 감사 또는 조사 결과의 처리권
> ㉤ 규칙제정권
> ㉥ 청원의 수리와 처리의결권
> ㉦ 소속직원에 대한 임면 및 지휘감독
> ㉧ 예산의 심의와 확정에 대한 의결권

① ㉠, ㉡, ㉣, ㉥
② ㉠, ㉢, ㉤, ㉦
③ ㉡, ㉢, ㉣, ㉦
④ ㉡, ㉣, ㉤, ㉧

17

대한민국 국적의 갑(甲)은 A대학교 총장에게 해당 학교 예체능학생들의 최근 몇 년간 출석 및 성적에 대한 정보공개청구를 하였으나, A대학교 총장은 제3자와 관련된 정보라는 이유로 이를 비공개하였다. 다음 설명 중 옳지 <u>않은</u> 것은?

① 갑(甲)은 대한민국의 국적을 가지고 있으므로 정보공개청구 목적과 상관없이 정보공개청구권이 있다.

② 갑(甲)은 A대학교 총장의 비공개 결정에 대하여 항고소송을 통해 구제받을 수 있으며 이와 별도의 법률상 이익 침해를 요하지 않는다.

③ A대학교가 사립대학교라 하더라도 정보공개를 하여야 할 공공기관에 해당되며, 정보공개의 범위는 정부로부터 보조를 받는 범위로 국한되는 것도 아니다.

④ 예체능학생들의 비공개 요청이 있는 경우에 A대학교 총장은 정보를 공개할 수 없다.

18

다음 중 개인정보보호에 대한 설명으로 옳지 <u>않은</u> 것은?(다툼이 있는 경우에는 판례에 의함)

① 「개인정보보호법」상 개인정보는 살아 있는 개인의 정보로서, 사자(死者)의 정보나 법인이나 단체의 정보는 포함되지 않는다.

② 개인정보자기결정권이란 자신에 관한 정보를 언제, 누구에게, 어느 범위까지 알리고 또 이용되도록 할 것인지를 정보주체가 스스로 결정할 수 있는 권리이다.

③ 개인정보자기결정권이나 익명표현의 자유가 헌법 제37조 제2항에 따라 법률로써 제한될 수 있다.

④ 개인정보자기결정권의 보호대상이 되는 개인정보는 공적 생활에서 형성되었거나 이미 공개된 개인정보까지 포함하지 않는다.

19

다음 중 인 · 허가의제제도에 관한 설명으로 옳은 것은?(다툼이 있는 경우에는 판례에 의함)

① 인 · 허가의제가 인정되는 경우에 의제되는 법률에 규정된 주민의 의견청취 등의 절차를 거칠 필요는 없다.

② 사업시행자가 주택건설사업계획 승인을 받음으로써 도로점용허가가 의제된 경우에 관리청이 도로점용료를 부과하지 않아도 점용료를 납부할 의무를 부담하게 된다.

③ 채광계획인가에 의하여 공유수면점용허가가 의제될 경우, 공유수면점용 불허사유로써 채광계획을 인가하지 아니할 수 없다.

④ 주택건설사업계획승인처분에 따라 의제된 지구단위계획 결정에 하자가 있음을 이해관계인이 다투고자 하는 경우, 주된 처분인 주택건설사업계획승인처분과 의제된 인 · 허가인 지구단위계획결정 중 소송대상은 주된 처분인 주택건설사업계획승인처분이 된다.

20

다음은 행정의 실효성확보수단에 관한 내용이다. 옳지 <u>않은</u> 것은?(다툼이 있는 경우에는 판례에 의함)

① 이행강제금은 대체적 작위의무에 대한 불이행에 대하여 가능한 행정강제이다.

② 과징금은 경제법을 위반하여 얻어진 불법적 이득을 환수하는 성질의 제재적 처분으로서 상대방의 고의나 과실에 의하여 부과된다.

③ 행정대집행은 대집행의 요건이 충족된 경우에도 행정청의 재량이다.

④ 행정법을 위반하여 받게되는 벌금과 과징금부과는 이중처벌금지원칙에 반하지 않는다.

21

행정소송에 관한 설명으로 옳지 않은 것은?(다툼이 있는 경우에는 판례에 의함)

① 도지사의 도 내의 특정시에 대한 혁신도시 최종 입지선정 행위는 항고소송대상인 처분이다.
② 취소소송의 관할법원은 원칙적으로 피고소재지 행정법원이다.
③ 소 진행 중 피고 행정청은 처분 시 처분서에 명시된 기본적인 사실관계의 동일성 범위 내에서 처분사유의 추가 · 변경이 가능하다.
④ 구 「민원사무 처리에 관한 법률」 제19조 제1항에서 정한 사전심사결과의 통보는 항고소송의 대상이 되는 행정처분이 아니다.

22

행정심판에 관한 설명으로 옳지 않은 것은?(다툼이 있는 경우에는 판례에 의함)

① 감사원의 처분과 부작위에 대한 행정심판은 감사원소속의 행정심판위원회에 의하여 이루어진다.
② 인용재결 기속력에 의하여 지방자치단체인 피청구인은 불복하여 행정소송을 청구할 수 없도록 한 규정은 평등원칙 등 헌법에 위반되지 않는다.
③ 행정심판은 재결의 실효성을 확보하기 위한 직접처분제도가 마련되어 있어 간접강제의 일환으로서 배상제도는 규정이 없다.
④ 행정심판의 청구는 피청구인인 행정청이나 위원회에 서면으로 한다.

23

「행정절차법」상 입법예고에 대한 설명으로 옳지 않은 것은?(다툼이 있는 경우에는 판례에 의함)

① 대통령령에 대한 입법예고는 국회 소관 상임위원회에 이를 제출하여야 한다.
② 행정입법예고기간은 특별한 사정이 없으면 20일로 하며 자치법규는 10일이다.
③ 입법예고에 대하여 누구든지 의견을 제출할 수 있다.
④ 행정청은 입법예고를 할 때에 입법안과 관련이 있다고 인정되는 중앙행정기관, 지방자치단체, 그 밖의 단체 등이 예고사항을 알 수 있도록 예고사항을 통지하거나 그 밖의 방법으로 알려야 한다.

24

시내도로를 점거하고 연좌시위를 하는 시위단에게 관할 경찰청장이 해산명령을 내렸을 경우, 성질은 무엇인가?

① 통지
② 하명
③ 행정지도
④ 인가

25

사정재결과 사정판결에 대한 설명으로 옳지 않은 것은?(다툼이 있는 경우에는 판례에 의함)

① 사정재결은 심판의 청구가 이유 있음에도 이를 인용하는 것이 공공복리에 크게 위배된다고 인정하면 그 심판청구를 기각하는 재결을 말한다.
② 사정재결을 하는 경우 위원회는 재결의 주문에서 그 처분 또는 부작위가 적법함을 밝혀야 한다.
③ 무효등확인소송에는 사정판결이 적용되지 않는다.
④ 사정판결의 경우 희생되는 원고의 권익구제와 공익 사이에 형량을 통해 이루어진다.

PART 06

2019년 기출(복원)문제

국어 · 경영학 · 행정법

국어

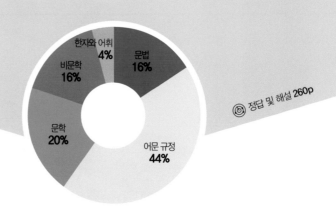

◎ 정답 및 해설 260p

01

다음 〈보기〉 중 밑줄 친 어휘의 맞춤법이 옳은 것은?

보기
- ㉠ 우리는 <u>널따란</u> 바위 위에 자리를 잡고 앉았다.
- ㉡ 그의 코는 뭉툭하고 입은 <u>넓죽하게</u> 생겨서 볼품이 없다.
- ㉢ 그는 매일 반복되는 생활에 <u>실증</u>을 느끼고 있었다.
- ㉣ 그 집 지붕에는 <u>얇다란</u> 함석판들이 이어져 있었다.
- ㉤ 그는 어머니를 생각하며 <u>굵다란</u> 눈물을 뚝뚝 흘렸다.

① ㉠, ㉢, ㉤   ② ㉡, ㉣, ㉤

③ ㉠, ㉡, ㉤   ④ ㉡, ㉢, ㉤

02

다음 중 밑줄 친 부분의 공통적인 특징에 해당하는 것은?

보기

불휘 <u>기픈</u> 남ᄀᆞᆫ ᄇᆞᄅᆞ매 아니 뮐ᄊᆡ <u>곶</u> 됴코 여름 하ᄂᆞ니

ᄉᆡ미 <u>기픈</u> 므른 ᄀᆞᄆᆞ래 아니 그츨ᄊᆡ 내히 이러 바ᄅᆞ래 가ᄂᆞ니

– 〈용비어천가(龍飛御天歌) 제2장〉

믈 깊고 ᄇᆡ 업건마ᄅᆞᆫ 하ᄂᆞᆯ히 명(命)ᄒᆞ실ᄊᆡ 믈 톤자히 건너시니이다

성(城) <u>높고</u> ᄃᆞ리 업건마ᄅᆞᆫ 하ᄂᆞᆯ히 도ᄫᆞ실ᄊᆡ 믈 톤자히 ᄂᆞ리시니이다

– 〈용비어천가(龍飛御天歌) 제34장〉

님그미 현(賢)커신마ᄅᆞᆫ 태자(太子)ᄅᆞᆯ <u>몯</u> 어드실ᄊᆡ 누본 남기 니러셔니이다

나라히 오라건마ᄅᆞᆫ 천명(天命)이 다아갈ᄊᆡ 이본 남기 새 <u>닢</u> 나니이다

– 〈용비어천가(龍飛御天歌) 제84장〉

① 초성종성통용팔자   ② 종성부용초성

③ 초성독용팔자   ④ 종성독용팔자

03

다음 중 줄여서 쓸 수 있는 말에 해당하는 것은?

① 신호가 파란불로 <u>바뀌었습니다</u>.

② 저런! 그 일로 인해 두 분이서 <u>다투었군요</u>.

③ 의사는 환자를 침대에 도로 <u>뉘었습니다</u>.

④ 이것은 우리 가게에선 취급하지 않는 <u>품종이어요</u>.

04

다음 〈보기〉 중 로마자 표기가 올바른 것은?

보기
```
김치 Kimchi
설날 seollal
왕십리 Wangsimni
벚꽃 beotkkot
불국사 Bulkuksa
속리산 Songnisan
대관령 daegwalryeong
```

① 김치 Kimchi, 왕십리 Wangsimni, 벚꽃 beotkkot, 속리산 Songnisan, 대관령 daegwalryeong
② 설날 seollal, 왕십리 Wangsimni, 불국사 Bulkuksa, 속리산 Songnisan
③ 김치 Kimchi, 설날 seollal, 왕십리 Wangsimni, 벚꽃 beotkkot, 속리산 Songnisan
④ 설날 seollal, 왕십리 Wangsimni, 불국사 Bulkuksa, 속리산 Songnisan, 대관령 daegwalryeong

05

다음 빈 칸에 들어갈 한자 성어로 옳은 것은?

> 과연 노파는 한 푼이라도 더 돈으로 바꾸고 싶은 노파심에서였을 것이다. 먹지도 않고 그 곁에서 ( ) 하는 나에게 하나쯤 먹어 보는 것도 좋다. 그리고 먹음직하거든 제발 좀 사달라고 얼굴은 울음 반 웃음 반이다. 나는 나대로의 노파심 때문에 하여간 나는 사지 않을 테니 필요없다고 말한다.

① 小貪大失　　　　② 寤寐不忘
③ 十匙一飯　　　　④ 垂涎萬丈

06

다음 중 한국어를 기술하기 위해 만든 책이 <u>아닌</u> 것은?

① 훈몽자회　　　　② 한불자전
③ 말모이사전　　　④ 큰사전

[07~08] 다음 글을 읽고 물음에 답하라.

> (가) 비자의 생명은 유연성이란 특질에 있다. 한번 균열이 생겼다가 제 힘으로 도로 유착·결합했다는 것은 그 유연성이란 특질을 실제로 증명해 보인, 이를테면 졸업증서이다. 하마터면 목침같이 될 뻔했던 불구 병신이, 그 치명적인 시련을 이겨 내면 되레 한 급(級)이 올라 특급품이 되어 버린다. 재미가 깨를 볶는 이야기다.
>
> (나) 반면이 갈라진다는 것이 기약치 않은 불측(不測)의 사고이다. 사고란 어느 때 어느 경우에도 별로 환영할 것이 못 된다. 그 균열(龜裂)의 성질 여하에 따라서는 일급품 바둑판이 목침(木枕)감으로 전락해 버릴 수도 있다. 그러나 그렇게 큰 균열이 아니고 회생할 여지가 있을 정도라면 헝겊으로 싸고 뚜껑을 덮어서 조심스럽게 간수해 둔다(갈라진 균열 사이로 먼지나 티가 들어가지 않도록 하는 단속이다).
>
> (다) 1년, 이태, 때로는 3년까지 그냥 내버려 둔다. 계절이 바뀌고 추위, 더위가 여러 차례 순환한다. 그 동안에 상처났던 바둑판은 제 힘으로 제 상처를 고쳐서 본디대로 유착(癒着)해 버리고, 균열진 자리에 머리카락 같은 희미한 흔적만이 남는다.
>
> (라) 비자반 일등품 위에 또 한 층 뛰어 특급품이란 것이 있다. 반재며, 치수며, 연륜이며 어느 점이 일급과 다르다는 것은 아니나, 반면에 머리카락 같은 가느다란 흉터가 보이면 이게 특

급품이다. 알기 쉽게 값으로 따지자면, 전전(戰前) 시세로 일급이 2천 원(돌은 따로 하고) 전후인데, 특급은 2천 4, 5백 원, 상처가 있어서 값이 내리기는커녕 오히려 비싸진다는 데 진진(津津)한 묘미가 있다.

07

다음 중 윗글의 배열 순서로 적절한 것은?

① (라) – (가) – (나) – (다)
② (라) – (나) – (다) – (가)
③ (나) – (라) – (가) – (다)
④ (나) – (가) – (라) – (다)

08

다음 중 윗글의 주제로 옳은 것은?

① 삶의 과실을 극복할 줄 아는 유연한 태도가 필요하다.
② 각박한 현실에 맞서서 대항하는 자세가 중요하다.
③ 내면의 가치를 더욱 중시해야 한다.
④ 위기를 기회로 삼아야 한다.

09

다음 중 띄어쓰기가 바르지 않은 것은?

① 아버지와 나는 등산을 하며 <u>부자 간</u>의 정을 나눈다.
② 그는 대학 <u>재학 중</u>에 군대에 갔다.
③ 그 사람을 <u>만난 지</u>도 꽤 오래되었다.
④ 시장을 <u>보는 데</u>만 세 시간이 걸렸다.

10

다음 〈보기〉의 한글 맞춤법 제39항을 적용하였을 때 옳지 않은 것은?

보기 ─

한글 맞춤법 제39항
어미 '-지' 뒤에 '않-'이 어울려 '-잖-'이 될 적과 '-하지' 뒤에 '않-'이 어울려 '-찮-'이 될 적에는 준 대로 적는다.

① 작은 선행을 베풀었을 뿐인데 이런 주목을 받는 건 <u>당찮다</u>.
② 이상과 달리 현실은 <u>그렇잖다</u>.
③ 친구를 맞이하는 눈길이 영 <u>달갑잖다</u>.
④ 그는 매사에 상대방을 대하는 태도가 <u>올곧찮다</u>.

[11~13] 다음 글을 읽고 물음에 답하라.

(가) 왜 LP를 듣다가 CD를 들으면 불편할까? 고음역이 깨끗하게 들리는 CD는 저음역의 음악정보를 제대로 담지 못하는 반쪽짜리 그릇이기 때문이다. '양자화(quantize)'라고 불리는 디지털화 과정에서 저음역의 주파수가 아주 미세한 ㉠ 근삿값으로 바뀌는데, 그 순간 다른 음으로 변화된 저음이 화음과 어울리지 않게 되어 버린다. 배음(倍音)과 화음의 바탕을 이루는 베이스음이 변동되는 순간, 조화를 이루어야 할 음악의 구조는 기초부터 흔들리게 된다.

(나) 왜 이런 오류가 발생하는 걸까? 디지털화의 기본 처리 과정에서 충분한 해상도가 확보되지 않을 때, 음악정보가 원본과 다른 근삿값으로 바뀌어 기록되기 때문이다. 예를 들어, 소수점 한 자리까지 처리할 수 있는 성적 시스템에서 89.4와 89.5는 0.1의 작은 차이를

보이는 점수이다. 그런데 소수점을 처리하지 못하는 시스템이라면 어떻게 될까? 89.4점은 근삿값인 89점이 되고 89.5점은 근삿값인 90점이 된다. 작은 차이의 점수가 '수'와 '우'라는 현격한 차이의 점수로 바뀐다. 해상도가 떨어지는 디지털 변환은 이처럼 매우 미세한 차이를 차원이 다른 결과로 바꿔 버리는 문제를 안고 있다.

(다) 디지털의 오류는 44.1㎑, 16비트의 '작은 그릇'인 CD가 안고 있는 치명적인 단점이다. 잡음 없는 깨끗한 소리를 전달한다는 장점과는 달리, 음악의 전체적인 조화를 무너뜨릴 수 있는 커다란 오류를 지니고 있는 것이다. CD의 편의성에 찬사를 보내면서도 음악성에는 불합격점을 줄 수밖에 없는 이유다. CD의 사운드는 충분하지 못한 해상도의 디지털이 갖는 단점을 명백하게 드러낸다. 해상도 낮은 사진에서 불분명한 화소가 뭉뚱그려져 보이는 '깍두기 현상'이 나타나듯, 클래식 음악에 사용되는 악기들의 섬세한 사운드에 담긴 미묘한 변화와 표정, 다이내믹, 특징적인 공명을 제대로 잡아내지 못한다.

(라) 구스타프 말러의 교향곡 제2번 '부활'의 서주부와 같이 더블베이스의 저음이 중요한 비중을 차지하는 연주를 CD와 LP로 비교하여 들어 보면, 저음 정보가 충분하지 않을 때 오케스트라의 사운드가 얼마나 빈약하게 느껴지는지 잘 알 수 있다. 정확한 저음을 바탕으로 하모니를 만들어 가는 클래식 음악을 CD로 듣고 있으면, 마치 모래 위에 지어진 집처럼 위태롭고 불안한 느낌이 들곤 한다.

11

윗글의 밑줄 친 ㉠과 사이시옷의 형성이 동일한 것은?

① 시냇물   ② 조갯살
③ 전셋집   ④ 두렛일

12

윗글의 내용과 일치하지 않는 것은?

① CD는 고음역의 음악정보를 제대로 전달할 수 있다.
② CD의 치명적인 단점은 44.1㎑, 16비트 해상도의 '작은 그릇'이다.
③ LP에 비해 CD는 위태롭고 불안한 느낌이 든다.
④ CD는 양자화 과정에서 소수점 한 자리까지 처리할 수 있다.

13

윗글의 설명 방식으로 옳은 것은?

① (가)와 (나)는 원인과 결과의 순서대로 나열되어 있다.
② (나)와 (다)는 수학적 원리를 이용하여 설명하고 있다.
③ (다)와 (라)는 CD의 장점에 대해 설명하고 있다.
④ (가), (다), (라)에서는 은유법과 직유법을 사용하고 있다.

14

다음 중 현대어 풀이로 옳지 <u>않은</u> 것은?

> ㉠ 비로봉(毗盧峯) 샹샹두(上上頭)의 올라 보니 긔
> 뉘신고.
> ㉡ 동산(東山) 태산(泰山)이 어느야 놉돗던고.
> 노국(魯國) 조븐 줄도 우리는 모르거든
> ㉢ 넙거나 넙은 텬하(天下) 엇찌ᄒᆞ야 젹닷 말고.
> 어와 뎌 디위를 어이ᄒᆞ면 알 거이고.
> ㉣ 오르디 못ᄒᆞ거늘 ᄂᆞ려가미 고이홀가.

① ㉠ : 비로봉에 올라보니 그대는 누구이신가?

② ㉡ : 동산과 태산은 어느 것이 높은가?

③ ㉢ : 넓거나 넓은 천하를 왜 작다고 했는가?

④ ㉣ : 오르지 못하는데 내려감이 무엇이 이상하겠는가?

15

다음 중 회의 의안 심의 과정 순서로 올바른 것은?

① 제출 - 상정 - 제안 설명 - 질의 응답 - 찬반 토론 - 표결

② 제출 - 찬반 토론 - 상정 - 제안 설명 - 질의 응답 - 표결

③ 제출 - 상정 - 제안 설명 - 찬반 토론 - 질의 응답 - 표결

④ 제출 - 제안 설명 - 상정 - 찬반 토론 - 질의 응답 - 표결

16

다음 〈보기〉의 두음법칙 제10항에 해당하지 <u>않는</u> 것은?

> 보기
> [제10항]
> 한자음 '녀, 뇨, 뉴, 니'가 단어 첫머리에 올 적에는, 두음법칙에 따라 '여, 요, 유, 이'로 적는다.
> [붙임 1] 단어의 첫머리 이외의 경우에는 본음대로 적는다.
> [붙임 2] 접두사처럼 쓰이는 한자가 붙어서 된 말이나 합성어에서, 뒷말의 첫소리가 'ㄴ' 소리로 나더라도 두음법칙에 따라 적는다.

① 공염불(공+염불)

② 신년도(신+년도)

③ 강수량(강수+량)

④ 비구니(비구+니)

17

다음 중 띄어쓰기가 <u>잘못된</u> 것은?

① 그쪽으로 갈까요? 어젯밤에 갔던데요.

② 오랜만에 고향에 내려오니 길을 모르겠던데요.

③ 어제 집으로 택배가 왔던데요.

④ 공부를 열심히 했더니 팔이 아프던데요.

18

다음 〈보기〉의 용례를 통해 알 수 있는 단어의 쓰임을 고려하여 〈보기〉에 문장을 추가하려고 한다. 가장 적절한 것은?

> 보기
> • 그날 밤이 새도록, 그는 흥분이 되어서 자기의 과거를 일일이 다 이야기하였습니다.
> • 어느덧 밤이 새는지 창문이 뿌옇게 밝아 온다.
> • 그녀는 잠을 자지 않고 밤새도록 남편을 기다렸다.
> • 어제는 책을 읽느라고 밤을 새웠다.
> • 나는 어제 밤새워 시험공부를 했다.
> • 오랜만에 재회한 그들은 밤새워 이야기하며 옛 정을 나누었다.

① 밤을 새서라도 일을 끝마치겠다.

② 수연은 수다를 떠느라 밤새우는 줄도 몰랐다.

③ 밤샌 보람이 있다.

④ 몇 밤을 뜬눈으로 새웠다.

[21~22] 다음 글을 읽고 물음에 답하라.

> ⊙ 열무 삼십 단을 이고
> 시장에 간 우리 엄마
> 안 오시네, ⓒ 해는 시든 지 오래
> 나는 ⓒ 찬밥처럼 방에 담겨
> 아무리 천천히 숙제를 해도
> 엄마 안 오시네, ② 배춧잎 같은 발소리 타박타박
> 안들리네, 어둡고 무서워
> 금 간 창 틈으로 고요한 빗소리
> 빈 방에 혼자 엎드려 훌쩍거리던
>
> 아주 먼 옛날
> 지금도 내 눈시울을 뜨겁게 하는
> 그 시절, 내 유년의 윗목

19

다음 〈보기〉에 나와 있는 높임법이 모두 쓰인 것은?

보기

아버지께서 쓰시던 물건을 그분께 가져다 드렸습니다.

① 누나가 아버지를 모시고 병원에 갔습니다.

② 선생님은 제가 여쭈었던 내용을 기억하고 계셨습니다.

③ 아버지께서 제게 용돈을 주셨습니다.

④ 어머니께서 방에서 주무시고 계십니다.

21

다음 중 엄마의 고단한 삶을 나타내는 표현이 <u>아닌</u> 것은?

① ⊙   ② ⓒ

③ ⓒ   ④ ②

20

다음 중 밑줄 친 단어를 사전에서 검색할 때 표제어로 적절한 것은?

① 우리의 <u>생각대로</u> 일이 진행되었다. → 생각대로

② 나는 국물을 <u>그릇째</u>로 들고 먹었다. → 그릇째

③ 할머니는 손녀에게 이야기를 <u>들려주곤</u> 하셨다. → 들리다

④ 어머니는 아들에게 조심하라고 <u>신신당부했건만</u> 듣지 않았다. → 신신당부하다

22

다음 중 '배춧잎 같은 발소리'와 같은 표현 기법이 쓰인 것은?

① 해는 시든 지 오래

② 찬밥처럼 방에 담겨

③ 고요한 빗소리

④ 내 유년의 윗목

23

다음 중 표준어와 비표준어 연결이 잘못된 것은?

	표준어	비표준어
①	총각무	알타리무
②	개다리밥상	개다리소반
③	방고래	구들고래
④	산누에	멧누에

24

다음 중 문장부호에 대한 설명으로 옳지 않은 것은?

① 글의 제목이나 작품명, 각종 구호 등에는 마침표를 쓰지 않는다.

② 말줄임표 앞에는 쉼표를 쓸 수 없다.

③ 기준 단위당 수량을 적을 때는 가운뎃점을 쓴다.

④ 문장 안에서 책이나 신문, 예술 작품의 제목에는 겹낫표를 쓴다.

25

다음 중 외래어 표기법 원칙으로 옳지 않은 것은?

① 외래어는 국어의 현용 24자모만으로 적는다.

② 외래어의 1음운은 원칙적으로 1기호로 적는다.

③ 받침에는 'ㄱ, ㄴ, ㄷ, ㄹ, ㅁ, ㅂ, ㅇ'만을 쓴다.

④ 파열음 표기에는 된소리를 쓰지 않는 것을 원칙으로 한다.

경영학

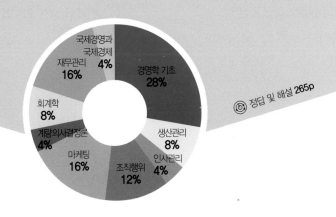

국제경영과 국제경제 4%
재무관리 16%
경영학 기초 28%
회계학 8%
계량의사결정론 4%
마케팅 16%
조직행위 12%
인사관리 4%
생산관리 8%
인사관리 4%

◎ 정답 및 해설 265p

01

탐색조사가 아닌 것은?

① 패널조사
② 관찰조사
③ 사례조사
④ 면접조사

02

다음 중 자산의 효율적 활용도를 확인할 수 있는 재무비율은?

① 수익성 비율
② 유동성 비율
③ 활동성 비율
④ 안전성 비율

03

B 회사에서 냉장고를 제조할 때 단위당 변동비는 20만 원이고, 총고정비는 3천만 원이다. 1,000개를 팔아서 2천만 원의 이익을 얻기 위해서는 원가가산방식으로 할 때 제품의 단위당 가격으로 옳은 것은? (고정비용은 비용에 포함)

① 26만 원
② 25만 원
③ 22만 원
④ 20만 원

04

파스칼과 피터스의 7S모델이 아닌 것은?

① 공유가치
② 전략
③ 소프트웨어
④ 기술

05

적시생산시스템(JIT)과 자재소요계획(MRP)의 차이에 관한 다음 설명 중 옳지 않은 것은?

① JIT는 푸시(Push) 시스템, MRP는 풀(Pull) 시스템이다.
② JIT의 재고형태는 부채, MRP의 재고형태는 자산이다.
③ JIT는 제품 품질에 있어서 무결점만 허용하지만, MRP는 소량의 결점을 허용한다.
④ JIT는 칸반(Kanban) 관리방식을 따른다.

06

제품 판매에서 소매, 도매를 구별하는 기준인 것은?

① 제품별
② 기능별
③ 고객별
④ 지역별

07

환경오염의 원인이 아닌 것은?

① 인구증가   ② 국제화
③ 도시화   ④ 산업화

08

질문의 방법 중 상대방이 간접적인 정보에 빗대어 말하게 하는 방법인 것은?

① 프로빙 기법   ② 래더링 기법
③ 투사법   ④ 에스노그라피

09

첫 테스트에서 먹은 음식 때문에 두 번째 먹은 음식이 맛있는지 알 수 없는 효과를 의미하는 것은?

① 성숙효과   ② 매개효과
③ 시험효과   ④ 상호작용효과

10

우선주에 관한 다음 설명 중 옳은 것은?

① 회사의 이익과 상관없이 배당금이 정해져 있다.
② 이자가 미리 정해져 있다.
③ 세금 감면 혜택이 있다.
④ 우선주에 대해서 비용을 공제하기 전이라 하더라도 우선 배당이 이루어진다.

11

완제품 생산 회사와 부품 업체 간의 결합 유형으로 옳은 것은?

① 수평적 결합   ② 수직적 결합
③ 구조적 결합   ④ 통합적 결합

12

비관련다각화의 특징이 아닌 것은?

① 핵심 역량을 활용할 수 있다.
② 내부 자원을 효율적으로 활용할 수 있다.
③ 범위 경제에 효과가 있다.
④ 현금흐름이 좋다.

13

성과급의 특징에 관한 다음 설명 중 옳지 않은 것은?

① 노동자에게 동기부여를 주고, 공평성과 합리성을 준다.
② 집단성과급에는 럭커플랜, 스캔론플랜, 임프로쉐어플랜 등이 있다.
③ 작업량에만 치중하여 제품의 품질 저하를 야기할 수 있다.
④ 기본급이 고정되어서 계산이 쉽다.

14

적대적 M&A(기업 인수 · 합병) 방법으로 옳지 않은 것은?

① 위임장경쟁   ② 공개시장매수
③ 역매수 제의   ④ 주식공개매수

15

단위생산과 대량생산에 해당하는 조직 유형으로 옳은 것은?

① 유기적 조직, 유기적 조직
② 기계적 조직, 기계적 조직
③ 유기적 조직, 기계적 조직
④ 기계적 조직, 유기적 조직

16

의사소통 네트워크에 관한 다음 설명 중 옳지 않은 것은?

① 원형은 의사소통 속도가 빠르다.
② 쇠사슬형과 원형이 만족도가 가장 높다.
③ Y형은 라인조직과 스탭조직이 혼합된 조직에 적합하다.
④ 수레바퀴형은 집단 내 강력한 리더가 존재하며, 모든 정보가 리더를 중심으로 집중되어 다른 사람에게 전달된다.

17

창업 시 고려해야 할 사항이 아닌 것은?

① 기술성
② 경제성
③ 성장성
④ 시장성

18

조직의 경영관리과정에 관한 다음 설명 중 옳지 않은 것은?

① '계획 – 조직화 – 지휘 – 통제' 순서로 이어진다.
② 조직화는 수행 업무와 수행방법 및 담당자(리더)를 정한다.
③ 지휘는 갈등을 해결하고 업무 수행을 감독하는 역할을 한다.
④ 계획은 목표 및 전략 수립을 하면서 조정한다.

19

포터(M.Porter)의 가치사슬모형에서 지원활동에 해당하지 않는 것은?

① 인프라 기반시설
② 기술 개발
③ 제품의 사후지원
④ 인적자원 개발

20

고객의 관점과 가장 가까운 컨셉인 것은?

① 생산 컨셉
② 판매 컨셉
③ 제품 컨셉
④ 마케팅 컨셉

21

제품 차별화 전략이 아닌 것은?

① 특성
② 서비스
③ 이미지
④ 경쟁

22

주식회사의 특징이 <u>아닌</u> 것은?

① 투자자로부터 거액의 자본 조달이 용이하다.

② 주식회사의 3대 기구는 주주총회, 이사회, 감사이다.

③ 소유자가 경영에 참가해야만 하므로 소유와 경영이 일치한다.

④ 주주는 출자액 한도 내에서만 자본 위험에 대해 책임을 진다.

23

다음 〈보기〉 중 간접적 자본 조달 수단으로 옳은 것을 모두 고른 것은?

보기 ─
ㄱ. 주식 발행   ㄴ. 은행차입
ㄷ. 회사채 발행   ㄹ. 기업어음 발행

① ㄱ, ㄴ   ② ㄴ, ㄷ

③ ㄴ, ㄹ   ④ ㄷ, ㄹ

24

다음 중 기업의 사회적 책임 투자(SRI)에 해당하지 <u>않는</u> 것은?

① 지역기금에 투자한다.

② 유해행위를 하는 기업을 투자 대상에서 배제한다.

③ 중소기업벤처에 투자한다.

④ 기업지배구조를 고려한다.

25

원가를 가장 중요한 기준으로 하여 가격을 결정하는 방법으로 옳은 것은?

① 목표이익률 가격결정

② 모방 가격결정

③ 지각기준 가격결정

④ 입찰참가 가격결정

행정법

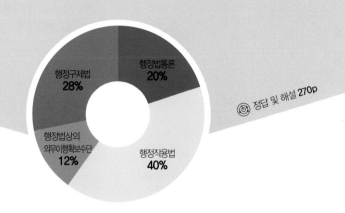

행정구제법 28%

행정법통론 20%

행정법상의 의무이행확보수단 12%

행정작용법 40%

◎ 정답 및 해설 270p

01

다음 중 「공공기관의 정보공개에 관한 법률」에 대한 설명으로 바르지 <u>못한</u> 것은?(다툼이 있을 경우에는 판례에 의함)

① '진행 중인 재판에 관련된 정보'에 해당한다는 사유로 정보공개를 거부하기 위해서는 반드시 그 정보가 진행 중인 재판의 소송기록 자체에 포함된 내용일 필요는 없다.

② 피청구인이 청구인에 대한 형사재판이 확정된 후 그중 제1심 공판정심리의 녹음물을 폐기한 행위는 법원행정상의 구체적인 사실행위지만 헌법소원심판의 대상이 되는 공권력의 행사로 볼 수 있다.

③ 「방송법」에 의하여 설립운영되는 한국방송공사 (KBS)는 「공공기관의 정보공개에 관한 법률 시행령」 제2조 제4호의 '특별법에 의하여 설립된 특수법인'으로서 정보공개의무가 있는 공공기관에 해당한다.

④ 국민의 정보공개청구는 폭넓게 인정될 수 있으나 담당공무원을 괴롭힐 목적으로 정보공개청구를 하는 경우처럼 권리의 남용에 해당하는 것이 명백한 경우에는 정보공개청구권의 행사를 허용할 수 없다.

02

다음 중 대법원 판례와 다른 것은?

① 도로법 시행규칙의 개정으로 도로경계선으로부터 15m를 넘지 않는 접도구역에서 송유관을 설치하는 행위가 관리청의 허가를 얻지 않아도 되는 행위로 변경되어 더 이상 그 행위에 부관을 붙일 수 없게 되었다 하더라도, 종전 시행규칙에 의하여 적법하게 행해진 허가와 접도구역 내 송유시설 이설비용 지급의무에 관한 부담이 개정 시행규칙의 시행으로 그 효력을 상실하게 되는 것은 아니다.

② 일반적으로 법률의 위임에 의하여 효력을 갖는 법규명령의 경우, 구법에 위임의 근거가 없어 무효였더라도 사후에 법개정으로 위임의 근거가 부여되면 그때부터는 유효한 법규명령이 된다.

③ 지하철공사의 근로자가 지하철 연장운행 방해행위로 유죄판결을 받았으나, 그 후 공사와 노조가 위 연장운행과 관련하여 조합간부 및 조합원의 징계를 최소화하며 해고자가 없도록 한다는 내용의 합의를 한 경우, 이는 적어도 해고의 면에서는 그 행위자를 면책하기로 한다는 합의로 볼 수는 없으므로, 공사가 취업규칙에 근거하여 위 근로자에 대하여 한 당연퇴직 조치는 위 면

책합의에 배치된다고 볼 수 없다.

④ 「행정소송법」상 행정청이 일정한 처분을 하지 못하도록 부작위를 구하는 청구는 허용되지 않는 부적법한 소송이라 할 것이다.

03

다음 중 행정법의 일반원칙에 대한 설명으로 옳지 않은 것은?(다툼이 있을 경우에는 판례에 의함)

① 지방자치단체장이 사업자에게 주택사업계획승인을 하면서 그 주택사업과는 아무런 관련이 없는 토지를 기부채납하도록 하는 부관을 주택사업계획승인에 붙인 경우, 그 부관은 부당결부금지의 원칙에 위반되어 위법이다.

② 재량준칙이 공표된 것만으로는 행정의 자기구속의 원칙이 적용될 수 없고, 재량준칙이 되풀이 시행되어 행정관행이 성립한 경우에 행정의 자기구속의 원칙이 적용될 수 있다.

③ 반복적으로 행해진 행정처분이 위법하더라도 행정의 자기구속의 원칙에 따라 행정청은 선행처분에 구속된다.

④ 승합차를 혈중알코올농도 0.182%의 음주상태로 운전한 자에 대하여 제1종 보통운전면허 외에 제1종 대형운전면허까지 취소한 행정청의 처분은 적법이다.

04

다음 중 공법관계에 해당하는 것으로 옳은 것은?

> (가) 국유일반재산에 대한 대부료 납입고지
> (나) 입찰보증금 국고귀속조치
> (다) 창덕궁 비원 안내원의 채용계약
> (라) 국유재산 무단점유자에 대한 변상금 부과
> (마) 국가 또는 지방자치단체에 근무하는 청원경찰의 근무관계

① (가), (나)　　　② (나), (다)

③ (다), (라)　　　④ (라), (마)

05

다음 중 개인적 공권에 대한 설명으로 바르지 못한 것은?(다툼이 있을 경우에는 판례에 의함)

① 경찰관에게 권한을 부여한 취지와 목적에 비추어 볼 때 구체적인 사정에 따라 경찰관이 권한을 행사하여 필요한 조치를 취하지 아니하는 것이 현저하게 불합리하다고 인정되는 경우에는 그러한 권한의 불행사는 직무상의 의무를 위반하여 위법하게 된다.

② 공무원연금수급권과 같은 사회보장수급권은 사회적 기본권 중의 하나로서, 이는 국가에 대하여 적극적으로 급부를 요구하는 것이므로 헌법 규정만으로는 이를 실현할 수 없어 법률에 의한 형성이 필요하고, 그 구체적인 내용 즉 수급요건, 수급권자의 범위 및 급여금액 등은 법률에 의하여 비로소 확정된다.

③ 건축물이 「건축법」을 위반하여 인근 주민의 일조권 등을 침해하는 경우, 행정청에 해당 건축물에 대하여 「건축법」 제79조 제1항 등에 근거한 허가취소, 철거명령 등을 청구하였으나, 행정청이 적절한 조치를 하지 않은 경우 행정청의 부작위는 위법하다.

④ 행정처분에 있어서 불이익처분의 상대방은 직접 개인적 이익의 침해를 받은 자로서 원고적격이 인정되지만, 수익처분의 상대방은 그의 권리나 법률상 이익이 침해되었다고 볼 수 없으므로 달

리 특별한 사정이 없는 한 취소를 구할 법률상 이익이 없다.

06

다음 중 법규명령의 통제에 관한 설명으로 바르지 못한 것은?(다툼이 있을 경우에는 판례에 의함)

① 헌법재판소에 의하면 재량권 행사의 준칙인 행정규칙이 그 정한 바에 따라 되풀이 시행되어 행정관행이 성립되어 평등 또는 신뢰보호의 원칙에 따라 행정기관이 그 상대방에 대한 관계에서 그 규칙에 따라야 할 자기구속을 받게 되는 경우에는 대외적 구속력을 갖게 되어 헌법소원의 대상이 된다.

② 대법원은 구체적 규범통제를 행하면서 법규명령의 특정 조항이 위헌·위법인 경우 무효라고 판시하며, 이 경우 무효로 판시된 당해 조항은 일반적으로 효력이 부인된다.

③ 「행정소송법」은 대법원 판결에 의하여 명령·규칙이 헌법 또는 법률에 위반된다는 것이 확정된 경우에는 대법원은 지체 없이 그 사유를 행정안전부장관에게 통보하여야 하고, 통보를 받은 행정안전부장관은 지체 없이 이를 관보에 게재하여야 한다고 규정하고 있다.

④ 국민권익위원회는 법률·대통령령·총리령·부령 및 그 위임에 따른 훈령·예규·고시·공고와 조례·규칙의 부패유발요인을 분석·검토하여 그 법령 등의 소관기관의 장에게 그 개선을 위하여 필요한 사항을 권고할 수 있다.

07

다음 중 「부동산 거래신고 등에 관한 법률」상 허가구역 내 토지거래에 대한 허가에 대한 설명으로 옳지 않은 것은?

> 「부동산 거래신고 등에 관한 법률」 제11조(허가구역 내 토지거래에 대한 허가)
>
> ① 허가구역에 있는 토지에 관한 소유권·지상권(소유권·지상권의 취득을 목적으로 하는 권리를 포함한다)을 이전하거나 설정(대가를 받고 이전하거나 설정하는 경우만 해당한다)하는 계약(예약을 포함한다. 이하 "토지거래계약"이라 한다)을 체결하려는 당사자는 공동으로 대통령령으로 정하는 바에 따라 시장·군수 또는 구청장의 허가를 받아야 한다. 허가받은 사항을 변경하려는 경우에도 또한 같다.
> ⋮
> ⑥ 제1항에 따른 허가를 받지 아니하고 체결한 토지거래계약은 그 효력이 발생하지 아니한다.

① 토지거래허가의 대상은 사법적(私法的) 법률행위이다.

② 토지거래계약은 그에 대한 토지거래허가로 법률적 효과가 완성된다.

③ 토지거래허가는 건축법상의 건축허가와는 달리 인가의 성격을 갖고 있다.

④ 무효인 토지거래계약에 대하여 토지거래허가를 받았다면 토지거래계약이 무효이므로 그에 대한 토지거래허가처분도 위법하게 된다.

08

다음 중 부관에 대한 설명으로 바르지 못한 것은?

① 부담과 조건 등의 부관은 행정행위의 효과를 제한하거나 의무를 부과하는 행정청의 종된 의사표시이다.

② 부담의 경우 부종성의 성질을 갖고 있더라도 주된 행정행위와 독립된 행정행위로 볼 수 있다.

③ 운행일과 운행지역을 제한하는 택시영업의 허가는 부담부 행정행위에 해당한다.

④ 통상적으로 실무상 부관은 제한, 조건, 기간 등의 용어로 사용된다.

09

다음 중 행정행위의 하자승계에 대한 설명으로 옳지 않은 것은?

① 하자승계가 인정되는 경우에는 국민의 권익구제에 도움이 된다.

② 선행정행위가 제소기간의 경과로 확정된 경우에는 선행행위의 하자를 이유로 한 하자의 승계는 인정되지 않는다.

③ 대법원에 의하면 과세처분과 강제징수의 독촉은 과세처분이 당연무효가 아닌 한 하자승계가 인정되지 않는다.

④ 선행행위와 후행행위가 결합하여 하나의 법적 효과를 목적으로 하는 경우에는 선행행위의 무효 여부와 상관없이 하자승계가 인정된다.

10

다음 중 행정의 자동화 작용(자동결정)에 대한 설명으로 바르지 않은 것은?

① 행정의 자동화결정도 행정작용의 일종으로서 행정의 법률적합성과 행정법의 일반원칙에 의해 제한될 수 있다.

② 전산처리에 의한 객관식 시험의 채점과 합격자 결정은 행정의 자동화작용이다.

③ 행정의 자동화작용은 전산작용에 의한 작용이기 때문에 행정행위의 개념적 요소를 갖춘 경우에도 행정행위로서의 성질을 인정할 수 없다.

④ 교통신호의 고장으로 인한 손해는 「국가배상법」에 의한 손해배상이 가능하다.

11

다음 중 판례의 내용으로 바르지 않은 것은?

① 위법한 행정지도에 따라 이루어진 사인의 행위가 결과적으로 위법하게 되는 경우, 특별한 규정이 없는 한 위법성이 조작될 수 없다.

② 계약직 공무원에 관한 현행 법령의 규정에 비추어 볼 때, 계약직 공무원에 대한 채용계약해지의 의사표시는 일반 공무원에 대한 징계처분과 같이 「행정절차법」에 의하여 근거와 이유를 제시하여야 한다.

③ 구 「국가를 당사자로 하는 계약에 관한 법률」상의 요건과 절차를 거치지 않고 체결한 국가와 사인간의 사법상 계약의 효력은 무효이다.

④ 어업권 우선순위결정은 행정청이 우선권자로 결정된 자의 신청이 있으면 어업권면허처분을 하겠다는 것을 약속하는 행위로서 강학상 확약에 불과하고 항고쟁송 대상인 처분이라고 할 수 없어 공정력 등의 효력이 인정되지 아니한다.

12

다음 중 행정계획에 대한 설명으로 옳지 않은 것은?

① 대법원에 의하면 「택지개발촉진법」상의 택지개발예정지구의 지정과 택지개발사업시행자에 대한 택지개발계획 승인은 각각의 독립된 행정처

분이다.

② 위법한 행정계획으로 인한 피해는 국가배상청구
대상이 된다.

③ 일반적으로 비구속적 행정계획에 대하여는 행정
소송을 제기할 수 없으나 헌법재판소원대상은
될 수 있다.

④ 행정계획은 강학상 개념일 뿐이고 대법원은 이
를 직접 정의한 바가 없다.

13

다음의 「공공기관의 정보공개에 관한 법률」상의 정
보공개에 대한 내용으로 바르지 못한 것은?

① '정보'란 공공기관이 직무상 작성 또는 취득하여
관리하고 있는 문서(전자문서를 포함한다) · 도
면 · 사진 · 필름 · 테이프 · 슬라이드 및 그 밖에
이에 준하는 매체 등에 기록된 사항을 말한다.

② 모든 국민은 정보공개를 청구할 권리를 가지며,
이에는 자연인 · 법인 · 법인 아닌 단체도 포함
된다.

③ 청구인이 정보공개청구 후 20일이 경과하도록
정보공개결정이 없는 때에는 경과한 날로부터
30일 이내에 해당 공공기관에 문서로 이의신청
을 할 수 있다.

④ 정보공개청구권은 구체적인 권리로 볼 수 없어
정보공개청구인이 공공기관에 대하여 정보공개
를 청구하였다가 거부처분을 받은 것만으로는
법률상 이익침해에 해당한다고 볼 수 없다.

14

다음 중 「개인정보보호법」에 대한 설명으로 옳지 않
은 것은?

① 「개인정보보호법」상 정보처리자는 공공기관을
말하며 공공기관이 아닌 법인, 단체, 개인에 의
하여 처리되는 정보는 보호대상이 아니다.

② 「개인정보보호법」상 '개인정보'란 살아있는 개인
에 관한 정보로서 성명, 주민등록번호 및 영상
등을 통하여 개인을 알아볼 수 있는 정보이며 법
인이나 사자(死者)의 정보는 포함되지 않는다.

③ 「행정절차법」 등 다른 법령에서도 개인정보보호
에 관한 규정을 두고 있다.

④ 개인정보처리자가 이 법을 위반한 행위로 정보
주체에게 손해가 발생하면 개인정보처리자에게
손해배상을 청구할 수 있다. 이 경우 그 개인정
보처리자는 고의 또는 과실이 없음을 입증하지
아니하면 책임을 면할 수 없다.

15

다음 중 행정상 의무이행 확보수단에 대한 설명으로
옳지 않은 것은?

① 직접강제란 비대체적 작위의무나 부작위의무를
불이행한 경우에 의무자에게 심리적 압박을 통
해 의무이행을 간접적으로 강제하는 금전적 수
단이다.

② 행정상 강제집행은 의무를 부과하는 법률과 별도
로 강제집행을 위한 법률의 근거가 있어야 한다.

③ 대체적 작위의무의 불이행에 대한 행정대집행은
계고절차로부터 시작된다.

④ 강제징수를 위한 독촉과 행정대집행의 계고처분
은 항고쟁송대상인 통지로서의 성질을 갖는다.

16

다음 중 공법상 부당이득에 관한 설명으로 옳지 않은 것은?(다툼이 있을 경우에는 판례에 의함)

① 공법상 부당이득에 대한 일반법은 없고 법령에 특별한 규정이 없는 한 「민법」 규정이 직접 또는 유추적용된다.

② 개발부담금 부과처분이 취소된 이상 그 후의 부당이득으로서의 과오납금 반환에 관한 법률관계는 단순한 민사 관계에 불과한 것이 아니므로, 행정소송절차에 따라 반환청구를 하여야 한다.

③ 국가가 사유지를 무단으로 사용하는 것은 부당이득에 해당한다.

④ 변상금부과처분이 당연무효인 경우에 이 변상금 부과처분에 의하여 납부자가 납부하거나 징수당한 오납금은 지방자치단체가 법률상 원인 없이 취득한 부당이득에 해당한다.

17

다음 중 행정대집행에 대한 설명으로 옳지 않은 것은?

① 행정상 강제집행은 형성적 행위나 확인적 행위와 달리 명령적 행정행위에서 문제된다.

② 행정대집행의 대상이 되는 의무는 법령에서 직접 명해지는 경우나 법령에 근거한 행정행위에 의해 명해진 공법상의 대체적 작위의무이어야 한다.

③ 대법원은 건물의 철거의무는 제1차 철거명령과 제1차 계고처분에 의해서만 발생하는 것은 아니고, 제2차·제3차 계고처분을 통해서도 발생하여 반복된 계고도 처분이라 한다.

④ 계고처분 시 대집행할 행위의 내용 및 범위가 반드시 계고서에 의해서만 특정되어야 하는 것은 아니다.

18

다음 중 「질서위반행위규제법」에 대한 설명으로 바르지 않은 것은?

① 질서위반행위를 한 자가 자신의 책임 없는 사유로 위반행위에 이르렀다고 주장하는 경우 법원으로서는 그 내용을 살펴 행위자에게 고의나 과실이 있는지를 따져보아야 한다.

② 자신의 행위가 위법하지 아니한 것으로 오인하고 행한 질서위반행위는 그 오인에 정당한 이유와 관계없이 과태료를 부과하지 아니한다.

③ 행정청이 질서위반행위에 대하여 과태료를 부과하고자 하는 때에는 미리 당사자에게 대통령령이 정하는 사항을 통지하고, 10일 이상의 기간을 정하여 의견을 제출할 기회를 주어야 한다.

④ 행정청의 과태료 부과에 불복하는 당사자는 과태료 부과통지를 받은 날부터 60일 이내에 해당 행정청에 서면으로 이의제기를 할 수 있다.

19

다음 중 「행정절차법」에 대한 설명으로 바르지 않은 것은?

① 감사원이 감사위원회의 결정을 거쳐 행하는 사항에 대하여는 이 법을 적용하지 아니한다.

② 행정청은 대통령령과 총리령, 부령을 입법예고하는 경우 국회 소관 상임위원회에 이를 제출한다.

③ 신고가 법이 정한 형식요건을 갖춘 경우에는 신고서가 접수기관에 도달된 때에 신고의무가 이행된 것으로 본다.

④ 행정청은 신고인이 보완요구에도 일정기간이 지나도록 보완을 하지 아니하면 그 이유를 구체적으로 밝혀 신고서를 되돌려 보내야 한다.

20

다음 중 「국가배상법」 제5조의 국가배상에 대한 설명으로 옳지 <u>않은</u> 것은?(다툼이 있을 경우에는 판례에 의함)

① 영조물의 설치 또는 관리의 하자라 함은 영조물이 그 용도에 따라 통상 갖추어야 할 안전성을 갖추지 못한 상태에 있음을 말하는 것으로서, 영조물이 완전무결한 상태에 있지 아니하다고 하여 영조물의 설치 또는 관리에 하자가 있다고 단정할 수 없다.

② 가변차로에 설치된 두 개의 신호등에서 서로 모순되는 신호가 들어오는 오작동이 발생하였고 그 고장이 현재의 기술수준상 부득이한 것이라고 가정하더라도 그와 같은 사정만으로 손해발생의 예견가능성이나 회피가능성이 없어 영조물의 하자를 인정할 수 없는 경우라고 단정할 수 없다.

③ 소음 등 공해의 위험지역으로 이주하였을 때 위험의 존재를 인식하고 피해를 용인하면서 접근한 것으로 볼 수 있는 경우, 가해자의 면책을 인정할 수 있다.

④ 「국가배상법」 제5조 소정의 공공의 영조물이란 공유나 사유임을 불문하고 행정주체에 의하여 특정공공의 목적에 공여된 유체물 또는 물적 설비를 의미하므로, 사실상 군민의 통행에 제공되고 있던 도로 옆의 암벽으로부터 떨어진 낙석에 의해 사망하는 사고가 발생하였다면 사고지점 도로가 행정청에 의하여 노선 인정 기타 공용개시가 없었다고 해도 영조물이라 할 수 있다.

21

다음 중 행정상 손해배상에 대한 설명으로 옳지 <u>않은</u> 것은?

① 헌법 제29조는 공무원의 직무상 불법행위에 의한 배상에 대해 규정하고 있다.

② 근대국가가 성립될 당시의 일반적 입장은 원칙적으로 국가무책임 원칙이었다.

③ 재량의 하자가 부당에 그치는 경우에는 국가배상이 곤란하다.

④ 공무원의 직무행위 여부를 판단하는 기준은 객관적 외형보다 당해 공무원의 주관적 직무집행 의사와 실제 직무여부에 의한다.

22

다음 중 행정소송의 소송요건에 대한 설명으로 바르지 <u>않은</u> 것은?

① 제소기간 등의 소송요건을 갖추지 못한 소청구는 각하된다.

② 원고적격, 협의의 소익, 소송 대상적격으로서 처분성 여부는 행정소송의 소송요건이다.

③ 청구의 적법성 여부를 판단하는 것을 요건심리라 한다.

④ 소송요건은 불필요한 소송을 배제하여 법원의 부담을 경감하기 위하여 요구되는 것이므로, 당사자가 이를 주장 · 입증하여야 한다.

23

다음 중 당사자소송에 대한 설명으로 옳지 <u>않은</u> 것은?(다툼이 있을 경우에는 판례에 의함)

① 공무원연금관리공단이 공무원연금법령의 개정 사실과 퇴직연금 수급자가 퇴직연금 중 일부 금액의 지급정지대상자가 되었다는 사실의 통보와

그에 따라 일부 금액에 대하여 지급거부의 의사표시를 한 경우, 항고쟁송 대상인 처분에 해당한다.

② 고의 또는 중대한 과실 없이 당사자소송으로 제기하여야 할 것을 항고소송으로 잘못 제기한 경우에, 법원으로서는 원고가 당사자소송으로 소변경을 하도록 하여 심리 판단하여야 한다.

③ 「고용보험 및 산업재해보상보험의 보험료징수 등에 관한 법률」 제4조 등의 규정에 의하면, 사업주가 당연가입자가 되는 고용보험 및 산재보험에서 보험료 납부의무 부존재확인의 소는 공법상의 법률관계 자체를 다투는 소송으로서 공법상 당사자소송이다.

④ 지방자치단체가 보조금 지급결정을 하면서 일정 기한 내에 보조금을 반환하도록 하는 교부조건을 부가한 경우 「행정소송법」상 당사자소송의 대상이다.

24

다음 중 부작위법확인소송에 대한 설명으로 옳지 않은 것은?(다툼이 있을 경우에는 판례에 의함)

① 부작위법이 아닌 작위의무확인의 청구는 현행법제상 허용되고 있지 아니하다.

② 행정청에 대한 신청의 내용이 질서행정상의 것인지 복리 행정상의 것인지를 가리지 않으며, 비권력적 사실행위나 사경제적 계약의 체결요구 등도 포함된다.

③ 처분의 직접 상대방이 아닌 제3자라 하여도 원고적격이 인정될 수 있으며, 원칙적으로 제소기간은 제한이 없다.

④ 소 제기 후 판결 시까지 행정청이 그 신청에 대하여 적극 또는 소극의 처분을 함으로써 부작위 상태가 해소되면 소의 이익은 상실하게 되어 각하된다.

25

다음 중 「행정심판법」에 대한 설명으로 옳은 것은?

① '부작위'란 행정청이 법규상의 근거한 신청에 대하여 상당한 기간 내에 일정한 처분을 하여야 할 법령상 의무가 있는데도 처분을 하지 아니한 것만을 말한다.

② 청구의 변경은 서면으로 신청하여야 한다.

③ 재결은 피청구인인 행정청이나 행정심판위원회가 심판청구서를 받은 날부터 90일 이내에 하여야 하며, 부득이 한 경우에는 30일 연장할 수 있다.

④ 다수청구인이 공동으로 심판청구를 할 때에는 5명 이하의 선정대표자를 선정할 수 있다.

PART 07

2018년 기출(복원)문제

국어 · 경영학 · 행정법

국어

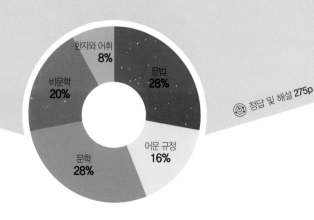

한자와 어휘 8%
문법 28%
비문학 20%
어문 규정 16%
문학 28%

◎ 정답 및 해설 275p

01

다음 중 띄어쓰기가 옳은 문장은?

① 새 일꾼이 일도 잘할뿐더러 성격도 좋다.
② 보잘것 없는 물건들은 갖다 버려야 되겠다.
③ 그러한 하잘것 없는 일에 마음 쓰지 마세요.
④ 적들은 아군의 물샐틈 없는 포위진에서 벗어날 길은 없었다.

02

다음 밑줄 친 어휘 중 감탄사가 <u>아닌</u> 것은?

① <u>어</u>, 이러다가 차 놓치겠다.
② <u>어머나</u>, 벌써 꽃이 피었네.
③ <u>청춘</u>, 이것은 듣기만 해도 가슴이 설레는 말이다.
④ <u>얘</u>, 이리 좀 오너라.

03

다음 중 문법에 어긋나지 <u>않는</u> 문장은?

① 그는 내가 지시하는 데로 행동에 옮겼다.

② 실패를 인정함으로서 더 큰 성공을 거둘 수 있다.
③ 그는 어떤 질문에도 일체 답하지 않았다.
④ 술을 마신 상태에서는 절대 운전을 해서는 안 된다.

04

다음 작품의 ㉠, ㉡에 들어갈 말이 바르게 연결된 것은?

한기태심(旱旣太甚)ᄒ야 시절(時節)이 다 느즌 제,
서주(西疇) 놉흔 논애 잠깐 긴 녈비예
도상(道上) 무원수(無源水)를 반만깐 딕혀 두고,
쇼 ᄒᆞᆫ 적 듀마 ᄒᆞ고 엄섬이 ᄒᆞᄂᆞ 말삼
친절(親切)호라 너긴 집의
돌 업슨 황혼의 (㉠) 다라가셔,
구디 다든 문(門)밧긔 어득히 혼자 셔셔
큰 기촘 아함이를 양구(良久)토록 ᄒᆞ온 후(後)에,
어와 긔 뉘신고 염치(廉恥) 업산 ᄂᆡᆸ노라.
초경(初更)도 거읜듸 긔 엇지 와 겨신고.
연년(年年)에 이러ᄒᆞ기 구차(苟且)ᄒᆞᆫ 줄 알건만는
쇼 업슨 궁가(窮家)애 혜염 만하 왓삽노라.
공ᄒᆞ나나 갑시나 주엄 즉도 ᄒᆞ다마는,
다만 어제 밤의 거넨집 져 사람이,

148

목 불근 수기 치(雉)를 옥지읍(玉脂泣)게 쑤어 닉고,
간 이근 삼해주(三亥酒)를 취(醉)토록 권(勸)ᄒ거든,
이러한 은혜(恩惠)를 어이 아니 갑흘넌고.
내일(來日)로 주마 ᄒ고 큰 언약(言約) ᄒ야거든,
실약(失約)이 미편(未便)ᄒ니 사셜이 어려왜라.
실위(實爲) 그러ᄒ면 혈마 어이홀고.
헌 먼덕 수기 스고 측 업슨 집신에 (㉡) 물너 오니,
풍채(風采) 저근 형용(形容)애 긔 즈칠 쑨이로다.

— 박인로, 〈누항사(陋巷詞)〉

	㉠	㉡
①	얼렁얼렁	허방지방
②	곰븨님븨	감숭감숭
③	허위허위	설피설피
④	허둥허둥	타박타박

05

다음 중 「훈몽자회(訓蒙字會)」에 대한 설명으로 옳지 않은 것은?

① 어린이들의 한자 학습을 위한 교습서로서, 최세진이 1527년에 편찬한 책이다.

② 모음의 수는 ㅏ, ㅑ, ㅓ, ㅕ, ㅗ, ㅛ, ㅜ, ㅠ, ㅡ, ㅣ, ㆍ(아래 아)의 11개로 규정하였다.

③ 초성에만 쓰이는 자음은 'ㅈ, ㅊ, ㅋ, ㅌ, ㅍ, ㅎ' 등의 6자다.

④ '언문자모(諺文字母)'는 훈민정음의 28자 중에서 'ㆆ'이 빠진 체계를 보여 준다.

06

의미 관계가 유사한 한자 성어와 속담의 연결로 적절하지 않은 것은?

① 동병상련(同病相憐) — 비렁뱅이가 하늘을 불쌍히 여긴다

② 마호체승(馬好替乘) — 역말도 갈아타면 낫다

③ 작학관보(雀學鸛步) — 뱁새가 황새를 따라가면 다리가 찢어진다

④ 외부내빈(外富內貧) — 난부자든거지

07

다음 〈보기〉의 조건에 해당하는 것은?

보기
㉠ 주어가 생물이 아닐 것
㉡ 이중 피동 표현을 사용하지 않기
㉢ 지나친 명사화 구성을 쓰지 않을 것

① 역사의 중요성을 강조하시던 선생님의 말씀이 아직도 잊혀지지 않는다.

② 한글이 과학적이고 독창적인 문자라고 하는 사실은 널리 알려져 있다.

③ 과학자들이 과학기술 부문과 관련된 경제사회의 제반 문제를 연구, 분석함으로써 과학기술 발전에 이바지하고 있다.

④ 대학축제는 전체 학생들이 참여하기 때문에 일체감을 이룰 수 있다.

[08~10] 다음 글을 읽고 물음에 답하라.

관계 내에 갈등이 발생할 때 무엇보다도 먼저 피해야 할 것이 성급한 판단이다. "저 사람 때문에 이런 문제가 발생했다.", "저 사람은 ㉠ <u>그 만한</u> 문제도 그냥 못 넘긴다." 또는 "우리 관계는 엉망이다."라는 식으로 결론부터 내려놓게 되면 서로에게 좋은 결론을 찾는다는 것은 애시당초 그른 일이다. 한쪽에서 판단부터 내려놓고 문제를 접근하게 되면 다른 쪽은 자신의 가치가 무시되었다고 느끼기 때문에 감정적으로 반응하게 되고 때로는 적대감까지 가지게 된다. 따라서 성급한 판단을 피하고 문제를 되도록 객관적인 방향으로 표현하여야 한다.

문제를 객관적으로 표현하기 위해서는 묘사적인 언어를 사용해야 한다. 묘사적인 언어란 상대방을 비난하거나 동기를 해석하지 않고 일어난 일을 그대로 기술하는 표현법을 가리킨다. 즉, 자신의 가치나 판단을 개입시키지 않는 표현법을 일컫는 것이다. 이를테면, 노사관계에서 사원복지의 문제로 갈등이 생겨났을 때 노조 측에서 "회사 측은 자기 이익밖에 모른다. ㉡ <u>쥐꼬리만</u> 한 월급만 던져 주면 그만이냐?"라고 한다면 이것은 극히 판단이 개입된 표현이다. 이런 말을 들으면 회사 측은 "너희들은 어떤가? 회사야 ㉢ <u>망하든말든</u> ㉣ <u>제이익만</u> 챙기지 않느냐?" 하는 식으로 나오게 되어 갈등은 심화되기 마련이다. 이럴 때는 "우리 회사의 사원복지는 다른 회사에 비하여 부족한 점이 많다."라는 식으로 객관적으로 묘사하는 것이 통합적 해결책을 찾기 위한 출발점이 된다.

08

밑줄 친 ㉠~㉣ 중 띄어쓰기가 옳은 것은?

① ㉠   ② ㉡

③ ㉢   ④ ㉣

09

윗글의 제목으로 가장 적절한 것은?

① 갈등의 유형
② 객관적인 표현
③ 언어 표현의 중요성
④ 갈등을 해소하기 위한 대응 전략

10

윗글의 주제로 옳은 것은?

① 갈등관계에서 문제를 객관적으로 바라볼 수 있어야 한다.
② 성급하게 판단하지 말고 묘사적인 언어를 사용해야 한다.
③ 말은 어떻게 표현하는가에 따라 전달효과가 다르게 나타난다.
④ 객관적으로 표현하기 위해서는 말의 중요성을 알아야 한다.

11

다음은 박경리의 『토지』에 등장하는 단어이다. 어휘의 뜻으로 옳지 않은 것은?

① 질정 없다 : 일 처리를 잘하여 뒤끝이 깨끗하다.
② 상글하다 : 눈과 입을 귀엽게 움직이며 소리 없이 보드랍게 웃다.
③ 부지하다 : 고생이나 어려움을 견디어 배기다.
④ 억실억실하다 : 얼굴 모양이나 생김새가 선이 굵고 시원시원하다.

12

다음 (가)~(라) 단락 중 뒤에 〈보기〉의 문장이 들어갈 알맞은 단락은?

(가) 우리가 매일 되풀이해 행하는 '습관'은 개개인의 인생행로를 결정하는, 가장 정신적이면서도 구체적인 기본 원리 중 하나이다. 다시 말해, 그것이 무엇이든 현재 가장 습관적으로 하는 일이 우리의 미래를 결정짓는다.

(나) 인생이 뜻대로 풀리지 않을 때마다 초조해하고, 다른 사람의 비판에 대해 공격적이거나 방어적인 자세를 취하며, 항상 자신이 옳다고 주장하거나, 불운한 상황을 실제보다 훨씬 더 비관적인 눈길로 바라보고, 인생이 위급 상황인 양 행동하는 습관에 젖어 있다면, 우리의 삶 역시 이러한 습관의 반영물이 되고 만다.

(다) 나는 인간은 연습을 통해 완벽해질 수 있으며, 그렇기 때문에 매일 매일의 습관에 주의를 기울여야 한다고 생각한다. 그렇다고 인생 전체를 원대한 계획으로 가득 채우고, 목표 달성을 향해 항상 자신을 질책해야 한다는 것은 아니다. 다만, 자신의 내적·외적 습관을 의식하는 것이 삶에 큰 도움이 된다는 것이다.

(라) 지금 어디에 관심을 쏟고 있는가? 어떻게 시간을 보내고 있는가? 자신이 정한 목표에 도움이 되는 습관을 개발하고 있는가? 자신이 기대해 온 인생이 실제 자신의 인생과 일치하는가? 스스로에게 이러한 질문을 던져 보고, 정직하게 대답하는 것만으로도 어떤 방법이 자신에게 가장 유용한지 결정하는데 도움이 된다.

보기
이 말을 다시 하자면, 실패하고 좌절하는 연습을 하기 때문에 결국 좌절하고 마는 것이다. 이와 마찬가지로, 연습을 통해서 자신에게 숨겨져 있는 연민과 인내력, 친절, 겸손, 그리고 평화라는 더없이 긍정적인 자질을 끌어낼 수도 있다.

① (가) ② (나)

③ (다) ④ (라)

13

다음 문장의 로마자 표기법으로 올바른 것은?

웃는 순간 어색함이 사라진다.

① unneun sungan eosaekami sarajinda.
② un-nun sungan eosaekhami sarajinda.
③ utneun sungan eosaekami sarajinda.
④ un-neun sungan eosaekhami sarajinda.

14

다음 중 비격식체 문장으로 옳은 것은?

① 사모님께서는 여전히 아름다우십니다.
② 그동안 고생 많이 하셨겠어요.
③ 어서 빨리 집으로 돌아가시오.
④ 나에게 수건 좀 가져다주게.

15

다음 〈보기〉 단어들의 발음이 바르게 나열된 것은?

보기
절약 - 몰상식한 - 낯설다 - 읊조리다

① [저략] - [몰쌍시칸] - [낟썰다] - [읍쪼리다]
② [절략] - [몰쌍식칸] - [낫썰다] - [읍조리다]
③ [저략] - [몰쌍식칸] - [낟썰다] - [읍쪼리다]
④ [절략] - [몰쌍식한] - [낫썰다] - [읍조리다]

16

다음 〈보기〉의 외래어 표기법과 예시가 바르게 연결된 것은?

보기

- ㉠ 원지음이 아닌 제3국의 발음으로 통용되고 있는 것은 관용을 따른다.
- ㉡ 일본의 인명과 지명은 과거와 현대의 구분 없이 일본어 표기법에 따라 표기하는 것을 원칙으로 하되, 필요한 경우 한자를 병기한다.
- ㉢ 중국 인명은 과거인과 현대인을 구분하여 과거인은 종전의 한자음대로 표기하고, 현대인은 원칙적으로 중국어 표기법에 따라 표기하되, 필요한 경우 한자를 병기한다.
- ㉣ 지명이 '산맥, 산, 강' 등의 뜻이 들어 있는 것은 '산맥, 산, 강' 등을 겹쳐 적는다.

① ㉠ : 앙카라(Ankara), 간디(Gandhi)
② ㉡ : 이등박문(伊藤博文), 풍신수길(豊臣秀吉)
③ ㉢ : 공쯔(孔子), 등소평(鄧小平)
④ ㉣ : 히말라야산맥(Himalaya山脈), 몽블랑산(Mont Blanc)

[17~19] 다음 글을 읽고 물음에 답하라.

울지마라
외로우니까 사람이다
살아간다는 것은 외로움을 견디는 것이다.
공연히 오지 않는 전화를 기다리지 마라
눈이 오면 눈길을 걸어가고
비가 오면 빗길을 걸어가라
갈대숲에서 가슴검은도요새도 너를 보고 있다
가끔은 하느님도 외로워서 눈물을 흘리신다
새들이 나뭇가지에 앉아 있는 것도 외로움 때문이고

내가 물가에 앉아 있는 것도 외로움 때문이다
산그림자도 외로워서 하루에 한 번씩 마을로 내려온다
종소리도 외로워서 울려퍼진다

― 정호승, 〈수선화에게〉

17

위 시에 대한 설명으로 적절하지 않은 것은?

① 여러 수사법을 사용하여 정서를 표현하고 있다.
② 직설적인 표현과 명령형을 적절히 구사하여 주제를 부각시키고 있다.
③ 화자가 청자에게 말을 건네는 형식으로 표현되어 있다.
④ 청유형과 풍유법을 사용하여 시적 화자의 정서를 강조하고 있다.

18

위 시에서 '너'가 지칭하는 것으로 옳은 것은?

① 눈   ② 비
③ 수선화   ④ 종소리

19

위 시의 주제로 옳은 것은?

① 삶의 근원적인 본질은 외로움이다.
② 인간 소외의 본질은 고독함이다.
③ 고독을 극복할 때 자유로운 존재가 된다.
④ 인간은 자연의 섭리에 순응하는 존재이다.

20

다음 글의 중심내용을 바르게 이해한 것은?

(가) 도대체 객관적인 역사적 사실의 인식은 가능한가? 여기에 대해서는 역사가들 사이에서도 회의적인 견해를 표명한 사람들이 있다. 그것은 현재 남아 있는 사료란 극히 제한된 범위의 것이고, 따라서 이를 통해서 진실을 밝히기가 힘들기 때문이다. 그러나 객관적 사실에 대한 인식의 가능성을 부인하는 것은 비단 역사에 대해서뿐만 아니라 인생 자체를 허무하게 만드는 결과를 가져오는 것이 아닐까? 기령 네거리의 신호등이 붉게 켜져 있는데, 그것이 푸르다고 보고 길을 건너는 경우와 마찬가지이다. 그 결과가 어떻게 될 것인지는 너무나 분명하다. 모든 일이 이와 같아서는 인간 생활의 뿌리가 흔들리고 말지 않을까? 그러면 어떻게 해야 가능하게 되는가?

(나) 그 첫째는 주관적인 선입견을 없애는 일이다. 인간의 인식 활동에서 주관을 전적으로 배제하기는 힘들 것이다. 그러나 주관을 배제하면 배제할수록 그만큼 진리는 앞으로 가까이 다가오게 될 것이다. 반대로 주관을 강하게 노출시키면 노출시킬수록 진리는 그에게서 멀어져 갈 것이다.

(다) 다음으로는 논리적인 사고에 충실하는 일이다. 객관적인 역사적 사실을 추구하는 데 있어서 논리의 비약은 어떤 주관적인 선입관 때문이고, 따라서 첫째 이유와 결국은 표리를 이루는 관계에 있긴 하다. 그러나 한편 논리적인 사고의 훈련은 주관의 개입을 최대한으로 막아줄 것이기 때문에 이 점은 역시 강조될 필요가 있다.

(라) 이같이 주관적인 선입견을 배제하고 논리적인 사고를 통하여 얻어진 객관적 사실은 역사를 이해하는 토대가 된다. 그러나 이러한 객관적 사실의 인식만으로써 역사를 이해하는 작업이 끝나는 것은 물론 아니다. 역사는 단순한 사실의 무더기만은 아니기 때문이다.

① 역사는 단순한 사실의 나열이 아니다.
② 역사에서 객관적 진리란 형체가 없는 것이다.
③ 선입견을 배제하고 논리적으로 사고해야 역사적 사실을 객관적으로 인식할 수 있다.
④ 역사적 사실에 대한 해석은 시대에 따라 달라질 수밖에 없다.

21

다음 글의 전개 방식으로 적절하지 않은 것은?

청소년 아르바이트는 보통 10대인 시간제근로자 혹은 그들이 하는 일을 말한다. 이를 둘러싼 부작용을 해소하고 바람직한 근로 환경을 마련하기 위해서는 이에 대한 규제가 필요하다.

그 근거로 첫째, 현재 청소년 근로 환경에서 청소년의 노동 인권이 심각하게 침해받고 있다. 고용주들은 청소년을 싼값에 부리고 손해가 나면 쉽게 해고한다. 또 지각을 하면 월급을 삭감하거나 사고 책임을 아르바이트생에게 전가하는 일도 비일비재하다. 이처럼 청소년 근로자들은 고용이나 임금 체불 문제 등에 무방비 상태로 노출되어 있다. 이런 상황에서 청소년들은 노동의 가치를 경험하기보다는 심각한 신체적, 정신적 상처에 시달릴 뿐이다. 따라서 청소년 아르바이트를 규제해야 한다.

둘째, 청소년들은 현재의 돈보다 미래를 준비하는 데 집중해야 한다. 바람직한 근로 경험을 통해 일에 대한 긍정적인 인식을 형성하고 진로에 도움이 되는 경험을 쌓는 것은 권장할 일이다. 그러나 현재 아르바이트를 하는 대부분의 청소년들은 유흥비나 용돈벌이를 위해 일하고 있으며 진로와 연계된 일을 하는 경우는 매우 적다. 오히려 현재 노동 환경은 정상적인 학교생활을 방해하고 있다. 늦게까지 아르바이트를 하고 다음 날 학교생활에 지장을 초래하는 것이 대부분이다. 이는 청소년이 학업에 집중하고 진로를 탐색하는 것을 방해하고 있다. 진로와 연계된 근로 경험의 토대가 마련되지 않은 상황에서 단기간 근로를 통해 돈을 벌어 소비하는 것에 머무는 현재의 청소년 아르바이트는 규제해야 한다.

① 개념에 대한 정의를 명확히 하고 있다.
② 주장의 요지를 먼저 밝힌 후 근거를 들고 있다.
③ 현상을 열거하여 실태의 심각성을 강조하고 있다.
④ 구체적인 통계치를 근거로 발언의 신뢰성을 확보하고 있다.

22

다음 글에 대한 설명으로 옳지 않은 것은?

온달(溫達)은 고구려 평강왕(平岡王) 때 사람이다. 얼굴은 웃음직하게 못났으나 마음씨는 고왔다. 집이 매우 가난하여 노상 밥을 빌어 모친을 봉양하며 해진 적삼에 헐어빠진 신발로 시정(市井) 사이를 왕래하니 사람들이 지목하여 '우온달(愚溫達)'이라고 하였다. 평강왕이 어린 딸아이가 울기를 좋아하니, 농담으로,

"네가 노상 울어서 내 귀를 시끄럽게 하니 자란 다음에도 반드시 사대부(士大夫)의 아내 노릇은 못 할 것이니 우온달에게 시집보내야 마땅하겠다." 하며 마냥 그렇게 말했다.

그녀의 나이 16세가 되자 상부(上部)의 고씨(高氏)에게 출가시키려고 하니 공주는 아뢰되,

"대왕님께서는 항상 말씀하시기를, '너는 반드시 온달의 아내가 될 것이다.'고 하셨는데 이제 와서 무슨 까닭으로 말씀을 고치십니까? 필부도 식언(食言)하지 않는데 하물며 지존(至尊)이 아니시옵니까. 그러므로 왕자(王者)는 농담이 없다 하였습니다. 지금 대왕의 명령은 그릇된 것이니 감히 받들지 못하겠습니다." 하였다. 왕은 노하며,

"네가 나의 명령을 복종하지 않으면 단연코 내 딸이 될 수 없다. 같이 살아서 무엇하느냐. 네 갈 대로 가라."고 하였다.

이에 공주는 값진 패물 수십 개를 팔목에 차고 궁중을 나와 혼자 가다가 길에서 한 사람을 만나 온달의 집을 물어 바로 그 집에 당도하여 앞 못 보는 늙은 어머니를 보고 앞에 가까이 가서 절하며 그 아들의 행방을 물으니 노모(老母)는 대답하되,

"우리 아들은 가난하고 추하여 귀인(貴人)이 가까이 할 인물이 못 됩니다. 지금 그대에게서 이상한 향내가 나고, 손을 만지니 솜같이 부드러우니, 반드시 천하의 귀인일 것이오. 누구의 꾐에 빠져 여기에 오게 되었소? 내 자식은 굶주림을 참지 못하여 산으로 느릅나무 껍질을 벗기러 간 지 오래인데, 아직 돌아오지 않았소." 하였다.

공주가 집을 나와 산 아래에 당도하여 온달이 느티나무 껍질을 지고 오는 것을 보고 그와 더불어 자신의 소회(所懷)를 말하니 온달은 성내며,

"이는 어린 여자의 행동이 아니다. 반드시 사람이 아니고 여우나 귀신일 것이니 나를 박해하지 말라."

하고 뒤도 돌아보지 않으며 바로 갔다. 공주는 홀로 돌아와 그 집 사립문 밖에서 자고 다음 날 아침에 다시 들어가 모자(母子)와 더불어 자세히 말을 하니 온달은 의아하여 결정을 못하고, 그 모친은,

"우리 아들이 지극히 천하여 귀인의 배필이 될 수 없고 우리 집이 지극히 가난하여 귀인의 살 곳이 못 되오."

하였다. 공주는 대답하되,

"옛 사람의 말에, '한 말 곡식도 방아 찧을 수 있고 한 자의 베도 재봉할 수 있다.'고 하였는데 어찌 반드시 부귀한 뒤에야만 같이 살 수 있겠습니까?

하고 가졌던 패물을 팔아 전택(田宅), 노비(奴婢), 우마(牛馬), 기물(器物)을 사들여 살림을 두루 갖췄다. 처음 말을 사들일 적에 공주는 온달에게,

"아무쪼록 상인의 말은 사지 말고 국마(國馬)가 병들고 여위어 버림을 당한 것만을 가려서 사오세요."

부탁하므로 온달은 그의 말대로 하니 공주는 착실히 사육하여 그 말이 날로 살찌고 장대하여졌다. 고구려가 항상 봄 3월 3일에 낙랑벌에 모여 사냥하고 잡힌 그 돼지, 사슴으로 하늘 및 산천의 신에게 제사하므로 그 날이 되면 왕이 사냥 나오고 여러 신하 및 5부의 병정이 다 따르게 된다. 이때 온

달은 자기가 기른 말을 타고 수행하는데 그 말의 달림이 항상 다른 말보다 앞서고 잡은 것도 많아 다른 사람은 그와 같이 하는 자가 없으므로 왕은 불러 오라 하여 성명을 묻고 놀라며 특이하게 여겼다. 때마침 후주 무제(後周武帝)가 군사를 출동하여 요동(遼東)을 치니, 왕은 군사를 거느리고 배산(拜山)의 들에서 마주쳐 싸우는데 온달이 선봉이 되어 날랜 격투로 적군 수십여 명을 베니 모든 군사가 승세를 타서 들이쳐 크게 이겼다. 공을 논할 적에 온달로써 제일이라 하지 않는 자 없으므로 왕은 감탄하며,

"너는 내 사위다." 하고 예를 갖추어 맞아들인 다음 벼슬을 내려 대형(大兄)으로 삼으니 이로 인해 은총과 영화가 더욱 거룩하고 위엄과 권세가 날로 성하였다. 영양왕(嬰陽王)이 즉위하자 온달은 아뢰기를,

"신라가 우리 한강 이북의 땅을 짜개서 저희들의 군현(郡縣)을 만들었으므로 백성이 원통히 여겨 항상 조국을 잊지 않고 있으니 원컨대 대왕은 저더러 어리석다 마시고 군사를 내주시면 한번 걸음에 반드시 우리 땅을 되찾겠습니다."고 하니 왕은 허락하였다. 온달은 출전할 적에 맹세하되,

"계립현(鷄立峴), 죽령(竹嶺)의 서편 땅을 찾지 못하면 돌아오지 않겠다." 하고 드디어 길을 떠나 신라군과 아단성(阿旦城) 아래서 싸우다가 유시(流矢)에 맞아 길에서 죽었다. 그를 장사하려 하는데 관이 움직이지 않으므로 공주가 와서 관을 어루만지며,

"죽고 삶이 결정났으니 아! 돌아갈지어다." 하니 드디어 관이 들려서 장사하였다. 대왕은 듣고 애통하였다.

① 백제 '무왕설화'와 모티브가 유사하다.
② 「삼국유사(三國遺事)」의 「기이(紀異)」편에 실린 작품이다.
③ 설화적인 줄거리를 전(傳)의 형식에 담았다.
④ 역사적인 인물과 전래 설화가 결합된 역사 설화이다.

23

다음 빈칸 안에 들어갈 격 조사가 순서대로 바르게 연결된 것은?

> 奉天討罪( )실씩 四方諸侯( ) 몯더니 聖化(성화)ㅣ 오라샤 西夷(서이) 쪼 모드니
>
> – 〈용비어천가 9장〉

① 이 – ㅣ   ② ㅣ – 이
③ 생략 – ㅣ   ④ ㅣ – ㅣ

[24~25] 다음 글을 읽고 물음에 답하시오.

옛날 이 ㉠ 원소가 생기기 전에, 이 터에는 장자 첨지가 수없는 종들과 전지와 살진 가축들을 가지고 살았다는 것이다. 그런데 그 첨지는 하도 인색하여서, 연년이 추수하는 곡식을 미처 먹지 못하고 곡간에서 푹푹 썩어 내도 근처 어려운 사람들을 구제할 생각은 고사하고, 어쩌다 걸인이 밥 한 술을 구걸하여도 그것이 아까워서는 대문을 닫아 걸고 끼니도 끓여 먹었다는 것이다.

그런데 마침 몇 해를 거푸 흉년이 들어서 이 동네 사람들이 모두 굶어 죽게 되었을 때 그들은 하루에도 몇 번씩 장자 첨지에게 애걸을 하였다. 그러나 첨지는 들은 체도 하지 않고 오히려 그들을 나무라고 문간에도 들이지 않았다는 것이다.

그러므로 그들은 하는 수 없이 몰래 작정을 하여 가지고 밤중에 장자 첨지네 집을 급습하여 쌀과 살진 짐승들을 끌어냈다는 것이다. 이런 일이 있은 후 며칠 만에 장자 첨지는 관가에 고소장을 들여 이 근처 농민들을 모두 잡아가게 하였다. 그래서 무수한 악형을 하고 혹은 죽이고 그나마는 멀리 쫓아버렸다는 것이다.

아버지, 어머니 혹은 아들, 딸을 잃어버린 이 동네 노인이며 어린 것들은 목이 터지도록 아버지,

어머니를 부르며 혹은 아들과 딸을 찾으며 장자 첨지네 마당가를 떠나지 않고 울었다는 것이다.

그래서 울고 울고 또 울어서 그 눈물이 고이고 고이고 고이어서 마침내는 장자 첨지네 고래잔등 같은 기와집이 하룻밤 새에 큰 못으로 변하였다는 것이다. 그 못이 바로 즉, 내려다보이는 저 푸른 못이다.

24

윗글이 전설이라는 증거를 알 수 있는 것은?

① 옛날 이 원소가 생기기 전에, 이 터에는 장자 첨지가 수 없는 종들과 전지와 살진 가축들을 가지고 살았다는 것이다.

② 몇 해를 거푸 흉년이 들어서 이 동네 사람들이 모두 굶어 죽게 되었을 때 그들은 하루에도 몇 번씩 장자 첨지에게 애걸을 하였다.

③ 무수한 악형을 하고 혹은 죽이고 그나마는 멀리 쫓아버렸다는 것이다.

④ 장자 첨지네 고래잔등 같은 기와집이 하룻밤 새에 큰 못으로 변하였다는 것이다. 그 못이 바로 즉, 내려다보이는 저 푸른 못이다.

25

밑줄 친 ㉠을 한자로 바르게 표기한 것은?

① 苑沼　　　　② 怨沼
③ 原沼　　　　④ 元沼

경영학

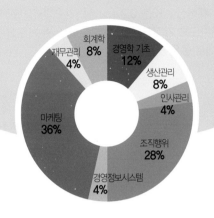

회계학 8%
경영학 기초 12%
재무관리 4%
생산관리 8%
인사관리 4%
마케팅 36%
조직행위 28%
경영정보시스템 4%

◎ 정답 및 해설 278p

01

회계정보의 질적 특성 중 신뢰성의 특성에 해당하지 않는 것은?

① 적시성
② 표현의 충실성
③ 중립성
④ 검증가능성

02

재무제표에 관한 다음 설명으로 옳은 것으로만 묶인 것은?

ㄱ. (자기자본비율)$=\dfrac{(자본)}{(총부채)}$

ㄴ. (주당순이익)$=\dfrac{(당기순이익)}{(주식수)}$

ㄷ. (부채비율)$=\dfrac{(유동부채)+(비유동부채)}{(자기자본)}$

ㄹ. (총자산회전율)$=\dfrac{(매출액)}{(평균총자산)}$

ㅁ. (주가수익률)$=\dfrac{(우선주1주당주가)}{(주당순이익)}$

① ㄱ, ㄹ, ㅁ
② ㄴ, ㄷ, ㄹ
③ ㄱ, ㄴ, ㅁ
④ ㄴ, ㄹ, ㅁ

03

경영자에 관한 다음 설명으로 옳지 않은 것은?

① 일선경영자는 현장실무능력이 요구된다.
② 최고경영자는 주로 기업의 전반적인 계획업무에 집중한다.
③ 직능경영자는 재무, 회계, 인사 중에 특정 부서만 전담한다.
④ 전문경영자는 소유경영자의 자산을 늘리기 위해 고용된 대리인이다.

04

노조가입과 상관없이 조합원과 비조합원 중 임의로 채용 가능한 제도로 옳은 것은?

① 유니온숍
② 클로즈드숍
③ 에이전시숍
④ 오픈숍

PART 07 2018

157

05

제품의 현재가격은 1,000원이고, 웨버상수(K)는 0.2 이다. 소비자가 차이를 느끼지 못하도록 가격인상을 최대화하고자 할 때 가능한 가격대로 옳은 것은?

① 현재가격<1,100원

② 1,100≦현재가격<1,200원

③ 1,200원≦현재가격<1,300원

④ 1,300원≦현재가격<1,400원

06

핵크만(Hackman) · 올드햄(Oldham)의 직무특성이론 중 직무에 대한 의미감과 관련 있는 요소로 옳지 않은 것은?

① 기술다양성   ② 자율성

③ 직무중요성   ④ 직무정체성

07

대안평가 방식 중 TV를 구매할 때 특정 속성의 값을 우선으로 하여 선택하는 방법인 것은?

① 순차적 제거식   ② 분리식

③ 사전편집식   ④ 결합식

08

동기부여이론에 관한 다음 설명으로 옳은 것은?

① 매슬로(Maslow)는 욕구를 '생리적 욕구 – 애정과 공감의 욕구 – 안전의 욕구 – 존경의 욕구 – 자아실현의 욕구'로 구분했다.

② 앨더퍼(Alderfer)의 ERG이론에선 현재욕구가 좌절되면 상위욕구가 증가한다.

③ 맥클리랜드(McClelland)는 3가지 욕구 중 성취 욕구를 가장 중요시했다.

④ 허즈버그(Herzberg)의 2요인이론에 따르면 임금은 동기요인에 해당한다.

09

수직적 통합에 관한 다음 설명 중 옳지 않은 것은?

① 자동차 부품업체가 자동차 제조업체를 통합하면 수직적 전방통합이다.

② 수직적 통합은 자원을 분산시켜 전문성이 감소된다.

③ 수직적 통합 시 관리에 유연성이 증가한다.

④ 수직적 통합은 제품의 생산과정상이나 유통경로상에서 공급자나 수요자를 통합하는 전략이다.

10

브랜드에 관한 다음 설명 중 옳지 않은 것은?

① 구체적 이미지의 브랜드가 추상적 이미지의 브랜드보다 확장 범위가 넓다.

② 복수브랜드는 동일 제품범주 내에서 여러 개의 브랜드를 사용하는 전략이다.

③ 카테고리 확장은 기존 브랜드와 다른 제품범주에 속하는 신제품에 기존 브랜드를 사용하는 전략이다.

④ 라인 확장은 기존 제품범주에 속하는 신제품에 그 브랜드명을 그대로 사용하는 전략이다.

11

제품수명주기에서 성숙기에 관한 설명 중 옳지 않은 것은?

① 매출이 점점 증가한다.

② 경쟁 기업은 가격 제품을 인하한다.

③ 광고 지출이 많다.

④ 연구개발비 지출이 증가한다.

12

0이 절대적인 값을 갖는 척도로 옳은 것은?

① 명목척도

② 비율척도

③ 서열척도

④ 등간척도

13

냉장고 1대를 만드는 데 제조원가가 210만 원이고, 매출총이익률이 30%일 때 냉장고 1대의 가격으로 옳은 것은?

① 280만 원

② 290만 원

③ 300만 원

④ 310만 원

14

마케팅 전략에 관한 다음 설명 중 옳지 않은 것은?

① 기존 제품으로 새로운 시장에 진출하는 경우를 시장개발 전략이라 한다.

② 의류업체가 의류뿐만 아니라 액세서리, 가방, 신발 등을 판매하는 경우를 제품개발 전략이라 한다.

③ 호텔이 여행사를 운영하는 경우를 관련다각화 전략이라 한다.

④ 아기비누를 피부가 민감한 성인에게 파는 경우를 시장침투 전략이라 한다.

15

복제 가능한 범위의 경제효과가 아닌 것은?

① 위험 감소

② 세금 혜택

③ 종업원 보상

④ 시장지배력

16

피셔·유리의 협상갈등해결 전략에 관한 다음 설명 중 옳지 않은 것은?

① 사람과 문제를 분리시킨다.

② 상호 이익이 되는 옵션을 개발한다.

③ 상황보다 이익에 초점을 둔다.

④ 객관적 기준을 사용할 것을 주장한다.

17

근무시간제도에 관한 다음 설명 중 옳지 않은 것은?

① 탄력근무제는 회사의 요구로 실시되며 회사의 상황이 급할 때 유용하다.

② 유연시간근무제는 일정관리 조정에 편리하다.

③ 선택시간제는 회의시간 일정을 맞추기가 어렵다.

④ 교대근무제는 생활패턴이 혼란스러워질 수 있다.

18

소프트웨어를 개발할 때 관리방법에 관한 다음 설명 중 옳지 않은 것은?

① 폭포수 이론은 자원의 순차적 배분을 의미한다.

② 애자일 이론은 반복·점진 방식으로 요구사항 개발과 변경을 지속적으로 받아들인다.

③ 폭포수 이론은 높은 유연성과 적은 비용이라는 장점을 가지고 있다.

④ 애자일 이론에서 일정 기간 단위를 반복하는 것을 이터레이션이라 한다.

19

신뢰성 검사방식에 관한 다음 설명 중 옳지 <u>않은</u> 것은?

① 실시 - 재실시 검사는 동일 대상에게 동일한 시험을 시간차를 두고 재실시하는 것이다.

② 양분법은 하나의 검사를 양쪽으로 나누어 측정하는 것이다.

③ 대체형식법은 같은 시험을 다시 실시하는 것이다.

④ 복수양식법은 대등한 둘 이상의 측정도구로 동일 대상을 검사하는 것이다.

20

인력자원 예측 접근법에 관한 다음 설명 중 옳지 않은 것은?

① 인적자원 조절은 인력 수급이 같지 않을 때 수요와 공급이 시행된다.

② 델파이 기법은 회귀식을 만든다.

③ 마코브 분석은 인적자원의 공급량 예측 기법이다.

④ 하향적 접근법은 상위계층 주도하에 인력수요를 예측하는 접근법이다.

21

산업재에서 가장 많이 활용되는 마케팅 방법은?

① 판매촉진　　　　　② 광고
③ 홍보(PR)　　　　　④ 인적판매

22

소비자를 대상으로 하는 판매촉진에 해당하지 <u>않는</u> 것은?

① 현금 환급　　　　　② 샘플 제공
③ 푸시 지원금　　　　④ 프리미엄

23

면도기를 저렴한 가격으로 설정하고 면도날을 비싼 가격으로 설정하는 가격결정 전략은?

① 결합제품 가격결정

② 부산물 가격결정

③ 선택사양제품 가격결정

④ 묶음제품 가격결정

24

인사고과자가 피고과자를 평가할 때 다른 사람이나 자신과 비교하여 평가하는 오류는?

① 대비효과　　　　　② 투사효과
③ 후광효과　　　　　④ 상동적 태도

25

허즈버그(Herzberg)의 동기 이론에 관한 다음 설명 중 옳지 않은 것은?

① 동기 이론에서 개인의 행동은 학습을 통해 배운 동기와 행동경향에 의해 형성된다고 본다.

② 2차적 동인은 학습된 이론이다.

③ 동인은 욕구의 결핍 정도의 영향만 받는다.

④ 일반적 동인은 1차적 동인과 2차적 동인 사이에서 학습된 이론이다.

행정법

행정구제법 28%
행정법통론 24%
행정법상의 의무이행확보수단 8%
행정작용법 40%

◎ 정답 및 해설 283p

01

다음 중 우리나라에서 통치행위로 인정되어진 것은?

① 남북정상회담을 위한 대북송금행위
② 외국에의 국군의 파병결정
③ 대통령의 서훈취소결정
④ 국헌문란 목적의 계엄선포의 확대

02

다음 중 행정법의 일반원칙에 대한 설명으로 바르지 않은 것은?(다툼이 있을 경우에는 판례에 의함)

① 신뢰보호의 선행조치인 공적 견해를 판단하는 기준은 형식적 권한분장에 의한다.
② 과잉금지원칙은 「행정절차법」에 행정지도원칙으로 규정되어 있다.
③ 자기구속의 법리는 평등이나 신뢰보호를 근거로 한다.
④ 부당결부금지원칙을 위반한 행위는 주로 취소사유가 된다.

03

행정법 관계의 특징 중 확정력(존속력)에 대한 설명으로 바르지 않은 것은?

① 불가쟁력이 발생하면 불가변력이 발생한다.
② 불가쟁력 발생 이후에도 손해배상을 청구할 수 있다.
③ 불가쟁력 발생 이후에도 행정청은 직권으로 취소할 수 있다.
④ 불가쟁력은 불가변력과 달리 원칙적으로 무효가 아닌 한 모든 처분에 인정된다.

04

자기완결적 신고에 대한 설명으로 바르게 기술되지 않은 것은?

① 법이 정한 요건을 갖춘 경우에는 신고서가 접수기관에 도달된 때에 신고의 의무가 이행된 것으로 본다.
② 적법한 신고가 있는 경우 법령이 정하지 아니한 사유를 들어 신고수리를 거부할 수 없다.
③ 담당공무원이 법령에 규정되지 아니한 다른 사유를 들어 그 신고를 수리하지 아니하고 반려하였다고 하더라도, 그 신고서가 제출된 때에 신

고가 있었다고 본다.

④ 신고 없이 이루어진 행위라도 과태료부과 대상이 될 수 없다.

05

다음 중 사인의 공법행위에 관한 설명으로 바르지 <u>않은</u> 것은?(다툼이 있을 경우에는 판례에 의함)

① 사직원 제출이 항거할 수 없는 강박에 따른 것이라면 사직원 제출은 무효이다.

② 진의 아닌 의사에 의하여 전역지원서를 제출한 것이라면 「민법」 제107조 제1항의 규정에 의해 지원서 제출은 무효이다.

③ 사인의 공법행위는 일반적으로 부관을 붙일 수 없다.

④ 사인의 공법행위도 원칙적으로 행위능력이나 의사능력을 요한다.

06

다음은 행정입법에 대한 설명이다. 바르게 기술되지 <u>않은</u> 것은?(다툼이 있을 경우에는 판례에 의함)

① 행정주체가 정하는 구체적·개별적 규범으로 처분성이 인정된다.

② 판례는 조례가 집행행위에 매개 없이 그 자체로서 직접 국민의 권익에 영향을 미치는 경우에 처분성을 인정한다.

③ 위임명령의 경우에 위임의 범위는 구체적으로 정해져야하며 일반적·포괄적 위임은 위헌이다.

④ 법률의 위임에 의해 제정된 법규명령이라도 그 법률의 개정으로 위임 근거가 없어진 후에는 무효인 법규명령이 된다.

07

다음 중 행정규칙에 대한 설명으로 바르게 기술된 것은?(다툼이 있을 경우에는 판례에 의함)

① 구 「청소년보호법」 제49조 제1항, 제2항에 따른 동법 시행령 제40조 [별규6]의 '위반행위의 종별에 따른 과징금 처분기준'은 법규명령이고 확정액을 규정한 것이다.

② 고시 또는 공고의 법적 성질은 일률적으로 판단될 것이 아니라 고시에 담겨진 내용에 따라 구체적인 경우마다 달리 결정된다고 보아야 한다.

③ 상위법령에서 세부사항 등을 시행규칙으로 정하도록 위임하였지만 이를 고시 등 행정규칙으로 정한 경우 고시는 상위법과 결합하여 대외적 구속력을 가지는 법규명령으로서 효력을 갖는다.

④ 법령보충규칙은 상위법령과 결합하지 않더라도 그 자체로서 직접적인 대외적 구속력을 갖는다.

08

소위 북한민원제도인 인·허가의제제도에 관한 다음의 설명으로 바르지 <u>않은</u> 것은?

① 인·허가가 의제되는 건축신고는 행정청 간 실체적 심사를 통해 수리를 하여야 하는 '수리를 필요로 하는 신고'이다.

② 인·허가의제제도는 민원인의 편의를 위한 제도로서 법적 근거 없이 가능하다.

③ 인·허가의제제도의 경우에는 관계 행정청 간의 협의가 필요하다.

④ 의제되어지는 인·허가를 이유로 주된 인·허가가 거부되는 경우에 소송대상은 주된 인·허가의 거부가 된다.

09

다음 중 행정행위의 부관에 대한 설명으로 바르지 않은 것은?(다툼이 있는 경우에는 판례에 의함)

① 성질상 부당하게 짧은 기한은 허가조건의 존속 기간이다.

② 부담을 제외하고는 부관만의 독립쟁송은 허용되지 않는다.

③ 기속행위에 부관을 붙이면 취소사유에 해당한다.

④ 부관의 사후변경은 사정변경으로 인하여 당초에 그 목적달성에 필요한 범위 내에서 예외적으로 허용된다.

10

다음 중 하자의 승계가 인정되는 것은?(다툼이 있는 경우에는 판례에 의함)

① 개별공시지가 – 과세처분

② 직위해제처분 – 징계처분

③ 종전 상이등급 결정 – 상이등급 개정 여부에 관한 결정

④ 도시·군계획시설 결정 – 실시계획인가

11

다음 중 행정행위의 취소와 철회에 대한 설명으로 바르지 않은 것은?(다툼이 있는 경우에는 판례에 의함)

① 철회는 처분청에 의해 이루어지고 법령에 특별한 규정이 없는 한 감독청은 철회에 대한 권한이 없다.

② 철회는 주로 손해배상이 문제가 되고, 취소는 손실보상이 문제가 된다.

③ 취소나 철회는 그 대상이 수익적 처분인 경우에

도 법적 근거 없이 가능하다.

④ 취소나 철회는 그 대상이 수익적 처분인 경우에는 신뢰 보호나 과잉금지원칙 등에 의해 제한될 수 있다.

12

행정지도에 대한 내용 중 옳지 않은 것은?(다툼이 있는 경우에는 판례에 의함)

① 행정지도는 비권력적 사실행위로서 법적 근거 없이 가능하다.

② 행정지도는 일정한 경우에 헌법소원대상이 된다.

③ 행정지도가 강제성을 띠지 않은 비권력적 작용으로서 권한 범위 내에서 한계를 일탈하지 아니하였다고 해도, 그로 인하여 상대방에게 어떤 손해가 발생하였다면 손해배상책임이 있다.

④ 세무당국이 소외 회사에 대하여 원고와의 주류 거래를 일정기간 중지하여 줄 것을 요청한 행위는 항고소송의 대상이 될 수 없다.

13

행정계획에 대한 설명으로 바르게 기술되지 않은 것은?(다툼이 있는 경우에는 판례에 의함)

① 대법원은 행정주체가 구체적인 행정계획을 입안·결정함에 있어서 비교적 광범위한 형성의 자유를 가진다고 한다.

② 행정계획의 법적 성질에 관하여 여러 가지 견해가 대립하고 있으나, 행정계획은 다양한 형태와 내용을 포함하고 있으므로 그 법적 성질을 일률적으로 말하기는 어렵다.

③ 비구속적 행정계획안이라도 국민의 기본권에 직

접적으로 영향을 끼치고 앞으로 법령의 뒷받침에 의하여 그대로 실시될 것이 틀림없을 것으로 예상되는 경우에는 예외적으로 헌법소원의 대상이 될 수 있다.

④ 도시계획구역 내 토지 등을 소유하고 있는 주민이라도 도시계획입안권자에게 도시계획의 입안을 요구할 수 있는 법규상·조리상 신청권은 없다.

14

행정정보공개제도에 대한 설명으로 바르게 기술되지 <u>않은</u> 것은?

① 모든 국민은 정보공개청구권이 있다.

② 정보공개를 청구하여 거부가 있었다면 그 자체로서 행정소송을 청구할 수 있는 법률상 이익이 있다.

③ 이미 공개되어 인터넷 등의 검색으로도 알 수 있는 정보라도 정보공개를 청구할 수 있고 이에 대한 거부는 항고 소송대상이 된다.

④ 공공기관의 정보공개 신청에 대한 거부에 취소소송을 통해 인용이 확정되었음에도 공공기관이 정보를 공개하지 않아도 「행정소송법」상의 간접강제는 될 수 없다.

15

행정대집행에 대한 설명으로 바르게 기술되지 <u>않은</u> 것은?

① 철거하명과 대집행 계고는 1장으로 동시에 가능하다는 것이 대법원의 입장이다.

② 대집행 절차에서 계고는 법률행위적 행정행위로서 하명에 해당한다.

③ 대집행요건이 충족된 경우에 대집행 여부는 재량이다.

④ 대집행비용은 의무자로부터 징수한다.

16

다음 중 「건축법」상 이행강제금에 대한 설명으로 바르게 기술되지 <u>않은</u> 것은?(다툼이 있는 경우에는 판례에 의함)

① 이행강제금은 의무가 불이행이 계속되고 있다면 반복적으로 부과할 수 있다.

② 이행강제금은 대체적 작위의무의 불이행 시에도 부과할 수 있다.

③ 이행강제금에 대한 일반적 규정은 없다.

④ 「건축법」상 이행강제금에 불복하는 경우에는 「비송사건절차법」상 구제절차에 의한다.

17

다음 중 「행정절차법」상 청문을 실시하지 않아도 되는 경우에 해당하는 것은?

① 다른 법령 등에서 청문을 하도록 규정하고 있는 경우

② 인허가 등의 취소처분 시 의견제출기한 내에 당사자 등의 신청이 있는 경우

③ 행정청이 필요하다고 인정하는 경우

④ 당사자가 의견진술의 기회를 포기한다는 뜻을 명백히 표시한 경우

18

다음 중 「행정절차법」상의 사전통지와 의견청취에 대한 설명으로 거리가 먼 것은?(다툼이 있는 경우에는 판례에 의함)

① 특별한 사정이 없는 한 신청에 대한 거부처분은 사전통지대상이 되지 않는다.

② 군인사법령에 의하여 진급예정자명단에 포함된 자에 대하여 의견제출의 기회를 부여하지 아니한 채 진급선발을 취소하는 처분은 절차상 하자가 있어 위법하다.

③ 공사중지명령에 대한 사전통지를 하게 되면, 많은 보상금을 기대하고 공사를 강행할 우려가 있다면 사전통지나 의견청취는 배제할 수 있다.

④ 도로구역변경결정고시는 의견청취절차를 배제하여도 위법이라 할 수 없다.

19

「국가배상법」 제5조에 대한 설명이다. 바르게 기술되지 않은 것은?(다툼이 있는 경우에는 판례에 의함)

① 「국가배상법」 제5조는 점유자 면책규정을 두고 있다.

② 영조물의 설치나 관리상의 하자를 판단함에 있어 원칙적으로 관리자의 고의나 과실은 고려하지 않는다.

③ 영조물의 설치 · 관리자나 비용부담자가 서로 다른 경우에 피해자는 선택적으로 청구할 수 있다.

④ 영조물의 하자를 판단함에 있어 영조물의 완벽성 결여가 기준인 것은 아니다.

20

손실보상에 관한 다음 설명 중 옳지 않은 것은?

① 이주대책은 생활보상의 일환으로서 국가의 정책적 배려에 해당되며 입법자의 입법재량이다.

② 사업시행자에게 이주대책의 수립 · 실시의무를 부과하고 있으면 이주자는 수분양권이 발생하는 것이고 사업시행자의 확인 · 결정을 요하는 것은 아니다.

③ 잔여지 수용청구를 받아들이지 않은 토지수용위원회의 재결에 대하여 토지소유자가 불복하여 제기하는 소송은 '보상금의 증감에 관한 소송'에 해당하며 사업시행자를 피고로 하여야 한다.

④ 공익사업의 시행자는 법정이주대책대상자를 포함하여 그 밖의 이해관계인에게까지 대상자를 넓혀 이주대책 수립 등을 시행할 수 있다.

21

행정심판에 있어서 행정심판위원회는 심판청구가 이유 있다고 인정하는 경우에도 이를 인용(認容)하는 것이 공공복리에 크게 위배하는 경우 기각을 할 수 있는데 이는 무엇인가?

① 사정재결   ② 인용재결

③ 각하재결   ④ 기각재결

22

행정심판의 재결의 효력에 대한 내용이 바르게 연결되지 않은 것은?

① 불가변력 : 재결을 한 행정심판위원회는 스스로 변경이나 철회 등을 할 수 없는 효력이다.

② 형성력 : 사정재결 등에 인정되는 효력이다.

③ 직접 강제력 : 거부처분이나 부작위의 의무이행
심판에서 인정되는 효력이다.

④ 기속력 : 기각재결에는 인정되지 않는 효력이다.

23

다음 중 대법원에 의하면 항고소송 대상인 처분에 해당하는 것은?

① 토지대장의 직권말소

② 한국마사회의 조교사 또는 기수면허부여

③ 「병역법」상의 신체등위판정

④ 수도권매립지관리공사의 부정당업자의 제재적 행위로서 입찰참가자격 제한 조치

24

다음 중 공무원과 관련된 내용으로 바르지 않은 것은?(다툼이 있는 경우에는 판례에 의함)

① 행정규칙에 의한 불문경고조치는 징계처분도 아니고 항고소송 대상인 처분도 아니다.

② 교통법규 위반 운전자로부터 1만 원을 받은 경찰공무원을 해임처분한 것은 징계재량권의 일탈·남용이 아니다.

③ 공무원이 되기 전의 뇌물공여행위가 공무원으로서의 위신 또는 체면을 손상시켰다는 것을 사유로 한 징계처분은 위법하지 않다.

④ 결격자에 대한 임용은 국가의 과실로 그를 밝혀내지 못하였다고 해도 무효이다.

25

다음은 공물에 대한 설명이다. 바르지 않은 것은?(다툼이 있는 경우에는 판례에 의함)

① 행정재산의 매매는 그것이 관재당국의 착오에 의해 이루어진 것이라도 무효에 해당한다.

② 공물에 대한 공용폐지는 적법한 의사표시가 있어야 하는 것이지 본래 용도에 제공되지 않았다고 하여 공용폐지의 의사가 표시된 것이라 할 수 없다.

③ 도로점용에 대한 특별사용은 독점적·배타적 성질만 갖는다.

④ 행정청의 국유재산무단점유자에 대한 변상금부과행위는 항고쟁송대상인 처분이며 공법관계에 해당된다.

PART 08

2017년 기출(복원)문제

국어 · 경영학 · 행정법

국어

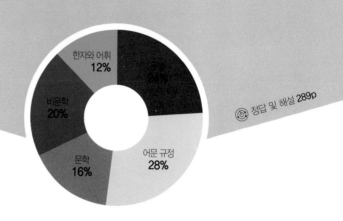

한자와 어휘
12%

비문학
20%

문학
16%

어문 규정
28%

◎ 정답 및 해설 289p

01

다음 〈보기〉 중 맞춤법이 옳은 것은?

보기

  ㉠ 새벽녘부터 비가 내리기 시작했다.
  ㉡ 내가 짐작컨대 그는 장차 크게 될 아이다.
  ㉢ 잠시 눈을 부치고 나니 피로가 풀렸다.
  ㉣ 넉넉지 못한 선물이지만 받아 주기 바랍니다.

① ㉠, ㉡, ㉢, ㉣   ② ㉠, ㉡, ㉢
③ ㉠, ㉢, ㉣   ④ ㉠, ㉣

02

다음 〈보기〉의 글에 대한 설명으로 옳지 <u>않은</u> 것은?

보기

불휘 기픈 남ᄀᆞᆫ ᄇᆞᄅᆞ매 아니 뮐씨 곶 됴코 여름 하ᄂᆞ니
시미 기픈 므른 ᄀᆞ므래 아니 그츨씨 내히 이러 바ᄅᆞ래 가ᄂᆞ니

– 〈용비어천가 2장〉

① 경기체가(景幾體歌)의 대표작이다.
② '남ᄀᆞᆫ'과 '시미'는 조선을, 'ᄇᆞᄅᆞ매', 'ᄀᆞ므래'는 내우외환(內憂外患)을 상징한다.

③ '여름 하ᄂᆞ니'는 '열매가 많다'는 뜻이다.
④ '내히 이러'는 '냇물이 모여 흐른다'는 뜻이다.

03

다음 중 띄어쓰기가 옳게 된 문장은?

① 그것 밖에 방법이 없다.
② 하연이는 예쁜데다가 마음씨도 곱다.
③ 비 오는데도 축구하고 있다.
④ 지금 시작하는 게 좋을텐데.

04

다음 글의 밑줄 친 ㉠~㉣에 대한 설명으로 적절하지 <u>않은</u> 것은?

  처음에는 바람 속에서 판득판득하던 불이 삽시간에 그 산 같은 보릿짚 더미에 붙었다.
  "휘쓰(불이야)!" 하는 고함과 함께 사람의 소리는 요란하였다. 모진 바람에 하늘하늘 일어서는 불길은 어느새 보릿짚 더미를 살라 버리고 울타리를 살라 버리고 울타리 안에 있는 집에 옮았다.

"푸우 우루루루루루 쏴아......"

동풍이 몹시 일면은 불기둥은 서편으로, 서풍이 몹시 부는 때면 불기둥은 동으로 쏠려서 모진 소리를 치고 검은 연기를 뿜다가도 동서풍이 어울치면 축늉[화신(火神)]의 붉은 혓발은 하늘하늘 염염이 타올라서 차디찬 별−억만년 변함이 없을 듯하던 별까지 녹아 내릴 것 같이 검은 연기는 하늘을 덮고 붉은 빛은 깜깜하던 골짜기에 차 흘러서 어둠을 기회로 모여들었던 온갖 요귀를 몰아 내는 것 같다. 불을 질러 놓고 뒷숲 속에 앉아서 내려다보는 그 그림자−딸과 아내를 잃은 문 서방은, "하하하...."

시원스럽게 웃고 가슴을 만지면서 ㉠ 한 손으로 꽁무니에 찼던 도끼를 만져 보았다.

일동리 사람들과 인가의 집 일꾼들은 불붙는 데 모여들었으나 모두 어쩔 줄을 모르고 떠들고 덤비면서 달려가고 달려올 뿐이었다. 그러는 사이에 울타리는 물론 울타리 속에 엉큼히 서 있던 큰 집 두 채도 반이나 타서 쓰러졌다.

이런 불 속으로부터 여러 사람이 오고 가는 밭 가운데로 튀어나가는 두 그림자가 있었다. 하나는 커다란 장정이요. 하나는 작은 여자이다. 뒷산 숲에서 이것을 본 문 서방은 그 두 그림자를 향하고 내리뛰었다. 그는 천방지방 내리뛰었다. ㉡ 독살이 잔뜩 올라서 불빛에 번쩍이는 그의 눈에는 이 두 그림자밖에는 아무것도 보이지 않았다.

"으윽 끅"

㉢ 문 서방이 여러 사람을 헤치고 두 그림자 앞에 가 섰을 때, 앞에 섰던 장정의 그림자는 땅에 거꾸러졌다. 그때는 벌써 문 서방의 손에 쥐었던 도끼가 장정 인가의 머리에 박혔다. 도끼를 놓은 문 서방의 품에는 어린 여자의 그림자가 안겼다. 용례가....

그 바람에 모여 섰던 사람들은 혹은 허둥지둥 뛰어 버리고 혹은 뒤로 자빠져서 부르르 떨었다. 용례도 거꾸러지는 것을 안았다.

"용례야! 놀라지 마라! 나다! 아버지다! 용례야!"

문 서방은 딸을 품에 안으니 이때까지 악만 찼던 가슴이 스르르 풀리면서 ㉣ 독살이 올랐던 눈에서

뜨거운 눈물이 떨어졌다. 이렇게 슬픈 중에도 그의 마음은 기쁘고 시원하였다. 하늘과 땅을 주어도 그 기쁨을 바꿀 것 같지 않았다.

그 기쁨! 그 기쁨은 딸을 안은 기쁨만이 아니었다. 적다고 믿었던 자기의 힘이 철통같은 성벽을 무너뜨리고 자기의 요구를 채울 때 사람은 무한한 기쁨과 충동을 받는다.

불길은−그 붉은 불길은 의연히 모든 것을 태워 버릴 것처럼 하늘하늘 올랐다.

① ㉠ : 인가를 살해하기 위해 가져온 도끼를 확인하는 행동

② ㉡ : 원한을 갚고자 하는 문 서방의 일념

③ ㉢ : 원한의 대상을 살해한 문 서방

④ ㉣ : 우발적 살인에 대한 자책감

05

다음 중 표준어로서 두 어휘의 관계가 다른 것은?

① 복사뼈 : 복숭아뼈

② 남우세스럽다 : 남사스럽다

③ 허섭스레기 : 허접쓰레기

④ 어수룩하다 : 어리숙하다

06

다음 중 '일이 잘되도록 노력해야 할 사람이 도리어 엉뚱한 행동을 한다.'는 의미의 속담은?

① 논 팔아 굿하니 맏며느리 춤추더라

② 눈 어둡다 하더니 다홍고추만 잘 딴다

③ 동방삭이는 백지장도 높다고 하였단다

④ 봄에 깐 병아리 가을에 와서 세어 본다

07

다음 글에서 문맥상 어울리지 <u>않는</u> 문장은?

ㅤ□ 우리나라는 술자리에서 신입들에게 술을 많이 먹이는 술 문화가 있어서 여러 문제를 일으키기도 한다. 기업들은 회식과 음주 문화 개선을 위해 노력하고 있지만, 조직에 갓 들어온 신입사원들은 술을 강권하는 기업 문화가 여전하다고 입을 모은다. □ 알코올 분해효소는 사람마다 달라서 효소가 적은 사람에게는 치명적일 수 있다. 알코올 분해효소인 알데히드탈수소 효소는 백인이나 흑인에 비해 동양인, 우리나라 사람에게 상대적으로 적다. 따라서 이 효소가 적거나 없는 사람들은 술을 마시기만 하면 얼굴이 붉어지고 가슴이 울렁거리는 등의 증세가 나타나게 된다. 특히 한국인의 40%는 술을 조금만 먹어도 위험하다. □ 이러한 우리나라의 술 문화는 어쩔 수 없는 문화이기도 하다. 술자리를 가지는 구체적인 대상은 직장 동료뿐만 아니라 친족, 동창생, 이웃, 친구가 될 수 있으며, 이 때문에 우리나라에서 술자리는 사회적 동지 관계가 형성, 강화되는 자리이기도 하다. 인간됨과 업무실력보다는 술로 관계를 맺어서 일을 해결하기도 하고, 그들 이외의 집단에 대해서는 배타적인 태도를 취하기도 한다. □ 하지만 요새는 종전과 다른 문화들이 생겨나고 있다. 웰빙과 커피전문점 문화의 확산 등을 통해 소비자들의 수요가 기존 제품에서 이동하는 계기가 되었고, 음주문화가 취하는 문화에서 즐기는 문화로 변화하고 있는 것이다.

① □
② □
③ □
④ □

08

다음 밑줄 친 한자 성어의 쓰임이 적절하지 <u>않은</u> 것은?

① <u>孤掌難鳴</u>이라고, 도와주는 사람이 없으니 일을 하기가 너무 어려웠다.
② 난리가 나자 마을 사람들은 모두 <u>男負女戴</u>하고 피란길에 올랐다.
③ 시험에 떨어진 후 그는 <u>肝膽相照</u>하며 밤새워 공부하고 있다.
④ 상대방이 온화한 표정으로 협상에 임할수록 <u>口蜜腹劍</u>의 유형이 아닌지를 잘 살펴야 한다.

09

다음 제시된 글의 순서를 가장 올바르게 배열한 것은?

(가) 이 부작용은 특히 무한 경쟁이라는 정글의 법칙에서 더욱 뚜렷하게 나타난다.
(나) 그러나 문화와 문명의 발달이 순기능 못지않게 그 역기능을 심각하게 드러내고 있다는 데서 문제가 제기된다.
(다) 독일 프랑크푸르트학파의 중심인물이었던 호르크하이머(Max Horkheimer)는 '시장지배적 이성'이라는 말로 이러한 현대 산업사회의 문제점을 오래전부터 예견한 바 있다.
(라) 첨단 과학과 기술이 눈부신 발달을 이루면서, 이 사회의 구성원들은 지난 세기에는 경험해 보지 못한 다양한 종류의 문화적 혜택을 만끽하고 있다.
(마) 컴퓨터와 인터넷의 발달, 생명공학의 놀라운 진보와 인간 게놈 프로젝트의 확산, 기술 혁신에 힘입은 각종 기기의 첨단화는 사회 구성원들에게 편리함과 함께 심각한 부작용까지 안겨준 것이다.

(바) 모든 것이 이윤 중심의 경제 논리에 따라 조정되기 때문에, 인간은 본래의 창조 목적과 가치를 상실하고, 상품의 수요자와 공급자라는 시장 경제의 도구로 전락하기에 이른 것이다.

① (라)-(마)-(나)-(가)-(다)-(바)
② (라)-(나)-(마)-(가)-(바)-(다)
③ (다)-(마)-(라)-(나)-(바)-(가)
④ (다)-(라)-(마)-(나)-(가)-(바)

10

다음 〈보기〉에 제시된 단어에서 알 수 있는 로마자 표기의 기본 원칙이 <u>아닌</u> 것은?

> 보기
>
> 묵호(Mukho)   집현전(Jiphyeonjeon)
> 오죽헌(Ojukheon)   압구정(Apgujeong)

① 고유명사의 로마자 표기는 첫 글자를 대문자로 표기해야 한다.
② 된소리되기는 로마자 표기에 반영하지 않는다.
③ 체언에서 'ㄱ, ㄷ, ㅂ' 뒤에 'ㅎ'이 따를 때에는 'ㅎ'을 밝혀 적는다.
④ 로마자 표기에서 장모음의 장음은 따로 표기하지 않는다.

11

다음 밑줄 친 '훔치다'의 의미가 <u>다른</u> 것은?

① 그녀는 손수건으로 눈물을 <u>훔쳤다</u>.
② 그 농부는 손으로 풀을 <u>훔치며</u> 이마의 땀을 닦았다.
③ 그는 긴장을 했는지 연방 식은땀을 <u>훔쳐</u> 내었다.
④ 남편은 걸레를 빨아서 방을 닦고 마루를 <u>훔쳤다</u>.

12

다음 글의 내용을 참고하여 주장할 내용으로 가장 적절한 것은?

> 우리나라 노인들의 우울하고 슬픈 현주소를 보여 주는 지표가 나왔다. 65세 이상 국내 노인 가구의 평균 소득은 전체 가구 평균 소득의 66.7%로, 경제 협력 개발 기구(OECD) 30개국과 그 비중을 비교해 보니 꼴찌에서 둘째라고 한다. 멕시코, 오스트리아, 프랑스 등은 95%가 넘었고, 우리보다 먼저 고령 사회를 경험한 일본도 86.6%로 훨씬 높았다.
>
> 노인층의 소득이 낮은 이유는 OECD 통계에서 확인되듯 노후에 경제적 버팀목이 되는 공적 연금 제도가 제구실을 하지 못하기 때문이다. 그렇다고 노년 시절을 대비한 개인적 투자에 적극적이었던 것도 아니다. 그들은 그저 자식의 교육과 결혼 뒷바라지 등에 온 힘을 쏟았을 뿐이다. 그러곤 황혼 길에 경제적 어려움과 심리적 박탈감으로 고통받는 이들이 한국의 노인층이다.
>
> 노인층의 소득 보장 대책으로는 우선 소득 하위 70%의 노인에게 지급되는 기초 노령 연금의 확대를 꼽을 수 있다. 올해 기준으로 한 달에 고작 94,600원인 기초 노령 연금은 안정된 노후 생활에 큰 보탬이 되기 어렵다. 일부선 재정 부담 증가 등을 이유로 기초 노령 연금 증액에 난색을 표시하지만, 우리나라의 복지 재정 비중은 국내총생산의 9%로 OECD 국가 평균인 19%보다 훨씬 낮다. 이와 함께 정년 연장 등을 통해 노후 준비 기간을 늘려 주고, 공공 노인 요양 시설 확대 등 사회적 복지 자원 체계를 강화하는 방안도 필요하다.

① 노인층 빈곤 문제는 더 이상 한 국가만의 문제가 아니다.
② 노년 시절에 대비하기 위해 젊었을 때 더 많은 투자가 필요하다.
③ 노인층 빈곤문제를 해결하기 위하여 노인 일자리를 확보해야 한다.

④ 노인 복지 정책 강화를 통해 노인 빈곤층 문제에 적극적으로 대처해야 한다.

13

다음 단어 중 사이시옷을 표기하는 구성이 <u>다른</u> 것은?

① 베갯잎　　② 가욋일

③ 깻잎　　④ 나뭇잎

14

다음 밑줄 친 부분의 띄어쓰기가 바르지 <u>않은</u> 것은?

① 나는 어릴 <u>적</u> 찍은 사진을 아직도 간직하고 있다.

② 두 사람의 관계는 먼 촌수의 <u>숙질간</u>이었다.

③ 그는 <u>최 씨</u> 문중의 장손으로 조상의 유업을 물려받기로 했다.

④ 우리나라 독립운동사에서 빠질 수 없는 분이 바로 <u>백범김구</u> 선생입니다.

15

다음 글을 대화에서 며느리가 말하고 있는 의도로 적절한 것은?

> "어머님, 그때 우시지 않았어요?"
> "울기만 했겄냐. 오목오목 디며 논 그 아그 발자국마다 한도 없는 눈물을 뿌리며 돌아왔제. 내 자석아, 부디 몸이나 성히 지내거라. 부디부디 너도 좋은 운 타서 복받고 살거라.... 눈앞이 가리도록 눈물을 떨구면서 눈물로 저 아그 앞길을 빌고 왔제...."

노인의 이야기는 이제 거의 끝이 나 가고 있는 것 같았다. 아내는 이제 할 말을 잊은 듯 입을 조용히 다물고 있었다.

"그런디 그 서두를 것도 없는 길이라 그렁저렁 시름없이 걸어온 발걸음이 그래도 어느 참에 동네 뒷산을 당도해 있었구나. 하지만 나는 그 길로 차마 동네를 바로 들어설 수가 없어 잿등 위에 눈을 쓸고 아직도 한참이나 시간을 기다리고 앉아 있었더니라...."

"어머님도 이젠 돌아가실 거처가 없으셨던 거지요."

한동안 조용히 입을 다물고 있던 아내가 이제 더 이상 참을 수가 없어진 듯 갑자기 노인을 추궁하고 나섰다. 그녀의 목소리는 이제 울먹임 때문에 떨리고 있었다.

– 이청준, 〈눈길〉

① 어머니의 행동을 격려하고 있다.

② '나'에 대한 미움과 원망을 어머니에게 드러내고 있다.

③ 어머니가 계속 말을 할 수 있도록 유도하고 있다.

④ 어머니가 진실을 말할 때까지 신문하고 있다.

16

다음 중 밑줄 친 한자의 표기가 바르지 <u>않은</u> 것은?

① 너무 단조로운 생활에 <u>염증(炎症)</u>이 났다.

② 그는 술을 물에 <u>희석(稀釋)</u>해 마셨다.

③ 아내의 정성 어린 간호 <u>덕택(德澤)</u>에 건강을 회복하였다.

④ 그 노래는 많은 사람 사이에서 널리 <u>회자(膾炙)</u>되고 있다.

17

다음 밑줄 친 단어의 품사와 문장 성분은?

> 공문서를 작성할 때는 맞춤법을 <u>틀리게</u> 쓰면 안
> 된다.

① 동사, 부사어   ② 형용사, 관형어

③ 동사, 목적어   ④ 명사, 주어

18

다음 중 어법이 올바른 문장은?

① 이 영화에 나오는 장면은 허구이므로 어린이들
은 반드시 흉내 내면 안 된다.

② 소생의 자식 결혼 시에 축복하고 격려해 주셔서
감사를 드립니다.

③ 정성을 다한 시공과 최대한 공사 기간을 단축하
여 차도 공사를 마무리하도록 하겠습니다.

④ 춘향호의 선장과 선원들은 배 침몰과 함께 사망
했습니다.

19

다음 밑줄 친 어휘 중 사용이 적절한 것은?

① 이번 시험은 난도를 낮춰 매우 <u>쉬었다</u>.

② 승호는 합격자 발표를 기다리며 <u>안절부절못했다</u>.

③ 바쁘신 <u>와중에도</u> 참석해 주신 여러분께 감사드
립니다.

④ 현대 사회에서 영화가 차지하는 <u>비율</u>은 아주 크다.

20

다음 중 '세대 갈등'에 대한 글쓴이의 의견과 <u>다른</u> 것
은?

> 어느 시대에나 세대 갈등은 존재한다. 그때마다
> 인류는 그것을 통합하고 화합하고자 하였으나 실
> 패하였다. 세대 간의 대화가 그나마 유일한 방식일
> 뿐이다. 대화의 결론 역시 어떤 통합이 아니라 공
> 존을 모색하는 형태로밖에 내릴 수 없다.
>
> 세대 간의 갈등이 부각되는 것은 현대 산업 사회
> 의 발달과 맞물려 있다. 이전 사회는 약간의 노력
> 과 학습으로 한 생애를 살아가는 데 어려움이 없었
> 으나 현대는 극단적인 경우 인생의 절반을 투자하
> 여 학습하고 성장한 후에도 그 나머지 인생을 살아
> 가기가 어려운 시대이다. 자아 정체성의 확립과 사
> 회 생활의 엄청난 격리 속에서 성장하는 세대는 자
> 기만의 독자적인 시공간을 요구하게 되고 기성 세
> 대는 그것을 철없는 아이들의 투정으로 여기는 것
> 이다. 이는 단지 가정 불화에 그치는 게 아니라 구
> 체적인 사회 상황에서 매우 격렬한 대립으로 나타
> 난다. 젊은 세대는 자유로운 생활 양식과 급진적인
> 정치적 요구를 외치고 기성 세대는 이 철부지들을
> 다양한 형태로 억압한다.
>
> 특히 2002년 월드컵, 촛불 시위, 대통령 선거라
> 는 일련의 과정을 거친 젊은 세대의 사회적 영향력
> 과 이에 대한 기성 세대의 우려가 나타난 매우 의
> 미심장한 해였다. 개발독재를 거친 장년층은 물론
> 이고 1980년대를 거친 이른바 386세대에서도 상
> 호 비판과 토론이란 자연스러운 일상이 아니라 계
> 몽적 정치 학습이었다. 목적 의식이 강한, 뭔가 결
> 단을 내려야 하는, 비장한 각오로 사회에 참여하는
> 것이 그들의 방식이었다. 그러나 2002년의 젊은
> 세대는 달랐다. 그들은 전혀 새로운 방식으로 성장
> 했다. 그들의 스승은 기성 세대가 곧잘 싸구려 퇴
> 폐 문화라고 일컫는 대중문화이다. 대중문화는 누
> 구에게나 열려 있으며 그 문을 열고 들어서는 순간
> 우리는 수많은 시빗거리가 넘쳐나는 거대한 공론
> 장을 발견하게 된다. 젊은 세대는 대중문화와 인터
> 넷이 교접한 아크로폴리스로 몰려가 자기가 좋아

하는 가수를 열렬히 옹호하거나 표절 시비에 참여하거나 립싱크 가수를 질타하였다. 이 토론의 광장에서 그들은 지역, 학력, 성별, 신분 등 기성 세대가 소중히 여겨온 가치를 가볍게 묵살하고 오로지 자기 감수성과 논리에 입각한 열렬한 상호 토론의 판을 벌여왔던 것이다. 그들은 자기들만의 공론장에서 끊임없이 시비를 걸고 토론을 하면서 스스로 학습하고 성장했다.

요컨대 세대 간의 단절, 문화적 격차, 무관심과 몰이해 등으로 요약되는 세대 간의 문화적 갈등을 해결하기 위한 우선적인 과제는 그 차이를 존중하는 것이다. 우리 사회의 문화적 병리 현상은 세대 간의 공통 문화가 없기 때문이 아니라 각 세대에게 맞는 자기만의 문화가 존재하지 않기 때문이다. 세대 문화의 바른 이해는 각 세대의 문화, 그 자체의 내적 목소리에 귀를 기울이지 않고 이를 사회 통합이라는 가설, 도덕적 사회의 수립이라는 허구에 기댈수록 더욱 어려워진다. 문화의 다층적 내면을 섬세하게 파악하기 보다는 이를 도덕과 윤리, 사회 통합이라는 틀에 억지로 꿰어 맞추다 보면 결국 젊은 세대의 개과천선과 기성 세대의 너른 아량만이 남는 공허한 귀결에 이르게 된다.

도대체 세대 문화의 통합이란 가능한 일인가. 대화가 안 되고, 따라서 통합이 안 된다면 그것은 그 나름대로 이유가 있지 않겠는가. 오히려 문화의 성장과 역사의 발전이라는 큰 틀에서 볼 때 궁극적으로 세대 간의 문화적 대화와 통합은 불가능하며, 사실 불가능해야 더욱 큰 발전이 기약되는 게 아닌가. 그 점에서 우리는 세대 간의 문화적 차이를 존중함으로써 각 세대만의 고유한 문화를 생산해 내는 길을 열어 나가야 할 것이다.

① 이전 사회에서보다 현대 산업 사회의 세대 간 갈등이 더 심하다.
② 세대 갈등은 어느 시대에나 존재했으며 이를 해결하기가 쉽지 않다.
③ 세대 간의 갈등을 줄이기 위해서는 공통의 문화를 만들어야 한다.
④ 세대 갈등은 문화의 성장과 역사 발전에 긍정적으로 작용할 수 있다.

21

다음 중 외래어 표기가 바르지 <u>않은</u> 것은?

① 섀도우복싱(shadow-boxing)
② 앙케트(enquête)
③ 바리케이드(barricade)
④ 카펫(carpet)

22

다음 중 글의 내용과 일치하지 <u>않는</u> 것은?

인간은 누구나 질병을 무서워하지만, 사실은 대개의 경우 한두 개의 질병과 함께 인생을 살아가고 있다. 그리고 동양에서는 서양 의학과 달리 질병을 그렇게 무서운 것만으로 보지 않았다. 질병은 왜 발생하는 것일까? 팔에 종기가 생겼다고 하자. 종기는 왜 생겼을까? 서양에서 세균의 사체라고 보는 것과 달리 한의학에서는 종기가 생긴 부위에 기와 혈이 울체(鬱滯)된 것으로 본다. 그러니까 울체된 기와 혈을 빨리 없애기 위하여 종기가 생겼다고 볼 수 있다. 길에 먹다 남은 빵을 버리면 벌레가 생기는 것과 같은 이치이다.

그렇다면 감기가 걸리는 것은 어떻게 생각할 수 있겠는가? 여러 가지로 생각할 수 있겠지만, 영양 물질과 연관을 지어 생각한다면, 체내에 세균이 좋아하는 영양분이 축적되기 때문에 감기에 걸리는 것이다. 물론 적당량의 노폐물쯤은 인체 스스로 배출할 수 있으므로 문제가 되지 않지만, 많은 양의 노폐물이 쌓여 인체 여러 곳에서 요구하는 영양분을 공급할 수 없게 되면 병이 발생하는 것이다. 사업을 하다가 자금이 잘 회수되지 않으면 우선 빚을 내어 메워가지만, 그러한 상태가 장기간 계속되어 도저히 빚을 갚을 수 없게 되면 파산 신고를 하게 되는 것과 같은 것이다.

일단 병이 발생하면 먹는 것을 줄이게 된다. 언뜻 보기에 먹는 것을 줄이면 사람이 기운이 떨어져 몸이 더욱 나빠질 것 같지만, 사실은 먹는 것을 줄이는 것이 인체의 정기를 회복하는 데 가장 빠른 방법 중 하나이다. 병이 발생하여 먹으려 하지 않고 입맛이 떨어지는 것은 병을 치료하기 위한 인체 스스로의 반응이므로 억지로 먹이려고 하거나 먹으려 하지 않는 것이 좋다. 둘째로 인체는 병이 나면 잠을 자려 한다. 잠을 자는 것은 정기를 저축하는 수단이다. 평소 잠을 자고 나면 힘이 생기듯, 아플 때야말로 잠을 자야 힘을 만들 수 있는 것이다. 셋째로 병이 나면 아프고 힘이 없어 활동을 하지 못하게 된다. 이것도 병을 치료하기 위한 수단이다. 그러므로 아플 때에는 억지로 활동하려지 말고 푹 쉬어야 한다.

이렇게 보면 '병'이야말로 건강을 회복시키는 가장 훌륭한 수단이다. 그런데 만일 피로하여 병이 나려고 할 때 약물 투여 등 인위적인 방법을 통해 병의 발생을 막아 버린다면, 우선은 병이 발생하지 않아 계속 생업에 종사할 수 있을지는 모른다. 하지만 그 병은 점점 속으로 들어가 오장육부를 망가뜨려 결국 도저히 회복할 수 없는 질병에 걸리게 될 것이다.

황제내경(黃帝內徑)에 "풍자백병지장야"라는 말이 있다. 이 말은 곧 감기가 모든 병의 원인이라는 말이다. 그러므로 과로를 피하고 휴식을 취하여 감기에 걸리지 말아야 한다. 그러나 사람이 살다 보면 과로를 하지 않을 수 없게 된다. 일단 과로를 하고 병이 발생할 지경에 이르면 그 병을 거부하지 말고 순순히 받아들여야 한다. 이미 과로를 해 놓고 병을 받지 않으려 하면, 죄를 짓고 벌을 받지 않으려는 것과 같다. 그러므로 일단 그 병을 받아들여 제대로 앓으면 인체에 별다른 해를 끼치지 않겠지만, 이 병을 제대로 앓지 않으면 많은 문제가 발생하게 된다. 이렇게 병을 잘 앓고 나면 오히려 더

건강한 몸으로 회복할 수 있다. 예전부터 장티푸스나 천연두를 앓은 사람들이 앓지 않은 사람보다 훨씬 건강한 예를 볼 수가 있고, 홍역 후에 아이들이 체력은 물론 지각도 발달한다고 한다. 이처럼 병은 우리에게 말 못할 고통도 주지만 그 고통의 대가도 준다.

서양 의학에서 질병에 걸렸을 때 항생제 같은 독한 약을 쓰는 것은 병증을 무조건 빨리 없애야 된다는 생각이 앞서기 때문이다. 물론 한의학에서도 병을 환영하여 몸에 붙들어 두려는 것은 아니지만, 서양 의학처럼 무조건 쫓아내는 데에만 급급하지는 않는다. 한의학에서도 서양 의학의 세균과 흡사한 사기(邪氣)라는 개념이 있어 이 사기를 쫓아내려고 땀을 내고 대변을 통하고 구토시키는 방법을 많이 썼지만, 항상 정기의 손상을 먼저 염두에 두어 함부로 사용하지는 않았다. 어디까지나 병의 진행 과정을 지켜보면서 그 과정에 꼭 필요한 조치를 간단하게 하였을 뿐이다. 즉, 감기에 걸려 땀을 낼 필요가 있을 때에도 땀을 많이 내면 망양증(亡陽症)에 걸릴 수 있음을 경고하였고, 대변을 내려 보낼 때에도 정말로 뱃속에 뭉친 열이 있는지를 세밀히 살필 것을 누차 강조하고 있다. 이는 어디까지나 질병의 치료, 즉, 사기를 쫓아내기에 앞서 정기의 손상을 먼저 생각하고 있기 때문이다. 이처럼 기본적인 질병관에 있어 동서양의 차이가 존재한다.

*울체(鬱滯) : 공기나 기 따위가 막히거나 가득 참
*황제내경(黃帝內徑) : 의학오경의 하나로, 중국 신화의 인물인 황제와 천하의 명의인 기백과의 의술에 관한 토론을 기록한 것
*사기(邪氣) : ㉠ 요망스럽고 간악한 기운 ㉡ 한의학에서, 사람의 몸에 병을 일으키는 여러 가지 외적 요인을 통틀어 이르는 말
*망양증(亡陽症) : 한의학상 증세의 하나로 양을 잃어 원기가 손모되는 것

① 적당한 노폐물은 인체의 자정 능력으로 해결이 가능하다.
② 한의학의 입장에서 질병은 긍정적인 평가를 받을 수도 있다.

③ 동양 의학이든 서양 의학이든 최우선 순위는 병증의 제거이다.

④ 한의학에서는 질병의 진행 과정에 따라 필요한 조치를 간단히 취할 뿐이다.

23

다음 시에서 밑줄 친 시어의 의미로 적절하지 <u>않은</u> 것은?

> (가)
> <u>가난한</u> 내가
> 아름다운 나타샤를 사랑해서
> 오늘밤은 푹푹 눈이 내린다
>
> (나)
> 이 흰 바람벽에
> 내 <u>가난한</u> 늙은 어머니가 있다
> 내 가난한 늙은 어머니가
> 이렇게 시퍼러둥둥하니 추운 날인데 차디찬 물에
> 손을 담그고 무이며 배추를 씻고 있다
>
> (다)
> 눈이 많이 와서
> 산엣새가 벌로 나려 멕이고
> 눈구덩이에 토끼가 더러 빠지기도 하면
> 마을에는 그 무슨 반가운 것이 오는가보다
> 한가한 애동들은 어둡도록 꿩 사냥을 하고
> <u>가난한</u> 엄매는 밤중에 김치가재미로 가고
> 마을을 구수한 즐거움에 사서 은근하니 홍성홍성 들뜨게 하며
> 이것은 오는 것이다
>
> (라)
> 내가 이렇게 외면하고 거리를 걸어가는 것은 잠풍
> 날씨가 너무나 좋은 탓이고

> <u>가난한</u> 동무가 새 구두를 신고 지나간 탓이고 언제
> 나 꼭 같은 넥타이를 매고 고운 사람을 사랑하는
> 탓이다

① 모두 기본적으로 물질적 가난을 포함한다.

② (가)의 '가난'은 사랑하는 여인과 그 사랑을 이룰 수 없는 화자의 처지를 의미한다.

③ (나)와 (라)는 자신과 가까운 사람에게 친근하게 가난이라고 표현하고 있다.

④ (다)는 가난과 결부된 생활의 빈곤을 강조하고 있다.

24

밑줄 친 단어 중 품사가 <u>다른</u> 것은?

① 저는 선생님의 <u>곧은</u> 성품을 본받고 싶습니다.

② 성격이 <u>다른</u> 사람하고 함께 사는 것은 쉽지 않다.

③ <u>가벼운</u> 발걸음으로 집에 갔다.

④ 그는 <u>바른</u> 주먹으로 턱을 괴고 앉아 있었다.

25

다음 중 호칭에 대한 설명이 바르지 <u>않은</u> 것은?

① 남의 어머니를 지칭할 때는 '자당(慈堂)'이라고 불러야 한다.

② 남편 누나의 남편을 '아주버님', '서방님'이라고 하던 것을 '아주버님'만 쓰도록 하였다.

③ 결혼한 남동생의 장인을 '사돈어른'이라고 부르는 것이 전통적인 표준 예절이다.

④ 조의금 봉투에 '부의(賻儀)'가 일반적으로 쓰이며 '근조(謹弔)'라고 쓰기도 한다.

경영학

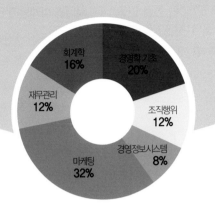

◎ 정답 및 해설 293p

도넛 차트:
- 경영학 기초 20%
- 회계학 16%
- 재무관리 12%
- 마케팅 32%
- 경영정보시스템 8%
- 조직행위 12%

01

기업의 제품에 대하여 소비자가 높은 관여도를 보일 때 취하는 소비자 구매행동으로 옳은 것은?

> ㉠ 부조화 감소 구매행동
> ㉡ 습관적 구매행동
> ㉢ 복잡한 구매행동
> ㉣ 다양성 추구 구매행동

① ㉠, ㉡
② ㉠, ㉢
③ ㉡, ㉣
④ ㉢, ㉣

02

소비자 구매결정과정 5단계를 순서에 맞게 나열한 것은?

> ㉠ 구매결정   ㉡ 문제인식
> ㉢ 구매 후 행동   ㉣ 정보탐색
> ㉤ 대안평가

① ㉠ - ㉡ - ㉢ - ㉣ - ㉤
② ㉢ - ㉣ - ㉤ - ㉡ - ㉠
③ ㉡ - ㉤ - ㉣ - ㉠ - ㉢
④ ㉡ - ㉣ - ㉤ - ㉠ - ㉢

03

매슬로의 욕구단계이론에서 욕구 단계를 순서에 맞게 나열한 것은?

> ㉠ 애정과 공감의 욕구
> ㉡ 생리적 욕구
> ㉢ 안전의 욕구
> ㉣ 존경의 욕구
> ㉤ 자아실현의 욕구

① ㉠ - ㉡ - ㉣ - ㉤ - ㉢
② ㉡ - ㉢ - ㉠ - ㉣ - ㉤
③ ㉣ - ㉠ - ㉤ - ㉢ - ㉡
④ ㉤ - ㉢ - ㉡ - ㉠ - ㉣

04

총자산이 4,000만 원이고, 자본금이 1,700만 원, 이익잉여금이 600만 원일 때 부채의 값으로 옳은 것은?

① 0원
② 600만 원
③ 1,700만 원
④ 2,300만 원

05

일정 금액을 투자했을 때 2년 후 5,750만 원을 만들기 위해 투자해야 할 원금으로 옳은 것은? (연이율은 10%이며, 천 원 단위에서 반올림)

① 5,362만 원　　　② 5,150만 원

③ 4,852만 원　　　④ 4,752만 원

06

재무제표에서 현금흐름표에 나타나는 구성 요소 3가지로 옳지 않은 것은?

① 영업활동 현금흐름　　② 투자활동 현금흐름

③ 재무활동 현금흐름　　④ 자료활동 현금흐름

07

노나카(Nonaka) 지식경영이론에서 형식지 및 암묵지의 변동과정으로 옳은 것은?

① 내재화 : 암묵지 → 암묵지

② 사회화 : 암묵지 → 형식지

③ 통합화 : 형식지 → 형식지

④ 외재화 : 형식지 → 암묵지

08

다음 중 마케팅믹스(4P)에 해당하지 않는 것은?

① 포지셔닝(Positioning)

② 유통(Place)

③ 촉진(Promotion)

④ 가격(Price)

09

서비스 마케팅에 관한 다음 설명 중 옳지 않은 것은?

① 서비스는 생산되자마자 소비된다.

② 서비스는 무형적 특성을 지니고 있어 물리적인 요소와 결합할 수 없다.

③ 제공자에 따라 서비스의 품질이 달라진다는 이유 때문에 표준화하기가 어려운 문제가 있다.

④ 공급이 수요보다 많더라도 재고로 비축할 수 없다.

10

10,000명이 인터넷 광고를 본 뒤, 그중 100명이 홈페이지를 방문하였다. 이때 100명 중 50명이 제품을 구매하고 그 뒤에 12명이 재구매하였을 때에 재구매율로 옳은 것은?

① 24%　　　　　② 1%

③ 0.05%　　　　④ 5%

11

A 기업에서 개발한 B 상품의 판매가격은 개당 2,000원이다. B 상품을 생산할 때 개당 변동비가 1,000원, 고정비가 700,000원이 필요하다고 할 때, B 상품의 손익분기점 매출량으로 옳은 것은?

① 1,200개　　　　② 900개

③ 700개　　　　　④ 1,400개

12

가격결정 전략에 관한 다음 설명 중 옳지 않은 것은?

① 유인 가격결정은 어느 한 제품의 가격을 낮게 결
정하고 다른 제품의 구매를 유도하는 가격결정
전략이다.

② 옵션제품 가격결정은 옵션제품을 높은 가격으로
설정하는 경향이 있다.

③ 단수 가격결정은 비용 단위를 단순화할 수 있는
장점이 있다.

④ 결합제품 가격결징은 둘 이상의 제품을 결합하
여 하나의 가격으로 판매하는 전략이다.

13

BCG Matrix에 관한 다음 설명 중 옳지 않은 것은?

① BCG Matrix는 산업과 시장의 성장률 및 시장점
유율로 분석하는 기법이다.

② 시장성장률은 보통 10%를 기준으로 고저를 나
눈다.

③ 현금젖소(Cash Cow) 영역에서는 현상유지 전략
이 필요하다.

④ 별(Star) 영역의 현금흐름은 긍정적이다.

14

포드 시스템의 공정 원리에 해당하지 않는 것은?

① 기계 전문화   ② 작업 복잡화

③ 제품 단순화   ④ 부품 표준화

15

카르텔에 관한 다음 설명 중 옳지 않은 것은?

① 기업결합 중 결속력과 통제력이 가장 강하다.

② 동종산업의 수평적 결합 형태이다.

③ 각각의 기업은 완전한 독립성을 유지한다.

④ 카르텔 등을 방지하기 위한 기관으로 공정거래
위원회가 있다.

16

민츠버그(Mintzberg)의 경영자 역할이 아닌 것은?

① 정보전달자 역할

② 의사결정자 역할

③ 대인관계에서의 역할

④ 상품전달자 역할

17

리더십에 관한 다음 설명으로 옳은 것은?

① 변혁적 리더십은 부하가 미래에 대한 비전을 받
아들이고 추구하도록 격려하는 리더십이다.

② 변혁적 리더십은 감정을 통해 의사나 가치관을
변혁시킨다.

③ 거래적 리더십에서는 리더가 자기통제에 의해
스스로를 이끌어 나가도록 부하들에게 모델이
된다.

④ 서번트 리더십에서는 부하들을 보상·처벌을 통
해 통제하는 리더십이다.

18

제품수명주기에 따른 경쟁자, 이익, 고객층, 가격변화를 설명한 것으로 옳지 않은 것은?

	도입기	성장기	성숙기	쇠퇴기
① 경쟁자 :	소수	증가	다수	감소
② 이익 :	없거나 마이너스	창출 시작	정점	잠식
③ 고객층 :	혁신층	조기 수용자	조기 다수자	후기 수용자
④ 가격 :	원가가산 가격	시장침투 가격	경쟁대응 가격	가격 인상

19

다음 자료를 통해 계산한 매출원가와 판매가능자산 값으로 옳은 것은?

- 기초재고자산 500만 원
- 기말재고자산 600만 원
- 당기상품매입액 750만 원

	매출원가	판매가능자산
①	700만 원	1,300만 원
②	650만 원	1,250만 원
③	600만 원	1,200만 원
④	550만 원	1,150만 원

20

경영정보시스템에 대해 〈보기〉에서 설명하고 있는 것은?

보기

공급자가 최종소비자에게 제품과 서비스가 도달하기까지 모든 시스템을 최적화하여 관리하는 작업흐름으로, 채찍효과를 보완하기 위해 등장했다.

① ERM
② SCM
③ 6시그마
④ JIT

21

마케팅 계획에 관한 다음 설명 중 옳지 않은 것은?

① 전방통합은 완제품 제조 기업이 원자재 및 부품 업체를 인수 · 병합하는 것이다.
② 동업종의 타사를 인수하는 것은 수평적 통합이다.
③ 기존 사업과 관련 없는 신사업으로 진출하여 여러 기업을 아래에 두는 것은 복합기업이다.
④ 제조업체가 유통업체를 인수 · 합병하는 것은 전방통합이다.

22

균형성과표(BSC)의 구성요소가 아닌 것은?

① 학습 및 성장
② 내부 프로세스
③ 재무
④ 환경

23

허즈버그(Herzberg)의 2요인이론에 관한 다음 설명 중 옳은 것은?

① 고용안정성, 업무조건, 성취감 등은 위생요인의 예이다.
② 허즈버그는 만족과 관련된 요인을 불만족 해소와 만족 증진 차원으로 구분했다.
③ 허즈버그는 불만족 원인 제거를 통해 만족 상승을 유도할 수 있다고 보았다.
④ 위생요인 관리를 통해 직원의 동기 수준을 높일 수 있다.

24

자본예산 기법에 대해 다음 〈보기〉에서 설명하고 있는 것은?

보기
사업기간 동안 현금수익 흐름을 현재가치로 환산하여 합한 값이 지출과 같아지도록 할인하는 이자율이다.

① 순현재가치 ② 내부수익률
③ 수익성지수 ④ 평균이익률

25

집단조직에 대해 다음 〈보기〉에서 설명하고 있는 것은?

보기
높은 유연성, 구성원의 전문성, 동태성 등이 특징인, 특정 과업이나 목표를 달성하기 위해 구성하는 임시조직이다.

① 사업부제 조직 ② 매트릭스 조직
③ 기능별 조직 ④ 프로젝트 조직

행정법

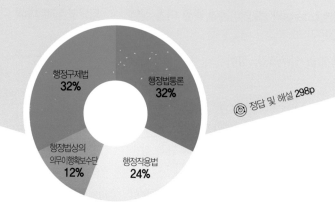

◎ 정답 및 해설 298p

01

통치행위에 관한 다음 설명 중 옳은 것은?(다툼이 있는 경우에는 판례에 의함)

① 대통령의 사면권 행사는 통치행위로 인정될 수 없다는 것이 일반적인 입장이다.

② 대통령의 서훈취소결정은 통치행위에 해당한다.

③ 대법원은 계엄선포를 통치행위로 인정했다.

④ 통치행위는 이로 인하여 직접 국민의 기본권 침해가 이루어졌다 해도 헌법소원의 대상으로 볼 수 없다.

02

다음 제시된 내용의 ㉠과 ㉡에 해당되는 행정법의 일반원칙을 ㉠과 ㉡의 순서대로 나열한 것은?

> ㉠ 행정청은 법령 등의 해석 또는 행정청의 관행이 일반적으로 국민들에게 받아들여졌을 때에는 공익 또는 제3자의 정당한 이익을 현저히 해칠 우려가 있는 경우를 제외하고는 새로운 해석 또는 관행에 따라 소급하여 불리하게 처리하여서는 아니 된다.

> ㉡ 경찰관의 직권은 그 직무 수행에 필요한 최소 한도에서 행사되어야 하며 남용되어서는 아니 된다.

① 평등원칙, 신뢰보호원칙

② 부당결부금지원칙, 평등원칙

③ 비례원칙, 부당결부금지원칙

④ 신뢰보호원칙, 비례원칙

03

다음 공무수탁사인에 대한 설명 중 바르지 <u>않은</u> 것은?

① 판례는 소득세의 원천징수의무자를 공무수탁사인으로 인정하고 있다.

② 공무수탁사인의 처분은 행정쟁송의 대상이 되는 행정처분이다.

③ 교육법에 의하여 학위를 수여하는 시립대학 총장은 공무수탁사인에 해당하지 않는다.

④ 「국가배상법」에 의하면 공무수탁사인에 의한 위법한 직무수행의 경우에도 「국가배상법」이 적용되어 배상이 이루어질 수 있다.

04

다음의 특별권력관계가 상대방의 동의에 의해서 성립되는 경우, 나머지와 그 성질이 가장 다른 것은?

① 군무원 채용관계의 설정
② 국공립대학교 입학관계
③ 국공립도서관 이용관계
④ 학령아동의 초등학교 입학

05

공법상 시효제도에 관한 설명으로 바르지 않은 것은?(다툼이 있는 경우에는 판례에 의함)

① (구) 「예산회계법」 제98조에 의하여 법령의 규정에 의한 납입고지는 시효의 중단사유가 된다.
② 공법상 부당이득반환청구권은 원칙적으로 사권에 해당하므로 소멸시효는 10년이다.
③ 과세처분에 의한 부당이득의 경우에는 과세처분에 대한 취소소송의 청구는 부당이득반환청구의 시효중단 효과가 발생한다.
④ 국가에 대한 손해배상청구권의 시효는 3년이다.

06

다음 중 수리를 요하는 신고에 해당되지 않는 것은?(다툼이 있는 경우에는 판례에 의함)

① 골프장 회원 모집 계획서 제출
② 골재파쇄신고
③ 골프장 이용료 변경에 대한 신고
④ 유료노인복지주택의 설치신고

07

다음의 행정입법에 관한 내용으로 바르지 않은 것은?(다툼이 있는 경우에는 판례에 의함)

① 법령보충적 행정규칙은 근거법령의 위임에 따라 제정되어 그 자체만으로도 대외적 구속력을 가지는 것이지 근거법령과의 결합을 통해서만 비로소 대외적 구속력이 발생하는 것은 아니다.
② 법규명령에 대한 심사권에 대하여 헌법재판소에도 심사권이 있다는 것이 헌법재판소의 입장이나 대법원은 부정적 입장이다.
③ 법규명령이 법률이나 헌법에 위반되었는지 여부가 재판에 전제된 경우 법원은 이에 대한 판단권이 있으나, 최종심사권은 대법원에 있다.
④ 법규명령은 국민의 구체적인 권리나 의무에 변동을 초래하는 항고쟁송대상인 처분이라고 보기 어렵다.

08

행정행위의 부관에 관한 다음 설명 중 옳은 것은?(다툼이 있는 경우에는 판례에 의함)

① 부담이 무효인 경우 부담의 이행으로 한 사법상 법률행위의 효력은 당연무효이다.
② 대법원에 의하면 기속에 붙은 부관은 법령에 특별한 규정이 없는 한 취소사유에 해당한다.
③ 법률효과의 일부배제는 법적 근거 없이 가능하다.
④ 행정행위의 부관은 행정행위의 조건, 기한 등을 법령이 직접 규정하고 있는 법정부관과 구별된다.

09

하자의 승계가 인정되는 것은?(다툼이 있는 경우에는 판례에 의함)

① 직위해제 – 직권면직
② 개별공시지가결정 – 양도소득세부과처분
③ 보충역 편입처분 – 사회복무요원 소집처분
④ 상이등급결정 – 상이등급개정

10

다음 정보공개제도에 관한 설명 중 바르게 된 것은?(다툼이 있는 경우에는 판례에 의함)

① 단순히 상대방을 괴롭힐 목적으로 정보공개를 요청하는 경우에는 공공기관은 정보공개를 거부할 수 없다.
② 전자적 형태로 보유·관리하는 정보에 대하여 청구인이 전자적 형태로 공개하여 줄 것을 요청하는 경우에는 그 정보의 성질상 현저히 곤란한 경우를 제외하고는 청구인의 요청에 따라야 한다.
③ 이미 공개되어 인터넷 검색 등을 통해 알 수 있는 정보는 공공기관이 공개를 거부한다고 해도 취소를 구할 법률상 이익은 없다.
④ 공개청구의 대상이 되는 정보에 해당하는 문서는 반드시 원본이어야 한다.

11

다음 「공공기관의 정보공개에 관한 법률」에 관한 설명 중 ㉠~㉣에 들어갈 숫자로 옳은 것은?

> 공공기관은 정보공개청구를 받으면 그 청구를 받은 날부터 (㉠)일 이내에 공개 여부를 결정한다. 비공개결정 또는 부분 공개결정에 불복이 있거나, 정보공개청구 후 (㉡)일이 지나도록 결정이 없을 때에는, (㉢)일 이내에 해당 공공기관에 문서로 이의신청을 할 수 있다. 이의신청을 받은 공공기관은 (㉣)일 이내에 이에 대한 결정을 하여야 한다.

	㉠	㉡	㉢	㉣
①	10	20	30	7
②	10	10	30	10
③	20	20	10	10
④	10	10	10	7

12

건축물에 대해 행정청의 철거명령이 있는 경우 행정의 상대방이 취할 수 있는 실효적 조치로서 바르게 된 것은?

① 취소소송의 청구와 임시처분
② 부작위위법확인소송과 집행정지
③ 취소소송과 집행정지
④ 의무이행심판과 임시처분

13

다음 중 의무불이행의 방치가 심히 공익을 해칠 수 있어 대집행이 가능한 경우는?

① 불법증축한 부분을 철거할 경우 헬기의 안전 이착륙에 지장이 있게 되는 경우
② 건축허가 면적보다 0.02 평방미터 초과한 불법증축의 경우
③ 무단증축된 부분이 기존 주택의 추녀 범위에서 약간 돌출된 것에 지나지 않은 경우
④ 개발제한구역 내 불법건축된 교회 건물

14

다음 중 「질서위반행위규제법」상의 과태료에 대한 설명으로 바르지 않은 것은?

① 자신의 행위가 위법하지 아니한 것으로 오인하고 행한 질서위반행위는 그 오인에 정당한 이유가 있는 때에 한하여 과태료를 부과하지 아니한다.

② 신분에 의하여 성립하는 질서위반행위에 신분이 없는 자가 가담한 때에는 신분이 없는 자에 대하여도 질서위반행위가 성립한다.

③ 과태료는 행정청의 과태료 부과처분이나 법원의 과태료 재판이 확정된 후 3년간 징수하지 아니하거나 집행하지 아니하면 시효로 인하여 소멸한다.

④ 행정청이 질서위반행위에 대하여 과태료를 부과하고자 하는 때에는 미리 당사자에게 10일 이상의 기간을 정하여 의견을 제출할 기회를 주어야 한다.

15

다음의 행정작용에 관한 설명 중 바르게 된 것은?(다툼이 있는 경우에는 판례에 의함)

① 「행정절차법」상 처분의 사전통지의 대상에는 '신청에 대한 거부처분'이 포함되지 않는다.

② 법률에 따라 통고처분을 할 수 있으면 행정청은 통고처분을 하여야 하며, 통고처분 이외의 조치를 할 재량은 없다.

③ 신청에 대한 내용을 모두 인정하는 행정처분의 경우에도 행정의 상대방이 이유제시를 요청해 오면 이유제시를 하여야 한다.

④ 수익적 처분의 직권취소의 경우에는 중대한 공익적 사유가 취소원인이라고 해도 개별적 법적 근거 없이는 취소할 수 없다.

16

「행정절차법」상 청문의 실시에 대한 설명으로 바르게 된 것은?

① 인·허가의 취소처분의 의견제출기한 내에 청문신청이 있어도 개별법에 청문규정을 두고 있지 않다면 청문을 하지 않아도 된다.

② 행정청은 청문을 하려면 청문이 시작되는 날부터 7일 전까지 당사자 등에게 통지하여야 한다.

③ 법령상 청문규정이 있다면 행정청과 당사자 사이의 합의에 의해 청문절차를 배제하기로 협약을 두어 청문을 생략할 수 없다.

④ 소속 공무원은 청문주재자가 될 수 없다.

17

「국가배상법」에 대한 내용으로 바르지 않은 것은?(다툼이 있는 경우에는 판례에 의함)

① 구청 공무원의 시영아파트 입주권 매매행위는 「국가배상법」상의 직무에 해당한다.

② 공무원의 허위 확인행위로 인하여 매수인이 시영아파트 입주권을 취득하지 못하여 발생된 손해는 국가배상의 책임이 있다.

③ 의용소방대원은 「국가배상법」상의 공무원이 아니다.

④ 군인과 군무원의 경우 이중배상은 금지된다.

18

행정상 손실보상 청구에 관한 설명으로 바르지 않은 것은?(다툼이 있는 경우에는 판례에 의함)

① 비재산적인 것도 손실보상의 대상이 된다.

② 대법원은 이주대책이 생활보상의 일환으로 마련된 제도라고 보고 있다.

③ 판례에 의하면 손실보상청구소송은 민사소송에 의하는 것이 원칙이다.

④ 징발물이 국유재산 또는 공유재산인 경우에는 보상을 하지 아니한다.

① 필요적 행정심판전치주의, 제소기간의 제한

② 제소기간의 제한, 집행정지 결정

③ 처분변경으로 인한 소의 변경, 집행정지 결정

④ 제소기간의 제한, 처분변경으로 인한 소의 변경

19

서울지방경찰청장의 서초경찰서장에 대한 내부위임 사무를 서초경찰서장이 적법하게 처분을 하였다면 이에 대한 취소소송의 피고는 누가 되는가?

① 국가   ② 서울지방경찰청장

③ 서울   ④ 서초경찰서장

22

법원의 판결의 효력 중 행정처분취소청구를 기각하는 판결이 확정된 경우에 당해 처분이 위법하지 아니하다는 점이 판결에서 확정된 이상 원고가 다시 이를 무효로 하여 무효확인소송을 제기할 수 없는데 이는 판결의 효력 중 어느 것에 해당되는 것인가?

① 구속력   ② 기판력

③ 불가쟁력   ④ 형성력

20

다음 행정쟁송에 관한 설명으로 바르게 된 것은?

① 재결은 대법원 확정판결과 동일한 효력을 가진다.

② 소송요건은 사실심 변론종결 시까지 유지되어야 한다.

③ 항고소송에도 임시처분이 가능하다.

④ 원칙적으로 행정심판을 전치하지 않으면 행정소송을 청구할 수 없다.

23

다음 시보 임용기간 중에 있는 공무원에 관한 설명으로 바르게 된 것은?

① 시보로 임용된 공무원은 신분보장을 해 주지 않는다.

② 5급 공무원을 신규 채용하는 경우에는 6개월, 6급 이하의 공무원을 신규채용하는 경우에는 3개월간 각각 시보로 임용한다.

③ 성실의 의무는 명문규정은 없지만 지켜야 한다.

④ 휴직한 기간, 직위해제기간 및 징계에 따른 정직이나 감봉 처분을 받은 기간도 시보 임용기간에 넣어 계산한다.

21

다음 중 ㉠, ㉡에 들어갈 수 있는 내용으로 옳은 것은?

무효등확인소송	부작위위법확인소송
취소소송의 규정 중 ① 필요적 행정심판전치주의 ② 제소기간의 제한 ③ 사정판결 등에 관한 규정은 준용되지 않는다.	취소소송의 규정 중 ① (㉠) ② (㉡) ③ 사정판결 등에 관한 규정은 준용되지 않는다.

24

「병역법」과 관련된 내용 중 바르지 <u>않은</u> 것은?

① 병역의무에 대한 특례를 인정하지 않고 있다.

② 강제징집의 형태를 띠고 있지만 지원 모집 방식이 없는 것은 아니다.

③ 예비군, 민방위도 국방의 의무에 포함된다.

④ 군의관의 신체등위판정에 대한 규정이 있으나 대법원은 신체등위판정은 항고쟁송대상인 처분이 아니라고 한다.

25

다음 병무청장과 관련된 내용 중 바르지 <u>않은</u> 것은?

> ⊙ 병영의 징집은 국가에 의해서 이루어진다.
> ⓛ 징집의무는 군의관의 신체등위판정에 의하지 않고 병무청장의 처분으로 구체화 된다.
> ⓒ 병무청장도 중앙행정기관으로서 행정입법 중 부령제정권이 있다.
> ② 병무청장은 국방부소속의 행정기관이다.

① ⊙, ⓛ

② ⓒ

③ ⓒ, ②

④ ②

정답 및 해설

← **2023**년도 **07**월 **15**일 시행

2023년
기출문제

정답 및 해설

국어

출제 문항 분석

영역	문항 수
문법	2
어문 규정	5
문학	8
비문학	7
한자와 어휘	3

정답				
01 ④	02 ③	03 ②	04 ②	05 ④
06 ③	07 ②	08 ③	09 ④	10 ①
11 ④	12 ②	13 ④	14 ③	15 ④
16 ①	17 ③	18 ①	19 ④	20 ①
21 ①	22 ③	23 ④	24 ②	25 ②

01 군무원 필수

정답 ④

핵심주제 : 맞춤법

'아무튼지'는 '의견이나 일의 성질, 형편, 상태 따위가 어떻게 되어 있든지'를 뜻하는 부사로 올바르게 사용되었다.

오답해설

① 붓기 → 부기

'붓기'는 '부종으로 인하여 부은 상태'를 뜻하는 말인 '부기'로 고쳐 써야 옳다. '부기(浮氣)'는 한자어이므로 원칙적으로 사이시옷을 사용하지 않는다.

② 유명세를 타기 → 유명세를 치르기

'유명세(有名稅)'는 '세상에 이름이 널리 알려져 있는 탓으로 당하는 불편이나 곤욕을 속되게 이르는 말'로, 유명하기 때문에 발생하는 불편함을 세금에 빗대어 표현한 것이기 때문에 '주어야 할 돈을 내주다'의 뜻인 '치르다'와 어울린다.

③ 어리버리해 보이는 → 어리바리해 보이는

'어리버리해'는 '정신이 또렷하지 못하거나 기운이 없어 몸을 제대로 놀리지 못하고 있는 상태'를 뜻하는 '어리바리해'로 고쳐 써야 옳다.

02

정답 ③

핵심주제 : 품사

③의 '쓰다'는 '달갑지 않고 싫거나 괴롭다'는 뜻의 형용사이고, 나머지 ① · ② · ④의 '쓰다'는 모두 동사이다.

오답해설

① 쓰다(동사) : 시체를 묻고 무덤을 만들다.

② 쓰다(동사) : 다른 사람에게 베풀거나 내다.

④ 쓰다(동사) : 사람이 죄나 누명 따위를 가지거나 입게 되다.

03

정답 ②

핵심주제 : 사자성어

제시문에서 휴대용 암 진단기가 몸을 간편하게 스캔해 종양을 진단하지만, 종양의 크기 또는 종양의 정확한 위치는 판별할 수는 없다고 그 한계를 설명하고 있다. 그러므로 ⊙에는 휴대용 암 진단기가 모든 기능을 가진 것은 아니라는 의미에서, '하지 못하는 일이 없음'을 뜻하는 '무소불위(無所不爲)'가 들어가는 것이 가장 적절하다.

오답해설

① 변화무쌍(變化無雙) : 변하는 정도가 비할 데 없이 심함

③ 선견지명(先見之明) : 어떤 일이 일어나기 전에 미리 앞을 내다보고 아는 지혜

④ 괄목상대(刮目相對) : 눈을 비비고 상대편을 본다는 뜻으로, 남의 학식이나 재주가 놀랄 만큼 부쩍 늚을 이르는 말

04

정답 ②

핵심주제 : 로마자 표기법

Hong Binna → Hong Bitna

로마자 표기는 소리 나는 대로 적는 것을 원칙으로 하나, 사람의 이름에서 일어나는 음운 변화는 반영하지 않는다. 그러므로 홍빛나가 [홍빈나]로 발음된다고 해서 'Hong Binna'로 표기하면 안 되며, 'Hong Bitna'로 표기해야 옳다.

05 군무원 필수

정답 ④

핵심주제 : 어휘

칠칠맞다고 → 칠칠맞지 못하다고

'칠칠맞다'는 '성질이나 일 처리가 반듯하고 야무지다'라는 뜻의 긍정적 의미이다. 그러므로 ④에서처럼 부정적 의미로 사용하려면 '않다. 못하다'와 같은 부정 서술어와 함께 쓰여야 한다. 따라서 '칠칠맞다고'를 '칠칠맞지 못하다고'로 고쳐 써야 옳다.

오답해설

① 쇠다 : 명절, 생일, 기념일 같은 날을 맞이하여 지내다.
② 심심(甚深)하다 : 마음의 표현 정도가 매우 깊고 간절하다.
③ 게걸스럽다 : 몹시 먹고 싶거나 하고 싶은 욕심에 사로잡힌 듯하다.

06 군무원 필수

정답 ③

핵심주제 : 맞춤법

한글 맞춤법 제39항에 따라 '만만하지 않다'는 어미 '–하지' 뒤에 '–않'이 어울려 '–찮–'이 되어야 하므로, 그 준말은 '만만찮다'로 적어야 옳다.

모르면 간첩

〈 작품해석 〉

한글 맞춤법 제39항

- –지 + 않– ⇒ –잖–
  - 예 그렇지 않은 ⇒ 그렇잖은
  - 예 적지 않은 ⇒ 적잖은
- –하지 + 않– ⇒ –찮–
  - 예 만만하지 않다 ⇒ 만만찮다
  - 예 변변하지 않다 ⇒ 변변찮다

07 군무원 필수

정답 ②

핵심주제 : 띄어쓰기

읽는데 → 읽는∨데

'읽는데'의 '데'는 '일'이나 '것'의 뜻을 지닌 의존 명사이므로, '읽는∨데'와 같이 앞말과 띄어 써야 옳다.

오답해설

① '이나마'는 어떤 상황이 이루어지거나 어떻다고 말해지기에

는 부족한 조건이지만 아쉬운 대로 인정됨을 나타내는 보조사이므로, '몸이나마'와 같이 앞말에 붙여 쓰는 것이 옳다.
③ '만한'은 앞말이 뜻하는 행동을 하는 것이 가능함을 나타내는 말인 보조 형용사 '만하다'의 활용형이므로, '살∨만한'과 같이 본 용언 다음에 띄어 쓰는 것이 옳다.
④ '따위'는 앞에 나온 대상을 낮잡거나 부정적으로 이르는 말인 의존 명사이므로 앞말과 띄어 써야 하고, '는'은 보조사이므로 '따위'에 붙여 '괴로움∨따위는'과 같이 써야 옳다.

08

정답 ③

핵심주제 : 한자어

'敬聽(경청)'은 '공경하는 마음으로 들음'을 뜻하므로, 제시문의 내용상 '귀를 기울여 들음'을 뜻하는 '傾聽(경청)'으로 고쳐 써야 옳다.

오답해설

㉠ 체감(體感) : 몸으로 어떤 감각을 느낌
㉡ 혁파(革罷) : 묵은 기구, 제도, 법령 따위를 없앰
㉢ 일몰(日沒) : 해가 짐

09

정답 ④

핵심주제 : 문법

'갈텐데'에서 '텐데'는 '터인데'의 줄임말이고 '터'는 '처지'나 '형편'을 뜻하는 의존 명사이므로, '갈∨텐데'와 같이 앞말과 띄어 써야 옳다. 또한 '갈'은 관형사형 어미 '–ㄹ'이 붙어 뒤의 '터'를 꾸미고 있으므로, '–ㄹ∨텐데'와 같이 띄어 써야 옳다. 즉, '–ㄹ∨텐데'가 하나의 단어가 아니기 때문에 국어사전에서 찾을 수 없고, 결국 의존 명사 '터'를 먼저 찾아야 한다.

10

정답 ①

핵심주제 : 비문학

쟁점 제기
제시문은 지적 판단이 필요한 상황에서 합리적 결정을 내릴 수 있는 인공지능을 반길 일인지, 아니면 경계해야 할 일인지 독자들에게 묻고 있다. 즉, 저자는 인공지능이 인류에게 축복이 될지 아니면 재앙이 될지 논지의 쟁점을 제기하고 있는 것이다.

11

정답 ④

핵심주제 : 속담

사또의 생일인 다음 날 죽을 위기에 처한 춘향이에게 어사또가 '천붕우출'이라며 춘향이를 위로하고 있다. 여기서 '천붕우출(天崩牛出)'이란 '하늘이 무너져도 솟아날 구멍이 있다'는 뜻으로, 아무리 어려운 경우에 처하더라도 살아 나갈 방도가 있음을 암시하고 있다.

오답해설

① 도둑이 제 발 저리다 : 지은 죄가 있으면 자연히 마음이 조마조마하여짐을 비유적으로 이르는 말

② 웃는 낯에 침 못 뱉는다 : 좋은 낯으로 접근해 오는 사람에게는 모질게 굴지 못한다는 말

③ 모로 가도 서울만 가면 된다 : 무슨 수단이나 방법으로라도 목적만 이루면 된다는 말

모르면 간첩

〈 작품해석 〉
작자 미상, 〈춘향가〉
• 갈래 : 판소리계 소설
• 성격 : 해학적, 풍자적, 평민적
• 배경 : 조선 후기 전라도 남원 지방
• 제재 : 춘향과 몽룡의 사랑
• 주제 : 신분을 초월한 남녀 간의 사랑
• 특징
　– 해학과 풍자에 의한 골계미가 나타남
　– 언어유희의 말하기 방식이 두드러짐
　– 춘향과 변학도를 중심으로 한 갈등 양상이 뚜렷함

12

정답 ②

핵심주제 : 고전문법

'써잇노라'에서 '–노라'는 자기의 동작을 장중하게 선언하거나 감동의 느낌을 주는 종결 어미로, 현대국어에서 '–고 있다'를 이용해 '(이미) 쓰고 있다'로 해석할 수 있다.

오답해설

① '녀닙희'의 '닙'은 '잎'을 뜻하는 말로 중세국어에서 본래 '닙'이라 표기하였는데, 첫소리의 모음 'ㅣ' 앞에서 'ㄴ'이 탈락하는 두음 법칙에 의해 '잎'이 된 것이다. 그러므로 ㄴ첨가 현상이 표기에 반영된 것은 아니다.

③ 중세국어에서 'ㄱ, ㄴ, ㄷ, ㄹ, ㅁ, ㅂ, ㅅ, ㅇ'은 '초종성통용팔자'라고 하여 초성과 종성에 두루 쓸 수 있었으므로, '달'과 '좃논가'의 받침 'ㄷ, ㅅ, ㄴ'을 당시의 실제 발음대로 적은 것인지 알 수 없다.

④ '반찬으란'의 '으란'은 현대국어에서 '어떤 대상이 다른 것과 대조됨'을 뜻하는 보조사 '은'에 해당한다.

모르면 간첩

〈 작품해석 〉
윤선도, 〈어부사시사〉
• 갈래 : 연시조
• 성격 : 풍류적, 전원적, 자연친화적
• 제재 : 어촌의 자연과 어부의 삶
• 주제 : 어촌에서 자연을 즐기며 한가롭게 살아가는 여유와 흥취
• 특징
　– 대구적 표현 구조 안에서 다채로운 감각적 묘사를 시도함
　– 여음구와 후렴구가 규칙적으로 등장하여 평시조에 변화를 줌
　– 여음구를 통해 화자의 동선을, 후렴구를 통해 화자의 행동을 보여 줌

13

정답 ④

핵심주제 : 비문학

주어진 글은 공감하는 방법에 대해 설명하고 있다. 제시문의 (라)에서 상대방의 말투, 표정, 자세는 비언어적 표현에 해당하며, 상대방의 관점, 심정, 분위기, 태도에 맞추는 것은 상대방의 감정과 느낌을 헤아리는 행동이다. 그러므로 주어진 글은 제시문의 (라)에 들어가는 것이 가장 적절하다.

14

정답 ③

핵심주제 : 고려가요

고려가요는 기록되어 있던 것을 다시 한글로 기록한 것이 아니라, 구전되어 오던 것을 나중에 한글로 기록한 것이다. 고려가요가 불리던 당시에는 우리말이 없었기 때문에 민요로 구전되다가, 훈민정음 창제 이후 악학궤범, 악장가사, 시용향악보 등에서 한글로 기록되었다.

보여주는 것이 아니라, 암울한 현실에 적극적으로 대항하지 못하는 자신의 모습을 반성하고 성찰한 것이다.

〈 작품해석 〉

윤동주, 〈쉽게 씌어진 시〉

- 갈래 : 자유시, 서정시
- 성격 : 저항적, 반성적, 미래지향적
- 제재 : 현실 속의 자신의 삶
- 주제 : 어두운 시대 현실에서 비롯된 고뇌와 자기 성찰
- 특징
  – 상징적 시어를 대비하여 시적 의미를 강화함
  – 두 자아의 대립과 화해를 통해 시상을 전개함

〈 작품해석 〉

작자 미상, 〈가시리〉

- 갈래 : 고려가요(속요), 서정시
- 성격 : 서정적, 전통적, 여성적, 민요적
- 운율 : 3 · 3 · 2조의 3음보
- 어조 : 애상적, 자기희생적
- 제재 : 임과의 이별
- 주제 : 이별의 정한
- 특징
  – 민족 전통의 정서인 한(恨)의 정서를 형상화 함
  – 한시와 같은 '기–승–전–결'의 4단 구성을 취함
  – 화자의 정서를 간결한 형식에 담아 절묘하게 표현함

15
정답 ④

핵심주제 : 고전 시가

ㄹ의 '설온 님 보내ᄋᆸ노니'는 '서러운 임을 보내 드린다'는 의미로, 여기서 '서러운 임'은 '서러운'의 주체에 따라 '이별을 서러워하는 임' 또는 '나를 서럽게 하는 임'으로 해석할 수 있다.

오답해설

ㄱ '나ᄂᆞᆫ'은 의미 없이 운율을 맞추기 위한 여음구로, 시가에서 일정한 간격을 두고 반복되어 나타나는 말이나 소리이다.

ㄴ '잡ᄉᆞ아 두어리마ᄂᆞᆫ'은 임을 가지 못하게 '붙잡아두고 싶지만'의 의미이다.

ㄷ '선ᄒᆞ면 아니 올셰라'는 '서운하면 오지 않을까 두려워'라는 의미로, 사랑하는 임이 돌아오지 않을까봐 걱정하는 염려의 마음을 담고 있다.

16
정답 ①

핵심주제 : 문장 부호

①은 한 문장 안에 몇 개의 선택적인 물음이 이어진 경우이므로, '너는 중학생이냐, 고등학생이냐?'처럼 맨 끝의 물음에만 물음표(?)를 써야 한다.

17
정답 ③

핵심주제 : 현대 시

ⓒ의 '부끄러운 일이다.'는 친일파 지식인에 대한 비판 정신을

18
정답 ①

핵심주제 : 현대 시

ⓐ, ⓑ의 '나'는 '침전하는 나'이므로 현실을 극복하려는 적극성이 결여된 현실적 자아이다.

ⓒ의 '나'는 '최후의 나'로 '시대처럼 올 아침'을 기다린다고 하였으므로, 반성을 통해 성숙해진 성찰적 자아이다.

ⓓ의 '나'가 ⓔ의 '나'에게 작은 손을 내민다고 하였으므로, ⓓ의 '나'는 적극적인 성찰적 자아이며 ⓔ의 '나'는 수동적인 현실적 자아이다.

그러므로 ⓐ, ⓑ, ⓔ는 현실적 자아이고, ⓒ, ⓓ는 성찰적 자아이다.

19
정답 ④

핵심주제 : 현대 시

'쉽게 씌어진 시'에서 작가는 일제 강점기의 암울한 현실 속에서 시를 쉽게 쓰고 있는 것에 대한 부끄러움을 엄격한 자기반성을 통해 성찰하고 있다. 그러므로 '쉽게 씌어진 시'라는 제목은 시인으로서의 인간적 갈등과 자아 성찰을 담아 어렵게 쓴 작품에 대한 반어적 표현이라고 볼 수 있다.

20　　　　정답 ①

핵심주제 : 비문학

제시문에서 행루오리(幸漏誤罹)는 운 좋게 누락되거나 잘못 걸려드는 것을 말한다고 하였다. 빈칸 뒤의 걸려든 사람만 억울한 것은 '잘못 걸려든 경우'에 해당하므로, 빈칸에는 '운 좋게 누락된 경우'가 들어가면 된다. 똑같이 죄를 지었는데 당국자의 태만이나 부주의로 법망을 빠져나간 경우는 '운 좋게 누락된 경우'에 해당하므로, ①이 빈칸에 들어갈 말로 가장 적절하다.

오답해설

② · ③ · ④ 모두 행루오리(幸漏誤罹)의 '잘못 걸려든 경우'에 해당한다.

21　　　　정답 ①

핵심주제 : 비문학

제시문은 에이아이(AI) 산업의 모멘텀으로 알파고에 이은 챗지피티의 등장을 주목하면서, 앞으로 이를 활용한 서비스 기업들이 부상할 것으로 내다봤다. 그러면서 글의 말미에 우리나라도 국가 경쟁력을 높이기 위해 많은 서비스 기업들이 나와야 한다고 주문하고 있다. 따라서 제시문의 제목으로는 '챗지피티, 이제 서비스다'가 가장 적절하다.

22　　　　정답 ③

핵심주제 : 비문학

제시문의 네 번째 문단에서 챗지피티는 '지식 모델'이 아니고 '언어 모델'이라 정보를 종합하고 추론하는 능력은 매우 우수하지만, 최신 지식은 부족하다고 서술하고 있다. 그러므로 챗지피티가 정보를 종합하여 추론하는 언어 모델이 아니라 최신 정보를 축적하는 지식 모델이라는 ③의 설명은 적절하지 않다.

오답해설

① 두 번째 문단에서 챗지피티가 알파고와 다른 점은 대중성이라고 하였다.

② 세 번째 문단에 많은 사람이 챗지피티가 모든 산업에 지각변동을 불러일으킬 것으로 기대한다고 서술되어 있다.

④ 마지막 문단에서 현재 대형 언어 모델을 만드는 빅테크 기업들이 주목받고 있지만, 실리콘밸리에서는 여러 서비스 기업들이 부상 중이라고 밝히고 있다.

23 　　　　정답 ④

핵심주제 : 현대 소설

해당 작품에서 주인공은 어디로 가야할지 삶의 방향을 찾지 못하고 방황하지만, 날개를 달고 다시 한 번 비상하기를 소망한다. 즉, 자아 상실의 무기력한 삶에서 벗어나 본래의 자아를 회복하려는 의지를 보여주고 있다.

> **모르면 간첩**
>
> 〈 작품해석 〉
> **이상, 〈날개〉**
> • **갈래** : 단편 소설, 심리 소설
> • **성격** : 고백적, 상징적
> • **시점** : 1인칭 주인공 시점
> • **배경** : 시대 – 1930년대 / 장소 – 경성
> • **주제** : 자아가 분열된 삶 속에서 진정한 정체성을 회복하기 위한 내면적 욕구
> • **특징**
> 　– 의식의 흐름 기법에 의해 내용이 전개됨
> 　– 상징적인 소재로 주제 의식을 드러냄
> 　– 공간의 대조를 통해 인물 간의 차이를 보여줌

24　　　　정답 ②

핵심주제 : 비문학

'회고적'이란 지나간 일을 돌이켜 생각하는 것으로, 제시문에서 과거를 회상하는 서술 내용은 보이지 않는다.

오답해설

① 노인들의 낙상 사고가 잦은 이유와 노화가 빨라지는 원인을 논리적 태도로 서술하고 있다.

③ 노년층에게 적극적으로 근력운동을 처방하지 않는 것을 비판적 태도로 서술하고 있다.

④ 노인들에 대한 정확한 처방 없이 요양병원만 늘어나는 것에 대해 안타까운 일이라며 동정적 대토로 서술하고 있다.

25　　　　정답 ②

핵심주제 : 비문학

(가)의 앞 문장에서는 상사에게 보고할 때 결론부터 말하라고 되어 있고, 뒤 문장에서는 일부러 결론을 뒤로 미뤄 상대의 관

심을 끌어야 할 때도 있다고 하였다. 그러므로 (가)에는 앞뒤의 내용이 상반될 때 사용하는 '하지만'이 들어가는 것이 적절하다. (나)의 앞 문장에서는 사무적인 관계라면 쓸데없는 시간과 노력을 들이지 않아도 된다고 하였고, 뒤 문장에서는 라이벌 관계라면 차이가 없는 만큼 미묘한 줄다리기가 필요하다고 하였다. 그러므로 (나)에는 앞뒤의 내용이 상반될 때 사용하는 '하지만'이 들어가는 것이 적절하다.

경영학

출제 문항 분석

영역	문항 수
경영학 기초	5
생산관리	3
인사관리	3
조직행위	2
경영정보시스템	2
마케팅	6
재무관리	3
회계학	1
국제경영과 국제경제	0

정답

01 ③	02 ④	03 ①	04 ③	05 ②
06 ①	07 ①	08 ④	09 ④	10 ①
11 ②	12 ③	13 ①	14 ③	15 ④
16 ②	17 ④	18 ①	19 모두정답	20 ②
21 ①	22 ④	23 ③	24 ②	25 ②

01 　　　　　　　　　　　　　　　정답 ③

핵심주제 : 경영학 기초

무한책임사원과 유한책임사원으로 구성된 기업 형태는 합자회사이다. 합자회사는 무한책임사원이 있다는 점에서 유한회사와 다르고, 유한책임사원이 있다는 점이 합명회사와 다르다.

02 　　　　　　　　정답 ④

핵심주제 : 경영학 기초

기존 '(주)오직커피' 매장에서 기존 고객을 대상으로 판촉활동을 하는 것은 기존 시장에서 기존 제품을 판매하는 것이므로 시장침투전략에 해당한다.

오답해설

① 한국에서 '(주)오직커피' 매장 하나를 추가로 여는 것은 기존 시장에서 기존 제품을 판매하는 것이므로 시장침투전략에 해당한다.

② 베트남에 '(주)오직커피' 매장을 여는 것은 신시장에서 기존 제품을 판매하는 것이므로 시장개발전략에 해당한다.

③ 기존 '(주)오직커피' 매장에서 기존 고객에게 샌드위치를 판매하는 것은 기존 시장에서 신제품을 판매하는 것이므로 제품개발전략에 해당한다.

 오르면 간섭

앤소프(Ansoff, H. I.)의 제품/시장 그리드

시장/제품	기존 제품	신제품
기존 시장	시장침투전략	제품개발전략
신시장	시장개발전략	다각화전략

03 정답 ①

핵심주제 : 생산관리

린(Lean) 생산시스템은 기업의 생산활동과 관련된 전 과정에서 낭비적 요소를 최소화함으로써 생산효율을 극대화하는 생산시스템이다.

오답해설

② ERP 생산시스템 : 전사적 차원에서 생산 부문을 통합하여 관리하는 시스템
③ MRP 생산시스템 : 자재 소요량 계획으로 제품생산에 필요한 부품의 투입시점과 투입량을 관리하는 시스템
④ Q-system : RQD, 불연속면군(joint Set)수, 불연속면 거칠기, 불연속면 변화 정도, 지하수에 의한 감소계수, 응력감소계수 등을 반영하여 암반을 분류하는 방법

04 정답 ③

핵심주제 : 경영학 기초

마이클 포터(M. Porter)의 본원적 경쟁전략(generic competitive strategy)은 기업이 선택한 시장 범위 내에서 어떤 전략을 취해야 경쟁 우위를 추구할 수 있는지를 설명하는 전략으로 집중화전략, 차별화 전략, 원가우위 전략이 이에 해당한다.

05 정답 ②

핵심주제 : 마케팅

마케팅 개념은 경영관리 철학으로써 크게 다음과 같이 5가지의 진화 과정을 거치며 발전해 왔다.

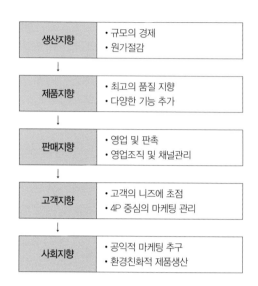

생산지향	• 규모의 경제 • 원가절감
제품지향	• 최고의 품질 지향 • 다양한 기능 추가
판매지향	• 영업 및 판촉 • 영업조직 및 채널관리
고객지향	• 고객의 니즈에 초점 • 4P 중심의 마케팅 관리
사회지향	• 공익적 마케팅 추구 • 환경친화적 제품생산

06 정답 ①

핵심주제 : 인사관리

허츠버그의 2요인이론(two-factor theory)에서 위생요인은 충족되어도 직무 만족이나 적극적인 의욕으로 이어지지 않지만, 만족되지 않으면 큰 불만으로 이어지는 요인으로 임금, 작업조건, 회사정책 등이 이에 해당한다.

오답해설

② 위생요인은 개선한다고 해서 만족이 증가하는 것은 아니지만 관리하지 않으면 불만족이 생기는 요인이다.
③ 직장에서 타인으로부터 인정받는 것은 동기요인에 해당하므로, 충족되면 직무 만족이나 적극적인 의욕으로 이어지지만, 충족되지 않아도 큰 불만으로 이어지지 않는다.
④ 불만족을 해소한다고 해서 만족이 증가하는 것이 아니라, 불만족이 발생하지 않도록 관리해야 하는 것이다.

07 정답 ③

핵심주제 : 생산관리

제품이 수송 및 배송 활동을 거쳐 소비자에게 전달되는 과정은 아웃바운드 물류(out-bound logistics)에 해당한다. 인바운드 물류(in-bound logistics)는 공급 업체에서부터 제조 공장에 이르는 원자재 및 부품의 유입 과정을 말한다.

08
정답 ④

핵심주제 : 경영학 기초

벤치마킹(benchmarking)은 어떤 기업이 다른 기업의 제품이나 조직의 특징을 비교 분석하여 그 장점을 보고 배우는 경영 전략 기법이다.

오답해설

① 블루오션 전략(blue ocean strategy) : 차별화와 저비용을 통해 경쟁이 없는 새로운 시장을 창출하려는 경영전략

② 지식경영(knowledge management) : 조직 내 지식의 발굴, 공유 및 적용을 통해 조직의 문제해결 역량을 향상시킴으로써 경쟁우위를 갖게 하는 과정

③ 브레인스토밍(brainstorming) : 일정한 주제에 대해 구성원들의 창의적이고 자유분방한 발상을 통해 아이디어를 도출하고 문제를 해결하기 위한 기법

09
정답 ④

핵심주제 : 인사관리

유니온 숍(union shop)은 노동조합이 사용자와의 단체협약으로 근로자가 고용되면 일정 기간 내에 노동조합에 가입하여 조합원 자격을 가져야 하고 노동조합에 가입하지 않거나 탈퇴 또는 제명된 경우에는 해고하도록 정한 조직강제방법을 말한다.

오르면 간청

노동조합 숍(Shop) 제도의 종류

- **오픈 숍(Open Shop)** : 사용자가 조합원 또는 비조합원의 여부에 상관없이 아무나 채용할 수 있으며, 근로자 또한 노동조합에 대한 가입이나 탈퇴가 자유로운 제도
- **클로즈드 숍(Closed Shop)** : 사용자가 근로자를 고용할 때 근로자가 노동조합에 가입되어 있는 것을 고용조건으로 하는 협정
- **유니온 숍(Union Shop)** : 노동조합이 사용자와의 단체협약으로 근로자가 고용되면 일정 기간 내에 노동조합에 가입하여 조합원 자격을 가져야 하고 노동조합에 가입하지 않거나 탈퇴 또는 제명된 경우에는 해고하도록 정한 조직강제방법

10
정답 ①

핵심주제 : 마케팅

원가가산 가격결정 방법은 재화나 서비스의 생산원가에 일정 이익률을 고려하여 가격을 결정하는 방법이다.

오답해설

② 단수가격은 제품 가격을 설정할 때 9,900원처럼 가격의 끝자리를 단수로 표시하여 정상가격보다 약간 낮게 설정하는 가격전략이다.

③ 2부제가격(two-part tariff)은 기업이 가입비와 사용료 두 가지 가격을 동시에 부과하는 가격정책이다.

④ 유보가격(reserved price)은 소비자가 특정 제품을 사기 위하여 지불할 용의가 있는 최대 가격으로, 일반적으로 소비자는 제품의 판매가가 유보가격보다 낮을 경우 구매를 실행에 옮긴다.

11
정답 ②

핵심주제 : 재무관리

연간 지급되는 이자를 '액면가의 비율로 표시한 것'은 이자율이다. 쿠폰(coupon)은 뜯어서 제출하면 일정 이자금을 받을 수 있는 증표이다.

12
정답 ③

핵심주제 : 경영학 기초

ODM(Original Development Manufacturer)은 브랜드에 대한 콘셉트만을 보유한 업체에서 제조사의 기술과 주관을 가지고 개발 및 생산을 요청하는 방식이다.

오답해설

① OJT(on-the-job training) : 피교육자인 종업원이 직무에 종사하면서 지도교육을 받는 직장 내 교육훈련을 말한다.

② OBM(Original Brand Manufacturer) : 브랜드에 대한 콘셉트와 유통 및 마케팅까지 제조사에서 총괄하는 방식이다.

④ OEM(Original Equipment Manufacturer) : 브랜드와 공정도를 보유한 업체에서 공정도 그대로 생산만을 요청하는 방식이다.

13
정답 ①

핵심주제 : 경영정보시스템

빅데이터는 단순히 큰 데이터가 아니라 규모(Volume)가 크고, 변화의 속도(Velocity)가 빠르며, 속성이 매우 다양한(Variety) 데이터라는 3 가지 특징을 가진 큰 데이터를 말한다.

14
정답 ③

핵심주제 : 마케팅

프랜차이즈 시스템은 계약형 VMS에 해당한다. 계약형 VMS는 공식적인 계약을 근거로 채널들을 결합하는 형태로, 각 채널은 독립적인 기관으로 상품 확보, 가격 결정 등과 관련한 권리·책임·의무를 협의하고 계약을 맺는다.

15
정답 ④

핵심주제 : 회계학

일반적인 거래와 회계상 거래의 구분은 자산의 변화 여부로 판단할 수 있다. ㄱ은 1,000원짜리 상품을 주문했을 뿐 대금의 지불 여부나 상품의 수취 여부를 알 수 없으므로 자산의 변화가 없는 일반적 거래이다.

오답해설

ㄴ. 도난은 재고자산의 감소에 해당하므로 회계상 거래이다.
ㄷ. 프린터 1대를 기증받은 것은 회사 자산이 늘어난 것이므로 회계상 거래이다.
ㄹ. 외상매입은 채무가 생긴 것이므로 회계상 거래이다.

16
정답 ②

핵심주제 : 인사관리

직무명세서는 직무분석의 결과를 인사관리의 특정한 목적에 맞도록 세분화시켜서 구체적으로 기술한 문서로, 직무 수행에 필요한 기술·지식·능력 등의 자격요인을 정리한다.

17
정답 ④

핵심주제 : 경영정보시스템

계층화 분석법(AHP)는 다수의 속성들을 계층적으로 분류하고 각 속성의 중요도를 파악해 최적 대안을 선정하는 기법이다.

18
정답 ①

핵심주제 : 마케팅

제품 전략은 제품의 생산 목적이나 판매 대상 등을 계획적으로 결정하는 것으로, 소비자의 욕구에 적합한 제품을 생산하거나 구입하는 데 주안을 두는 전략이다. 즉, 전체 시장의 욕구(needs)가 아니라 소비자의 욕구를 바탕으로 적절한 제품의 개발 및 운영을 위한 전략이다.

19
모두정답

핵심주제 : 재무관리

경영자가 일반 주식보다 자신이 소유한 주식에 대해 많은 투표권을 갖도록 책정하는 행위는 주식의 차등의결권으로 우리나라에는 없는 제도이다.

20
정답 ②

핵심주제 : 조직행위

통제 범위(span of control)란 관리조직에 있어서 한 사람의 상사가 직접적이고 효율적으로 관리할 수 있는 적정한 부하직원의 수를 말한다. 여기서 통제 범위가 좁아진다는 것은 상사가 관리해야 하는 부하직원의 수가 줄어드는 것이므로, 상급자의 의사결정권이 강화되고 따라서 부하의 창의성 발휘 정도는 오히려 줄어들게 된다.

21
정답 ①

핵심주제 : 마케팅

소비자의 정보처리 과정은 소비자가 자극물의 정보에 노출되고 주의를 기울이며 이해하는 과정을 말한다. 그러므로 소비자의 정보처리 과정은 노출 → 주의 → 지각 → 태도의 순서로 이루어진다.

22
정답 ④

핵심주제 : 생산관리

SERVQUAL 모형은 서비스 품질을 구성하는 5가지 기본 차원, 즉 유형성, 신뢰성, 반응성, 확신성, 공감성을 통해 고객이 인식하는 서비스 품질을 측정하고 분석한다.

SERVQUAL 모형의 5가지 차원

- **유형성(Tangibles)** : 서비스 제공과 관련된 물리적 환경, 장비, 직원의 외모 등
- **신뢰성(Reliability)** : 서비스를 일관되고 정확하게 제공하는 능력
- **반응성(Responsiveness)** : 고객의 요청, 문제 또는 불만에 신속하고 적극적으로 대응하는 능력
- **확신성(Assurance)** : 직원의 지식과 예의가 고객에게 신뢰와 안심을 줄 수 있는 능력
- **공감성(Empathy)** : 기업이 개별 고객의 필요와 문제에 주의를 기울이고 개인화된 서비스를 제공하는 능력

25 정답 ②
핵심주제 : 마케팅

심리적 세분화(psychographic segmentation)의 요인은 사회계층, 라이프스타일, 개성 등이다. 소비자의 구매 패턴과 소비자가 추구하는 편익은 행동적 세분화(behavioral segmentation) 요인에 해당한다.

23 정답 ③
핵심주제 : 조직행위

변혁적 리더십(transformational leadership)은 리더가 조직구성원의 사기를 고양시키기 위해 미래의 비전과 공동체적 사명감을 강조하고 이를 통해 조직의 장기적 목표를 달성하는 것을 핵심으로 하는 리더십으로, 그 하부 요인에는 카리스마, 지적 자극, 개별적 배려, 영감적 동기화 등이 있다.

24 정답 ②
핵심주제 : 재무관리

레버리지 효과는 타인자본을 지렛대로 삼아 자기 자본 이익률을 높이는 것으로, 기업은 타인자본 조달로 인해 발생하는 이자비용보다 높은 수익률이 기대되는 경우에만 타인자본을 활용하여 투자하는 것이 바람직하다.

오답해설

① 기업이 타인자본을 사용해서 반드시 이익이 난다는 보장이 없으므로, 자기 자본 이익률이 반드시 높아진다고 볼 수 없다.
③ 기업의 부채비율이 높더라도 이익률이 더 높으면 레버리지 효과를 최대로 활용할 수 있다.
④ 자본을 감소시키면 총자산에서 차지하는 부채비율이 증가하여 레버리지 비율이 오히려 증가할 수 있다.

출제 문항 분석	
영역	문항 수
행정법통론	4
행정작용법	10
행정법상 의무이행 확보수단	3
행정구제법	8

행정법

정답				
01 ③	02 ①	03 ③	04 ②	05 ①
06 ③	07 ④	08 ②	09 ②	10 ④
11 ①	12 ④	13 ③	14 ②	15 ④
16 ③	17 ①	18 ③	19 ①	20 ②
21 ②	22 ④	23 ④	24 ②	25 ①

01 정답 ③

핵심주제 : 행정법의 원칙

행정청은 공익 또는 제3자의 이익을 현저히 해칠 우려가 있는 경우를 제외하고는 행정에 대한 국민의 정당하고 합리적인 신뢰를 보호하여야 한다(행정기본법 제12조 신뢰보호의 원칙).

02 정답 ①

핵심주제 : 행정행위

상대방 있는 행정처분은 특별한 규정이 없는 한 의사표시에 관한 일반법리에 따라 상대방에게 고지되어야 효력이 발생하고, 상대방 있는 행정처분이 상대방에게 고지되지 아니한 경우에는 상대방이 다른 경로를 통해 행정처분의 내용을 알게 되었다고 하더라도 행정처분의 효력이 발생한다고 볼 수 없다(대판 2019.8.9. 2019두38656).

03 정답 ③

핵심주제 : 부관

부관은 해당 처분의 목적을 달성하기 위하여 필요한 최소한의 범위여야 한다.

오답해설

① 행정청은 부관을 붙일 수 있는 처분의 경우 그 처분을 한 후에도 당사자의 동의가 있다면 부관을 새로 붙일 수 있다.

② 행정청은 처분에 재량이 있는 경우에는 법률에 근거가 없어도 부관을 붙일 수 있다.

④ 부담은 행정행위의 불가분적인 요소가 아니며, 부담 그 자체를 독립하여 행정쟁송의 대상으로 할 수 있다.

〈 법령 〉

행정기본법

제17조(부관) ④ 부관은 다음 각 호의 요건에 적합하여야 한다.

1. 해당 처분의 목적에 위배되지 아니할 것
2. 해당 처분과 실질적인 관련이 있을 것
3. 해당 처분의 목적을 달성하기 위하여 필요한 최소한의 범위일 것

04 정답 ②

핵심주제 : 행정행위

처분의 근거 법령이 행정청에 처분의 요건과 효과 판단에 일정한 재량을 부여하였는데도, 행정청이 자신에게 재량권이 없다고 오인한 나머지 처분으로 달성하려는 공익과 그로써 처분상대방이 입게 되는 불이익의 내용과 정도를 전혀 비교형량 하지 않은 채 처분을 하였다면, 이는 재량권 불행사로서 그 자체로 재량권 일탈·남용으로 해당 처분을 취소하여야 할 위법사유가 된다(대판 2019.7.11. 2017두38874).

05 정답 ①

핵심주제 : 손해배상

「국가배상법」이 정한 손해배상청구의 요건인 '공무원의 직무'에는 국가나 지방자치단체의 권력적 작용뿐만 아니라 비권력적 작용도 포함되지만, 단순한 사경제의 주체로서 하는 작용은 포함되지 아니한다(대판 1999.11.26. 98다47245).

06 정답 ③

핵심주제 : 정보공개제도

정보공개제도는 공공기관이 보유·관리하는 정보를 그 상태대로 공개하는 제도라는 점 등에 비추어 보면, 정보공개를 구하는 자가 공개를 구하는 정보를 행정기관이 보유·관리하고 있을 상당한 개연성이 있다는 점을 입증함으로써 족하다 할 것이다(대판 2014.6.12. 2013두4309).

오답해설

① 정보의 공개 및 우송에 드는 비용은 실비(實費)의 범위에서 청구인이 부담한다.
② 사립대학교도 정보공개를 할 의무가 있는 공공기관에 해당한다.
④ 국내에 사무소를 두고 있는 외국법인 또는 외국단체는 목적과 상관없이 정보공개를 청구할 수 있다.

07 정답 ④

핵심주제 : 손실보상

사업인정의 고시 절차를 누락한 경우 이는 절차상의 위법으로서 수용재결 단계 전의 사업인정 단계에서 다툴 수 있는 취소사유에 해당하기는 하나, 더 나아가 그 사업인정 자체를 무효로할 중대하고 명백한 하자라고 보기는 어렵고, 따라서 이러한 위법을 들어 수용재결처분의 취소를 구하거나 무효확인을 구할수는 없다(대판 2000.10.13. 2000두5142).

08 정답 ②

핵심주제 : 공법·사법관계

공기업·준정부기관이 계약에 근거한 권리행사로서 입찰참가자격 제한 조치를 하였더라도 입찰참가자격 제한 조치는 행정처분이 아니라, 사법상 통지로서 항고소송 대상이 아니다.

09 정답 ②

핵심주제 : 대법원 판례

같은 정도의 비위를 저지른 자들 사이에 있어서도 그 직무의 특성 등에 비추어, 개전의 정이 있는지 여부에 따라 징계의 종류의 선택과 양정에 있어서 차별적으로 취급하는 것은 사안의 성질에 따른 합리적 차별로서 이를 자의적 취급이라고 할수 없는 것이어서 평등원칙 내지 형평에 반하지 아니한다(대판 1999.8.20. 99두2611).

10 정답 ④

핵심주제 : 재건축·재개발사업

「도시 및 주거환경정비법」상 조합설립추진위원회 구성승인처분을 다투는 소송 계속 중에 조합설립인가처분이 이루어진 경우에는 추진위원회 구성승인처분에 위법이 존재하여 조합설립인가 신청행위가 무효라는 점 등을 들어 직접 조합설립인가처분을 다툼으로써 정비사업의 진행을 저지하여야 하고, 이와는 별도로 추진위원회 구성승인처분에 대하여 취소 또는 무효확인을 구할 법률상의 이익은 없다(대판 2013.1.31. 2011두11129).

11 정답 ①

핵심주제 : 행정계획

국립대학인 서울대학교의 '94학년도 대학입학고사 주요요강'은 사실상의 준비행위 내지 사전안내로서 행정쟁송의 대상이 될수 있는 행정처분이나 공권력의 행사는 될 수 없지만 그 내용이 국민의 기본권에 직접 영향을 끼치는 내용이고 앞으로 법령의 뒷받침에 의하여 그대로 실시될 것이 틀림없을 것으로 예상되어 그로 인하여 직접적으로 기본권 침해를 받게 되는 사람에게는 사실상의 규범작용으로 인한 위험성이 이미 현실적으로 발생하였다고 보아야 할 것이므로 이는 헌법소원의 대상이 되는 소정의 공권력행사에 해당된다(헌재결 1992.10.1. 92헌마68, 76).

12 정답 ④

핵심주제 : 행정행위

행정행위를 한 처분청은 그 행위에 하자가 있는 경우에는 별도의 법적 근거가 없더라도 스스로 이를 취소할 수 있고, 다만 수익적 행정처분을 취소할 때에는 이를 취소해야 할 공익상의 필요와 그 취소로 인하여 당사자가 입게 될 기득권과 신뢰보호 및 법률생활 안정의 침해 등 불이익을 비교·교량한 후 공익상의 필요가 당사자가 입을 불이익을 정당화할 만큼 강한 경우에 한하여 취소할 수 있다(대판 2008.11.13. 2008두8628).

13 정답 ③

핵심주제 : 행정지도

행정기관은 행정지도의 상대방이 행정지도에 따르지 아니하였다는 것을 이유로 불이익한 조치를 하여서는 아니 된다(행정절차법 제48조 2항).

14 정답 ②

핵심주제 : 행정강제

「행정대집행법」에 따른 행정대집행에서 건물의 점유자가 철거의무자일 때에는 건물철거의무에 퇴거의무도 포함되어 있는 것이어서 별도로 퇴거를 명하는 집행권원이 필요하지 않다(대판 2017.4.28. 2016다213916).

15 정답 ④

핵심주제 : 법률관계

개발부담금 부과처분이 취소된 이상 그 후의 부당이득으로서의 과오납금 반환에 관한 법률관계는 단순한 민사관계에 불과한 것이고, 행정소송절차에 따라야 하는 관계로 볼 수 없다(대판 1995.12.22. 94다51253).

16 정답 ③

핵심주제 : 헌법재판소와 대법원 판례

법령이 특정한 행정기관 등으로 하여금 다른 행정기관을 상대로 제재적 조치를 취할 수 있도록 하면서, 그에 따르지 않으면 그 행정기관에 대하여 과태료를 부과하거나 형사처벌을 할 수 있도록 정하는 경우, 권리구제나 권리보호의 필요성이 인정된다면 예외적으로 그 제재적 조치의 상대방인 행정기관 등에게 항고소송 원고로서의 당사자능력과 원고적격을 인정할 수 있다(대판 2018.8.1. 2014두35379).

17 정답 ①

핵심주제 : 행정절차

「국가공무원법」상 직위해제처분은 당해 행정작용의 성질상 행

정절차를 거치기 곤란하거나 불필요하다고 인정되는 사항 또는 행정절차에 준하는 절차를 거친 사항에 해당하므로, 처분의 사전통지 및 의견청취 등에 관한 「행정절차법」의 규정이 별도로 적용되지 않는다(대판 2014.5.16. 2012두26180).

18 정답 ③

핵심주제 : 행정행위

사증발급의 법적 성질, 출입국관리법의 입법 목적, 사증발급 신청인의 대한민국과의 실질적 관련성, 상호주의원칙 등을 고려하면 우리 출입국관리법의 해석상 외국인에게는 사증발급 거부처분의 취소를 구할 법률상 이익이 인정되지 않는다(대판 2018.5.15. 2014두42506).

19 군무원 필수 정답 ①

핵심주제 : 공공의 영조물

「도로교통법」 제3조 제1항에 의하여 특별시장·광역시장·제주특별자치도지사 또는 시장·군수의 권한으로 규정되어 있는 도로에서 경찰서장 등이 설치·관리하는 신호기의 하자로 인한 「국가배상법」 제5조에 따라 지방자치단체는 사무의 귀속 주체로서, 국가는 비용부담자로서 배상의 책임을 진다(대판 1999.6.25. 99다11120).

20 정답 ②

핵심주제 : 행정심판

행정심판의 재결은 피청구인인 행정청을 기속하는 효력을 가지므로 재결청이 취소심판의 청구가 이유 있다고 인정하여 처분청에 처분을 취소할 것을 명하면 처분청으로서는 재결의 취지에 따라 처분을 취소하여야 하지만, 나아가 재결에 판결에서와 같은 기판력이 인정되는 것은 아니어서 재결이 확정된 경우에도 처분의 기초가 된 사실관계나 법률적 판단이 확정되고 당사자들이나 법원이 이에 기속되는 모순되는 주장이나 판단을 할 수 없게 되는 것은 아니다(대판 2015.11.27. 2013다6759).

21 정답 ②

핵심주제 : 개인정보보호

개인정보처리자는 정보주체가 필요한 최소한의 정보 외의 개인정보 수집에 동의하지 아니한다는 이유로 정보주체에게 재화 또는 서비스의 제공을 거부하여서는 아니 된다(개인정보보호법 제16조 개인정보의 수집 제한)

22 정답 ④

핵심주제 : 헌법재판소와 대법원의 판례

당사자의 신청을 받아들이지 않은 거부처분이 재결에서 취소된 경우에 행정청은 종전 거부처분 또는 재결 후에 발생한 새로운 사유를 내세워 다시 거부처분을 할 수 있다. 그 재결의 취지에 따라 이전의 신청에 대하여 다시 어떠한 처분을 하여야 할지는 처분을 할 때의 법령과 사실을 기준으로 판단하여야 하기 때문이다(대판 2017.10.31. 2015두45045).

23 정답 ④

핵심주제 : 개인적 공권

환경부장관의 생태 · 자연도 등급결정으로 1등급 권역의 인근 주민들이 가지는 환경상 이익은 환경보호라는 공공의 이익이 달성됨에 따라 반사적으로 얻게 되는 이익에 불과하므로 등급변경처분의 무효확인을 구할 원고적격이 없다(대판 2014.2.21. 2011두29052).

24 정답 ②

핵심주제 : 행정처분

법령상 토사채취가 제한되지 않는 산림 내에서의 토사채취에 대하여 국토와 자연의 유지, 환경보전 등 중대한 공익상 필요를 이유로 그 허가를 거부할 수 있다(대판 2007.6.15. 2005두9736).

25 정답 ①

핵심주제 : 행정소송

「공기업 · 준정부기관 계약사무규칙」에 따른 낙찰적격 세부기준은 공공기관이 사인과 사이의 계약관계를 공정하고 합리적 · 효율적으로 처리할 수 있도록 관계 공무원이 지켜야 할 계약사무 처리에 관한 필요한 사항을 규정한 것으로서 공공기관의 내부 규정에 불과하여 대외적 구속력이 없는 것임을 알 수 있다(대판 2014.12.24. 2010두6700).

앞말을 지정하여 어떤 사실을 부정하는 뜻을 강조하는 보조사 '는커녕'은 앞 말과 붙여 써야 옳다.

02 정답 ②

핵심주제 : 문법

'살펴보다'는 동사 '살피다'와 동사 '보다'가 결합하여 만들어진 합성어로, 두 개의 실질 형태소가 결합하여 하나의 단어가 된 말이다.

오답해설

① '교육자답다'는 '교육자'라는 어근에 '특성이나 자격이 있음'을 뜻하는 접미사 '-답다'가 결합한 파생어이다.

③ '탐스럽다'는 '탐'이라는 어근에 '그러한 성질이 있음'을 뜻하는 접미사 '-스럽다'가 결합한 파생어이다.

④ '순수하다'는 '순수'라는 어근에 형용사를 만드는 접미사 '-하다'가 결합한 파생어이다.

2022년도 07월 16일 시행

2022년 기출문제

정답 및 해설

국어

출제 문항 분석

영역	문항 수
문법	4
어문 규정	4
문학	4
비문학	7
한자와 어휘	6

정답				
01 ③	02 ②	03 ④	04 ④	05 ①
06 ②	07 ③	08 ②	09 ③	10 ①
11 ①	12 ④	13 ③	14 ③	15 ②
16 ④	17 ②	18 ①	19 ④	20 ①
21 ②	22 ②	23 ④	24 ①	25 ④

03 정답 ④

핵심주제 : 사자성어

전화위복(轉禍爲福)은 '재앙과 근심, 걱정이 바뀌어 오히려 복이 됨'을 뜻하는 사자성어로, 좋지 않은 일이 오히려 좋은 일로 바뀌는 것을 말한다. 그러므로 ④는 "이번에 우리 팀이 크게 진 것을 전화위복(轉禍爲福)으로 여기자."로 고쳐 써야 사자성어의 쓰임이 적절하다.

오답해설

① 견강부회(牽强附會) : 이치에 맞지 않는 말을 억지로 끌어 붙여 자기에게 유리하게 함

② 호시우보(虎視牛步) : 범처럼 노려보고 소처럼 걷는다는 뜻으로, 예리한 통찰력으로 꿰뚫어 보며 성실하고 신중하게 행동함을 이르는 말

③ 도청도설(道聽塗說) : 길에서 듣고 길에서 말한다는 뜻으로, 길거리에 퍼져 돌아다니는 뜬소문을 이르는 말

---

01 군무원 필수 정답 ③

핵심주제 : 띄어쓰기

'좀∨더∨큰∨것'처럼 단음절로 된 단어가 연이어 나타날 때는 붙여 쓸 수 있다는 한글 맞춤법 규정에 따라 '좀더∨큰것'으로 붙여 쓸 수 있다.

오답해설

① → 지난달에 나는 딸도 만날∨겸 여행도 할∨겸 미국에 다녀왔어.

'이달의 바로 앞의 달'을 의미하는 '지난달'은 한 단어이므로 붙여 써야 옳고, '두 가지 이상의 동작이나 행위를 아울러 함'을 의미하는 '겸'은 의존 명사이므로 앞말과 띄어 써야 한다.

② → 이 회사의 경비병들은 물샐틈없이 경비를 선다.

'물샐틈없이'는 '조금도 빈틈이 없이'라는 뜻의 부사로, 한 단어이므로 붙여 써야 옳다.

④ → 그 사람은 감사하기는커녕 적게 주었다고 원망만 하더라.

04 정답 ④

핵심주제 : 한자어

①·②·③의 '마'는 모두 '磨(갈 마)' 자를 사용하나, ④의 '마'는 '痲(저릴 마)' 자를 사용한다.

① 마모(磨耗)

② 절차탁마(切磋琢磨)

③ 연마(研磨/練磨/鍊磨)

④ 마비(痲痺)

05 정답 ①

핵심주제 : 띄어쓰기

'한'은 관형사이고 '번'은 '일의 차례나 횟수'를 나타내는 의존 명사이므로 '한∨번'처럼 띄어 써야 옳다. '두∨번', '세∨번', '네∨번'도 마찬가지로 띄어 써야 한다.

오답해설

② '지난 어느 때나 기회'를 의미하는 '한번'은 명사로, 한 단어이므로 붙여 쓴다.

③ 어떤 행동이나 상태를 강조하는 뜻을 나타내는 말인 '한번'은 부사로, 한 단어이므로 붙여 쓴다.

④ 어떤 일을 시험 삼아 시도함을 나타내는 말인 '한번'은 부사로, 한 단어이므로 붙여 쓴다.

06 정답 ②

핵심주제 : 비문학

제시문에 따르면 자연은 인간이 배워야 할 진리이며 모든 행동의 도덕적 및 실용적 규범이며 지침이며 길이라고 하였다. 또한 자연은 정복과 활용이 아니라 감사와 보존의 대상이라고 하였다. 그러므로 글쓴이는 세계의 모든 현상과 그 변화의 근본원리가 자연에 있다고 보는 자연주의자이다.

오답해설

① 낭만주의 : 꿈이나 공상의 세계를 동경하고 감상적인 정서를 중시하는 창작 태도

③ 신비주의 : 우주를 움직이는 신비스러운 힘의 감지자인 신이나 존재의 궁극 원인과의 합일은 합리적 추론이나 정하여진 교리 및 의식의 실천을 통하여서는 이루어질 수 없고 초이성적 명상이나 비의(祕儀)를 통하여서만 가능하다고 보는 종교나 사상

④ 실용주의 : 실제 결과가 진리를 판단하는 기준이라고 주장하는 철학 사상으로, 행동을 중시하며 사고나 관념의 진리성은 실험적인 검증을 통하여 객관적으로 타당한 것이어야 한다는 주장

07 정답 ③

핵심주제 : 비문학

자연은 정복과 활용이 아니라 감사와 보존의 대상이라는 제시문의 주제가 문단의 끝에 위치하고 있다. 그러므로 제시문의 구성 방식은 중심 내용이 문단이나 글의 끝부분에 오는 미괄식이다.

08 정답 ②

핵심주제 : 비문학

제시문의 첫 번째 단락에서 인간이 후천적, 인위적으로 구조를 만들었다고 생각하는 것은 잘못이며, 인간은 단지 구조되어 있는 질서에 참여할 뿐이라고 하였다. 또한 두 번째 단락에서 구조란 의식되지 않는 가운데 인간 문화의 기저에서 인간의 행위를 규정함을 뜻하고, 여기에서 인간은 무의식적 주체라고 하였다. 그러므로 주체의 의식적 사유와 행위에 의해 새로운 문화 질서가 창조된다는 ②의 설명은 라캉의 생각과 다르다.

09 정답 ③

핵심주제 : 현대문학

작품에서 시적 화자는 해바라기의 중심을 생의 근원을 향한 아폴로의 호탕한 눈동자로, 해바라기 씨를 의욕의 씨로 묘사하고 있다. 그러므로 해바라기의 외양 묘사를 통해 나타는 '생명에 대한 강렬한 의욕'이 시의 주제로 가장 적절하다.

모르면 간첩

〈 작품해석 〉

김광섭, 〈해바라기〉

• 갈래 : 자유시, 서정시

• 성격 : 비유적, 시각적, 감각적, 예찬적

• 어조 : 의욕적

• 주제 : 해바라기를 통해 보는 생명에 대한 강한 의욕

10 정답 ①

핵심주제 : 비문학

첫 번째 단락에서는 수학 이외의 다양한 분야에서 '방정식'이라는 용어의 적절할 사용 사례를 제시하고 있다. 두 번째 단락에서는 상황에 영향을 미치는 변수의 개수에 따라 m원 방정식, 상황의 복잡도에 따라 n차 방정식으로 구분할 필요가 있음을 제안하고 있다. 그러므로 '수학 용어의 올바른 활용'이 제시문의 제목으로 가장 적절하다.

11 정답 ①

핵심주제 : 비문학

㉠ 앞쪽 / ㉡ 뒤쪽 / ㉢ 앞쪽
먼 곳의 물체가 흐리게 보이는 근시는 망막의 앞쪽에 초점이 맺혀 초점이 맞지 않는 상이 망막에 맺히기 때문이다. 그런데 물체가 눈에 가까워지면 망막의 ㉠ (앞쪽)에 맺혔던 초점이 ㉡ (뒤쪽)으로 이동하여 망막에 초점이 맺히게 되므로, 흐리게 보이던 물체가 선명하게 보인다. 또한 근시가 심할수록 눈 속에 맺히는 초점이 망막으로부터 더 ㉢ (앞쪽)에 맺히게 되어 가까운 곳의 잘 보이는 거리가 더 짧아진다.

12 정답 ④

핵심주제 : 사자성어

㉠은 좋지 않은 일이 반복적으로 일어나는 상황을 묘사한 것이므로 설상가상(雪上加霜), 전호후랑(前號後狼), 복불단행(福不單行)과 그 의미가 일치한다. 고장난명(孤掌難鳴)은 외손뼉만으로는 소리가 울리지 않는다는 뜻으로, 혼자의 힘만으로 어떤 일을 이루기가 어려움을 이르는 말이다.

오답해설

① 설상가상(雪上加霜) : '눈 위에 서리가 덮인다.'는 뜻으로, 난처한 일이나 불행한 일이 잇따라 일어남을 이르는 말
② 전호후랑(前號後狼) : '앞문에서 호랑이를 막고 있으려니까 뒷문으로 이리가 들어온다.'는 뜻으로, 재앙이 끊일 사이 없이 닥침을 비유적으로 이르는 말
③ 복불단행(福不單行) : '복은 홀로 오지 않는다.'는 뜻으로, 화를 동반하여 나쁜 일도 함께 일어남을 이르는 말

13 정답 ③

핵심주제 : 한자어

'아수라장(阿修羅場)'은 한자어끼리 결합한 단어로, 싸움이나 그 밖의 다른 일로 큰 혼란에 빠진 곳 또는 그런 상태를 뜻한다.

오답해설

① 가윗돈(加윗돈) : 한자어와 고유어가 결합한 단어로, 정해진 기준이나 정도를 넘어서는 돈을 뜻한다.
② 고자질(告者질) : 한자어와 고유어가 결합한 단어로, 남의 잘못이나 비밀을 일러바치는 짓을 뜻한다.
④ 관자놀이(貫子놀이) : 한자어와 고유어가 결합한 단어로, 귀와 눈 사이의 맥박이 뛰는 곳을 말한다.

14 정답 ③

핵심주제 : 고전문학

해당 작품은 매화를 꺾어 임 계신 곳에 보내고 싶다며 임에 대한 애절한 그리움과 충절을 노래하고 있다. 마찬가지로 ③의 홍랑의 시조도 묏버들을 꺾어 보내며 임에 대한 그리움을 드러내고 있다. 그러므로 주어진 작품과 내용 및 주제가 가장 비슷한 것은 ③의 홍랑의 시조이다.

오답해설

① 이황의 〈도산십이곡〉으로, 학문 수양에 정진하겠다는 다짐을 드러내고 있다.
② 조식의 시조로, 임금의 승하 소식을 듣고 슬픈 심정을 노래하고 있다.
④ 박인로의 시조로, 돌아가신 어머니에 대한 그리움과 안타까움을 드러내고 있다.

모르면 간첩

〈 작품해석 〉
정철, 〈사미인곡〉
• 갈래 : 양반 가사, 서정 가사
• 성격 : 서정적, 연모적
• 주제 : 임을 향한 일편단심(연군지정)
• 특징
  – 여성의 목소리에 의탁해 임(임금)에 대한 애절한 그리움과 충절을 노래함
  – 본사는 계절의 흐름에 따라 시상을 전개함
  – 다양한 비유와 상징적 기법을 통해 정서를 효과적으로 드러냄

15 정답 ②

핵심주제 : 어문 규정

깡총깡총(X) → 깡충깡충(O)

'깡총깡총'은 비표준어로, '짧은 다리를 모으고 자꾸 힘 있게 솟구쳐 뛰는 모양'을 뜻하는 '깡충깡충'이 표준어이다.

오답해설

① 발가숭이 : '옷을 모두 벗은 알몸뚱이'라는 뜻의 표준어이다.

③ 뻗정다리 : '벋정다리'의 센말로 표준어이다.

④ 오뚝이 : '밑을 무겁게 하여 아무렇게나 굴려도 오뚝오뚝 일어서는 어린아이들의 장난감'을 뜻하는 표준어이다.

16 정답 ④

핵심주제 : 문법

'주무시다'와 '가다'의 두 용언 중 마지막 용언인 '가다'에 선어말 어미인 '-시-'가 사용되었고, '자다'에 대한 높임의 특수 어휘인 '주무시다'도 사용하고 있으므로, 주어진 제시문의 조건들을 모두 포괄하고 있다.

오답해설

① 높임의 특수 어휘인 '편찮다'와 선어말 어미인 '-시-'가 사용되었으나, 여러 개의 용언이 함께 사용된 경우가 아니다.

② '돌아보다'와 '부탁하다'의 두 용언에 선어말 어미인 '-시-'를 사용하였고, 높임의 특수 어휘도 사용되지 않았다.

③ 마지막 용언인 '웃었다'에 선어말 어미인 '-시-'가 사용되었으나, 높임의 특수 어휘는 사용되지 않았다.

17 정답 ②

핵심주제 : 비문학

유추란 비슷한 대상이나 사실, 개념과의 대비를 통해 전개하는 방식으로, 주어진 제시문에는 유추의 설명 방식이 나타나 있지 않다.

오답해설

① 정의는 어떤 대상이나 용어의 의미, 법칙 등을 명백히 밝혀 진술하는 방식으로, 제시문의 두 번째 단락에서 자막을 '관객이나 시청자가 읽을 수 있도록 화면에 보여 주는 글자'로 정의하고 있다.

③ 예시는 구체적인 사례를 제시하여 일반적인 원리나 법칙 등을 구체화하는 방식으로, 제시문의 첫 번째 단락에서 텔레비전에 사용되는 여러 종류의 자막을 구체적인 사례를 들어 설명하고 있다.

④ 대조는 대상들 간의 차이점을 들어 서술하는 방식으로, 제시문의 두 번째 단락에서 텔레비전의 자막과 영화의 자막을 대조하여 설명하고 있다.

18 정답 ①

핵심주제 : 비문학

제시문의 서두에서 세계 각국의 정부들이 환경보호 조치를 공격적으로 취해왔음을 언급하고 있고, (나)에서 이러한 환경보호 조치로 인해 성과가 있었음을 사례를 덧붙여 설명하고 있다. (가)에서는 역접의 접속사 '그러나'를 사용해 환경보호 조치가 실패한 경우도 있었음을 설명하고 있으며, 마지막으로 (다)에서는 (나)에서 언급한 환경보호 조치의 실패 사례를 예시하고 있다. 그러므로 제시문은 (나) → (가) → (다)순으로 배열되어야 문맥상 적절하다.

19 정답 ④

핵심주제 : 현대 시

흰 수건, 흰 고무신, 흰 저고리 치마, 흰 띠는 우리 민족이 '흰옷'을 주로 입는 백의민족(白衣民族)이라는 점에서 '우리 민족'을 형상화한 대유법이 사용되었다. 마찬가지로 ④에서 '칼날'은 '고통, 아픔, 위험'의 속성을 상징하는 대유법이다.

오답해설

① '내 누님'을 '꽃'과 같다고 직접적으로 표현한 직유법이 사용되었다.

② '나의 마음'이라는 원관념을 '고요한 물결'이라는 보조관념으로 표현한 은유법이 사용되었다.

③ 무생물인 '파도'를 생물인 것처럼 표현한 활유법이 사용되었다.

모르면 간첩

〈 작품해석 〉
윤동주, 〈슬픈 족속〉

- **갈래** : 자유시, 서정시
- **성격** : 관조적
- **주제** : 우리 민족의 고단한 삶에 대한 연민
- **특징**
  - 흰 색의 이미지를 통해 우리 민족의 모습을 형상화 함
  - 현재형 시제로 대상의 모습을 객관적으로 표현함

〈 작품해석 〉
박지원, 〈일야구도하기〉
- **갈래** : 고전 수필, 기행 수필, 한문 수필
- **성격** : 체험적, 분석적, 교훈적, 설득적
- **제재** : 하룻밤에 강을 아홉 번 건넌 경험
- **주제** : 외부의 사물에 현혹되지 않는 삶의 자세
- **특징**
  - 자신의 체험을 바탕으로 주장하고자 하는 바를 뒷받침함
  - 치밀한 관찰력으로 사물의 본질을 꿰뚫어 보는 사색적이고 관조적인 태도를 보임

20 정답 ①

핵심주제 : 맞춤법

공기밥 → 공깃밥
한자어 '공기(空器)'와 우리말인 '밥'의 합성어인 '공깃밥'은 '공기'와 '밥' 사이에 사이시옷을 받치어 적는다. '공기에 담은 밥'을 뜻하는 '공깃밥'은 사잇소리 현상이 나타나 [공긷빱/공기빱]으로 발음된다.

22 정답 ②

핵심주제 : 어휘

②의 '보다'는 '이익을 보다, 손해를 보다'처럼 '어떤 일을 당하거나 겪거나 얻어 가지다'의 의미로 사용되었고, ① · ③ · ④의 '보다'는 '대상을 평가하다'는 의미로 사용되었다.

21 정답 ②

핵심주제 : 고전문학

글쓴이는 문 앞에 흐르는 냇물 소리를 구별해서 들어 본 경험을 통해 단지 마음속에 품은 뜻이 귀로 소리를 받아들여 만들어 낸 것일 따름이라고 설명하고 있다. 즉, 글쓴이는 관찰을 통해 사물의 본질을 이해할 수 있음을 주장한 것이 아니라, 사물의 본질은 마음에 달려 있으므로 외부의 사물에 현혹되지 말아야 함을 역설하고 있다.

오답해설

① '솔바람 같은 소리, 개구리들이 다투어 우는 듯한 소리'에서는 직유법을 활용하고 있고, '수레와 말, 대포와 북의 소리'에서는 은유법을 활용하고 있다.

③ 글쓴이는 문 앞에 흐르는 냇물 소리를 구별해서 들어 본 경험을 통해 물소리는 듣기 여하에 달린 것이라는 자기 생각의 근거로 제시하였다.

④ 글의 서두에서 '이곳이 옛 전쟁터였기 때문에 물소리가 그렇다'고 하는 다른 이의 생각을 반박하기 위하여 이 글을 서술하고 있음을 알 수 있다.

23 정답 ④

핵심주제 : 화법(말하기)

침대가 커서 좋다는 갑의 말에 을은 침대가 크고 매우 우아해서 좋다고 동의한 후 침대가 커서 방에 들어가지 않을 것 같다고 자신의 의견을 덧붙이고 있다. 그러므로 을은 자신의 의견과 다른 사람의 의견 사이의 차이점을 최소화하고 자신의 의견과 다른 사람의 의견의 일치점을 극대화하는 '동의의 격률'에 따라 대화하고 있다.

오답해설

① 좀 도와달라는 갑의 요청에 을이 지금 급히 해야 할 일이 있다며 거절하고 있으므로, 을의 대화는 공손성의 원리에 부적절하다.

② 을이 귀가 어두워서 잘 들리지 않는다며 좀 크게 말해달라고 부탁하고 있으므로, 을은 화자 자신에게 혜택을 주는 표현을 최소화하고 화자 자신에게 부담을 주는 표현은 최대화하는 '관용의 격률'에 따라 대화하고 있다.

③ 갑과 을 모두 자기 자신에 대한 칭찬은 최소화하고 자신에 대한 비방을 극대화하는 '겸양의 격률'에 따라 대화하고 있다.

공손성의 원리

- **요령의 격률** : 상대방에게 부담이 가는 표현을 최소화하고 상대방의 이익을 극대화하는 것이다.
- **관용의 격률** : 화자 자신에게 혜택을 주는 표현을 최소화하고 화자 자신에게 부담을 주는 표현은 최대화하는 것이다.
- **찬동의 격률** : 다른 사람에 대한 비방을 최소화하고 칭찬을 극대화하는 것이다.
- **겸양의 격률** : 자기 자신에 대한 칭찬은 최소화하고 자신에 대한 비방을 극대화하는 것이다.
- **동의의 격률** : 자신의 의견과 다른 사람의 의견 사이의 차이점을 최소화하고 자신의 의견과 다른 사람의 의견의 일치점을 극대화하는 것이다.

---

24   정답 ①

핵심주제 : 어휘

①의 '동냥'은 고유어이고, ② · ③ · ④는 모두 한자어이다.

오답해설

② 구걸(求乞) : 돈이나 곡식, 물건 따위를 거저 달라고 빎
③ 중생(衆生) : 많은 사람. 모든 살아 있는 무리
④ 자비(慈悲) : 남을 깊이 사랑하고 가엾게 여김. 또는 그렇게 여겨서 베푸는 혜택

---

25   정답 ④

핵심주제 : 로마자 표기법

체언에서 'ㄱ, ㄷ, ㅂ' 뒤에 'ㅎ'이 따를 때에는 'ㅎ'을 밝혀 적으므로, 북한산을 발음 [부칸산]에 따라 'Bukhansan'으로 표기한 것은 올바르다.

오답해설

① 복연필 – Bok Nyeonphil(X) → Bok Yeonpil(O)
  사람의 이름에서 일어나는 음운변화는 표기에 반영하지 않으므로, 'ㄴ'을 첨가하여 표기한 'Nyeonphil'은 잘못된 표기이다. 또한 'ㅍ'은 'p'로 표기해야 하므로 'Yeonpil'로 표기해야 옳다.

② 청와대 – Chungwadae(X) → Cheongwadae(O)
  청와대에서 'ㅓ'는 'eo'로 표기하므로 'Cheongwadae'로 표기해야 옳다.
③ 한라산 – Hanrasan(X) → Hallasan(O)
  한라산은 [할라산]으로 발음되므로, 유음화를 반영하여 'Hallasan'으로 표기해야 옳다.

209

경영학

출제 문항 분석

영역	문항 수
경영학 기초	8
생산관리	1
인사관리	1
조직행위	4
경영정보시스템	1
마케팅	3
재무관리	3
회계학	3
국제경영과 국제경제	1

정답

01 ①	02 ④	03 ①	04 ④	05 ②
06 ①	07 ②	08 ①	09 ④	10 ②
11 ①	12 ③	13 ③	14 ①	15 ③
16 ④	17 ③	18 ④	19 ②	20 ②
21 ③	22 ①	23 ②	24 ④	25 ③

01　　　　　　정답 ①

핵심주제 : 경영학 기초

일정 기간 내의 생산의 절대량이 증가할수록 제품의 단가가 저하되는 현상은 규모의 경제(economy of scale)이다. 범위의 경제(economy of scope)는 하나의 기업이 2가지 이상의 제품을 함께 생산할 경우, 2가지를 각각 따로 생산하는 경우보다 생산비용이 적게 드는 경우를 말한다.

02　　　　　　정답 ④

핵심주제 : 마케팅

기업이 제품의 가격을 결정하는 방법은 원가중심 가격결정법, 소비자중심 가격결정법, 경쟁중심 가격결정법으로 구분할 수 있다.

 가격결정 방법

- **원가중심 가격결정법** : 원가가산법, 손익분기점 가격결정법, 목표이익 가격결정법, 이폭가산법
- **소비자중심 가격결정법** : 직접 가격 평가법, 지각가치 중심 가격결정법, 진단 평가법
- **경쟁중심 가격결정법** : 시장가격에 따른 가격결정법, 경쟁입찰에 따른 가격결정법

03　　　　　　정답 ①

핵심주제 : 조직행위

리더십이론은 리더십의 유효성에 영향을 미치는 변수에 따라 특성이론, 행동이론, 상황이론으로 구분할 수 있다.

 리더십이론의 분류

- **특성이론** : 리더의 신체적·성격적 특성이 리더십의 유효성에 영향을 미친다는 이론
- **행동이론** : 리더가 행하는 행동이 리더십의 유효성에 영향을 미친다고 주장하는 이론
- **상황이론** : 행동이론에 상황이라는 조절변수가 들어간 개념으로, 리더의 행동이 상황에 적합하면 리더십의 유효성이 더 높아진다는 이론

04　　　　　　정답 ④

핵심주제 : 생산관리

생산관리의 주요 활동 목표인 생산의 4요소는 품질, 납기, 원가, 유연성이다. 구체적으로 생산관리는 최고의 품질, 정시 납품, 원가절감, 생산 유연성 확보를 목표로 한다.

05　　　　　　정답 ②

핵심주제 : 경영학 기초

채찍 효과(bullwhip effect)는 제품에 대한 수요정보가 공급사슬상의 참여 주체를 하나씩 거쳐 전달될 때마다 그 변동 폭이 확대·왜곡되는 현상을 말한다. 기업은 공급사슬관리(SCM : Supply Chain Management)의 가시성을 확보함으로써 이러한 채찍 효과 현상을 감소시키거나 제거할 것으로 기대한다.

06 정답 ①

핵심주제 : 경영학 기초

기업의 경영전략은 수준에 따라 기업전략, 사업전략, 기능별 전략으로 구분할 수 있다. 이때 기업의 종합적인 관점에서 비전과 목표를 설정하고 각 사업분야에서 경영자원을 배분하고 조정하는 일련의 활동은 기업전략이다.

모르면 간성

경영전략의 수준	
기업 전략	• 기업 전체적으로 참여할 사업영역을 결정하는 전략 • 그 기업이 경쟁하는 시장과 산업의 범위를 결정 예 다각화전략, 수직적통합, 인수합병, 해외 산업진출 등
사업 전략	• 개별사업부 내에서의 경쟁전략을 다루는 전략 • 각각의 시장에서 경쟁하는 구체적인 방법을 다룸 예 저비용전략, 차별화전략 등
기능별 전략	• 개별 사업부 내에 있는 기능별 조직에서의 전략 • 기능별 분야에서 세부적인 수행방법 등을 다룸 예 재무전략, 인사전략, 마케팅전략 등

07 정답 ②

핵심주제 : 조직행위

경영관리에서 조직화(organizing)란 전체 과업을 각자에게 나누어 맡기고 그 일들의 연결 관계를 정하는 것을 말한다.

오답해설

① 계획(planning)
③ 통제(controlling)
④ 지휘(directing)

08 정답 ①

핵심주제 : 재무회계

기업 외부의 이해관계자들이 필요한 정보를 제공하는 것은 재무회계이다. 관리회계는 내부 경영자의 경제적 의사결정에 유용한 정보를 제공하기 위한 내부보고를 목적으로 한다.

09 정답 ④

핵심주제 : 재무관리

안전성 비율은 기업의 장·단기 부채 지급능력을 파악하며 부채비율, 유동비율, 당좌비율, 이자보상비율 등으로 분석한다. 자본이익율은 기업의 수익성을 판단하는 수익성 비율이다.

10 정답 ②

핵심주제 : 경영학 기초

현금젖소(Cash Cow) 사업은 점유율은 높아서 이윤이나 현금흐름은 양호하지만 앞으로 성장하기 어려운 사업이다. 즉, 시장점유율은 높지만 시장성장률은 낮은 제품에 적용된다.

모르면 간성

BCG 매트릭스

• 스타(Star) 사업 : 성장률과 시장점유율이 높아서 계속 투자를 하게 되는 유망한 사업
• 현금젖소(Cash Cow) 사업 : 점유율이 높아서 이윤이나 현금흐름은 양호하지만 앞으로 성장하기 어려운 사업
• 물음표(Question Marks) 사업 : 상대적으로 낮은 시장점유율과 높은 성장률을 가진 사업으로, 기업의 행동에 따라 차후 스타 사업이 되거나 도그 사업으로 전락할 수 있는 신규사업
• 개(Dog) 사업 : 더 이상 성장하기 어렵고 이윤과 현금흐름이 좋지 못한 사업

11 정답 ①

핵심주제 : 회계학

당기순이익은 일정기간의 순이익으로, 영업이익에서 영업외수익과 비용·특별이익과 손실을 가감한 후 법인세를 차감한 것이다.

당기순이익 = 경상이익 + (특별이익 - 특별손실) - 법인세
• 매출총이익 = 매출액 - 매출원가
• 영업이익 = 매출총이익 - (판매비 + 관리비)
• 경상이익 = 영업이익 + (영업외수익 - 영업외비용)

12 정답 ③

핵심주제 : 인사관리

과학적 관리론에 대한 반발로 등장한 인간관계론은 조직구성원들의 사회적·심리적 욕구와 조직 내 비공식집단 등을 중시한다.

13 정답 ③

핵심주제 : 경영학 기초

기업의 사회적 책임 중 윤리적 책임은 법률로써 포함되지 못하는 사회통념에 의해 형성된 윤리적 규범으로 공정한 거래, 직원과 고객에 대한 존중, 불공정한 행위 및 부정행위 방지 등을 의미한다.

14 정답 ①

핵심주제 : 조직행위

조직 내부의 지식 창조 과정 중 이식(공동화 socialization)은 개인의 암묵지(tacit knowledge)를 경험을 통해 타인의 암묵지로 전환하는 것을 말한다.

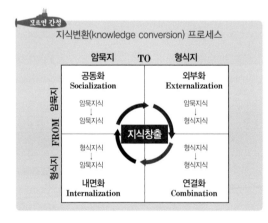

모르면 간성
지식변환(knowledge conversion) 프로세스

	암묵지 TO 형식지	
FROM 암묵지	공동화 Socialization 암묵지식 ↓ 암묵지식	외부화 Externalization 암묵지식 ↓ 형식지식
형식지	내면화 Internalization 형식지식 ↓ 암묵지식	연결화 Combination 형식지식 ↓ 형식지식

지식창출

15 정답 ③

핵심주제 : 조직행위

목표에 의한 관리(MBO : Management By Objectives)는 많은

관리활동을 체계적인 방법으로 통합하고 조직과 개인의 목표를 효과적으로 달성하기 위한 동기부여 전략으로 목표가 구체성(specificity), 적정 난이도(goal difficulty), 수용가능성(acceptance)을 갖추게 되면 구성원들의 동기가 증진되고 성과도 창출된다.

16 정답 ④

핵심주제 : 회계학

장기적 회계에 바탕을 두고 이루어지는 기업의 총괄적 투자계획을 자본예산이라하며, 이를 분석하는 기법에는 회수기간법, 순현가법, 내부수익률법, 회계적이익률법 등이 있다. 선입선출법은 재고자산의 출고단가를 결정하는 방법이다.

17 정답 ③

핵심주제 : 마케팅

시장세분화는 한 기업이 시장을 일정한 기준에 따라 몇 개의 동질적인 소비자 집단으로 나누는 것으로, 시장세분화를 하면 할수록 비용효율성이 낮아져 비용이 증가하는 단점이 있다.

18 정답 ④

핵심주제 : 마케팅

마케팅 믹스는 여러 가지 형태의 마케팅 수단들을 경영자가 적절하게 결합 내지 조화해서 사용하는 전략으로 제품(Product), 가격(Price), 유통(Place), 촉진(Promotion)의 4P를 요소로 한다.

19 정답 ②

핵심주제 : 국제경영과 국제경제

글로벌 경영은 사업영역을 세계시장으로 확장하여 자사의 이익과 시장을 확보하도록 세계에 분산된 자원을 효율적으로 확보하는 것을 목적으로 한다. 그러므로 글로벌 경영은 지리적 다변화를 통해 위험을 분산하는 역할을 한다.

20 정답 ②

핵심주제 : 경영학 기초

전통적 품질관리(QC)는 제조업 중심이고, 전사적품질경영(TQC)은 모든 업종에 적용될 수 있다.

전통적 품질관리 & 전사적품질경영

- **전통적 품질관리(QC : Quality Control)** : 수요자가 요구하는 모든 품질을 확보하고 유지하기 위해 기업이 품질목표를 세우고 이것을 합리적이고 경제적으로 달성할 수 있도록 수행하는 모든 활동 체계
- **전사적품질경영(TQC : Total Quality Control)** : 고객에게 충분한 만족을 줄 수 있도록 생산과 서비스를 가장 경제적인 수준에서 실시하기 위하여 사내의 각 부문의 품질개발, 품질유지 및 품질향상의 노력을 조정·통합하는 효과적인 체계

21 정답 ③

핵심주제 : 재무관리

한 번의 조업을 위한 생산설비의 가동준비에 소요되는 비용은 가동준비비용이다. 재고유지비용은 창고시설 이용 및 유지비용, 보험료, 취급 및 보관비용, 도난 및 감소 등에 따른 손실비용 등 재고를 유지하는 데 드는 비용을 말한다.

22 정답 ①

핵심주제 : 경영학 기초

시계열분석기법은 시간의 경과에 따라 일정한 간격으로 동일현상을 반복적으로 측정하여 미래를 예측하는 방법으로 이동평균법, 지수평활법, 추세분석법, 최소자승법 등이 있다. 델파이기법은 불확실한 특정 문제에 대해 전문가의 의견을 통해 미래를 예측하는 기법이다.

23 정답 ②

핵심주제 : 회계학

40,000원의 상품을 구매하였는데, 이 중 10,000원을 현금으로 지급하였고 나머지는 외상으로 하였다면 상품 가격은 차변에 기입하고, 현금은 대변에 기입하며 외상은 매입채무에 해당하므로 차변에 기입한다.

(차변)		(대변)	
상품	40,000	현금	10,000
매입채무	30,000		

24 정답 ④

핵심주제 : 경영학 기초

체계적 위험(System Risk)은 시장 전체가 지닌 위험으로 시장 내의 모든 주식 기업에 영향을 끼치는 위험이고, 비체계적 위험(Unsystematic Risk)은 특정 기업이나 산업에만 영향을 미치는 위험이다. 그러므로 유가증권이나 투자안의 위험(risk) 중 특정 기업에만 해당하는 수익률변동성(위험)은 비체계적 위험에 해당한다.

25 정답 ③

핵심주제 : 경영정보시스템

균형성과표(BSC : balanced score card)는 조직의 성과를 4가지 관점 즉, 재무적 관점, 고객 관점, 내부 프로세스 관점, 학습 및 성장 관점에서 측정한다.

균형성과표(BSC)의 4가지 관점

- **재무적 관점** : 수익, 수익성 마진, 투자수익률(ROI), 자금조달 등의 주요 재무지표 측정
- **고객 관점** : 고객의 충성도와 만족도 측정
- **내부 프로세스 관점** : 운영 효율성, 품질, 배송시간, 비용관리 등의 측정
- **학습 및 성장 관점** : 직원 만족도, 훈련 및 개발 기회, 기술적 및 인프라적 가능성 등 측정

행정법

출제 문항 분석

영역	문항 수
행정법통론	4
행정작용법	6
행정법상의 의무이행확보수단	3
행정구제법	12

정답				
01 ①	02 ④	03 ②	04 ②	05 ①
06 ②	07 ④	08 ③	09 ③	10 ①
11 ②	12 ③	13 ③	14 ③	15 ①
16 ④	17 ①	18 ③	19 ④	20 ①
21 ④	22 ②	23 ②	24 ④	25 ②

01 정답 ①

핵심주제 : 행정법의 효력

말일의 다음날 → 말일

법령 등을 공포한 날부터 일정 기간이 경과한 날부터 시행하는 경우 그 기간의 말일이 토요일 또는 공휴일인 때에는 그 말일로 기간이 만료한다.

〈 법령 〉

행정기본법 제7조(법령 등 시행일의 기간 계산)
법령 등(훈령 · 예규 · 고시 · 지침 등을 포함)의 시행일을 정하거나 계산할 때에는 다음의 기준에 따른다.
1. 법령 등을 공포한 날부터 시행하는 경우에는 공포한 날을 시행일로 한다.
2. 법령 등을 공포한 날부터 일정 기간이 경과한 날부터 시행하는 경우 법령 등을 공포한 날을 첫날에 산입하지 아니한다.
3. 법령 등을 공포한 날부터 일정 기간이 경과한 날부터 시행하는 경우 그 기간의 말일이 토요일 또는 공휴일인 때에는 그 말일로 기간이 만료한다.

02 정답 ④

핵심주제 : 행정법

법령이 정한 처분 요건의 구체적 의미 등에 관하여 법원이나 헌법재판소의 분명한 판단이 있고, 행정청이 그러한 판단 내용에

따라 법령 규정을 해석 · 적용하는 데에 아무런 법률상 장애가 없는데도 합리적 근거 없이 사법적 판단과 어긋나게 행정처분을 하였다면 그 하자는 객관적으로 명백하다고 봄이 타당하다 (대판 2017.12.28. 2017두30122).

오답해설
① 행정청 내부의 사무처리준칙이 제정 · 공표된 것 자체만으로도 행정청은 자기구속을 받게 되지 않는다.
② 헌법재판소의 위헌결정은 행정청이 개인에 대하여 신뢰의 대상이 되는 공적인 견해를 표명한 것이라고 할 수 없으므로 그 결정에 관련한 개인의 행위에 대하여는 신뢰보호의 원칙이 적용되지 아니한다(대판 2003.6.27. 2002두6965).
③ 부당결부금지의 원칙은 "행정청은 행정작용을 할 때 상대방에게 해당 행정작용과 실질적인 관련이 없는 의무를 부과해서는 아니 된다."라고 행정기본법 제13조에 규정되어 있다.

03 정답 ②

핵심주제 : 허가

건축허가는 공익상 필요가 없음에도 불구하고 요건을 갖춘 자에 대한 허가를 관계 법령에서 정하는 제한사유 이외의 사유를 들어 거부할 수 없다(대판 1995.6.13. 94다56883). 즉, 공익상 필요가 있으면 요건을 갖추더라도 허가를 거부할 수 있다.

04 정답 ②

핵심주제 : 처분의 사전통지

신청에 대한 거부처분이라고 하더라도 직접 당사자의 권익을 제한하는 것은 아니어서 신청에 대한 거부처분을 여기에서 말하는 '당사자의 권익을 제한하는 처분'에 해당한다고 할 수 없는 것이어서 처분의 사전통지대상이 된다고 할 수 없다(대판 2003.11.28. 2003두674).

05 정답 ①

핵심주제 : 행정소송

행정처분에 대한 무효확인과 취소청구는 서로 양립할 수 없는 청구로서 주위적 · 예비적 청구로서만 병합이 가능하고 선택적 청구로서의 병합이나 단순병합은 허용되지 아니한다(대판 1999.8.20. 97누6889).

06 정답 ②

핵심주제 : 행정소송

처분의 취소를 구하는 청구에 대한 기각판결이 확정되면 그 처분이 적법하다는 점에 관하여 기판력이 생긴다.

07 정답 ④

핵심주제 : 행정심판

지방자치단체는 행정심판위원회의 직접 처분에 대해 행정심판위원회가 속한 국가기관을 상대로 권한쟁의심판을 청구할 수 있다.

> 〈 성남시와 경기도 간의 권한쟁의 사건 〉
> 피청구인이 행한 두 차례의 인용재결에서 재결의 주문에 포함된 것은 골프연습장에 관한 것뿐으로서, 이 사건 진입도로에 관한 판단은 포함되어 있지 아니함이 명백하고, 재결의 기속력의 객관적 범위는 그 재결의 주문에 포함된 법률적 판단에 한정되는 것이다. 청구인은 인용재결내용에 포함되지 아니한 이 사건 진입도로에 대한 도시계획사업시행자지정처분을 할 의무는 없으므로, 피청구인이 이 사건 진입도로에 대하여 까지 청구인의 불이행을 이유로 행정심판법 제37조 제2항에 의하여 도시계획사업시행자지정처분을 한 것은 인용재결의 범위를 넘어 청구인의 권한을 침해한 것으로서, 그 처분에 중대하고도 명백한 흠이 있어 무효라고 할 것이다(헌재 1999.7.22. 98헌라4).

08 정답 ③

핵심주제 : 손해배상

하천정비 기본계획 등에서 정한 계획홍수량 및 계획홍수위를 충족하여 하천이 관리되고 있다면 그 하천은 용도에 따라 통상 갖추어야 할 안전성을 갖추고 있다고 봄이 상당하다(대판 2007.09.21. 2005다65678).

09 정답 ③

핵심주제 : 통치행위

남북정상회담의 개최과정에서 재정경제부장관에게 신고하지 아니하거나 통일부장관의 협력사업 승인을 얻지 아니한 채 북한 측에 사업권의 대가 명목으로 송금한 행위 자체는 헌법상 법치국가의 원리와 법 앞에 평등원칙 등에 비추어 볼 때 사법심사의 대상이 된다(대판 2004.3.26. 2003도7878).

10 정답 ①

핵심주제 : 행정행위의 효력

일반적으로 행정처분이나 행정심판 재결이 불복기간의 경과로 인하여 확정될 경우 확정력은 처분으로 인하여 법률상 이익을 침해받은 자가 처분이나 재결의 효력을 더 이상 다툴 수 없다는 의미일 뿐 판결에 있어서와 같은 기판력이 인정되는 것은 아니어서 처분의 기초가 된 사실관계나 법률적 판단이 확정되고 당사자들이나 법원이 이에 기속되어 모순되는 주장이나 판단을 할 수 없게 되는 것은 아니다(대판 2004.7.8. 2002두11288).

11 정답 ②

핵심주제 : 부관

토지소유자가 토지형질변경행위허가에 붙은 기부채납의 부관에 따라 토지를 국가나 지방자치단체에 기부채납(증여)한 경우, 기부채납의 부관이 당연무효이거나 취소되지 아니한 이상 토지소유자는 위 부관으로 인하여 증여계약의 중요부분에 착오가 있음을 이유로 증여계약을 취소할 수 없다(대판 1999.5.25. 98다53134).

12 정답 ③

핵심주제 : 행정계획

판례는 행정계획에 있어서 형량의 부존재, 형량의 누락, 평가의 과오 및 형량의 불비례 등 형량의 하자별로 위법의 판단기준을 달리하여 개별화하고 있지는 않다.

13 정답 ③

핵심주제 : 행정소송

ㄴ. 어떠한 고시가 일반적·추상적 성격을 가질 때에는 법규명령 또는 행정규칙에 해당할 것이지만, 다른 집행행위의 매개 없이 그 자체로서 직접 국민의 구체적인 권리의무나 법률관계를 규율하는 성격을 가질 때에는 행정처분에 해당한다(대판 2006.9.22. 2005두2506).

ㄷ. 일정한 행정처분을 구하는 신청을 할 수 있는 법률상 지위에 있는 자의 국토이용계획변경신청을 거부하는 것이 실질

적으로 당해 행정처분 자체를 거부하는 결과가 되는 경우에는 예외적으로 그 신청인에게 국토이용계획변경을 신청할 권리가 인정된다고 봄이 상당하므로, 이러한 신청에 대한 거부행위는 항고소송의 대상이 되는 행정처분에 해당한다(대판 2003.9.23. 2001두10936).

오답해설

ㄱ. 한국마사회가 조교사 또는 기수의 면허를 부여하거나 취소하는 것은 국가 기타 행정기관으로부터 위탁받은 행정권한의 행사가 아니라, 일반 사법상의 법률관계에서 이루어지는 단체 내부에서의 징계 내지 제재처분이다(대판 2008.1.31. 2005두8269).

ㄹ. 당연퇴직의 인사발령은 법률상 당연히 발생하는 퇴직사유를 공적으로 확인하여 알려주는 이른바 관념의 통지에 불과하고 공무원의 신분을 상실시키는 새로운 형성적 행위가 아니므로 행정소송의 대상이 되는 독립한 행정처분이 아니다(대판 1995.11.14. 95누2036).

14 정답 ③

핵심주제 : 행정법

행정입법의 부작위가 위헌·위법이라고 하기 위하여는 행정청에게 행정입법을 하여야 할 작위의무를 전제로 하는 것이고, 그 작위의무가 인정되기 위하여는 행정입법의 제정이 법률의 집행에 필수불가결한 것이어야 하는바, 만일 하위 행정입법의 제정 없이 상위 법령의 규정만으로도 집행이 이루어질 수 있는 경우라면 하위 행정입법을 제정하여야 할 작위의무는 인정되지 아니한다고 할 것이다(대판 2007.1.11. 2004두10432).

15 정답 ①

핵심주제 : 행정소송

조세부과처분이 당연무효를 전제로 하여 이미 납부한 세금의 반환을 청구하는 것은 민사상의 부당이득반환청구로서 민사소송절차에 따라야 한다(대판 1995.4.28. 94다55019).

16 정답 ④

핵심주제 : 행정소송

법원은 취소소송을 당해 처분 등에 관계되는 사무가 귀속하는 국가 또는 공공단체에 대한 당사자소송 또는 취소소송 외의 항

고소송으로 변경하는 것이 상당하다고 인정할 때에는 청구의 기초에 변경이 없는 한 사실심의 변론종결시까지 원고의 신청에 의하여 결정으로써 소의 변경을 허가할 수 있다(행정소송법 제21조 소의변경).

17 정답 ①

핵심주제 : 행정법 관계

석유판매업허가신청에 대하여, "주유소 건축예정 토지에 관하여 도시계획법령에 의거하여 행위제한을 추진하고 있다."는 당초의 불허가처분 사유와, 항고소송에서 주장한 위 신청이 토지형질변경허가의 요건을 갖추지 못하였다는 사유 및 도심의 환경보전의 공익상 필요라는 사유는 기본적 사실관계의 동일성이 있다(대판 1999.4.23. 97누14378).

오답해설

② 석유판매업허가신청에 대하여, 관할 군부대장의 동의를 얻지 못하였다는 당초의 불허가 사유와, 토지가 탄약창에 근접한 지점에 있어 공익적인 측면에서 보아 허가신청을 불허한 것은 적법하다는 것을 불허가사유로 추가한 경우, 양자는 기본적 사실관계에 있어서의 동일성이 인정되지 아니하는 별개의 사유라고 할 것이다(대판 1991.11.8. 91누70).

③ 온천으로서의 이용가치, 기존의 도시계획 및 공공사업에의 지장 여부 등을 고려하여 온천발견신고수리를 거부한 것은 적법하다는 사유와, 규정온도가 미달되어 온천에 해당하지 않는다는 당초의 이 사건 처분사유와는 기본적 사실관계를 달리하여 원심으로서도 이를 거부처분의 사유로 추가할 수는 없다(대판 1992.11.24. 92누3052).

④ 이주대책신청기간이나 소정의 이주대책실시(시행)기간을 모두 도과하여 이주대책을 신청할 권리가 없고, 사업시행자가 이를 받아들여 택지나 아파트공급을 해 줄 법률상 의무를 부담한다고 볼 수 없다는 사유와, 사업지구 내 가옥 소유자가 아니라는 이 사건 처분사유와 기본적 사실관계의 동일성도 없으므로 적법한 상고이유가 될 수 없다(대판 1999.8.20. 98두17043).

18 정답 ③

핵심주제 : 허가

어업에 관한 허가 또는 신고의 경우 그 유효기간이 경과하면 그 허가나 신고의 효력이 당연히 소멸하며, 재차 허가를 받거나 신고를 하더라도 허가나 신고의 기간만 갱신되어 종전의 어

업허가나 신고의 효력 또는 성질이 계속된다고 볼 수 없고 새로운 허가 내지 신고로서의 효력이 발생한다고 할 것이다(대판 2011.7.28. 2011두5728).

19 정답 ④

핵심주제 : 행정행위

별도의 법적 근거가 없어도 별개의 행정행위로 이를 철회 · 변경할 수 있지만 이는 그러한 철회 · 변경의 권한을 처분청에게 부여하는 데 그치는 것일 뿐 상대방 등에게 그 철회 · 변경을 요구할 신청권까지를 부여하는 것은 아니라 할 것이다(대판 1997.9.12. 96누6219).

20 정답 ①

핵심주제 : 이행강제금

구 건축법상 이행강제금은 위반행위에 대하여 시정명령을 받은 후 시정기간 내에 당해 시정명령을 이행하지 아니한 건축주 등에 대하여 부과되는 간접강제의 일종으로서 그 이행강제금 납무의무는 상속인 기타의 사람에게 승계될 수 없는 일신전속적인 성질의 것이므로 이미 사망한 사람에게 이행강제금을 부과하는 내용의 처분이나 결정은 당연무효이다(대판 2006.12.8. 2006마470).

21 정답 ④

핵심주제 : 손실보상

보상청구권이 성립하기 위해서는 재산권에 대한 법적인 행위로서 공행정작용에 의한 침해뿐만 아니라 사실행위도 포함한다.

22 정답 ②

핵심주제 : 행정심판

거부처분이나 부작위에 대한 의무이행심판에서의 처분명령재결의 불이행시 당사자의 신청이 있는 경우 행정심판위원회는 간접강제나 직접처분이 가능하다. 즉, 당사자의 신청이 없으면 행정심판위원회 직권으로 간접강제나 직접처분이 불가능하다.

23 정답 ②

핵심주제 : 행정소송

위법한 행정대집행이 완료되면 그 처분의 무효확인 또는 취소를 구할 소의 이익은 없다 하더라도 미리 그 행정처분의 취소판결이 있어야만 그 행정처분의 위법임을 이유로 한 손해배상청구를 할 수 있는 것은 아니다(대판 1972.4.28. 72다337). 즉, 취소판결이 없더라도 민사법원이 위법성을 판단하여 손해배상을 인정할 수 있다.

24 정답 ④

핵심주제 : 행정소송

소송계속 중 해당 처분이 기간의 경과로 그 효과가 소멸하더라도 예외적으로 그 처분의 취소를 구할 소의 이익을 인정할 수 있는 '행정처분과 동일한 사유로 위법한 처분이 반복될 위험성이 있는 경우'란 불분명한 법률문제에 대한 해명이 필요한 상황에 대한 대표적인 예시일 뿐이며, 반드시 '해당 사건의 동일한 소송 당사자 사이에서' 반복될 위험이 있는 경우만을 의미하는 것은 아니다(대판 2020.12.24. 2020두30450).

25 정답 ②

핵심주제 : 행정소송

속행정지 → 효력정지
처분의 효력정지는 처분 등의 집행 또는 절차의 속행을 정지함으로써 목적을 달성할 수 있는 경우에는 허용되지 아니한다(행정소송법 제23조 집행정지).

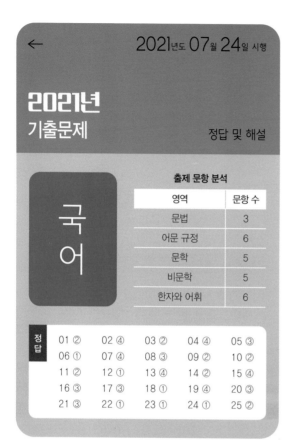

2021년도 07월 24일 시행

2021년
기출문제

정답 및 해설

국어

출제 문항 분석

영역	문항 수
문법	3
어문 규정	6
문학	5
비문학	5
한자와 어휘	6

정답

01 ②	02 ④	03 ②	04 ④	05 ③
06 ①	07 ④	08 ③	09 ②	10 ②
11 ②	12 ①	13 ④	14 ②	15 ④
16 ③	17 ③	18 ①	19 ④	20 ③
21 ③	22 ①	23 ①	24 ①	25 ②

01 정답 ②

핵심주제 : 문법

'어떤 분야를 대표할 만하다'라는 뜻을 가진 것은 '내로라하다'이므로, '내노라하는'이 아닌 '내로라하는'이 옳은 어법이다.

오답해설
① '갈음'은 '갈다'의 어간에 '-음'이 붙은 형태이며, '다른 것으로 바꾸어 대신하다.'라는 뜻을 가지고 있다.
② '걷잡다'는 '겉으로 보고 대강 짐작하여 헤아리다'라는 뜻을 나타낸다.
④ '부딪다'는 '물건과 물건이 서로 힘 있게 마주 닿거나 닿게 하다'는 뜻을 가졌으며, '부딪치다'는 '부딪다'의 강세어로 올바른 표현이다. '부딪히다'는 '부딪다'의 피동사이다.

02 정답 ④

핵심주제 : 띄어쓰기

'는커녕'은 앞말을 지정하여 어떤 사실을 부정하는 뜻을 강조하는 보조사이며, 보조사 '는'에 보조사 '커녕'이 결합한 말이다. 보조사는 앞말에 붙여 쓰므로, '는커녕'이 맞는 띄어쓰기 규정이다.

오답해설
① '모르는 척하고'에서 '척하다'는 보조 동사로, 원칙적으로 앞말과 띄어 쓴다. 또한 '넘어갈 만'에서 '만'은 의존 명사로, 앞말과 띄어 쓴다.
② '몇 등'에서 의존 명사 '등(等)'은 띄어쓴다. '몇'은 수사인 경우 뒤의 조사와 붙여 쓰고, 관형사인 경우는 뒤의 명사와 띄어 쓴다.
③ '읽는 데'에서 '데'는 '일'이나 '것'의 뜻을 나타내는 말인 의존 명사이므로 띄어 쓴다.

03 정답 ②

핵심주제 : 한자어

ⓒ의 앞부분에서의 '보판'은 '판목을 다시 만들어 보충'하는 것이라고 하였으므로, '保版(보 보관할 보, 版 널조각 판)'이 아니라 '補板(補 기울 보, 板 널빤지 판)'이 적절하다. 保版은 '인쇄판을 해제하지 아니하고 보관하여 둠.'의 뜻이며, 補板은 '마루 앞에 임시로 잇대어 만든 자리에 쓰이는 널조각.'의 뜻을 지니고 있다.

오답해설
① 훼손(毁 헐 훼, 損 더 손) : 체면이나 명예를 손상함. 혹은 헐거나 깨뜨려 못 쓰게 만듦
③ 매목(埋 묻을 매, 木 나무 목) : 오랫동안 흙이나 물속에 파묻혀서 화석(化石)과 같이 된 나무. 혹은 나무를 깎아서 만든 쐐기. 재목 따위의 갈라진 틈이나 구멍을 메우는 데 쓴다.
④ 상감(象 형상 상, 嵌 박아넣을 감) : 금속이나 도자기, 목재 따위의 표면에 여러 가지 무늬를 새겨서 그 속에 같은 모양의 금, 은, 보석, 뼈, 자개 따위를 박아 넣는 공예 기법

04 정답 ④

핵심주제 : 문법

용언의 현재 시제를 나타내는 '-는다 / -ㄴ다'와의 결합이 가능하면 동사이고, 결합이 불가능하면 형용사이다. 고르다 1과 고르다 2는 동사이므로, 현재진행형으로 사용할 수 있으나, 고르

다 3은 형용사이기 때문에 현재형 어미가 붙을 수 없으므로, 현재진행형으로 사용할 수 없다.

오답해설

① '고르다 1', '고르다 2', '고르다 3'은 각각 다른 표제어로 사전에 수록되어 있으므로 서로 동음이의어 관계라고 할 수 있다.

② '고르다'는 어간의 끝소리 '으'가 탈락 하면서 'ㄹ'이 덧생기는 'ㄹ' 불규칙 활용 단어이므로 '고르다 1', '고르다 2', '고르다 3'은 모두 불규칙 활용을 한다.

③ '고르다 2'와 '고르다 3'은 각각 「1」과 「2」의 다의어가 존재하므로 다의어라고 볼 수 있으나, '고르다 1'은 '여럿 중에서 가려내거나 뽑다.'의 한 가지 뜻만 있어 다의어라고 볼 수 없다.

05 정답 ③

핵심주제 : 어휘

'고르다2'의 「2」의 예로는 '붓을 고르다.', '줄을 고르다.', '그는 가쁘게 몰아쉬던 숨을 고르고 있다.', '그는 목소리를 고르며 자기 차례를 기다리고 있었다.'가 있다. '숨을 고르다.'는 '숨결이 고르다.'와 혼동할 수 있으나, '고르다 2'의 「2」는 '손질하다'의 뜻을 가진 동사이며 '고르다 3'의 「2」는 '순조롭다'의 뜻을 가진 형용사이므로 품사의 유무로 구별할 수 있다.

오답해설

① '고르다2'의 「1」에 해당한다.

② '고르다3'의 「2」에 해당한다.

④ '고르다1'의 「1」에 해당한다.

06 정답 ①

핵심주제 : 비문학(순서)

해당 지문은 "한국 문학 통사"라는 책 내용의 일부분이다. (가)는 문학의 범위를 넓게 보았던 과거의 상황을, (나)는 시대가 변하면서 문학의 범위를 좁게 보는 (가) 이후의 상황을 나타낸다. (다)는 문학을 전문화하면서 문학의 영역이 좁아졌다고 언급하며 (나)의 내용을 구체화하였고, (라)는 앞의 내용에 대한 올바른 방향을 설명했다. 문학의 범위를 좁게 보는 내용을 (나)에서 처음 언급했으므로 제시문은 (나)의 앞에 와야 한다.

07 정답 ④

핵심주제 : 맞춤법

'백분율'은 올바른 표현이다. 한글 맞춤법 제11항에 따라 모음이나 'ㄴ' 받침 뒤에 이어지는 '렬', '률'은 '열', '율'로 적는다. 그 예로는 백분율, 실패율, 규율 등이 있다.

오답해설

① '빼앗다'의 피동사인 '빼앗기다'의 준말은 '뺏기다'이다. '뺏기다'의 과거형인 '뺏기었다'의 준말은 '뺏겼다'이므로 '뺏겼다'는 옳지 않다. 또한 '나'는 '나의'의 줄임말 '내'로 써야하므로 '내 자리 뺏겼나 봐요'로 써야 한다.

② '하룻동안'은 '하루 동안'으로 띄어 쓰고 사이시옷은 표기하지 않는다. 왜냐하면 '오랫동안', '하룻저녁', '하룻날'의 경우 합성어로서 하나의 단어가 되지만, '하룻동안'은 '하루'와 '동안'이 각 단어이기 때문에 합성어가 아니기 때문이다.

③ '번번히'가 아니라 '번번이'가 맞춤법 규정에 맞는 문장이다. 한글 맞춤법 제51항에 따르면, 첩어 또는 준첩어인 명사 뒤에는 '-이'를 붙인다. '번번이' 이외에 간간이, 겹겹이, 곳곳이, 나날이, 다달이, 샅샅이, 알알이, 줄줄이, 짬짬이 등이 있다.

08 정답 ③

핵심주제 : 비문학

골턴이 빅토리아 시대적 편견을 가지고 있다는 부정적인 평가가 ㉠ 뒤에 오고 있으므로, ㉠에는 앞의 내용과 반대이거나 전환인 '그러나'와 '그런데'가 적절하다. ㉡의 뒤에는 그가 시대적 편견을 가진 결과로 그의 주장이 설득력이 떨어진다는 내용이 나오므로, ㉡에는 '그리하여', '그래서', '따라서'가 적절하다.

09 정답 ②

핵심주제 : 외래어 표기법

'벤젠(benzene)', '시너(thinner)', '알코올(alcohol)' 모두 맞는 외래어 표기법이다. '밴젠', '씨너', '알콜'은 틀린 외래어 표기법이다.

오답해설

① '리모콘'은 '리모컨', '버턴'은 '버튼'이 맞다.

③ '코드'는 맞고 '컨센트'는 '콘센트'가 맞다.

④ '썬루프'는 '선루프', '스폰지'는 '스펀지'가 맞다.

10 정답 ②

핵심주제 : 어휘

작품 〈상춘곡〉의 전체 내용은 '수간모옥', '들판', '시냇가', '산봉우리'로 이동하지만 제시문은 작품의 일부만을 수록했다. 제시문에서 시인은 벽계수 옆의 '수간모옥'에 있다가 '시비(柴扉)'와 '정자(亭子)'를 거쳐 이동하며 밖으로 나온다. 따라서 이 글은 '나'의 공간의 이동에 따라 시상이 전개되고 있다고 할 수 있다.

오답해설

① 돈호법 형식으로 속세에 묻혀 사는 분들을 이르는 '홍진에 묻힌 분'에게 자신의 삶이 어떠한지 말을 건네고는 있으나 서로 묻고 대답하지 않으며, 이 작품에는 문답의 형식이 나타나지 않고 있다.

③ 이웃들에게 산수 구경을 갈 것을 권유하며 이웃들을 자신의 흥취에 끌어들이고 있으나 이것은 시인이 봄의 아름다움을 주관적으로 표현한 것일 뿐, 봄의 아름다움을 객관화하는 것과는 관련이 없다.

④ 여음은 후렴구처럼 반복하는 구절이나, 감탄사를 반복 사용하여 조흥구를 만드는 구절을 말한다. 이 작품에서 여음은 나타나지 않는다.

11 정답 ②

핵심주제 : 가사

(가)를 해석하면, '수풀에 우는 새는 봄기운을 끝내 못 이기어 소리마다 아양떠는 모습이로다.'이다. 이 구절은 시적 자아의 춘흥을 자연인 '새'에 감정이입하여 봄의 아름다운 경치를 시적으로 표현한 것으로, 춘흥의 극치를 보여준다. (가)의 다음 내용에 나오는 '物我一體'를 통해 산수자연 속의 모든 존재들과 합일하는 흥겨움을 알 수 있다.

오답해설

① (가)에는 방해물이 나타나지 않는다.

③ (가)에 해당하는 내용이 아니다. '閑中眞味를 알 니 업시 호재로다'에서 산수자연의 즐거움을 혼자서만 누리는 것에 대한 안타까움이 드러난다.

④ 회한의 정서는 드러나지 않는다. 오히려 화자는 자연과 교감하여 자연에 몰입하고 있다.

12 정답 ①

핵심주제 : 어문 규정

'기울이다'는 '비스듬하게 한쪽을 낮추거나 비뚤게 하다.', '정성이나 노력 따위를 한곳으로 모으다.'의 두 가지 뜻이 있다. 첫 번째 뜻은 '기울다'의 사동사이지만, 두 번째 뜻은 '기울다'의 사동사가 아니며, 피동사도 아니다.

오답해설

② '매다'는 '끈을 매다.'와 같이 '묶다. 마디를 만들다.'의 뜻에 쓰므로, '어깨에 걸치거나 올려놓다.'의 뜻을 가진 '메다'를 활용하여 '메어'로 표기해야 한다.

③ '-지기'는 '문지기, 청지기'와 같이 명사 뒤에 붙어 '그것을 지키는 사람'의 뜻을 더하는 접미사이다.

④ '엄지손가락'은 한자어 '무지(拇 엄지손가락 무, 指 가리킬 지)', '대무지(大拇指)', '대지(大指)', '벽지(擘指)', '거지(巨指)'와 같은 뜻이다.

13 정답 ④

핵심주제 : 로마자 표기법

'정릉'은 [정능]으로 발음하고 표준 발음에 따라 'Jeongneung'으로 적는다.

오답해설

① '순대'의 'ㅐ'는 'ae'로 적으며, '순대'는 일반 명사이므로 소문자로 적어야 하기 때문에 'sundae'로 적는다.

② '광희문'은 [광히문]으로 발음하기 때문에 'Gwanghuimun'으로 적는다. 'ㅢ'는 'ㅣ'로 소리 나더라도 무조건 'ui'로 적어야 한다.

③ '왕십리'는 [왕심니]로 발음하기 때문에 'Wangsimni'로 적는다.

14 정답 ②

핵심주제 : 문법

열거된 항목 중 어느 하나가 자유롭게 선택될 수 있음을 보일 때는 명사 '건물'에 사용할 조사 중 '에, 로, 까지'를 선택하는 문장이므로 '[ ]'(대괄호)가 아닌 '{ }'(중괄호)를 쓴다. 이때 중괄호 안에 열거된 항목들은 쉼표 또는 빗금으로 구분한다.

오답해설

① 고유어에 대응하는 한자어 또는 한글을 함께 보일 때는 대괄호를 쓴다. 그 예로 '나이[年歲]', '낱말[單語]', '나이[연세]', '낱말[단어]'가 있다.

③ 괄호 안에 또 괄호를 써야할 때 바깥쪽에 대괄호를 쓴다. 연도 표기인 '(1958)'의 바깥쪽 괄호로 대괄호를 썼다.

④ 보충 설명을 덧붙일 때 대괄호의 용법은 주석이나 보충적인 내용을 덧붙일 때 쓰는 소괄호의 용법과 유사하나, 대괄호는 문장이나 단락처럼 비교적 큰 단위와 관련된 보충 설명을 덧붙일 때 쓰인다. 따라서 비교적 큰 단위인 '그 이야기'가 '합격 소식'임을 알려주기 위해 쓸 때는 소괄호보다 대괄호가 더 적절하다.

15
정답 ④

핵심주제 : 어휘

⊙에 들어갈 단어는 '유행(流 흐를 유, 行 다닐 행)'이다. 유행은 '특정한 행동 양식이나 사상 따위가 일시적으로 많은 사람의 추종을 받아서 널리 퍼짐. 또는 그런 사회적 동조 현상이나 경향'을 뜻한다. 본문은 "모던보이"라는 책의 일부분으로, 뉴욕과 파리의 유행이 1930년대 경성에도 유행하게 되었다는 내용이다.

오답해설

① 성행(盛 성할 성, 行 다닐 행) : 매우 심하게 유행함

② 편승(便 편할 편, 乘 탈 승) : 남이 타고 가는 차편을 얻어 탐. 세태나 남의 세력을 이용하여 자신의 이익을 거둠을 비유적으로 이르는 말

③ 기승(氣 기운 기, 勝 이길 승) : 성미가 억척스럽고 굳세어 좀처럼 굽히지 않음. 또는 그 성미. 기운이나 힘 따위가 성해서 좀처럼 누그러들지 않음

16
정답 ③

핵심주제 : 비문학(순서)

(가)는 영화와 근대 과학기술로 인한 유행의 확산의 내용이다. (나)는 '하지만'으로 시작하여 글의 시작으로 볼 수 없고, 뉴욕과 경성에 대한 내용이 나오므로, (가) 뒤에는 (나)가 이어진다. (나)에서 당시 유행이 빨랐다는 것과 경성 모던걸의 유행의 아이러니를 설명하였고, (다)에서 유행이 너무 빨라 서구의 유행이 거의 동시적으로 한국으로 전달된다고 하였으므로, (나)와 (다)는 대조되는 내용이다. 또한 (나)는 '하지만'으로 시작하므로, (다)의 뒤에 이어진다. (마)는 유행의 요인인 미디어를 처음 소개하기 때문에 (라)의 앞에 오지만 글의 처음이 될 수 없다. (라)는 근대 여성이 미디어를 통해 세계를 알게 되었다는 내용이다. 따라서 전체 글의 순서는 '(다)-(가)-(나)-(마)-(라)'이며, (나)~(마)의 순서는 '(다)-(나)-(마)-(라)'이다.

17
정답 ③

핵심주제 : 비문학(내용)

(다)에서 뉴욕이나 할리우드에서 유행하던 파자마라는 '침의패션'은 시구에서 일본을 거쳐 한국으로 전달된다고 하였으므로, 적절하지 않은 내용이다.

오답해설

① (나)에서 뉴욕걸이나 할리우드 배우들이나 경성의 모던걸이 입은 패션은 동일하다고 하였다.

② (라)에서 근대여성이 신문이나 라디오 같은 미디어를 통해 속성 세계인이 될 수 있었다고 하였다.

④ (라)에서 미디어는 식민지 조선 여성에게 세계적인 불안도 함께 안겨주었다고 한 것을 보아 알 수 있는 내용이다.

18
정답 ①

핵심주제 : 어휘

'비지'와 '땀' 모두 고유어이며 '비지땀'은 합성어이다. '비지땀'은 비지를 만들기 위해 콩을 갈라서 헝겊에 싸서 짤 때 나오는 콩물에서 유래된 말로, '몹시 힘든 일을 할 때 쏟아져 내리는 땀'이라는 뜻을 가지고 있다.

오답해설

② 사랑채(舍廊채) : 한자어 '사랑(舍 집 사, 廊 복도 랑)'과 뜻을 더하는 접미사 '-채'가 붙은 파생어로, '사랑으로 쓰는 집채'라는 뜻이다.

③ 쌍동밤(雙童밤) : '한 어머니에게서 한꺼번에 태어난 두 아이.'의 뜻을 가진 한자어 '쌍동(雙 쌍 쌍, 童 아이 동)'과 고유어 '밤'이 합쳐진 합성어로, '한 껍데기 속에 두 쪽이 들어 있는 밤'을 뜻한다.

④ 장작불(長斫불) : 한자어인 '장작(長 길 장, 斫 벨 작)'과 고유어 '불'이 합쳐져 만들어진 합성어로, '장작으로 피운 불'을 뜻한다.

19 정답 ④

핵심주제 : 현대 소설

정 씨가 10년 만에 가는 삼포는 고기잡이를 하고 감자를 캐며 나룻배로 이동하는 산업화 이전의 모습이지만, 노인이 알려주는 최근의 삼포는 산업화로 인한 개발로 인해 삼포의 바다는 방둑을 쌓고 트럭이 돌을 실어 나르며 관광호텔을 짓고 있다. 바다에 생긴 '신작로'는 새로 만든 길이라는 뜻으로, 자동차가 다닐 수 있을 정도로 넓게 새로 낸 길을 이르는 말을 의미한다. 따라서 ㉠, ㉡, ㉢이 산업화 이전 삼포의 모습을 나타내는 소재이다.

20 정답 ③

핵심주제 : 현대 소설

이 작품에서는 산업화 속에서 폐허가 된 고향을 상실한 민중들의 궁핍한 삶이 드러난다. 정 씨가 추억하고 있는 고향이 산업화로 인해 예전의 모습이 사라진 것을 알고 허망해하는 정 씨의 모습에서 알 수 있다. 그러므로 '내가 사랑했던 자리마다 모두 폐허다.'라는 시구가 주제를 표현한 것으로 가장 적절하다.

 모르면 간첩

〈 작품해석 〉
황석영, 〈삼포 가는 길〉
- **갈래** : 단편 소설
- **배경** : 1970년대 초의 어느 시골
- **경향** : 여로 소설
- **성격** : 사실적
- **시점** : 전지적 작가 시점
- **표현** : 1970년대 산업화가 초래한 고향 상실의 아픔을 형상화함
- 인물들이 길에서 만나 서로 의지하며 길을 걸어가는 것을 통해, 이들이 서로의 상처를 치유해 가는 훈훈한 인간애가 나타남

21 정답 ③

 군무원 필수

핵심주제 : 사자성어

이 작품은 을지문덕이 수나라 장수 우중문에게 보낸 시로, 그를 조롱하기 위해 지은 한시이다. 침략한 적장을 희롱하여 판단을 어둡게 한 뒤 계책을 써서 물리치는 데 이용하였다. 표면적으로는 우중문의 책략과 계획을 칭찬하고 있으나, 내면적으로는 자

신이 그보다 훨씬 낫다는 자신감을 표현하였다. 따라서 시에서 나타나는 주된 정조는 '득의만면(得 얻을 득, 意 뜻 의, 滿 찰 만, 面 낯 면)'이며, '일이 뜻대로 이루어져 기쁜 표정이 얼굴에 가득함'의 뜻을 가지고 있다.

오답해설

① 유유자적(悠 멀 유, 悠 멀 유, 自 스스로 자, 適 갈 적) : 여유가 있어 한가롭고 걱정이 없는 모양. 속세를 떠나 아무 속박 없이 조용하고 편안하게 삶
② 연연불망(戀 사모할 연, 戀 사모할 연, 不 아닐 불, 忘 잊을 망) : 그리워서 잊지 못함
④ 산자수명(山 뫼 산, 紫 자주 빛 자, 水 물 수, 明 밝을 명) : 산색이 아름답고 물이 맑음

모르면 간첩

〈 작품해석 〉
을지문덕(乙支文德), 〈여수장우중문시(與隋將于仲文詩)〉
- **지은이** : 을지문덕
- **갈래** : 오언고시(五言古時)
- **연대** : 고구려 제26대 영양왕 때
- **구성** : 기 · 승 · 전 · 결의 4단 구성
- **주제** : 적장의 오판 유도, 적장 희롱
- **의의** : 현전하는 우리 나라 최고(最古)의 한시
- **출전** : 《삼국사기》 권44, 열전 제4 을지문덕

22 정답 ①

핵심주제 : 속담

문맥과 가장 어울리는 속담은 '불감청이언정 고소원이라'이다. '불감청(不 아닐 불, 敢 감히 감, 請 청할 청)'은 '마음속으로는 간절하지만 감히 청하지 못함'을 뜻하며, '고소원(固 굳을 고, 所 바 소, 願 바랄 원)'은 '본디부터 바라던 바'를 뜻한다. 이를 종합하면 '감히 청하지는 못하였으나 본래 바라고 있던 바'를 뜻한다. 혼수를 간소하게 하라는 간절한 요청이 부담감을 덜어주는 이유는 혼수를 간소하게 하고 싶어도 이를 직접 말하기가 어렵기 때문이다. 그러므로 ㉠에 들어갈 속담으로 가장 적절하다.

오답해설

② 배보다 배꼽이 더 크다 : 기본이 되는 것보다 덧붙이는 것이 더 많거나 큰 경우를 이르는 말
③ 미운 자식 떡 하나 더 준다 : 미운 사람일수록 잘해 주고 감정을 쌓지 않아야 한다는 말

④ 똥 묻은 개가 겨 묻은 개를 나무란다 : 자기는 더 큰 흉이 있으면서 도리어 남의 작은 흉을 본다는 말

23 정답 ①

핵심주제 : 현대시

이 시에서 '구름'과 '물길'은 유랑하는 '나그네'의 방랑의 이미지를 형상화한 시어이다. '구름 흘러가는'은 유랑하는 나그네를 상징하며, '물길은 칠백 리'는 나그네의 긴 방랑의 여정을 상징한다.

오답해설

② '강마을'은 저녁노을을 배경으로 술이 익는 곳이며 '나그네'가 자연과 동화된 모습을 시각적 이미지와 후각적 이미지로 표현한 소재이다. 시적 자아가 바라보는 공간일 수는 있으나 정착하려는 의도와는 관련이 없다.

③ 마지막 연에서 나그네는 다정(多情)과 다한(多恨)을 숙명으로 받아들이며 자연과 어우러져 방랑하고 있으므로, '나그네'가 현실의 질곡에서 벗어나려는 의지는 나타나지 않는다.

④ 마지막 연의 '다정'과 '한 많음'은 나그네가 본래 지니던 정서와 숙명이며, '한 많음'은 오히려 '병인 양' 여길 수 있는 괴로움이다. 민중의 전통적 정서인 이별의 정한이나 '한'의 내적 승화와 직접적인 관련이 없다. '한 많음도 병인 양하여'라고 했다면 나그네가 자신에게 주어진 '한'을 숙명으로 받아들였으므로 전통적 정서로 볼 수 있으나 '한 많음'만을 언급한다면 전통적 정서로 볼 수 없다. 따라서 '한 많음'에는 전통적 미학의 정서가 드러나지 않는다.

모르면 간첩

〈 작품해석 〉
조지훈, 〈완화삼(玩花衫) – 목월(木月)에게〉
- 갈래 : 자유시, 서정시
- 성격 : 애상적, 전통적
- 제재 : 유랑하는 '나그네'의 삶
- 주제 : 밤길을 떠나는 '나그네'의 애수
- 특징 : 전통적인 3음보의 율격이 나타남. 자연물에 감정을 이입하여 시적 화자의 정서를 간접적으로 표출함. 다양한 감각적 이미지를 통해 시의 분위기를 형성함.
- 해설 : 유랑하는 나그네의 모습을 애상적으로 그려낸 시이며, 시인이 박목월에게 보낼 것을 염두에 두고 쓴 시이다. 박목월 시인은 〈완화삼〉의 답시 〈나그네〉를 썼다.

24 정답 ①

핵심주제 : 어문 규정

'마천루(摩天樓)'는 '하늘을 찌를 듯이 솟은 아주 높은 고층 건물'의 뜻으로, 표준 발음법 제20항('ㄴ'은 'ㄹ'의 앞이나 뒤에서 [ㄹ]로 발음한다.)에 따라 [마철루]로 발음한다.

 모르면 간첩

표준발음법 제20항 유음화에 포함되지 않는 사례

의견란[의:견난], 임진란[임:진난], 생산량[생산냥], 결단력[결딴녁], 공권력[공꿘녁], 동원령[동:원녕], 상견례[상견녜], 횡단로[횡단노], 이원론[이:원논], 입원료[이붠뇨], 구근류[구근뉴]

25 정답 ②

핵심주제 : 비문학(주제)

본문은 문화예술 시대에 한국인의 예술성이 세계에서 인정받고 있으므로 새로운 역사가 시작될 수 있도록 우리만의 전략으로 세계에 나아가기를 바라는 글이다. 그러므로 글의 중심내용으로 가장 옳은 것은 '다가오는 미래에 대한 희망찬 포부'이다.

출제 문항 분석

영역	문항 수
경영학 기초	4
생산관리	4
인사관리	3
조직행위	3
경영정보시스템	1
마케팅	2
재무관리	4
회계학	3
국제경영과 국제경제	1

정답				
01 ①	02 ①	03 ②	04 ①, ④	05 ①
06 ③	07 ④	08 ②	09 ③	10 ①
11 ④	12 ③	13 ④	14 ②	15 ④
16 ①	17 ②	18 ③	19 ②	20 ②
21 ②	22 ③	23 ④	24 ③	25 ③

단체행동권의 3가지 기본 권리가 있다. 그러므로 단체협의권은 해당하지 않는다.

> 〈 법령 〉
> 「대한민국헌법」
> 제33조 ① 근로자는 근로조건의 향상을 위하여 자주적인 단결권 · 단체교섭권 및 단체행동권을 가진다.
> ② 공무원인 근로자는 법률이 정하는 자에 한하여 단결권 · 단체교섭권 및 단체행동권을 가진다.

04 정답 ①, ④
핵심주제 : 경영학 기초

포터(M. Porter)의 가치사슬 분석에서 본원적 활동에 해당하는 것은 생산, 생산관리, 품질관리, 생산기술, 마케팅, 판매, 서비스 등이 있다. 인적자원관리, 재무회계, 구매, 연구개발, 기술개발 등은 지원(보조)활동에 해당한다.

01 정답 ①
핵심주제 : 조직행위

분업은 구성원들에게 과업의 범위, 정도, 양 등을 결정하는 것으로, 분업을 통해서 숙련화의 제고, 관찰 및 평가의 용이성, 전문화의 촉진을 기대할 수 있다. 업무몰입의 지원은 분업이 아닌, 직무설계에 해당하는 설명이다.

05 정답 ①
핵심주제 : 재무관리

레버리지 효과란, 타인자본 비율에 따라 기업의 수익에 차이가 발생하는 현상을 의미하는 것으로, 레버리지 효과를 이용해 개인이나 기업이 타인으로부터 빌린 타인자본(차입금)을 발판으로 삼아 자기자본이익률을 높이는 현상도 나타난다.

레버리지
기업마다 부담하는 영업고정비, 재무고정비 등의 정도

02 정답 ①
핵심주제 : 경영학 기초

테일러는 과학적 관리법에 따라 내적 보상이 아닌 외적 보상(차별성과급제)을 통한 동기부여를 중시하였다.

03 정답 ②
핵심주제 : 인사관리

헌법 제33조에 따르면, 노동자에게는 단결권 · 단체교섭권 및

06 정답 ③
핵심주제 : 국제경영과 국제경제

기업의 세계화 방법에서 해외 자회사는 경영권의 일부를 위임하거나 생산 및 판매를 둔 계약에 의한 다른 방법들과는 달리, 해외에 직접 자회사를 경영하기 때문에 경영관리를 위한 이슈나 의사결정이 가장 많이 발생하는 세계화 방법이라 할 수 있다.

오답해설

① 글로벌 소싱(global sourcing) : 기업의 구매활동 범위를 범세계
   적으로 확대하여, 외부조달 비용의 절감을 시도하는 구매전략
② 전략적 제휴(strategic alliance) : 기업 간 상호협력관계를 유지
   하여 다른 기업에 대하여 경쟁적 우위를 확보하려는 경영전략
④ 프랜차이즈(franchise) : 프랜차이즈 본사가 가맹점에게 자기
   의 상표, 상호 등의 동일한 이미지로 영업 활동을 하도록 하
   고, 그에 따른 대가로 이익을 지급받는 거래 관계

07 정답 ④

핵심주제 : 회계학

손익분기점이란 제품을 생산할 때 들었던 총비용과 판매했을 때의
총수익이 같아지는 지점을 말하며, 손익분기점을 구하는 공식은 다
음과 같다.

$$손익분기점 = \frac{총고정비용}{1 - \dfrac{단위당\ 변동비용}{단위당\ 제품가격}}$$

따라서 손익분기점을 파악하기 위해 필요한 정보에는 총고정비
용, 제품단위당 변동비용, 제품가격이 해당한다.

08 정답 ②

핵심주제 : 조직행위

④의 설명처럼 집단 응집력이 낮고 집단과 조직목표가 일치하
지 않는 경우에도 생산성이 저하되긴 하지만, 집단 응집력이 높
은 상태에서 집단과 조직목표가 일치하지 않는 경우에는 생산
성의 저하가 더 심각하게 일어날 수 있다. 반면에, 집단 응집력
이 높고 집단과 조직목표가 일치하는 경우에는 생산성이 가장
높고, 집단 응집력이 낮지만 집단과 조직목표가 일치하는 경우
에도 생산성은 어느 정도 향상된다.

09 정답 ③

핵심주제 : 생산관리

전사적 자원관리(Enterprise Resource Planning)란 기업 내 생
산ㆍ물류, 재무ㆍ회계, 영업, 재고 등 경영 활동 프로세스들을
통합적으로 관리하며, 기업에서 발생하는 정보들을 서로 공유
하여 신속한 의사결정을 도와주는 전사적 자원관리시스템 또는
전사적 통합시스템을 말한다. 그러므로 현지 생산의 차별화와는
무관하다고 할 수 있다.

10 정답 ①

핵심주제 : 조직행위

진성 리더십이란, 리더의 진정성을 강조하는 리더십으로, 명확
한 자기 인식에 기초하여 확고한 가치와 원칙을 세우고 투명한
관계를 형성하여 조직 구성원들에게 긍정적인 영향을 미치는
리더십이다. ①의 설명은 변혁적 리더십의 특성에 대한 것이다.

> **모르면 간성**
>
> ### 진성 리더십의 구성요소
>
> • 자아인식(self-awareness)
> • 내재화(내면화)된 도덕적 신념(internalized moral perspective)
> • 균형 잡힌 정보처리(balanced processing of information)
> • 관계의 투명성(relational transparency)

11 정답 ④

핵심주제 : 경영학 기초

페이욜(H. Fayol)이 제시한 경영의 관리과정은 계획(Planning),
조직(Organizing), 지휘(Leading; Directing), 조정(Coordinating),
통제(Controlling)로 이루어진다. 이때, 통제는 목표달성을 위한
경영활동의 검토, 시정조치 및 평가와 관련된다.

12 정답 ③

핵심주제 : 회계학

재무상태표란, 특정 시점에서 기업의 재무상태를 나타내는 재무
제표로, 기업이 소유하고 있는 자산, 부채 및 자본에 관한 정보
를 제공한다. 일정 기간 동안의 경영성과를 나타낸 재무제표는
재무상태표가 아니라, 손익계산서이다.

13 정답 ④

핵심주제 : 인사관리

많은 종업원들에게 통일된 훈련을 시킬 수 있는 것은 직장 내
교육훈련(OJT)이 아니라 직장 외 교육훈련에 대한 설명에 해당
한다.

직장 내 교육훈련(OJT)의 장단점

장점	단점
• 실무에 바로 적용 가능 • 비용이 적게 듦 • 실무능력 신장 • 결과 평가에 용이 • 직장상사와의 관계 향상 • 교육의 필요성 파악에 용이	• 큰 회사 손실 가능성 • 전문적 교육 능력의 부족 • 다수의 종업원에게 동시 훈련 불가 • 직무와 훈련 병행의 어려움 • 동일한 내용의 교육훈련 불가

14 정답 ②
핵심주제 : 마케팅

소비자의 구매행동에 영향을 미치는 내적 동기요인은 소비자 개인의 심리적 요인과 관련된 요인으로, 소비자의 태도나 학력, 나이, 신념, 성향 등이 해당된다. 가족은 소비자의 구매행동에 영향을 미치는 사회적 요인인 준거집단의 요소에 해당하는 것이다.

15 정답 ④
핵심주제 : 인사관리

특정 분야에서 전문지식을 가지고 있어 발생하는 권력은 개인적 권력에 해당하는 전문적 권력이다.

오답해설
① 부하 직원에게 부정적 강화를 제공할 수 있는 경우로 강압적 권력에 해당한다.
② 부하 직원에게 긍정적 강화를 제공할 수 있는 경우로 보상적 권력에 해당한다.
③ 업무 활동에 대하여 부하 직원에게 공식적인 권한을 가지는 경우로 합법적 권력에 해당한다.

16 정답 ①
핵심주제 : 마케팅

아이디어 창출 단계에서는 브레인스토밍, 표적집단면접법 등의 기법을 통해 많은 아이디어를 창출해내는 데에 중점을 둔다.

오답해설
② 시제품이란 제품을 출시하기에 앞서 시험적으로 만든 제품으로, 제품컨셉트 개발단계가 아니라 시험마케팅단계에서 만든다.
③ 신상품 컨셉트는 아이디어를 추상적으로 표현한 것이 아니라 구체적으로 표현한 것이다.
④ 시장테스트는 시험마케팅의 일환으로 제품 출시 후가 아니라, 제품 출시 전에 실시한다.

17 정답 ②
핵심주제 : 경영정보시스템

식스 시그마란, 기업에서 완벽에 가까운 제품이나 서비스를 개발하고 제공하려는 목적으로 정립된 품질경영 기법으로, 모토롤라에서 시작해 제너럴 일렉트릭(GE)에 의해 널리 알려졌다. 시그마라는 것은 정규분포에서 표준편차를 의미하는데, 식스 시그마는 제품 백만 개 중에서 3~4개 이하 정도의 불량만을 허용한다.

18 정답 ③
핵심주제 : 생산관리

적시생산시스템(JIT)은 일본의 도요타자동차에서 개발한 기법으로, 필요한 부품을 필요한 시간에 필요한 양만큼 공급하여 재고를 최소한으로 하고 작업자의 능력을 완전하게 활용하는 것을 근본원리로 삼는다.

적시생산시스템의 구성요소
• 주일정계획(MPS)의 안정화
• 로트 크기와 생산 준비 시간의 축소
• 집단관리(GT)기법
• 칸반(Kanban) 형식

19 정답 ②
핵심주제 : 생산관리

생산시스템 설계과정에는 제품설계, 공정설계(생산입지선정), 설비배치 등이 포함되어 있으며, 자원계획은 해당되지 않는다.

생산시스템의 설계과정
• 제품결정 및 설계   • 공정설계
• 설비배치   • 방법연구
• 작업측정

20 정답 ②

핵심주제 : 재무관리

재무분석이란, 경영자가 내부통제 또는 재무예측을 위하여 기업의 재무상태와 경영성과의 적정성 여부를 검토하는 것이 아니라, 기업의 외부 이해관계자들이 기업의 재무상태와 경영성과에 대하여 적정성 여부를 검토하는 것이다. 재무분석의 좁은 의미인 재무비율분석의 예로는, 유동성 비율, 레버리지 비율, 활동성 비율, 수익성 비율, 시장가치 비율이 있다.

21 정답 ②

핵심주제 : 재무관리

순현가(순현재가치, NPV)는 투자효율성의 지표로서, 현금유입의 현가에 현금유출의 현가를 차감한 것을 말한다. 순현가는 투자안의 모든 현금흐름과 화폐의 시간가치를 고려하며, 가치의 가산원칙이 성립한다. 또한, 선택된 모든 투자안의 순현가의 합으로 해당 기업의 가치를 알 수 있지만, 모든 개별 투자안들 간의 상호관계를 고려할 수는 없다.

22 정답 ③

핵심주제 : 재무관리

재무관리자의 역할에는 투자결정, 자본조달결정, 배당결정 등이 있다. 회계처리는 재무관리자가 아닌 회계관리자의 역할에 해당한다.

모르면 간첩

회계의 사회적 역할

- 사회적 자원(social resource)의 효율적 배분 : 투자의사결정과 신용의사결정 시 생산성이 높은 기업에 투자하도록 유도하여 사회적 자원을 효율적으로 배분
- 수탁책임(stewardship responsibilities)에 공사 보고 : 경영자로 하여금 주주나 채권자로부터 수탁 받은 자본을 효과적·효율적으로 관리 및 경영하고 있는지를 보고하기 위한 수단으로 이용
- 사회적 통제의 합리화 : 노사 간의 임금협상, 국가정책 수립, 세금이나 공공요금의 책정 등의 상황에 회계정보를 이용

23 정답 ④

핵심주제 : 회계학

매몰비용(sunk cost)이란, 이미 지출해서 회수할 수 없는 비용을 말하며, 이미 실패한 또는 실패할 것으로 예상되는 일에 시간, 노력, 돈을 투자하는 것을 매몰비용의 오류라고 한다.

오답해설

①, ② 확증 편향에 대한 설명이다.
③ 귀인 편향에 대한 설명이다.

24 정답 ③

핵심주제 : 경영학 기초

경영의 요점은 계획(plan), 실행(do), 평가(see)라고 할 수 있다. 즉, 목표와 계획, 업무수행과 조직화, 실적평가와 개선이다. 관리는 경영의 하위 개념으로, 수립된 경영 계획이나 운영 방침을 효율적으로 수행하기 위해 조직 내 여러 자원을 적절히 활용하는 기능을 한다. 그러므로 ③의 설명은 관리가 아니라 경영이라고 해야 옳다.

25 정답 ③

핵심주제 : 생산관리

품질비용이란, 제품 및 서비스에서 불량품이 발생하지 않도록 예방하는 일체의 비용으로, 품질비용의 구성요소에는 예방비용, 평가비용, 실패비용이 있다.

오답해설

① PDCA는 사업활동에서 생산 및 품질 등을 관리하는 방법으로 Plan(계획) – Do(실행) – Check(평가) – Act(개선)의 4단계를 반복하여 업무를 지속적으로 개선한다.
② 싱고 시스템이란, 오류를 사전에 방지하고 비정상적인 것들에 대해 빠른 시간 안에 피드백을 주어 제시간 내에 시정할 수 있게 하는 프로그램을 말한다.
④ 품질의 집이란, 품질 기능 전개를 수행하는 데 활용하는 것으로, 고객의 요구와 기술적 속성을 행렬 형태로 나타낸 도표를 말한다. 그러므로 품질의 집 구축과정은 고객의 요구와 제품의 기술적 속성을 파악하고 분석하는 것이다.

행정법

출제 문항 분석

영역	문항 수
행정법통론	6
행정작용법	7
행정법상의 의무이행확보수단	2
행정구제법	8
특별행정작용법	2

정답

01 ④	02 ②	03 ①	04 ①	05 ④
06 ③	07 ②	08 ①	09 ④	10 ①
11 ③	12 ②	13 ①	14 ④	15 ④
16 ③	17 ③	18 ③	19 ②	20 ②
21 ④	22 ③	23 ③	24 ②	25 ④

01 정답 ④

핵심주제 : 사인의 공법행위

관련 판례에서는 건축법상의 건축신고가 인·허가 의제의 효과를 갖는 경우에는 수리를 요하는 신고로 보고 있다.

〈 판례 〉
… 인·허가의제 효과를 수반하는 건축신고는 일반적인 건축신고와는 달리, 특별한 사정이 없는 한 행정청이 그 실체적 요건에 관한 심사를 한 후 수리하여야 하는 이른바 '수리를 요하는 신고'로 보는 것이 옳다(대판 2011. 1. 20. 2010두14954).

※ 최종답안에서는 ②도 정답이라고 하였으나, 민원인의 단순한 착오나 일시적인 사정으로 민원사항의 신청서류에 실질적인 요건에 관한 흠이 있을 경우에 행정청이 보완을 요구할 수 있기 때문에 옳은 설명으로 본다.

02 정답 ②

핵심주제 : 행정법의 원칙

「행정기본법」 제9조에 "행정청은 합리적 이유 없이 국민을 차별하여서는 아니 된다"고 규정하고 있다. 여기서 평등원칙이란 행정작용을 함에 있어 특별한 합리적인 사유가 없는 한, 국민을 동등하게 대우하여야 한다는 원칙이다. 평등원칙은 서로 대상을 달리하는 경우에 차별의 정도도 합리적인 이유가 있어야 하기 때문에 차별의 정도에서의 평등을 포함한다.

03 정답 ①

핵심주제 : 행정소송

공정거래위원회, 토지수용위원회, 방송위원회, 공직자윤리위원회, 노동위원회 등 각종 합의제 행정기관이 한 처분에 대하여는 그 합의제의 대표가 아닌 합의제 행정청이 피고가 된다. 다만 노동위원회법은 중앙노동위원회의 처분에 대한 피고를 중앙노동위원회위원장으로 규정하고 있다.

〈 법령 〉
「노동위원회법」
제27조(중앙노동위원회의 처분에 대한 소송) ① 중앙노동위원회의 처분에 대한 소송은 중앙노동위원회 위원장을 피고(被告)로 하여 처분의 송달을 받은 날부터 15일 이내에 제기하여야 한다.

04 정답 ①

핵심주제 : 행정행위

수익적 행정행위에 대한 취소권 등의 행사는 기득권의 침해를 정당화할 만한 중대한 공익상의 필요 또는 제3자의 이익을 보호할 필요가 있고, 이를 상대방이 받는 불이익과 비교·교량하여 볼 때 공익상의 필요 등이 상대방이 입을 불이익을 정당화할 만큼 강한 경우에 한하여 허용될 수 있다(대판 2014. 4. 24. 2013두26552).

05 정답 ④

핵심주제 : 행정법

진행 중인 법률관계나 사실관계에 대해 관계인의 신뢰이익을 보호하기 위해 소급효가 제한될 수 있으나, 새 법령의 효력을 미치게 하는 부진정소급입법은 원칙적으로 허용된다.

〈 판례 〉
법령불소급의 원칙은 법령의 효력발생 전에 완성된 요건 사실에 대하여 당해 법령을 적용할 수 없다는 의미일 뿐, 계속 중인 사실이나 그 이후에 발생한 요건 사실에 대한 법령적용까지를 제한하는 것은 아니다(대판 2014. 4. 24. 2013두26552).

06 정답 ③

핵심주제 : 청문

「행정절차법」 제33조 제1항에 따르면, 청문 주재자는 직권으로 또는 당사자의 신청에 따라 필요한 조사를 할 수 있으며, 당사자 등이 주장하지 아니한 사실에 대하여도 조사할 수 있다.

07 정답 ②

핵심주제 : 행정지도

위법한 건축물에 대한 단전 및 전화통화 단절조치 요청행위는 전기 · 전화공급자나 특정인의 법률상 지위에 직접 변동을 가져오지 않으므로 항고소송 대상이 되는 행정처분이 아니다.

〈 판례 〉

건축법의 규정에 비추어 보면, 행정청이 위법 건축물에 대한 시정명령을 하고 나서 위반자가 이를 이행하지 아니하여 전기 · 전화의 공급자에게 그 위법 건축물에 대한 전기 · 전화공급을 하지 말아 줄 것을 요청한 행위는 권고적 성격의 행위에 불과한 것으로서 전기 · 전화공급자나 특정인의 법률상 지위에 직접적인 변동을 가져오는 것은 아니므로 이를 항고소송의 대상이 되는 행정처분이라고 볼 수 없다(대판 1996. 3. 22, 96누433).

08 정답 ①

핵심주제 : 개인정보보호

정보통신서비스 제공자는 이용자가 필요한 최소한의 개인정보 이외의 개인정보를 제공하지 아니한다는 이유로 그 서비스의 제공을 거부할 수 없다.

〈 법령 〉

「개인정보 보호법」

제39조의3 (개인정보의 수집 · 이용 동의 등에 대한 특례) ③ 정보통신서비스 제공자는 이용자가 필요한 최소한의 개인정보 이외의 개인정보를 제공하지 아니한다는 이유로 그 서비스의 제공을 거부해서는 아니 된다. 이 경우 필요한 최소한의 개인정보는 해당 서비스의 본질적 기능을 수행하기 위하여 반드시 필요한 정보를 말한다.

09 정답 ④

핵심주제 : 행정소송

「행정소송법」 제26조에 따르면, 법원은 필요하다고 인정할 때는 직권으로 증거조사 할 수 있고 당사자가 주장하지 않은 사실에 대해 판단할 수 있다. 취소소송의 직권심리주의 규정(제26조)은 당사자소송에도 준용되고, 처분의 효력유무 또는 존재여부가 민사소송의 선결문제로 되어 당해 민사소송의 수소법원이 이를 심리 · 판단하는 경우에도 준용된다.

〈 법령 〉

「행정소송법」

제26조(직권심리) 법원은 필요하다고 인정할 때에는 직권으로 증거조사를 할 수 있고, 당사자가 주장하지 아니한 사실에 대하여도 판단할 수 있다.

제44조(준용규정) ① 제14조 내지 제17조, 제22조, 제25조, 제26조, 제30조제1항, 제32조 및 제33조의 규정은 당사자소송의 경우에 준용한다.

10 정답 ①

핵심주제 : 허가

지문의 설명은 인가에 대한 것이다. 무인가행위는 효력을 발생하지 않는다. 또한 허가와 달리 강제집행이나 행정벌의 대상이 되지 않는다. 그러나 무허가행위는 위법한 행위가 되고, 통상 법률에서 행정형벌을 부과하며, 무허가행위의 사법상 법적 효력은 인정된다.

11 정답 ③

핵심주제 : 행정법

ㄱ은 행정기본법 제4조(행정의 적극적 추진) 제1항, ㄴ은 행정기본법 제8조(법치행정의 원칙), ㄷ은 행정기본법 제9조(평등의 원칙), ㄹ은 행정기본법 제13조(부당결부금지의 원칙), ㅁ은 행정기본법 제17조(부관) 제1항에 규정되어 있으며, 모두 옳은 설명이다.

12 정답 ②

핵심주제 : 행정소송

광업권설정허가처분과 그에 따른 광산 개발로 인하여 재산상 · 환경상 이익의 침해를 받거나 받을 우려가 있는 토지나 건축물의 소유자와 점유자 또는 이해관계인 및 주민들은 그 처분 전과 비교하여 수인한도를 넘는 재산상 · 환경상 이익의 침해를 받거나 받을 우려가 있다는 것을 증명함으로써 그 처분의 취소를 구할 원고적격을 인정받을 수 있다.

〈 판례 〉
광업권설정허가처분의 근거 법규 또는 관련 법규의 취지는 광업권설정허가처분 등으로 인하여 직접적이고 중대한 재산상·환경상 피해가 예상되는 토지나 건축물의 소유자나 점유자 또는 이해관계인 및 주민들이 쾌적하게 생활할 수 있는 개별적 이익까지도 보호하려는 데 있으므로, 광업권설정허가처분과 그에 따른 광산 개발로 인하여 재산상·환경상 이익의 침해를 받거나 받을 우려가 있는 토지나 건축물의 소유자와 점유자 또는 이해관계인 및 주민들은 그 처분 전과 비교하여 수인한도를 넘는 재산상·환경상 이익의 침해를 받거나 받을 우려가 있다는 것을 증명함으로써 그 처분의 취소를 구할 원고적격을 인정받을 수 있다(대판 2008. 9. 11. 2006두7577).

13 군무원 필수 ★ 정답 ①
핵심주제 : 행정구제법

공법상 결과제거청구권은 공행정작용으로 인하여 야기된 위법한 상태로 인하여 자기의 권익을 침해받고 있는 자가 행정주체에 대하여 그 위법한 상태를 제거하여 침해 이전의 원래의 상태를 회복시켜 줄 것을 청구하는 권리를 말한다. 즉, 위법한 행정작용의 직접적인 결과의 제거만을 그 내용으로 하므로, 부적법한 행정작용을 통해 발생된 상당인과관계 있는 모든 결과에 대하여 이 청구권이 성립되는 것은 아니다.

14 정답 ④
핵심주제 : 행정심판

재결기간은 훈시규정이므로 재결기간이 경과한 후에 이루어진 재결도 효력을 갖는다.

「행정심판법」
제45조(재결 기간) ① 재결은 제23조에 따라 피청구인 또는 위원회가 심판청구서를 받은 날부터 60일 이내에 하여야 한다. 다만, 부득이한 사정이 있는 경우에는 위원장이 직권으로 30일을 연장할 수 있다.

15 군무원 필수 ★ 정답 ④
핵심주제 : 행정소송

장관의 의사가 공식적 방법으로 외부에 표시된 것이 아니라 단지 그 정보를 내부전산망인 '출입국관리정보시스템'에 입력해

관리한 것에 불과하므로, 입국금지결정은 항고소송 대상인 '처분'에 해당하지 않는다.

〈 판례 〉
병무청장이 법무부장관에게 '가수 갑이 공연을 위하여 국외여행허가를 받고 출국한 후 미국 시민권을 취득함으로써 사실상 병역의무를 면탈하였으므로 재외동포 자격으로 재입국하고자 하는 경우 국내에서 취업, 가수활동 등 영리활동을 할 수 없도록 하고, 불가능할 경우 입국 자체를 금지해 달라'고 요청함에 따라 법무부장관이 갑의 입국을 금지하는 결정을 하고, 그 정보를 내부전산망인 '출입국관리정보시스템'에 입력하였으나, 갑에게는 통보하지 않은 사안에서, 위 입국금지결정은 항고소송의 대상이 되는 '처분'에 해당하지 않는다(대판 2019. 7. 11. 2017두38874).

16 군무원 필수 ★ 정답 ③
핵심주제 : 행정계획

행정주체가 행정계획을 입안·결정함에 있어서 이익형량을 전혀 행하지 아니하거나 이익형량의 고려 대상에 마땅히 포함시켜야 할 사항을 누락한 경우 또는 이익형량을 하였으나 정당성과 객관성이 결여된 경우에는 그 행정계획결정은 형량에 하자가 있어 위법하게 된다.

〈 판례 〉
행정주체는 구체적인 행정계획을 입안·결정함에 있어서 비교적 광범위한 형성의 자유를 가지는 것이지만, 행정주체가 가지는 이와 같은 형성의 자유는 무제한적인 것이 아니라 그 행정계획에 관련되는 자들의 이익을 공익과 사익 사이에서는 물론이고 공익 상호간과 사익 상호간에도 정당하게 비교교량하여야 한다는 제한이 있으므로, 행정주체가 행정계획을 입안·결정함에 있어서 이익형량을 전혀 행하지 아니하거나 이익형량의 고려 대상에 마땅히 포함시켜야 할 사항을 누락한 경우 또는 이익형량을 하였으나 정당성과 객관성이 결여된 경우에는 그 행정계획결정은 형량에 하자가 있어 위법하게 된다(대판 2007. 4. 12. 2005두1893).

17 정답 ③
핵심주제 : 행정조사

「행정조사기본법」 제4조 제4항에 따르면 행정조사는 법령등의 위반에 대한 처벌보다는 법령등을 준수하도록 유도하는 데 중점을 두어야 한다.

〈 법령 〉
「행정조사기본법」
제4조(행정조사의 기본원칙) ④ 행정조사는 법령등의 위반에 대한 처벌보다는 법령등을 준수하도록 유도하는 데 중점을 두어야 한다.

18 정답 ③

핵심주제 : 행정규칙

서울대학교 "1994학년도 대학입학고사주요요강"은 행정쟁송의 대상이 되는 행정처분은 될 수 없지만, 헌법소원의 대상이 되는 공권력의 행사에는 해당한다.

〈 판례 〉
국립대학인 서울대학교의 "94학년도 대학입학고사주요요강"은 사실상의 준비행위 내지 사전안내로서 행정쟁송의 대상이 될 수 있는 행정처분이나 공권력의 행사는 될 수 없지만 … 앞으로 법령의 뒷받침에 의하여 그대로 실시될 것이 틀림없을 것으로 예상되어 그로 인하여 직접적으로 기본권 침해를 받게 되는 사람에게는 사실상의 규범작용으로 인한 위험성이 이미 현실적으로 발생하였다고 보아야 할 것이므로 이는 헌법소원의 대상이 되는 헌법재판소법 제68조 제1항 소정의 공권력의 행사에 해당된다(헌재 1992. 10. 1. 92헌마68·76).

19 ⭐군무원 필수 정답 ②

핵심주제 : 행정법 관계

환매권의 발생기간을 제한한 것은 사업시행자의 지위나 이해관계인들의 토지이용에 관한 법률관계 안정, 토지의 사회경제적 이용 효율 제고, 사회일반에 돌아가야 할 개발이익이 원소유자에게 귀속되는 불합리 방지 등을 위한 것이라 하더라도, 그 입법목적은 정당하다.

〈 판례 〉
환매권의 발생기간을 제한하는 것은 공익사업을 수행하는 사업시행자의 지위나 토지를 둘러싼 이해관계인들의 토지이용 등에 관한 법률관계 안정, 토지의 사회경제적 이용의 효율성 제고, 사회일반의 이익이 되어야 할 개발이익이 원소유자 개인에게 귀속되는 불합리 방지 등을 위한 것으로 그 입법목적은 정당하고, 이를 위하여 토지취득일로부터 일정기간이 지나면 환매권 자체가 발생하지 않도록 기간을 제한하는 것은 입법목적을 달성하기에 유효적절한 방법이라 할 수 있다(헌재 2020. 11. 26. 2019헌바131).

20 정답 ②

핵심주제 : 손해배상

국가배상법 제2조 제1항 단시의 이중배상금지는 제5조의 배상책임에도 준용되므로, 공공시설 등의 하자로 인한 책임도 군인·군무원의 2중배상금지에 관한 규정은 적용된다.

〈 법령 〉
「국가배상법」
제5조(공공시설 등의 하자로 인한 책임) ① 도로·하천, 그 밖의 공공의 영조물(營造物)의 설치나 관리에 하자(瑕疵)가 있기 때문에 타인에게 손해를 발생하게 하였을 때에는 국가나 지방자치단체는 그 손해를 배상하여야 한다. 이 경우 제2조제1항 단서, 제3조 및 제3조의2를 준용한다.

21 ⭐군무원 필수 정답 ④

핵심주제 : 정보공개

공공기관은 예산집행의 내용과 사업평가 결과 등 행정감시를 위하여 필요한 정보에 대해서는 공개의 구체적 범위, 주기, 시기 및 방법 등을 미리 정하여 정보통신망 등을 통하여 알리고, 이에 따라 정기적으로 공개하여야 한다.

〈 법령 〉
「공공기관의 정보공개에 관한 법률」
제7조 (정보의 사전적 공개 등) ① 공공기관은 다음 각 호의 어느 하나에 해당하는 정보에 대해서는 공개의 구체적 범위, 주기, 시기 및 방법 등을 미리 정하여 정보통신망 등을 통하여 알리고, 이에 따라 정기적으로 공개하여야 한다. 다만, 제9조제1항 각 호의 어느 하나에 해당하는 정보에 대해서는 그러하지 아니한다.
1. 국민생활에 매우 큰 영향을 미치는 정책에 관한 정보
2. 국가의 시책으로 시행하는 공사(工事) 등 대규모 예산이 투입되는 사업에 관한 정보
3. 예산집행의 내용과 사업평가 결과 등 행정감시를 위하여 필요한 정보
4. 그 밖에 공공기관의 장이 정하는 정보

22 정답 ③

핵심주제 : 행정법상 의무이행 확보수단

세무조사결정은 납세의무자의 권리·의무에 직접 영향을 미치는 공권력의 행사에 따른 행정작용으로서 항고소송의 대상이 된다.

23 정답 ③

핵심주제 : 행정법 관계

석탄사업법시행령 제41조 제4항 제5호 소정의 재해위로금청구
권은 개인의 공권으로서 그 공익적 성격에 비추어 당사자의 합
의에 의하여 이를 미리 포기할 수 없으므로, 소정의 재해위로금
에 대한 지급청구권에 관한 부제소합의는 효력이 인정되지 않
는다.

〈 판례 〉
당사자 사이에 석탄산업법시행령 제41조 제4항 제5호 소정의
재해위로금에 대한 지급청구권에 관한 부제소합의가 있었다고
하더라도 그러한 합의는 무효라고 할 것이다(대판 1999. 1. 26.
98두12598).

24 정답 ②

핵심주제 : 부관

부담은 행정청이 행정처분을 하면서 일방적으로 부가할 수도
있지만 부담을 부가하기 이전에 상대방과 협의하여 부담의 내
용을 협약의 형식으로 미리 정한 다음 행정처분을 하면서 이를
부가할 수도 있다.

〈 판례 〉
수익적 행정처분에 있어서는 법령에 특별한 근거규정이 없다
고 하더라도 그 부관으로서 부담을 붙일 수 있고, 그와 같은 부
담은 행정청이 행정처분을 하면서 일방적으로 부가할 수도 있
지만 부담을 부가하기 이전에 상대방과 협의하여 부담의 내용
을 협약의 형식으로 미리 정한 다음 행정처분을 하면서 이를
부가할 수도 있다(대판 2009. 2. 12. 2005다65500).

25 정답 ④

핵심주제 : 행정소송

행정입법부작위에 대한 권리구제는 구체적 권리의무에 관한 분
쟁이 아니므로 부작위위법확인소송이라는 항고소송을 제기할
수 없다. 또한 부작위위법확인소송에서의 부작위는 '입법'의 부
작위가 아니라 '처분'의 부작위이므로, 행정입법부작위는 부작
위위법확인소송의 대상이 될 수 없다.

〈 판례 〉
행정소송은 구체적 사건에 대한 법률상 분쟁을 법에 의하여 해
결함으로써 법적 안정을 기하자는 것이므로 부작위위법확인소
송의 대상이 될 수 있는 것은 구체적 권리의무에 관한 분쟁이
어야 하고 추상적인 법령에 관하여 제정의 여부 등은 그 자체
로서 국민의 구체적인 권리의무에 직접적 변동을 초래하는 것
이 아니어서 그 소송의 대상이 될 수 없는 바, 대통령이 대통
령령을 제정하지 아니한 행정입법부작위의 위법확인을 구하는
이 사건 소는 부적법하다(대판 1992. 5. 8. 91누11261).

25 정답 ④

핵심주제 : 행정소송

부과처분을 위한 과세관청의 질문조사권이 행해지는 세무조
사결정이 있는 경우 납세의무자는 세무공무원의 과세자료 수
집을 위한 질문에 대답하고 검사를 수인하여야 할 법적 의무
를 부담하게 되는 점 … 등을 종합하면, 세무조사결정은 납세
의무자의 권리 · 의무에 직접 영향을 미치는 공권력의 행사에
따른 행정작용으로서 항고소송의 대상이 된다(대판 2011. 3. 10.
2009두23617,23624).

2020년도 **07**월 **18**일 시행

2020년
기출(복원)문제

정답 및 해설

국어

출제 문항 분석

영역	문항 수
한자와 어휘	5
문법	11
어문 규정	3
문학	1
비문학	5

정답				
01 ④	02 ③	03 ②	04 ①	05 ②
06 ④	07 ③	08 ①	09 ④	10 ③
11 ③	12 ②	13 ①	14 ③	15 ②
16 ③	17 ④	18 ④	19 ③	20 ④
21 ①	22 ②	23 ①	24 ②	25 ④

01 군무원 필수 　　　　　　　　　　　정답 ④

핵심주제 : 문법

'우리 집 앞마당에 드디어 장미꽃이 피었다.'는 '장미꽃이(주어)', '피었다(서술어)'로 주술관계가 한 번으로 이루어진 홑문장에 해당한다.

오답해설

① '어제 빨간 모자를 샀다.'의 '빨간'은 '빨갛+ㄴ(관형사형 어미)'으로 '모자'를 수식하는 관형절이다. 따라서 관형절을 안은 겹문장이다.
② '봄이 오니 꽃이 피었다.'의 '-니'는 연결어미로 '봄이 오니(원인)', '꽃이 피었다(결과)'로 이루어진 종속적으로 이어진 겹문장이다.
③ '남긴 만큼 버려지고 버린 만큼 오염된다.'의 '남긴'은 '남기+ㄴ(관형사형 어미)', '버린'은 '버리+ㄴ(관형사형 어미)'으로 관형절을 안은 두 개의 겹문장들이 다시 '-고(연결어미)'를 통

해 대등하게 이어진 겹문장이다.

02 군무원 필수 　　　　　　　　　　　정답 ③

핵심주제 : 문법

'가벼운 물건이라도 높은 위치에서 던지면 인명 사고나 차량 파손을 일으킬 수 있다.'에서 '-나'는 접속 조사로 '인명 사고'와 '차량 파손'을 대등한 자격으로 이어준 올바른 문장이다.

오답해설

① '받다'는 세 자리 서술어로 '~에게', '~로부터'의 '(물건을)주는 사람'에 해당하는 부사어를 필요로 한다. 따라서 '도움을 받기도'에서 부사어를 추가한 '남에게 도움을 받기도'가 적절하다.
② '환담(歡談)'은 '정답고 서로 즐겁게 이야기하다.'라는 뜻으로 문맥상 사용하기에 어울리지 않는다. 따라서 '조문객들과 잠시 환담을 나눈 후~'에서 '조문객들과 잠시 대화(이야기)를 나눈 후'로 바꾸는 것이 적절하다.
④ '여간하다.'는 '이만저만하거나 어지간하다.'라는 뜻의 형용사로 부정어와 함께 쓰인다. 따라서 '어지간한 우대였다.'에서 '어지간한 우대가 아니었다.'로 바꾸는 것이 적절하다.

03 　　　　　　　　　　　정답 ②

핵심주제 : 어휘

'스크린 도어'란 지하철 혹은 경전철의 승강장에 '문(door)'의 형태로 설치해 차량의 출입문과 함께 개폐되어 인명사고를 막을 수 있도록 한 안전장치이다. 따라서 사람을 차단하는 '차단문'이 아닌 '안전문'으로 순화해서 표현해야 한다.

04 　　　　　　　　　　　정답 ①

핵심주제 : 문법

'블루칼라(blue collar)'는 '육체노동 혹은 생산 작업현장에서 일하는 노동자'들이 주로 청색 계열의 옷을 입은 것에서 나온 말로 과거에는 '사무직 노동자'를 지칭하는 '화이트칼라(white collar)'와 대비되는 표현으로 쓰였다. 따라서 이는 사물의 특징으로 표현하려는 대상을 나타내는 수사법인 '대유법' 중 '환유법'에 해당한다.

PART 04 **2020**

05 정답 ②

핵심주제 : 비문학

제시된 글은 '우선적으로 자신의 신체 조건을 고려하여 운동 빈도를 높임으로 규칙적이고 효과적으로 운동을 해야 하며, 궁극적으로는 매일 일정량의 운동을 실천하여 이를 생활습관으로 만드는 것이 중요함.'을 말하고 있다. 따라서 '무리한 운동보다는 신체에 적절한 자극이 가해지는 운동을 생활습관으로 정착시켜야 한다.'는 ②가 요약글로서 가장 적절하다.

오답해설

① '운동효과'는 운동 시간이 짧더라도 빈도를 높여서 규칙적으로 움직일 때 좋으며, 무조건 신체를 움직인다고 해서 다 운동이 되는 것은 아니라고 설명했으므로 적절한 요약이라고 볼 수 없다.

③ '자신의 신체 조건을 고려하여 운동 강도를 결정해야 한다.'는 것은 본문의 내용과 일치하나, 운동의 시간과 규칙성에 대한 언급이 없으므로 적절한 요약이라고 볼 수 없다.

④ 본문의 내용에서 운동의 긍정적인 측면과 부정적인 측면에 대해 언급한 부분은 찾을 수 없다.

06 군무원 필수 정답 ④

핵심주제 : 로마자 표기법

로마자 표기법에 의해 'ㄱ'은 초성에서 'g'로 표기하고 자음 앞이나 어말에 나오는 경우 'k'로 적는다. 또한 고유명사의 첫 글자는 대문자로 표기한다. 따라서 금강은 'Geumgang'으로 표기하는 것이 적절하다.

07 정답 ③

핵심주제 : 문법

피동사는 용언에 피동접미사(이, 히, 리, 기, 우, 구, 추)가 붙어 만들어지고, 사동사는 용언에 사동접미사(이, 히, 리, 기)가 붙어 만들어진다. '보다'는 '보이다', '잡다'는 '잡히다', 안다는 '안기다'로 사동사와 피동사의 형태가 모두 같은 반면, '밀다'는 '밀리다'로 피동사의 형태만 가능하고, 사동사의 형태는 '밀'+'-게(보조적 연결어미)'+'하다'(보조동사)로 써야 한다.

08 정답 ①

핵심주제 : 현대 소설

㉠의 나그네는 낡은 치맛자락을 걸치고 차려진 밥을 금세 밑바닥을 긁을 정도로 굶주리며, 남편 없고 몸 붙일 곳이 없어 이리저리 얻어먹고 다닌다고 하였다. 이러한 행색으로 보아 '너무 가난하여 떠돌아다니며 얻어먹을 정도'를 비유적으로 이르는 ① '패랭이에 숟가락 꽂고 산다.'가 가장 적절하다.

오답해설

② 태산 명동에 서일필이라 : 태산이 울리도록 난리를 벌였으나 고작 쥐 한 마리를 잡았을 뿐이라는 뜻으로, 야단스러운 소문에 비해 결과는 보잘 것 없이 별것 아니라는 것을 비유적으로 이르는 말

③ 터진 방앗공이에 보리알 끼듯 하였다 : 버리려고 하니 아깝고 파내자니 힘이 들어 하는 수 없이 내버려 두는 수밖에 없음을 비유적으로 이르는 말. 혹은 방해물이 끼어들어 성가신 경우를 비유적으로 이르는 말

④ 보리누름까지 세배한다 : 보리가 익을 무렵까지 세배를 한다는 뜻으로, 형식적인 인사 치레가 너무 과함을 비유적으로 이르는 말

호르면 간성

〈 작품해석 〉
김유정, 〈산골나그네〉
• **갈래** : 단편소설
• **시점** : 전지적 작가시점
• **배경** : 1930년대
• **성격** : 해학적, 토속적
• **주제** : 가난한 유랑민의 애환

09 정답 ④

핵심주제 : 문법

'둘째 며느리 삼아 보아야 맏며느리 착한 줄 안다.'에서 '둘째'는 '며느리'라는 명사를 수식하는 관형사에 해당한다.

10 정답 ③

핵심주제 : 어휘

문맥상 ㉢ 방역은 '전염병의 발생이나 유행을 미리 막는 일.'이라는 뜻의 '방역(防 : 막을 방, 役 : 전염병 역)'이 적절하다. '방역

(紡 : 길쌈 방, 役 : 전염병 역)'이라는 한자어는 존재하지 않는다.

오답해설

① 침체(沈 : 잠길 침, 滯 : 막힐 체) : 어떤 현상이나 사물이 진전하지 못하고 제자리에 머무름

② 위축(萎 : 시들 위, 縮 : 줄일 축) : 마르거나 시들어서 우그러지고 쭈그러듦. 혹은 어떤 힘에 눌려 졸아들고 기를 펴지 못함

④ 차치(且 : 또 차, 置 : 둘 치) : 내버려 두고 문제 삼지 아니함

---

11 <small>군무원 필수</small> 정답 ③

핵심주제 : 띄어쓰기

'그는 세 번만에 시험에 합격했다.'에서 '만'은 의존명사로 '앞의 말이 가리키는 횟수를 끝으로'라는 뜻을 갖고 있다.
따라서 '세 번 만에'로 띄어 써야 한다.

오답해설

① '그녀는 사업차 외국에 나갔다.'에서 '차'는 '목적'의 의미를 담고 있는 접사로 앞말에 붙여 쓴다.

② '들고 갈 수 있을 만큼만 담아라.'에서 '갈 수'의 '수'는 '어떤 일을 할 만한 능력'이라는 의존명사이므로 띄어 쓴다. 또한 '만큼'도 '앞의 내용에 상당한 수량 혹은 정도'라는 의존명사이므로 띄어 쓴다. '-만'은 '다른 것으로부터 제한하여 어느 것을 한정함'이라는 뜻의 보조사이므로 붙여 쓴다.

④ '쌀, 보리, 콩, 조, 기장 들을 오곡(五穀)이라 한다.'에서 '들'은 두 개 이상의 사물을 나열할 때, 그 열거한 사물 모두를 가리키거나, 그 밖에 같은 종류의 사물이 더 있음을 나타내는 뜻을 가지는 의존명사이므로 띄어 써야 한다.

---

12 정답 ②

핵심주제 : 문법

'살펴 가십시오.'는 손위 사람인 손님을 집에서 보낼 때 쓰기 적절한 표현이다. 이와 마찬가지로 '안녕히 가십시오.' 또한 손위 사람에게 예의를 지키는 인사말이다.

오답해설

① '좋은 아침'은 영어식 아침 인사말 'Good morning'을 직역한 것이므로 우리나라 인사말인 '안녕하세요?', '안녕하십니까?'를 사용하는 것이 적절하다.

③ '건강하십시오'는 명령형 문장으로 윗사람의 생일을 축하하

는 자리에서 사용하기에 적절하지 않으므로 '건강하시기 바랍니다.' 등의 표현으로 바꿔 사용하는 것이 적절하다.

④ 관공서, 백화점, 음식점 등 손님을 맞이하는 장소에서 손님이 입장하면 우선적으로 '어서 오십시오'라고 인사한 후 이어서 '무엇을 도와드릴까요?'와 같은 말을 하는 것이 적절하다. 손님이 입장했을 때 바로 목적을 묻는다면 다소 사무적이게 느껴질 수 있기 때문에 인사를 우선하고 이후 목적을 물어야 한다.

---

13 정답 ①

핵심주제 : 문법

(가)의 내용은 훈민정음 창제의 밑바탕이 어떻게 구성되어있는지를 설명하고 있다. ①의 앞에서는 훈민정음이 처음 창제된 날을 서술하고, ①의 뒷부분은 훈민정음의 천지인(天地人)에 대한 원리를 설명하고 있으므로 (가)의 내용이 들어갈 가장 적절한 위치는 ①이다.

---

14 정답 ③

핵심주제 : 문법

본문의 ① 이전 내용은 훈민정음이 28자로 전환이 무궁무진하고 간단하며 모든 음에 정통하였다고 설명하였고, ① 이후는 백성들이 쉽게 훈민정음을 깨우칠 수 있음을 설명하였다. 이는 훈민정음이 배우기 쉬우므로 백성들이 쉽게 깨우칠 수 있다는 인과관계이므로 ①에 들어갈 내용으로 '그러므로'가 가장 적절하다.

---

15 정답 ②

핵심주제 : 문법

'저녁노을이 지는 들판에서 농부 내외가 조용히 기도하는 모습이 멀리 보였다.'에서 '저녁노을'은 '지는'과, '농부 내외'는 '기도하는'과 '모습'은 '보였다'와 올바른 주술 관계를 형성하고 있으므로 가장 자연스러운 문장이다.

오답해설

① '그의 하루 일과를 일어나자마자 아침 신문을 읽는 데서 시

PART 04 2020

작한다.'에서 '시작한다'와 함께 주술관계를 이룰 주어가 없으므로 '일과를'의 목적격 조사 '를'을 보조사 '는'으로 고쳐야 한다.

③ '졸업한 형도 못 푸는 문제인데. 하물며 네가 풀겠다고 덤볐다.'에서 '하물며'와 '덤볐다'가 서로 호응하지 않으므로 '덤볐다'를 '덤비느냐?', '덤비다니' 등으로 고쳐야 한다.

④ '제가 여러분에게 당부하고 싶은 것은 주변 환경을 탓하지 마시기 바랍니다.'에서 '것은'과 '바랍니다'가 호응하지 않으므로 '바랍니다.'를 '바란다는 것입니다.'로 고쳐야 한다.

---

16 정답 ③

핵심주제 : 어휘

'성김'은 '물건 간의 사이가 뜨다.'라는 뜻인 '성기다'의 활용형이고, '빽빽함'은 '물건 간의 사이가 촘촘하다.'라는 뜻인 '빽빽하다'의 활용형이다. 따라서 이 둘은 반의어 관계임을 알 수 있다. ③의 '넉넉하다'는 '크기나 수량이 모자라지 않게 남음이 있다.'라는 뜻이고 '푼푼하다'는 '모자람이 없이 넉넉하다.'라는 뜻이므로 이 둘은 유의어 관계이다.

---

17 정답 ④

핵심주제 : 어휘

ⓒ '안치다' : '밥, 떡, 찌개 따위를 만들기 위하여 그 재료를 솥이나 냄비 따위에 넣고 불 위에 올림.'

ⓒ '붙이다' : '불을 일으켜 타게 함.'

ⓜ '부치다' : '번철이나 프라이팬 따위에 기름을 바르고 빈대떡, 저냐, 전병(煎餅) 따위의 음식을 익혀서 만듦.'

> **오답해설**
> ㉠ '담가'가 맞는 표현이다.
> ② '조리다'가 맞는 표현이다.
> ⓗ '하노라고'가 맞는 표현이다.

'-느라고'와 '-노라고'

'-느라고'는 '앞의 절 상태가 뒤의 절 상태의 원인이 됨'을 나타낼 때 쓰는 연결 어미인 반면, '-노라고'는 '자기 나름대로 꽤나 노력했음'을 나타낼 때 쓰는 연결 어미이다.

---

18 정답 ④

핵심주제 : 사자성어

양상군자(梁上君子)는 '대들보 위의 군자'라는 뜻으로 도둑을 지칭하는 비유적 표현이다. 따라서 본문의 선비와는 관계없는 한자성어이다.

> **오답해설**
> ① 견리사의(見利思義)는 '눈 앞의 이익을 보면 의리를 먼저 생각한다.'라는 뜻으로, 개인의 이익보다 사회 정의를 생각하며 행동하고 살아가는 선비와 관계있는 한자성어이다.
> ② 노겸군자(勞謙君子)는 '공로 있는 군자가 겸손하기까지 하다.'는 뜻으로, 자신을 낮추고 타인을 존중할 줄 아는 선비와 관계있는 한자성어이다.
> ③ 수기안인(修己安人)은 '자신을 잘 수양하여 사람을 편안하게 만든다.'라는 뜻으로, 자신의 인격을 완성하고 그것을 통해 모든 사람에게 평안한 삶을 살게 하는 것이 궁극적 목적인 선비와 관계있는 한자성어이다.

---

19 정답 ③

핵심주제 : 문법

"기쁨의 열매"에서 '-의'는 다음에 오는 체언을 수식하는 격조사인 관형격 조사에 해당한다. '인도(人道)'는 '인간의 도리'라는 뜻이고 '간과(干戈)'는 '창과 방패'라는 뜻으로 '인도의 간과'는 '사람의 도리라는 창과 방패'로 '인도'가 '간과'를 수식하고 있다.

> **오답해설**
> ① '조선의 독립국임'은 주어와 서술어의 관계이다.
> ② '천(天)의 명명(明命)'은 '하늘이 명령하다.'라는 뜻으로 주어와 서술어의 관계이다.
> ④ '대의(大義)의 극명(克明)'은 '인간으로서의 도리를 분명히 하다.'라는 뜻으로 주어와 서술어의 관계이다.

---

20 정답 ④

핵심주제 : 어휘

밑줄 친 ㉠은 체크무늬가 각 씨족을 대표하는 의상으로 받아들여지게 되었다는 뜻으로 '새로운 문화 현상 혹은 학설 등이 당연한 것으로 사회에 받아들여지다.'라는 뜻을 갖고 있는 '정착(定着)되었다.'가 ㉠과 바꿔 쓰기에 적절하다.

오답해설

① '정돈(整頓)되었다.'는 '어지럽게 흩어진 것을 고쳐 놓거나 바로잡아 정리하다.'라는 뜻으로 ㉠과 바꿔 쓰기에 적절하지 않다.

② '정제(精製)되었다.'는 '정성을 들여 잘 만들다.' 혹은 '불순물을 없애고 더 순수한 물질을 만들다.'라는 뜻으로 ㉠과 바꿔 쓰기에 적절하지 않다.

③ '정리(整理)되었다.'는 '혼란스러운 상태를 치워 질서 있는 상태가 되게 하다.'라는 뜻으로 ㉠과 바꿔 쓰기에 적절하지 않다.

21 　　　　　　　　　　　　　　정답 ①
핵심주제 : 비문학

본문에서 '페르소나'는 '한 개인이 사회에서 요구하는 역할에 적응하면서 얻어진 자아의 한 측면을 의미하는 것'이라고 했으므로 인간의 현실적인 측면을 의미한다고 볼 수 있다. 반면 '그림자'는 '인간의 원시적인 본능 성향을 의미한다.'고 했으므로 인간의 근원적, 본능적인 측면이라고 볼 수 있다.

오답해설

② '페르소나'만을 추구하게 되면 인간의 원시적인 본능에 해당하는 '그림자'가 소외당하게 되어 무기력해진다.

③ '그림자는 사회적으로 부도덕하다고 생각하는 충동적인 면이 있지만, 자발성, 창의성, 통찰력, 깊은 정서 등 긍정적인 면이 있어 지나치게 억압해서는 안 된다.'의 부분을 통해 글의 내용과 부합하지 않음을 알 수 있다.

④ 본문에서는 '그림자를 지나치게 억압해서는 안 된다'까지만 제시되어 있어 본문을 통해 알 수 없는 내용이다.

22 　　　　　　　　　　　　　　정답 ②
핵심주제 : 어문 규정

'끊기다'에서 겹받침 'ㄶ'의 'ㅎ'과 'ㄱ'이 축약하여 'ㅋ'이 되므로 [끈키다]가 올바른 발음이다.

오답해설

① '맑고'에서 'ㄺ'은 'ㄱ' 앞에서 [ㄹ]로 발음하므로 [말꼬]로 발음한다.

③ '맏형'에서 받침 'ㄷ'이 'ㅎ'과 만나 축약되어 [마텽]으로 발음한다.

④ '밟고'에서 '밟'은 자음 앞에서 [밥]으로 발음되므로 [밥꼬]로 발음한다.

23 　　　　　　　　　　　　　　정답 ①
핵심주제 : 어휘

'도시락'은 하나의 어근으로 된 단일어이다. 나머지는 복합어에 속하는 파생어(②, ③)와 합성어(④)이다.

24 　　　　　　　　　　　　　　정답 ②
핵심주제 : 비문학

본문에서는 항생제의 내성 정도를 설명한 부분은 찾을 수 없다.

25 　　　　　　　　　　　　　　정답 ④
핵심주제 : 비문학

④은 식이요법과 알코올 중독 사이에 연관성이 부족한 논점 일탈(무관한 결론)의 오류를 범하고 있다. 논점 일탈의 오류는 논점과 관계없는 것을 제시하여 생기는 오류를 말한다.

오답해설

① '식량을 주면, 옷을 달라고 할 거야'라는 것은 의도 확대의 오류에 해당한다. 의도 확대의 오류는 의도하지 않은 것에 대해 의도가 성립했다고 보는 오류이다.

② '술 한 잔을 마시면 알코올 중독자가 될 거야.'라는 것은 의도 확대의 오류에 해당한다.

③ '아이들에게 부드럽게 말하면 아이들을 망치게 될 거야.'라는 것은 의도 확대의 오류에 해당한다.

출제 문항 분석

경영학

영역	문항 수
경영학 기초	3
생산관리	2
인사관리	1
조직행위	7
경영정보시스템	2
마케팅	4
재무관리	3
회계학	3
국제경영과 국제경제	3

정답

01 ②	02 ③	03 ④	04 ④	05 ①
06 ②	07 ②	08 ④	09 ③	10 ②
11 ①	12 ④	13 ③	14 ③	15 ③
16 ①	17 ①	18 ④	19 ④	20 ②
21 ③	22 ③	23 ①	24 ①	25 ①

01 군무원 필수

정답 ②

핵심주제 : 조직행위

페이욜(H. Fayol)의 관리 5요소에는 계획, 조직화, 지휘, 조정, 통제가 있다. 예산안 기획이라는 것은 리더의 역할과는 관련이 없다.

02

정답 ③

핵심주제 : 조직행위

프로젝트 조직이란 어떤 프로젝트를 위해 만들어진 다음 프로젝트가 끝나면 해체되는 조직형태를 말한다. 프로젝트 조직은 단기간에 프로젝트를 수행하기 적합하며 그 규모에 따라 인력가감 같은 조정을 유동적으로 할 수 있다는 장점이 있다.

오답해설

② 프로젝트 조직은 어떤 혁신적인 제품이나 신제품을 개발하는 복잡한 환경에 어울린다.

④ 프로젝트 조직은 목표를 일상적 과업보다 중요시하는 조직형태이다.

03

정답 ④

핵심주제 : 경영정보시스템

암묵지는 말이나 글 등의 형식으로 표현할 수 없는 추상적이고 비체계적인 지식을 말한다. 컴퓨터 매뉴얼은 형식지에 해당한다.

 모르면 간첩

형식지와 암묵지

형식지	암묵지
형식적으로 외부에 표출할 수 있는 지식	체화되어 있지만 형식을 갖추어 표출할 수 없는 지식
구체적, 체계적	추상적, 비체계적
예 컴퓨터매뉴얼, 문서	예 노하우, 요령

04 군무원 필수

정답 ④

핵심주제 : 생산관리

자재소요계획(MRP)의 구성요소에는 주일정계획(MPS), 재고기록철(IR), 자재명세서(BOM)가 있다. 선형계획은 계량의사결정론에 해당하는 개념이므로 맞지 않다.

05

정답 ①

핵심주제 : 마케팅

소비자의 구매의사 결정과정은 '문제인식→의사결정 기준 설정→기준별 가중치 부여→대안 탐색→대안 평가→대안 선택→구매 의사결정→구매 후 행동 확인'의 순서대로 이루어진다.

06

정답 ②

핵심주제 : 생산관리

재고비용에는 재고유지비용과 재고부족비용이 있는데, 재고를 보관하는 데에 드는 창고비용은 재고유지비용에 속하는 것이므로 재고비용에 포함되는 것으로 보아야 한다.

모르면 간첩

재고비용	
주문비용	물품을 주문해서 입고되기까지 드는 모든 비용
준비비용	제품 생산에 드는 비용
재고유지비용	재고 입고 후 재고 보관 및 유지에 드는 비용
재고부족비용	재고 부족으로 발생하는 기회비용

07 정답 ②

핵심주제 : 경영학 기초

기업의 사회적 책임이란, 기업 활동에 영향을 받거나 영향을 주는 직간접적 이해 관계자에 대해 법적, 경제적, 윤리적 책임을 감당하는 경영 기법을 말한다. 그러므로 환경적 책임은 포함되지 않는다.

08 정답 ④

핵심주제 : 회계학

총가중평균법에 의한 재고자산 평가금액을 구하는 방법은 다음과 같다.

(총가중평균법에 의한 재고자산 평가)

$$= \frac{기초상품재고금액+당기상품매입금액}{기초상품재고수량+당기상품매입수량} \times (기말상품재고수량)$$

$$= \frac{0+10 \times 200+30 \times 220+50 \times 230}{0+10+30+50} \times 30 = 6,700원$$

09 정답 ③

핵심주제 : 재무관리

주요 재무비율 용어에는 유동성비율, 레버리지비율, 활동성비율, 수익성비율, 시장가치비율이 있다. 여기서 유동성비율에는 유동비율과 당좌비율이 속하고, 레버리지비율에는 부채비율과 이자보상비율이, 활동성비율에는 재고자산회전율과 매출채권회전율이, 수익성비율에는 총자본순이익률과 매출액순이익률, 그리고 자기자본순이익률이 속한다. 마지막으로 시장가치비율에는 주가주식비율과 주가 대 장부가치비율이 속한다. 그러므로 답은 ③이 된다.

10 정답 ②

핵심주제 : 조직행위

기능식 조직의 장점에는 전문화·기능화를 통해 능률을 향상시킬 수 있다는 점과 근로자 양성기간을 단축시킬 수 있다는 점이 있다. 또한, 기능식 조직은 하나의 조직 내에 유사한 업무를 담당하기 때문에 사업부제 조직보다 자원의 효율성이 높다고 할 수 있다.

11 정답 ①

핵심주제 : 경영학 기초

자본의 비한계성은 중소기업의 특징이 아니라 대기업의 특징이다. 중소기업은 대기업과는 달리 자본의 수급에 한계가 있기 때문에 자본의 한계성을 지니고 있다.

모르면 간첩

중소기업의 특징

- 대기업의 보완적 역할
- 시장수요 변동에 탄력적으로 대응
- 소유와 경영이 분리되어 있지 않아 효율적 경영 가능
- 기업의 낮은 신용도
- 자본의 한계성

12 정답 ④

핵심주제 : 재무관리

포트폴리오 위험분산효과는 상관계수가 낮은 주식으로 포트폴리오를 구성해야 커지는 효과이다. 이때, 상관계수가 -1이면 위험분산효과가 가장 크고, 상관계수가 1이면 위험분산효과가 없다는 걸 의미한다.

13 정답 ③

핵심주제 : 마케팅

제품전문화 전략은 특정 제품을 다양한 세분시장에 진출시키며, 신기술 등장에 취약한 마케팅 전략이다. 그러므로 정답은 ③이 된다.

오답해설

① 단일제품, 복수 시장일 경우 유리한 것은 제품전문화 전략이다.

② 시장전문화 전략은 고객집단의 욕구 변동에 따라 위험성이 높다.

④ 제품전문화 전략은 대체제가 나타나면 위험에 처할 수 있다.

모르면 간성 시장전문화 전략과 제품전문화 전략 비교

구분	시장전문화 전략	제품전문화 전략
내용	하나의 시장을 대상으로 그 시장의 고객 집단을 위해 다양한 제품을 생산하는 전략	한 제품으로 여러 집단을 상대하는 전략
특징	대상으로 하는 시장 상황에 많은 영향을 받음	신기술 등장에 취약
예시	아동용 의류점	칼국수만 파는 칼국수 전문점

14 정답 ③
핵심주제 : 회계학

재무회계는 기업 외부정보이용자에게 유용한 정보를 제공하는 데에 목적을 두며, 주 고객 역시 외부이용자이다. 또한 일정한 형식을 갖춘 회계원칙이 있으며 과거 관련 정보를 제공한다. 이와는 달리, 관리회계는 기업 내부정보이용자에게 정보를 제공하는 데에 목적을 두며 주 고객은 내부이용자이다. 또한 일정한 회계원칙 등의 형식이 없으며 미래 지향 정보를 제공한다.

15 정답 ③
핵심주제 : 경영정보시스템

e 비즈니스 시스템 모델의 구성요소 중에 하나인 균형성과표(BSC)는 기업의 성과를 4가지 분야로 구분하여 평가 및 관리하는 것을 말하는데, 여기서 4가지 분야란 재무, 내부 프로세스, 학습 및 성장, 고객을 말한다. 그러므로 경영전략 관점은 맞지 않다.

16 정답 ①
핵심주제 : 마케팅

수직적 통합은 유통경로 내에서 한 경로구성원의 지위나 명성, 자원 등에 의한 권력 횡포가 발생할 수 있다는 특징을 가지고 있다.

모르면 간성 수직적 통합

서로 다른 수준에 있는 구성원들을 통합해 하나의 기업조직을 이루는 형태이다. 수직적 통합은 크게 전방통합, 후방통합으로 나눌 수 있다. 생산에서 유통까지 철저한 관리가 이루어진다는 장점이 있지만, 한 경로구성원에 의한 권력 횡포가 발생할 수 있고, 기업 활동의 유연성이 낮아진다는 문제점이 있다.

17 정답 ①
핵심주제 : 경영학 기초

버틀란피가 말한 개방시스템의 구조적 절차는 '투입 – 과정 – 산출 – 피드백'의 순서대로이다.

18 정답 ④
핵심주제 : 회계학

가속 감가상각방법이란 감가상각비를 초기에 높게 인식하고 후반기에 낮게 인식하는 방법이다. 여기에는 정률법, 이중체감법, 연수합계법이 속한다.

19 정답 ④
핵심주제 : 조직행위

해크먼(J. R. Hackman)과 올드햄(G. Oldham)에 의한 직무특성이론에서는 직무특성에 기술다양성, 직무정체성, 직무중요성, 자율성, 피드백 5가지가 있다고 말하며, 그중 자율성과 피드백을 강조한다.

20 정답 ②

핵심주제 : 경영학 기초

포터(M. Porter)의 산업구조분석 모형에서는 기업 간 경쟁력 결정요인으로 신규 기업 진입 가능성, 기존 기업들 간의 경쟁, 공급업체의 협상력, 구매자의 교섭력, 대체제 출현 위협을 든다.

21 정답 ③

핵심주제 : 인사관리

행위기준고과법은 많은 시간과 비용이 요구되어 실무 적용에 어려움이 나타나는 특징이 있다.

행위기준고과법

전통적인 인사고과법의 비판에 기초하여 평가 대상자의 평소 행동을 관찰하고 평가하는 방법이다. 주요사건기록법과 평정척도법을 혼용하여 평가 대상 직무에 적용되는 행동묘사문을 다양한 척도의 수준으로 평가한다. 그러므로 신뢰도가 높은 고과법으로 알려져 있지만 평가하는 데에 시간과 비용이 많이 들고, 직무와 기업조직이 변화하면 고과의 타당성이 낮아질 수 있다는 문제점이 있다.

22 정답 ③

핵심주제 : 조직행위

민츠버그의 다섯 가지 조직구조에는 단순 구조, 기계적 관료제, 전문적 관료제, 사업부제, 임시적 조직이 있다. 그중 전문적 관료제는 직무의 복잡성을 극복하기 위해 고도의 지식과 기술력을 가진 전문가들이 높은 통제력과 재량권을 행사하는 조직을 말한다. 그러므로 환경이 복잡하고, 표준화된 기술 및 지식이 요구되는 경우에 적합하다.

오답해설
① 단순 구조에 대한 설명이다.
② 임시적 조직에 대한 설명이다.
④ 기계적 관료제에 대한 설명이다.

23 정답 ①

핵심주제 : 조직행위

상황이론에서는 환경, 기술, 구조 등을 상황요인으로 거론하고 있다. 최선의 관리방식은 고전적 조직이론에서 추구하는 방식이다.

상황이론

상황이론이란 조직의 작업 효과를 극대화하기 위한 보편적인 원리가 있다는 입장을 비판하면서 등장한 이론이다. 조직의 구조와 관리방법은 환경 같은 상황요인에 따라 달라지기 때문에 구체적인 상황에 따라 적합한 조직구조나 관리방법을 찾아내야 한다고 주장하는 이론이다.

24 정답 ①

핵심주제 : 조직행위

공통된 리더십은 작업집단이 아닌 작업팀의 특징이다. 작업집단은 작업팀과는 달리 정보공유를 목표로 하는 걸 통해 알 수 있다.

작업집단과 작업팀 비교

구분	작업집단	작업팀
목표	정보 공유	단체 성과
업무시너지	크지 않음	큼
기술	다양함	상호보완적임
책임	개인 단위 책임	팀 단위 책임

25 정답 ①

핵심주제 : 재무관리

기업의 부채가 자기자본보다 유리한 것은 주주의 입장이다. 주주의 입장에서는, 이자가 부채운영을 통한 수익보다 보통 적은 편이며, 그 초과수익은 지분투자자의 이익이 되기 때문이다. 또한, 이익배당과는 달리 이자는 법인세를 공제받을 수 있다.

출제 문항 분석

영역	문항 수
행정법통론	3
행정작용법	9
행정구제법	8
행정법상 의무이행 확보수단	3
특별행정작용법	2

정답

01 ④	02 ③	03 ②	04 ②	05 ①
06 ②	07 ③	08 ③	09 ①	10 ④
11 ①	12 ④	13 ④	14 ②	15 ①
16 ①	17 ①	18 ①	19 ②	20 ③
21 ③	22 ③	23 ②	24 ③	25 ③

01　정답 ④

핵심주제 : 행정법통론

진정소급입법의 경우에 신뢰보호의 이익을 주장할 수 없고 부진정소급입법은 원칙적으로 신뢰보호의 이익을 주장할 수 있다.

〈 판례 〉

소급입법은, … 진정소급입법과, … 부진정소급입법으로 나눌 수 있다. … 진정소급입법은 개인의 신뢰보호와 법적 안정성을 내용으로 하는 법치국가원리에 의하여 허용되지 않는 것이 원칙이다. 반면 부진정소급입법은 원칙적으로 허용되지만, 소급효를 요구하는 공익상의 사유와 신뢰보호를 요구하는 개인보호의 사유 사이의 교량과정에서 그 범위에 제한이 가하여질 수 있다(대판 2020.4.29. 2019두32696).

02　정답 ③

핵심주제 : 행정작용법

판례에 따르면, 법률이 행정규칙 형식으로 입법위임을 하는 경우에도 포괄위임금지의 원칙이 적용된다.

〈 판례 〉

행정규칙의 형식으로 입법위임을 할 필요성이 인정되는 경우라도, 그러한 위임은 헌법 제75조의 포괄위임금지 원칙을 위반하여서는 안 되고 반드시 구체적·개별적으로 한정된 사항에 대하여 행하여져야 한다(헌재 2016.3.31. 2014헌바382).

03　정답 ②

핵심주제 : 행정작용법

판례에 의하면, (구)외자도입법에 따른 기술도입계약에 대한 인가는 기본행위인 기술도입계약을 보충하여 그 법률상 효력을 완성시키는 보충적 행정행위에 지나지 아니하므로 기본행위인 기술도입계약의 해지로 소멸되었다면 위 인가처분은 처분청의 직권취소에 의하여 소멸하지 않는다고 본다(대판 1983.12.27. 82누491).

04　정답 ②

핵심주제 : 행정작용법

「행정절차법」 제48조에 따르면, 행정지도라는 것은 규제적·구속적 성격이 없는 행정작용이므로, 지도의 대상의 행위는 자의에 의한 행위로 판단되어 그 범법행위가 정당화될 수 없다.

〈 판례 〉

행정관청이 … 행정지도를 하여 그에 따라 허위신고를 한 것이라 하더라도 이와 같은 행정지도는 법에 어긋나는 것으로서 그와 같은 행정지도나 관행에 따라 허위신고행위에 이르렀다고 하여도 이것만 가지고서는 그 범법행위가 정당화될 수 없다(대판 1994.6.14. 93도3247).

05　정답 ①

핵심주제 : 행정구제법

헌재의 입장에 따르면 현역군인이 아닌 군무원이 국방부 등의 보조기관 등에 보해질 수 없는 것은 평등권을 침해하지 않는다고 본다.

〈 판례 〉

군인과 군무원은 모두 국군을 구성하며 국토수호라는 목적을 위해 국가와 국민에게 봉사하는 특정직공무원이기는 하지만 각각의 책임·직무·신분 및 근무조건에는 상당한 차이가 존재한다. 이 사건 법률조항이 현역군인에게만 국방부 등의 보조기관 등에 보해질 수 있는 특례를 인정한 것은 … 따라서 이와 같은 차별이 입법재량의 범위를 벗어나 현저하게 불합리한 것이라 볼 수는 없으므로 이 사건 법률조항은 청구인들의 평등권을 침해하지 않는다(헌재 2008.6.26. 2005헌마1275).

06 정답 ②

핵심주제 : 행정작용법

「개인정보보호법」 제24조에 따르면, 개인정보 처리에 대한 동의는 일괄적으로 받는 것이 아니라 별도로 받아야 한다.

07 정답 ③

핵심주제 : 행정법통론

대법원은 실권의 법리를 신의성실 원칙의 파생원칙으로 본다.

〈 판례 〉

실권 또는 실효의 법리는 법의 일반원리인 신의성실의 원칙에 바탕을 둔 파생원칙인 것이므로 … 신의성실의 원칙에 반하는 결과가 될 때 그 권리행사를 허용하지 않는 것을 의미한다(대판 1988.4.27. 87누915).

08 정답 ③

핵심주제 : 행정작용법

「공공기관의 정보공개에 관한 법률」 제11조(정보공개 여부의 결정) 제1항에 따르면, 통지를 받은 날부터 7일 이내가 아니라, 10일 이내에 공개 여부를 결정해야 한다.

09 정답 ①

핵심주제 : 행정법상 의무이행 확보수단

지방국세청장이 조세범칙행위에 대하여 고발을 한 후에 동일한 조세범칙행위에 대하여 통고처분을 하여도, 이는 법적 권한 소멸 후에 이루어졌기 때문에 조세범칙행위자가 통고처분을 이행하였어도 자의에 의한 행위로 판단된다(대판 2016.9.28. 2014도10748).

10 정답 ④

핵심주제 : 행정법통론

판례의 따르면, 국민의 기본권 침해와 직접 관련되는 경우엔 그 국가작용이 고도의 정치적 결단에 의하여 행해지더라도 당연히 헌법재판소의 심판대상이 된다.

〈 판례 〉

대통령의 긴급재정경제명령은 … 이른바 통치행위에 속한다고 할 수 있으나, 통치행위를 포함하여 모든 국가작용은 국민의 기본권적 가치를 실현하기 위한 수단이라는 한계를 반드시 지켜야 하는 것이고, … 비록 고도의 정치적 결단에 의하여 행해지는 국가작용이라고 할지라도 그것이 국민의 기본권 침해와 직접 관련되는 경우에는 당연히 헌법재판소의 심판대상이 된다(헌재 1996.2.29. 93헌마186).

11 정답 ①

핵심주제 : 행정작용법

국립대학의 장에 의하여 임용된 조교는 사법상의 근로계약관계가 아닌 공법상 근무 관계에 해당한다.

〈 판례 〉

국가공무원법 제2조 제2항 제2호, …, 교육공무원임용령 제5조의2 제4항에 의하면, 일정한 자격을 갖추고 소정의 절차에 따라 대학의 장에 의하여 임용된 조교는 법정된 근무기간 동안 신분이 보장되는 교육공무원법상의 교육공무원 내지 국가공무원법상의 특정직공무원 지위가 부여되고, 근무관계는 사법상의 근로계약관계가 아닌 공법상 근무관계에 해당한다(대판 2019.11.14. 2015두52531).

12 정답 ④

핵심주제 : 특별행정작용법

「병역법」상으로는 보충역편입처분과 공익근무요원소집처분이 각각 단계적으로 별개의 법률효과를 발생하는 독립된 행정처분으로 여겨진다. 그러므로, 불가쟁력이 생긴 보충역편입처분의 위법을 이유로 공익근무요원소집처분의 효력을 다툴 수 없다.

〈 판례 〉
공익근무요원소집처분은 … 별개의 법률효과를 발생하는 독립된 행정처분이라고 할 것이므로, … 이미 불가쟁력이 생겨 그 효력을 다툴 수 없게 된 경우에는, 병역처분변경신청에 의하는 경우는 별론으로 하고, 보충역편입처분에 하자가 있다고 할지라도 그것이 당연무효라고 볼만한 특단의 사정이 없는 한 그 위법을 이유로 공익근무요원소집처분의 효력을 다툴 수 없다(대판 2002.12.10. 2001두5422).

13 정답 ④

핵심주제 : 행정구제법

「행정절차법」 제11조 제6항에 따르면, 다수의 대표자가 있는 경우 그중 1인에 대한 행정청의 행위는 모든 당사자 등에게 효력이 있다. 다만, 행정청의 통지는 대표자 모두에게 하여야 그 효력이 있다.

오답해설
①, ②, ③ 각각 동법 제11조 제3, 4, 5항에 해당하는 설명이다.

14 정답 ②

핵심주제 : 행정작용법

구청장이 사회복지법인에 특별감사 결과, 지적사항에 대한 시정지시와 그 결과를 관계서류와 함께 보고하도록 지시한 경우, 그 시정지시는 항고소송의 대상이 되는 행정처분에 해당한다.

〈 판례 〉
구청장의 시정지시는 비권력적 사실행위에 불과하다고 볼 수는 없지만, 기타 법률상 효과를 발생하게 하는 것으로서 항고소송의 대상이 되는 행정처분에 해당한다(대판 2008.4.24. 2008두3500).

15 정답 ①

핵심주제 : 특별행정작용법

방사능에 오염된 고철의 유통자는 방사능오염 사실을 모르고 유통시켰을 경우에도 「환경정책기본법」 제44조 제1항에 따라 피해자에게 피해를 배상해야 한다는 게 대법원의 입장이다.

〈 판례 〉
방사능에 오염된 고철은 원자력안전법 등의 법령에 따라 처리되어야 하고 … 방사능에 오염된 고철을 타인에게 매도하는 등으로 유통시킴으로써 거래 상대방이나 전전취득한 자가 방사능오염으로 피해를 입게 되면 그 원인자는 방사능오염 사실을 모르고 유통시켰더라도 환경정책기본법 제44조 제1항에 따라 피해자에게 피해를 배상할 의무가 있다(대판 2018. 9. 13. 선고 2016다35802).

16 정답 ①

핵심주제 : 행정법상 의무이행 확보수단

판례에 따르면, 행정법규 위반에 대한 제재조치는 법령상 책임자로 규정된 자에게 부과되며, 특별한 사정이 없는 한 위반자에게 고의나 과실이 없더라도 부과할 수 있다고 본다(대판 2017.5.11. 2014두8773).

17 정답 ①

핵심주제 : 행정구제법

「행정심판법」 제4조 3항에 따르면, 관계 행정기관의 장이 특례를 신설하거나 변경하는 법령을 제정·개정할 때에는 법무부장관이 아니라 중앙행정심판위원회와 협의하여야 한다.

오답해설
② 동법 제3조 1항에 대한 설명이다.
③ 동법 제3조 2항에 대한 설명이다.
④ 동법 제2조 4호에 대한 설명이다.

18 정답 ①

핵심주제 : 행정구제법

당사자가 지방노동위원회의 처분에 대하여 불복하기 위해서는 고용노동부 장관이 아니라, 중앙노동위원장을 피고로 하여 재심판정취소의 소를 제기하여야 한다.

19 정답 ②

핵심주제 : 행정구제법

판례에 따르면, 사전에 이루어진 처분이 뒤에 이은 처분에 흡수되어 독립된 존재가치를 상실하면, 그 처분의 취소를 구할 이익이 없다고 본다.

〈 판례 〉
원자로 및 관계 시설의 부지사전승인처분은 그 자체로서 건설부지를 확정하고 사전공사를 허용하는 법률효과를 지닌 독립한 행정처분이기는 하지만, … 나중에 건설허가처분이 있게 되면 그 건설허가처분에 흡수되어 독립된 존재가치를 상실함으로써 그 건설허가처분만이 쟁송의 대상이 되는 것이므로, 부지사전승인처분의 취소를 구하는 소는 소의 이익을 잃게 되고, … 나중에 내려진 건설허가처분의 취소를 구하는 소송에서 이를 다투면 된다(대판 1998.9.4. 97누19588).

20 정답 ③

핵심주제 : 행정구제법

판례에 따르면, 제3자효를 수반하는 행정행위에 대한 행정 심판청구의 인용재결은 원처분과 내용을 달리하는 것이므로 그 인용재결의 취소를 구하는 것은 원처분에는 없는 재결에 고유한 하자를 주장하는 셈이어서 당연히 항고소송의 대상이 된다(대판 2001.5.29. 99두10292).

21 정답 ③

핵심주제 : 행정작용법

판례에 따르면, 회의록에 기재된 발언내용에 대한 해당 발언자의 인적사항 부분에 관한 정보는 「공공기관의 정보공개에 관한 법률」 제7조 제1항 제5호 소정의 비공개 대상에 해당한다고 본다(대판 2003.8.22. 2002두12946).

22 정답 ③

핵심주제 : 행정구제법

대법원은 지방자치단체의 담당 공무원의 직무상 의무위반행위와 위 종업원들의 사망 사이에 상당인과관계가 존재하지 않는다고 보았다.

〈 판례 〉
… 지방자치단체의 담당 공무원이 위 유흥주점의 용도변경, 무허가 영업 및 시설기준에 위배된 개축에 대하여 시정명령 등 식품위생법상 취하여야 할 조치를 게을리 한 직무상 의무위반행위와 위 종업원들의 사망 사이에 상당인과관계가 존재하지 않는다(대판 2008.4.10. 2005다48994).

23 정답 ②

핵심주제 : 행정작용법

판례에 따르면, 행정심판전치주의는 무효선언을 구하는 취소소송에는 적용되며 무효확인소송에서는 적용되지 않는다.

〈 판례 〉
구 「행정소송법」(1994. 7. 27. 법률 제4770호로 개정되기 전의 것) 제18조 제1항은 … 취소소송에 있어서 이른바 필요적 행정심판전치주의를 취하고 있다(대판 1998.12.22. 97누1563).
무효확인소송에서는 행정심판전치주의에 관한 「행정소송법」 제18조는 적용되지 아니한다(부산고등법원 1991.10.2. 90구1083 판결).

24 정답 ③

핵심주제 : 행정법상 의무이행 확보수단

판례에 따르면, 과거의 기간에 대한 이행강제금까지 한꺼번에 부과할 수는 없다.

〈 판례 〉
비록 건축주 등이 장기간 시정명령을 이행하지 아니하였더라도, …, 시정명령의 이행 기회가 제공되지 아니한 과거의 기간에 대한 이행강제금까지 한꺼번에 부과할 수는 없다(대판 2016.7.14. 2015두46598).

PART 04. 2020

25
정답 ③

핵심주제 : 행정구제법

「행정절차법」 제17조 5항에 따르면, 행정청은 신청에 구비서류의 미비 등 흠이 있는 경우에는 보완에 필요한 상당한 기간을 정하여 지체 없이 신청인에게 보완을 요구할 수 있다는 것이 아니라, 요구하여야 한다.

오답해설

① 동법 제17조 1항에 대한 설명이다.
② 동법 제17조 3항에 대한 설명이다.
④ 동법 제17조 7항에 대한 설명이다.

← 2019년도 12월 21일 시행

2019년 (추가채용)
기출(복원)문제
정답 및 해설

국어

출제 문항 분석

영역	문항 수
문법	4
어문 규정	9
문학	7
비문학	2
한자와 어휘	3

정답				
01 ②	02 ④	03 ②	04 ②	05 ③
06 ④	07 ③	08 ③	09 ①	10 ④
11 ②	12 ③	13 ③	14 ①	15 ①
16 ②	17 ①	18 ②	19 ③	20 ③
21 ④	22 ④	23 ③	24 ④	25 ④

01
정답 ②

핵심주제 : 맞춤법

국말이는 국에 만 밥이나 국수를 뜻하는 단어이다. 한글 맞춤법 제27항에 따라 '국말이'는 '둘 이상의 단어가 어울리거나 접두사가 붙어서 이루어진 말'로, '국 + 말 − + −이'의 여러 요소로 이루어져 있다.

오답해설

① 기럭아는 '기러기 + 야(호격조사)'가 '기럭 + 아(호격조사)'로 줄어든 말이다.
③ 애꾸눈아는 '애꾸눈이 + 야(호격조사)'가 '애꾸눈 + 아(호격조사)'로 줄어든 말이다.
④ 열무는 어린 무 또는 여린 무의 준말이다.

준말의 종류

- 단어의 끝모음이 줄어지고 자음만 남은 것은 그 앞의 음절에 받침으로 적는다.
- 체언과 조사가 어울려 줄어지는 경우에는 준 대로 적는다.
- 모음 'ㅗ, ㅜ'로 끝난 어간에 '-아/-어, -았-/-었-'이 어울려 'ㅘ/ㅝ, ㅙ/ㅞ' 될 적에는 준 대로 적는다.

02
정답 ④

핵심주제 : 고전 소설

인분을 나르는 예덕선생(엄행수)을 통해 양반의 위선을 비판하고 직업 차별의 타파를 표현하는 예덕선생전의 출전은 『방경각외전(放璚閣外傳)』이다. 『방경각외전(放璚閣外傳)』은 연암 박지원의 소설 〈마장전〉, 〈예덕선생전(穢德先生傳)〉, 〈민옹전(閔翁傳)〉, 〈광문자전(廣文者傳)〉, 〈양반전(兩班傳)〉, 〈김신선전(金神仙傳)〉, 〈우상전(虞裳傳)〉, 〈역학대도전(易學大盜傳)〉, 〈봉산학자전(鳳山學者傳)〉의 총 9편으로 구성되어 있는데, 〈역학대도전(易學大盜傳)〉, 〈봉산학자전(鳳山學者傳)〉은 소실되어 제목만 전한다.

03
정답 ②

핵심주제 : 띄어쓰기

성과 이름, 성과 호 등은 붙여 쓰고, 이에 덧붙는 호칭어, 관직명 등은 띄어 쓴다. 따라서 홍 씨, 최치원 선생은 올바른 띄어쓰기이다.

〈 한글 맞춤법 〉
제48항 성과 이름, 성과 호 등은 붙여 쓰고, 이에 덧붙는 호칭어, 관직명 등은 띄어 쓴다.
제49항 성명 이외의 고유 명사는 단어별로 띄어 씀을 원칙으로 하되, 단위별로 띄어 쓸 수 있다.
제50항 전문 용어는 단어별로 띄어 씀을 원칙으로 하되, 붙여 쓸 수 있다.

오답해설

① '홍길동', '최남선'이 올바른 띄어쓰기이다.
③ '한국 대학교 사범 대학'을 원칙으로 하고, '한국대학교 사범대학'을 허용한다.
④ '만성 골수성 백혈병'을 원칙으로 하고, '만성골수성백혈병'을 허용한다.

04
정답 ②

핵심주제 : 문법

'상대방으로 하여금 무엇을 하게 하다'라는 주체가 다른 사람이나 동물에게 무엇을 하게 하거나 상태를 바꾸는 사동법의 의미이다. ② '당했다'의 원형 '당하다'는 단어 자체가 피동의 의미를 가지고 있어 피동에 해당한다.

05
정답 ③

핵심주제 : 사자성어

사필귀정(事必歸正)은 처음에는 시비(是非)·곡직(曲直)을 가리지 못하여 그릇되더라도, 모든 일은 반드시 정리(正理)로 돌아간다는 뜻의 사자성어이다. '정하다', '정해지다'의 뜻을 가진 '정(定)'이 아닌 '바르다', '바로잡다'의 뜻을 가진 '정(正)'이 적합하다.

오답해설

① 이심전심(以心傳心) : 마음에서 마음으로 전한다.
② 전전반측(輾轉反側) : 수레바퀴가 한없이 돌며 옆으로 뒤척인다는 뜻으로, 근심과 걱정으로 잠을 이루지 못함을 비유하는 말이다.
④ 인과응보(因果應報) : 원인과 결과에는 반드시 그에 합당한 이유가 있음을 뜻한다.

06
정답 ④

핵심주제 : 판소리

명창이 스승으로부터 전승하여 판소리 한마당 전부를 음악적으로 절묘하게 다듬어 놓은 소리를 바디라고 한다.

더늠

판소리에서, 명창이 자신의 독특한 방식으로 다듬어 부르는 어떤 마당의 한 대목을 말한다. 한 예로 쑥대머리는 판소리 춘향가의 한 대목이자, 근세 명창 임방울(1904~1961)의 더늠으로 알려져 있다.

07 정답 ③

핵심주제 : 판소리

판소리에서 창자(唱者)가 소리를 하다가 한 대목에서 다른 대목으로 넘어가기 전에 자유리듬과 일상적인 말투로 사설을 엮어나가는 판소리의 구성요소는 아니리이다.

오답해설

① 발림 : 판소리에서 창자가 소리의 가락이나 사설의 극적인 내용에 따라서 손·발·온몸을 움직여 소리나 이야기의 감정을 표현하는 몸짓
② 추임새 : 국악 판소리에서 소리의 중간에 곁들이는 탄성
④ 눈대목 : 판소리 한 바탕 가운데 가장 중요하게 생각하는 대목

08 ⭐ 정답 ③

핵심주제 : 비문학(순서)

주어진 글의 중심제재는 인공지능(AI) 로봇으로 (다)에서 제임스 러브록이 이들을 사이보그라고 부른다고 했다. (가)에서는 러브록이 말하는 사이보그와 인공지능(AI) 로봇을 말한다. 그러면서 (나)에서는 러브록의 사이보그에 대한 다른 생각을 나타내고 있다. 마지막으로 (라)에서는 러브록의 사이보그에 대한 전망을 정리하였다. 따라서 적절한 글의 순서는 (다) – (가) – (나) – (라)이다.

09 정답 ①

핵심주제 : 문법

높푸르다는 '높–'이라는 형용사 어간과 '푸르다'라는 형용사 어간이 합쳐져 만들어진 합성어이다.

오답해설

② '풋–'이라는 접두사와 '고추'라는 명사가 합쳐 만들어진 파생어이다.
③ '시–'이라는 접두사와 '뻘겋다'라는 형용사가 합쳐 만들어진 파생어이다.
④ '덧–'이라는 접두사와 '붙이다'라는 동사가 합쳐 만들어진 파생어이다.

10 정답 ④

핵심주제 : 어휘

핫옷이란 안에 솜을 두어 만든 옷이다. 추운 날 핫옷을 입는 것은 맞으나 모시가 아닌 솜으로 만들었기 때문에 단어의 쓰임이 바르지 않다.

오답해설

① 보늬 : 밤이나 도토리 따위의 속껍질
② 닁큼닁큼 : 머뭇거리지 않고 잇따라 빨리
③ 엇셈 : 서로 주고받을 것을 비겨 없애는 셈

11 ⭐ 정답 ②

핵심주제 : 로마자 표기법

동화(同化), 구개음화. 축약 현상은 환경이 같으면 결과가 같은데 반해 된소리되기 현상은 환경이 같은데도 결과가 같지 않은 경우가 있다. 그리하여 동화나 구개음화, 축약은 로마자 표기에 반영하나, 된소리되기는 로마자 표기에 반영하지 않는다. 또 고유명사의 첫 글자는 대문자로 쓴다. 따라서 올바른 로마자 표기는 ⓒ, ⓒ, ⓜ이다.

오답해설

㉠ 구미는 [구미]로 발음이 되고, 고유명사이므로 'Gumi'가 올바른 로마자 표기법이다.
㉣ 울릉은 [울릉]으로 발음이 되고 'ㄹㄹ'이 존재하는 고유명사이므로 'Ulleung'가 올바른 로마자 표기법이다.
㉤ 왕십리는 [왕심니]로 발음이 되는 고유명사이므로 'Wangsimni'가 올바른 로마자 표기법이다.

12 정답 ③

핵심주제 : 고시조

〈보기〉에 주어진 작품은 조선시대 인물 왕방연의 〈천만 리 머나 먼 길에〉이다. 이 작품의 문학 갈래는 평시조이다. 평시조는 3장 6구에 총자수 45자 내외로 된 정형시조로, 매구의 자수 기준은 7~8자이고, 종장 첫 구만 3자 고정으로 3·4조, 4·4조의 음수율을 가진다. 시조는 고려 중기에 발생하였으며, 고려 말에 그 형식이 확립되어 조선 시대에 가장 활발하게 창작되었다.

< 작품해석 >
왕방연, 〈천만 리 머나먼 길에〉
- 갈래 : 평조시, 연군가
- 제재 : 단종의 유배
- 주제 : 임금을 이별한 애절한 마음
- 출전 : 「병와가곡집(瓶窩歌曲集)」

13 　　　　　　　　　　 정답 ③
핵심주제 : 어휘

세섯덩이란 김맬 때에, 떠서 앞으로 엎는 흙덩이를 말한다. 개피떡 세 개를 붙여 만든 떡을 뜻하는 단어는 셋붙이 또는 삼부병이라 한다.

14 　　　　　 정답 ①
핵심주제 : 표준어

표준어 규정 제2장(발음 변화에 따른 표준어 규정)제2절(모음)제12항에 따르면 ⊙의 웃옷은 '아래, 위'의 대립이 없는 단어이므로 표준어가 맞다. ⓒ과 ⓔ은 '아래, 위'의 대립이 있는 단어이므로 각각 윗몸, 윗입술이 표준어가 된다.

오답해설
ⓒ 된소리나 거센소리 앞에서는 '위-'로 통일하므로 위쪽이 표준어가 된다.
ⓓ '아래, 위'의 대립이 있는 단어이므로 윗도리가 표준어가 된다.
ⓑ '아래, 위'의 대립이 없는 단어이므로 웃돈이 표준어가 된다.

15 　　　　　　　　　　 정답 ①
핵심주제 : 표준어

'샛별'은 금성(金星)을 일상적으로 이르는 말 또는 장래에 큰 발전을 이룩할 만한 사람을 비유적으로 이루는 말이다. 금성(金星)을 뜻하는 샛별의 잘못된 표현이 새벽별이다. 따라서 샛별과 새벽별은 복수표준어 관계가 아니다.

오답해설
② 제가끔은 제각기와 같은 말로 '저마다 따로따로'라는 뜻을 가지고 있다.
③ 멀찌감치는 멀찌가니와 같은 말로 '사이가 꽤 떨어지게'라는 뜻을 가지고 있다.
④ 욕심꾸러기는 욕심쟁이와 같은 말로 '욕심이 많은 사람을 낮잡아 이르는 말'이다.

16 　　　　　　　　　　 정답 ②
핵심주제 : 어문 규정

'야금야금'의 경우 표준발음이 'ㄴ'을 첨가하여 [야금냐금]으로 발음되기도 하지만, 'ㄴ'을 첨가 없이 [야그먀금]으로 발음되기도 한다.
'낮선'의 경우 음절의 끝소리 규칙과 된소리되기 때문에 [낟썬]으로 발음된다.
'쌓인'의 경우 받침 'ㅎ'이 뒤에 모음으로 시작하는 어미나 접미사를 만나 'ㅎ'이 발음이 되지 않아 [싸인]으로 발음이 된다.
'ㄴ' 뒤에 'ㄹ'이 오면 'ㄹㄹ'로 발음이 되는 경우, 비음화가 일반적이나 상견례는 [상견녜]로 발음이 된다.

17 　　　　　　　　　　 정답 ①
핵심주제 : 비문학(순서)

주어진 〈보기〉는 특정한 언어의 변화는 공시태에서 공시태로의 변화를 말하고 있다. 따라서 〈보기〉는 언어의 구성적 변화를 이야기하는 (가)와 공시태와 통시태를 설명하는 (나)의 사이에 위치하는 것이 적절하다.

18 　　　　　　　　　　 정답 ②
핵심주제 : 문법

언어가 시간이 흐름에 따라 음운이나 어휘 등의 측면에서 생성, 성장, 소멸하며 변화하는 특성을 언어의 역사성이라 한다.

모르면 간첩 언어의 특성

- **자의성** : 언어의 의미와 기호가 마음대로 결합되는 특성
- **사회성** : 언어에서, 소리와 의미의 관계가 사회적으로 약속된 후에는 개인이 마음대로 바꿀 수 없는 특성
- **창의성** : 한정된 음운이나 어휘를 가지고 무한한 문장을 만들어서 사용할 수 있고, 처음 들어보는 문장을 이해할 수 있는 특성

모르면 간첩

〈 작품해석 〉

송강 정철, 〈사미인곡(思美人曲)〉
- **갈래** : 서정가사, 양반가사, 정격가사
- **성격** : 서정적, 연모적
- **주제** : 연군의 정
- **표현** : 3 · 4조의 4음보
- **의의**
  - 속미인곡과 더불어 가사 문학의 극치를 이룬 작품으로 우리말 구사가 뛰어남.
  - '정과정'의 전통을 이은 충신 연군지사(戀君之詞)이다.

19 정답 ③

핵심주제 : 문법

통시태는 같은 언어의 다른 변화 시기에 속하는 다른 언어 상태를 말한다. 따라서 특정한 어느 한 시기의 언어의 상태를 말하는 신조어의 경우는 통시태가 아닌 공시태에 해당한다.

20 군무원 필수 정답 ③

핵심주제 : 띄어쓰기

'여기'는 말하는 이에게 가까운 곳을 가리키는 지시대명사이고, '서'는 부사격조사이다. 여기에 어떤 일이나 상태 따위에 관련된 범위의 시작임을 나타내는 보조사 '부터'와 주격조사 '가'가 붙어 구성된 '여기서부터가'는 올바른 띄어쓰기이다.

오답해설

① 열 내지 스물
② 먹을 만큼만 먹어라.
④ 십이억 삼천사백오십육만 칠천팔백구십팔

21 군무원 필수 정답 ④

핵심주제 : 가사

ⓔ의 '디ᄂᆞ니'는 '떨어지는'의 옛말로, '눈물이 떨어지다' 또는 '눈물이 흐르다'가 적절한 현대어 해석이다.

22 정답 ④

핵심주제 : 가사

[가]의 현대어 해석은 '더웠다 서늘해졌다 하는 계절의 바뀜이 때를 알아 갔다가는 다시 오니. / 듣거니 보거니 하는 가운데 느낄 일이 많기도 하구나.'이다. 이 작품은 임금을 사모하는 신하의 정성을, 임을 생이별하고 그리워하는 연모의 정으로 바꾸어 표현하고 있는 작품이다. 이 작품은 전체의 내용이 계절적 변화에 따라 사무친 그리움을 노래하고 있으며, 임과 이별한 채 세월만 덧없이 흘러가는 것을 안타까워하고 있다.

23 군무원 필수 정답 ③

핵심주제 : 맞춤법

'-(으)로서'는 지위나 신분 자격을 나타내는 격조사이고, '-(으)로써'는 어떤 물건의 재료나 원료를 나타내는 격조사이다. 따라서 ③의 학생이라는 지위에 알맞은 것은 '(으)로서'가 된다.

오답해설

① 보전함으로써(수단 · 방법)
② 높임으로써(수단 · 방법)
④ 던짐으로써(수단 · 방법)

24 정답 ④

핵심주제 : 맞춤법

부사의 끝음절이 분명히 '이'로만 나는 것은 '-이'로 적고, '-히'로만 나거나 '이'나 '히'로 나는 것은 '-히'로 적는다. 따라서 '꼼꼼이'가 아닌 '꼼꼼히'가 올바른 표현이고, '꼼꼼히'는 빈틈이 없이 차분하고 조심스러운 모양을 뜻한다.

25 정답 ④

핵심주제 : 어휘

살판이란 어릿광대와 꾼이 재담을 주고 받으며 서로 땅재주를 부리는 놀이를 말한다. 판소리를 부르면서 마당에서 하는 놀이를 마당놀이라고 한다.

모르면 간첩

남사당패 놀이

- 풍물(농악)
- 버나(대접돌리기)
- 살판(땅재주)
- 어름(줄타기)
- 덧뵈기(가면극)
- 덜미(인형극)

경영학

출제 문항 분석

영역	문항 수
경영학 기초	4
생산관리	5
인사관리	1
조직행위	2
경영정보시스템	2
마케팅	3
재무관리	3
회계학	4
국제경영과 국제경제	1

정답				
01 ④	02 ②	03 ④	04 ④	05 ②
06 ①	07 ③	08 ④	09 ①	10 ①
11 ②	12 ④	13 ①	14 ④	15 ①
16 ④	17 ④	18 ②	19 ①	20 ②
21 ①	22 ③	23 ①	24 ②	25 ④

01 정답 ④

핵심주제 : 생산관리

작업일정계획(OP)은 자재소요계획(MRP)의 구성요소에 해당하지 않는다.

모르면 간첩

자재소요계획(MRP) 구성요소

자재소요계획(MRP)의 구성요소에는 자재명세서(BOM), 재고기록철(IR), 기준생산계획(MPS)가 있다.

02 정답 ②

핵심주제 : 생산관리

주문생산에서는 제품을 소량으로 만들기 때문에 수요예측보다는 납기관리가 중요하며, 수요예측이 중요한 것은 대량으로 제품을 생산하는 재고생산이다.

03

정답 ④

핵심주제 : 조직행위

SWOT분석이란 기업의 내부 · 외부환경을 분석해 강점(S) · 약점(W)과 기회(O) · 위협(T)를 바탕으로 경영전략을 수립하는 기법을 말한다.

오답해설

① 사업포트폴리오 전략은 경영진이 사업 포트폴리오에서 핵심 사업단위를 식별하여 각각의 사업단위를 평가하는 경영전략이다.

② 기업이 상품을 생산하여 유통하면서 고객들에게 가치를 제공하는 활동에 관한 분석이다.

③ 기존 시장에 기존 상품을 계속 팔아 성장을 유지하려는 전략이다.

04

정답 ④

핵심주제 : 인사관리

집단성과급을 도입하면 공정한 성과 배분을 통해 신뢰를 증진시킬 수 있기 때문에 표준작업량 설정에 있어 노사 간의 갈등을 줄일 수 있다.

오답해설

① 집단성과급제도는 기업의 생산량을 높이기 위한 제도이다.

② 집단이기주의가 발생하여 조직의 협력을 깨뜨릴 위험이 있다.

③ 집단의 성과를 측정하기 때문에 개인별 성과는 측정하기가 어렵다.

05

정답 ②

핵심주제 : 경영정보시스템

의사지원결정지원시스템이란 사용자들이 기업의 의사결정을 쉽게 내릴 수 있도록 사업 자료를 분석해주는 역할을 하는 컴퓨터 응용프로그램을 말한다. 의사결정지원시스템은 데이터베이스, 모델베이스 등을 통해 반 구조적, 비구조적인 의사결정문제에 대한 의사결정과정을 돕는다. 따라서 구조적 의사결정에서만 쓰인다는 말은 옳지 않다.

06

정답 ①

핵심주제 : 회계학

채권자는 기업의 성과와는 상관없이 일정한 이익을 취하고, 주주는 성과에 따른 책임을 진다. 그러므로 주주는 채권자가 이자비용을 가져가고 남은 이익을 지분율에 맞게 받는다.

	주주와 채권자의 비교
주주	• 실질적 기업의 소유자로서 주주총회의 구성원 • 보유한 지분 이상의 수익과 손해는 보지 않음
채권자	• 채무자에게 급부할 것을 요구할 수 있음 • 채무자에게 금전적 가치를 제공하는 대신 일정 기간 동안 이자 및 원금을 수령할 권리가 있음

07

정답 ③

핵심주제 : 회계학

손익계산서는 일정기간 동안의 기업의 경영성과를 보고하는 재무제표이며 기업의 경영성과는 이익의 크기로써 측정된다.

오답해설

① 현금흐름표에 대한 설명이다.

② 재무상태표에 대한 설명이다.

④ 손익계산서는 수익에서 비용을 차감한 순손익을 제시한다.

08

정답 ④

핵심주제 : 조직행위

리더십이론에는 행동이론, 상황이론, 특성이론이 있다. ERG이론은 알더퍼(Alderfer)가 주장한 동기부여이론에 해당한다. 이는 욕구를 생존, 관계, 성장 3단계로 구분한다.

09

정답 ①

핵심주제 : 경영학 기초

단기이익을 추구하는 건 전문경영자이다. 전문경영자는 임기가 정해져 있어 임기 연장을 위해 성과를 내야 하기 때문이다.

소유경영자와 전문경영자 비교	
소유경영자	기업을 소유하는 자로, 출자자 또는 대주주가 직접 경영에 참가하여 운영·관리하는 경영자
전문경영자	• 고도의 기술과 대규모 자본 요구 • 소유 및 경영의 분리에 따라 경영 역할 담당 • 종업원보다는 경영자의 속성을 지님

10
핵심주제 : 마케팅
정답 ①

시장세분화는 다양한 욕구가 모인 시장을 일정 기준에 따라 동질적인 소비자 집단으로 나누는 것이며, 그러므로 세분화된 시장 간에는 이질성이 극대화되어야 하고, 세분화된 시장 내부에서는 동질성이 극대화되어야 한다. 따라서 동질적 시장을 가정한다는 설명은 옳지 않다.

시장세분화 전략
비슷한 선호와 취향을 가진 소비자를 엮어 몇 개의 집단으로 나누고 이 중에 특정 집단을 골라 마케팅 자원을 집중하는 전략이다. 시장세분화를 위해선 다수의 소비자를 구분할 수 있는 기준이 필요한데, 소비자의 나이, 인구통계학적 특성, 심리적 특성 등의 다양한 소비자 특성 변수를 활용한다.

11
핵심주제 : 생산관리
정답 ②

예측수요는 지수평활법으로 계산하는데, 그 방법은 다음과 같다.
(예측수요)=(지난 해 예측수요)+(지수평활계수)×(실제수요−지난 해 예측수요)
따라서, A 회사의 올해 예측 수요는,
100+0.6×(110−100)=100+6=106이 된다.

12

핵심주제 : 마케팅
정답 ④

마케팅 믹스는 포장(Package)을 포함하지 않는다.

마케팅믹스(4P)
마케팅믹스(4P)에는 제품(Product), 가격(Price), 유통(Plcae), 촉진(Promotion)이 있다.

13
핵심주제 : 재무관리
정답 ①

부채비율은 부채총계를 자본총계로 나눈 값이므로, 부채비율이 높아질수록 기업의 재무 구조가 불안정하다고 볼 수 있다.

오답해설
② 총자본순이익률은 경영에 투입된 총 자본에 대한 이익률을 나타낸다.
③ 매출액순이익률은 매출액 1원에 대한 순이익을 나타내는 것으로, 기업의 경영에 따른 성과를 총괄적으로 파악하는 비율이다.
④ 이자보상비율은 기업의 부채에 따른 이자비용으로 이 비율이 1보다 커야만 이자를 정상적으로 지급할 수 있다.

14

핵심주제 : 재무관리
정답 ④

순현재가치법(NPV)이란, 매출액이 아닌 순현금흐름의 현재가치를 기준으로 하는 투자결정 방법을 말한다. 따라서 매출액을 기준으로 삼는다는 설명은 옳지 않다.

순현재가치법
투자로 발생할 모든 미래 현금흐름을 할인율로 할인한 현재가치로 나타내어 투자를 결정하는 방법
• 순현재가치법의 특징
　− 화폐 시간가치를 고려함
　− 내용연수 동안의 모든 현금흐름을 고려함
　− 현금흐름과 할인율만으로 투자안을 평가하여 자의적 요인이 배제됨
　− 투자안에 대한 가치가산 원칙이 적용됨. 예를 들어, A와 B 투자안에 모두 투자할 때에 순현재가치는 각 투자안의 순

현재가치를 합한 값과 동일
– 모든 투자안의 순현재가치의 합으로 기업의 가치를 알 수 있음

15 정답 ①

핵심주제 : 경영정보시스템

소기업은 자본의 한계성을 지니고 있기 때문에 집중화전략을 쓸 경우 경쟁사보다 낮은 비용구조를 확보하기 위해 저원가전략을 고려해야 하는 경우가 존재한다.

마이클 포터(M. Porter)의 본원적 전략

		경쟁우위	
		저원가	차별화
경쟁영역	넓은 영역	원가우위 전략	차별화 전략
	좁은 영역	원가 집중화	차별적 집중화

16 정답 ④

핵심주제 : 생산관리

재고비용에는 재고매입비용, 재고유지비용(자본의 기회비용, 진부화비용), 주문비용(창고유지비용), 재고부족비용이 있다. 즉, 매출손실비용을 포함하지 않는다.

재고비용

• **재고매입비용** : 재고자산을 매입하기 위해 발생한 매입원가
• **재고유지비용** : 재고자산을 일정수준으로 유지 및 보관하는 데에 발생하는 비용
• **주문비용** : 필요 재고를 주문하여 창고에 입고시켜 이용할 수 있을 때까지 발생한 모든 비용
• **재고부족비용** : 재고가 고갈되어 발생하는 기회비용

17 정답 ④

핵심주제 : 재무관리

영구채권이란 그 이름대로 만기가 없이 영구히 이자만 지급받는 채권이다. 따라서, 일정기간 동안 이자를 지급한다는 설명도, 만기가 도래하면 이자와 원금을 모두 지급한다는 설명도 옳지 않다.

채권의 종류

• **할인채** : 만기까지 이자 지급이 없고 만기 때 액면금액을 받는 채권
• **이표채** : 만기까지 매 기간 일정 이자를 지급받고 만기 때 마지막 이자와 액면금액을 받는 채권
  – 할인채
  – 액면채
  – 할증채
• **영구채** : 만기 없이 이자만 영구히 받는 채권

18 정답 ②

핵심주제 : 회계학

서로 반대된 설명이다. 즉, 미국형 옵션은 만기일이 될 때까지 언제든지 결제할 수 있고, 유럽형 옵션은 만기에만 결제할 수 있다는 게 옳은 설명이다.

옵션계약의 종류

선택권보유자	• 콜옵션 : 기초자산을 매입하기로 한 쪽이 옵션보유자가 됨 • 풋옵션 : 기초자산을 매도하기로 한 쪽이 옵션보유자가 됨
권리행사시기	• 유럽식 옵션 : 옵션 만기일에만 권리를 행사할 수 있음 • 미국식 옵션 : 옵션 만기일이 될 때까지 언제든지 권리를 행사할 수 있음
거래장소	• 장내옵션 : 정규 거래소에 상장되어 거래되는 옵션 • 장외옵션 : 거래당사자끼리 전화나 텔렉스 등을 통해 거래하는 옵션. 장외옵션은 당사자들 간에 자유롭게 계약 조건을 정한다는 점에서 선도계약과 비슷함

19 정답 ①

핵심주제 : 경영학 기초

제품수명주기 중 성장기에선, 시장이 커지면서 경쟁자들이 진입하므로 이를 대비하기 위해 제품 품질에 대한 신뢰성을 확보한다.

오답해설

② 성숙기에 대한 설명이다.

③ 성숙기에 대한 설명이다.

④ 쇠퇴기에 대한 설명이다.

20 정답 ②
핵심주제 : 국제경영과 국제경제

전략적 제휴란 경쟁관계에 있는 기업들이 장기적인 관점에서 협력을 유지하는 경우에 해당하는 국제경영을 말하며, 전략적 제휴는 경쟁을 위한 협력이지만 경쟁과 협력의 양면을 갖는다는 특징이 있다.

오답해설

① 라이센싱계약은 해외시장에 이미 진입해 있는 자회사와도 이루어질 수 있는 국제경영이다.

③ 계약생산은 외국 기업과 계약을 맺고 생산을 한 뒤, 마케팅 및 판매는 직접 담당하도록 하는 것이다.

④ 프랜차이징은 많은 비용을 들이지 않고도 해외 지역의 빠른 성장을 위한 자원 확보가 가능하다.

21 정답 ①
핵심주제 : 마케팅

2차 자료는 직접 마케팅과 관련된 자료가 아니고, 1차 자료가 직접 마케팅과 관련된 자료이다. 1차 자료는 직접 조사 프로젝트를 구성하여 자료를 수집한 자료이기 때문이다.

모르면 간성

1차 자료와 2차 자료 비교	
1차 자료	• 2차 자료에 비해 객관성, 정확성, 신뢰성이 높음 • 2차 자료에서 얻고자 하는 정보를 얻지 못할 때 직접 조사 프로젝트를 구성하여 수집한 자료
2차 자료	• 1차 자료에 비해 시간 및 비용 절약이 가능 • 신상품 기획의 경우 필요한 정보가 없을 수 있음 • 기존에 존재하고 다른 목적을 위해 수집된 자료

22 정답 ③
핵심주제 : 회계학

영업순이익을 계산하는 방법은 다음과 같다.

(매출총이익)-(판매 및 관리비용)=(영업순이익)

따라서, 제시된 자료를 통해 영업순이익을 구하면 다음과 같다.

(2,000,000-1,000,000)-400,000=600,000

모르면 간성

기업의 순이익 계산

• (영업순이익)=(매출총이익)-(판매 및 관리비용)
• (매출총이익)=(총매출액)-(매출원가)
• (당기순이익)=(법인세차감전순이익)-(법안세)
• (법인세차감전순이익)=(영업순이익)-(이자비용)

23 정답 ①
핵심주제 : 경영학 기초

매슬로의 욕구단계이론 중 5단계에는 생리적 욕구, 안전의 욕구, 애정과 공감의 욕구(사회적 욕구), 존경의 욕구, 자아실현의 욕구가 있다. 성장의 욕구는 알더퍼(Alderfer)의 ERG이론에 해당한다.

모르면 간성

매슬로의 욕구단계이론

생리적 욕구→안전의 욕구→애정과 공감의 욕구(사회적 욕구)→존경의 욕구→자아실현의 욕구

24 정답 ②
핵심주제 : 조직행위

직무충실화란, 근로자가 직무를 계획·조직·실행·평가하는 정도를 확장시키는 직무설계 방법으로, 근로자에게 부여하는 과업량을 늘리면서 과업에 대한 책임 및 의사결정 재량권을 추가하는 것이다. 또한, 직무의 수직적 확대를 의미한다.

오답해설

③ 직무충실화는 근로자의 과업을 주기적으로 변경하지 않음으로써 과업의 단조로움을 극복한다.

25 정답 ④

핵심주제 : 생산관리

가빈의 품질 8차원에서 신뢰성이란, 일정 기간 동안 제품이 고장 없이 작동할 확률로, 즉, 제품이 잘못되거나 실패할 가능성의 정도를 말한다. 소비자의 만족도와는 관련이 없다.

가빈의 품질 8차원

- **성능** : 제품의 기본적 운영특성
- **특징** : 제품이 소비자에게 제공하는 부가적인 특성
- **신뢰성** : 제품이 일정 기간 동안 고장 없이 작동할 확률
- **적합성** : 제품이 정해진 표준규격에 부합하는 정도
- **내구성** : 제품 성능의 수명의 길이
- **편의성** : 제품이 고장났을 때 서비스를 받는 속도 및 서비스를 수행하는 사람의 능력과 행동
- **미적감각** : 소비자가 제품에 대해 반응을 나타내는 주관적 차원
- **품질인식도** : 소비자는 제품이나 서비스에 대한 완전한 정보를 갖지 못하여 광고나 상표 등의 간접적인 측정에 기초하여 품질을 지각

행정법

출제 문항 분석

영역	문항 수
행정법통론	8
행정작용법	10
행정법상의 의무이행확보수단	2
행정구제법	5

정답				
01 ③	02 ③	03 ④	04 ①	05 ②
06 ③	07 ③	08 ①	09 ③	10 ④
11 ③	12 ①	13 ③	14 ②	15 ④
16 ②	17 ④	18 ③	19 ①	20 ②
21 ①	22 ③	23 ②	24 ②	25 ②

01 정답 ③

핵심주제 : 행정행위

철회도 실정법상 취소라고 불리는 경우가 많고, 철회와 취소는 행정목적 실현을 위한 하나의 수단이라는 점에서 유사하다.

02 정답 ③

핵심주제 : 사법관계

사법관계란 행정주체가 공권력 주체로서가 아니라 재산권 주체로서 사인과 맺는 법률관계를 말한다. 즉, 행정주체가 사인의 자격으로 사인과 대등한 관계에서 사법적 효과를 발생시킬 목적으로 하는 관계를 말한다. 행정주체의 물품구입 · 공사도급 계약관계, 국채 및 지방채 모집, 수표발행, 국가의 회사주식매매, 국유 일반재산의 대부 및 대부료 납입고지 등이 사법관계에 해당한다.

〈 판례 〉
구 국유재산법 제31조 제3항, 구 국유재산법 시행령 제33조 제2항의 규정에 의하여 국유잡종재산에 관한 관리처분의 권한을 위임받은 기관이 국유잡종재산을 대부하는 행위는 국가가 사경제 주체로서 상대방과 대등한 위치에서 행하는 사법상의 계약이지 행정청이 공권력의 주체로서 상대방의 의사 여하에 불구하고 일방적으로 행하는 행정처분이라고 볼 수 없고, 국유잡

종재산에 관한 사용료의 납입고지 역시 사법상의 이행청구에 해당하는 것으로서 이를 항고소송의 대상이 되는 행정처분이라고 할 수 없다(대판 1995. 5. 12, 94누5281).

06
정답 ③

핵심주제 : 행정주체

강원도의회는 기관으로 행정주체가 아니다.

03
정답 ④

핵심주제 : 법치행정

판례에 따르면 헌법재판소는 중요사항유보설의 입장으로 TV수신료 사건을 판결하였다.

〈 판례 〉

오늘날 법률유보원칙은 단순히 행정작용이 법률에 근거를 두기만 하면 충분한 것이 아니라, 국가공동체와 그 구성원에게 기본권실현과 관련된 영역에 있어서는 국민의 대표인 입법자가 그 본질적 사항에 대해서 스스로 결정하여야 한다는 요구까지 내포하고 있다(의회유보원칙). 그런데 텔레비전방송수신료는 국민의 기본권실현에 관련된 영역에 속하고, 수신료금액의 결정은 납부의무자의 범위 등과 함께 수신료에 관한 본질적인 중요한 사항이므로 국회가 스스로 행하여야 하는 사항에 속하는 것임에도 불구하고 국회의 결정이나 관여를 배제한 채 한국방송공사로 하여금 수신료금액을 결정해서 문화관광부장관의 승인을 얻도록 한 것은 법률유보원칙에 위반된다(헌재 1999.5.27. 98헌바70).

07
정답 ③

핵심주제 : 행정지도

행정지도는 그 목적달성에 필요한 최소한도에 그쳐야 하며, 행정지도는 상대방의 의사에 반하여 부당하게 강요하여서는 안 되고, 행정기관은 행정지도의 상대방이 행정지도에 따르지 아니하였다는 것을 이유로 불이익한 조치를 하여서는 아니 된다.

08
정답 ①

핵심주제 : 행정주체

행정객체란 행정주체가 행정권을 행사할 경우에 행사의 대상이 되는 자를 말한다. 사인과 공공단체는 행정객체가 될 수 있으나 국가는 행정객체가 될 수 없다고 본다.

04
정답 ①

핵심주제 : 공법상 계약

「공익사업을 위한 토지 등의 취득 및 보상에 관한 법률」상의 사업시행자와 토지소유자간의 보상금 협의는 사인과 사인간의 계약이지만, 대법원은 사법상 계약으로 본다.

09
정답 ③

핵심주제 : 통치행정

통치행위란 입법·사법·행정의 어디에도 속하지 않는 국가최고기관의 행위를 말한다. 이는 국가행위 중 국가존립이나 국가통치의 기본방향을 정하는 것과 같이 고도의 정치성을 갖기 때문에 사법심사의 대상에서 제외되는 행위이지만, 국회에 의한 정치적 통제는 받는다.

05
정답 ②

핵심주제 : 소멸시효

행정상 법률관계에 있어서 소멸시효는 사법상의 금전채권을 포함하여 특별한 규정이 없으면 5년이나, 「공무원연금법」에 따른 급여를 받을 권리는 5년간 행사하지 않으면 시효로 소멸한다.

10
정답 ④

핵심주제 : 행정절차법

국민의 권익을 침해하는 행정은 법령에 청문이나 공청회 실시에 대한 내용이 규정되어 있지 않다면 의견제출절차를 진행하고 처분하여야 한다.

PART 05 2019
(추가채용)

11 군무원 필수
정답 ③

핵심주제 : 주민투표

주민투표의 실시는 주민 또는 지방의회의 청구 그리고 지방자치단체의 장의 직권에 의하여 실시할 수 있다.

〈 법령 〉
「주민투표법」
제9조(주민투표의 실시요건) ①지방자치단체의 장은 주민 또는 지방의회의 청구에 의하거나 직권에 의하여 주민투표를 실시할 수 있다.

12 군무원 필수
정답 ①

핵심주제 : 행정대집행

법외 단체인 전국공무원노동조합의 지부가 당초 공무원 직장협의회의 운영에 이용되던 군(郡) 청사시설인 사무실을 임의로 사용하자 지방자치단체장이 자진폐쇄 요청 후 행정대집행법에 따라 행정대집행을 하였다(관련 판례 : 대판 2011.4.28. 선고2007도7514).

13
정답 ③

핵심주제 : 행정행위

조세부과, 사립학교 임원선임에 대한 승인. 공유수면매립면허는 법률행위적 행정행위이고, 임용기간 만료통지는 준법률적 행정행위이다.

법률효과의 발생원인에 따른 분류

• 법률행위적 행정행위 : 의사표시를 요소로 하며, 그 법적 효과는 행정청의 효과 의사의 내용에 따라 발생하는 행정행위로, 명령적 행정행위와 형성적 행정행위로 구분된다.
• 준법률행위적 행정행위 : 의사표시 이외의 정신작용, 즉 인식이나 판단 등을 요소로 하며, 그 법적 효과는 행정청의 효과의사와 관계없이 법령이 정하는 바에 의하여 발생하는 행정행위를 말한다.

14 군무원 필수
정답 ②

핵심주제 : 입법

행정입법에 관한 헌법재판소의 결정은 다음과 같다.

〈 판례 〉
오늘날 의회의 입법독점주의에서 입법중심주의로 전환하여 일정한 범위 내에서 행정입법을 허용하게 된 동기가 사회적 변화에 대응한 입법수요의 급증과 종래의 형식적 권력분립주의로는 현대사회에 대응할 수 없다는 기능적 권력분립론에 있다는 점 등을 감안하여 헌법 제40조와 헌법 제75조, 제95조의 의미를 살펴보면, 국회입법에 의한 수권이 입법기관이 아닌 행정기관에게 법률 등으로 구체적인 범위를 정하여 위임한 사항에 관하여는 당해 행정기관에게 법정립의 권한을 갖게 되고, 입법자가 규율의 형식도 선택할 수도 있다 할 것이므로, 헌법이 인정하고 있는 위임입법의 형식은 예시적인 것으로 보아야 할 것이고, 그것은 법률이 행정규칙에 위임하더라도 그 행정규칙은 위임된 사항만을 규율할 수 있으므로, 국회입법의 원칙과 상치되지도 않는다(헌재 2004.10.28. 99헌바91).

15 군무원 필수
정답 ④

핵심주제 : 개인정보보호

정보주체는 개인정보처리자가 법을 위반한 행위로 손해를 입으면 개인정보처리자에게 손해배상을 청구할 수 있다. 이 경우 정보주체는 사실심의 변론이 종결되기 전까지 법정손해배상청구로 변경할 수 있다.

16 군무원 필수
정답 ②

핵심주제 : 지방자치

「지방자치법」상의 지방자치단체장의 권한은 ⊙ 조례에 대한 재의요구권, ⓒ 주민투표부의권, ⑩ 규칙제정권, ④ 소속직원에 대한 임면 및 지휘감독 등이 있다.

오답해설
ⓛ 조례제정권, ⓔ 행정사무 감사 또는 조사 결과의 처리권, ⑭ 청원의 수리와 처리의결권, ⓞ 예산의 심의와 확정에 대한 의결권 등은 지방의회의 권한이다.

17 정답 ④

핵심주제 : 행정정보공개

제3자의 비공개 요청이 있다는 사유만으로 정보공개법상 정보의 비공개사유에 해당한다고 볼 수 없고, 공공기관은 공개가 가능하다.

〈 판례 〉
제3자와 관련이 있는 정보라고 하더라도 당해 공공기관이 이를 보유·관리하고 있는 이상 정보공개법 제9조 제1항 단서 각호의 비공개사유에 해당하지 아니하면 정보공개의 대상이 되는 정보에 해당한다고 보아야 할 것이다. 따라서 정보공개법 제11조 제3항이 … 규정하고 있다고 하더라도, 이는 공공기관이 보유·관리하고 있는 정보가 제3자와 관련이 있는 경우 그 정보공개여부를 결정함에 있어 공공기관이 제3자와의 관계에서 거쳐야 할 절차를 규정한 것에 불과할 뿐, 제3자의 비공개 요청이 있다는 사유만으로 정보공개법상 정보의 비공개사유에 해당한다고 볼 수 없다(대판 2008. 9. 25, 2008두8680).

18 정답 ④

핵심주제 : 개인정보보호

개인정보자기결정권의 보호대상이 되는 개인정보는 그 개인의 동일성을 식별할 수 있게 하는 일체의 정보로서, 반드시 개인의 내밀한 영역이나 사사(私事)의 영역에 속하는 정보에 국한되지 않고 공적 생활에서 형성되었거나 이미 공개된 개인정보까지 포함한다.

19 정답 ①

핵심주제 : 행정행위

인·허가의제가 인정되는 경우에 의제되는 법률이 규정된 주민의 의견청취 등의 절차를 거칠 필요가 없다. 이로 인해 인·허가의제 절차의 간소화를 통하여 사업자의 부담을 해소하고 행정절차 촉진에 기여한다.

20 정답 ②

핵심주제 : 행정대집행

과징금이란 행정법상 의무위반·불이행자에게 부과·징수하는 금전적 제재로서의 금전부담을 말한다. 따라서 상대방의 고의나 과실은 생각하지 않는다.

21 정답 ①

핵심주제 : 행정소송

판례에 의하면 도지사의 도 내의 특정시에 대한 혁신도시 최종입지선정행위는 항고소송대상 처분이 아니다.

〈 판례 〉
정부의 수도권 소재 공공기관의 지방이전시책을 추진하는 과정에서 도지사가 도 내 특정시를 공공기관이 이전할 혁신도시 최종입지로 선정한 행위는 항고소송의 대상이 되는 행정처분이 아니다(대판 2007. 11.15, 2007두10198).

22 정답 ③

핵심주제 : 행정심판

거부처분취소심판. 거부처분무효등확인심판 등의 행정심판이 절차 위반으로 취소될 경우 배상제도가 인정된다.

23 정답 ②

핵심주제 : 행정절차법

「행정절차법」 제43조(예고기간)에 의하여 행정입법예고기간은 40일이고, 자치법규는 20일이다.

〈 법령 〉
「행정절차법」
제43조(예고기간) 입법예고기간은 예고할 때 정하되. 특별한 사정이 없으면 40일(자치법규는 20일) 이상으로 한다.
[전문개정 2012. 10. 22.]

24 정답 ②

핵심주제 : 행정행위

일반통치권에 기하여 개인의 자유를 제한하고 의무를 부과하는 것을 내용으로 하는 부담적 행정행위를 하명이라 한다.

25 정답 ②

핵심주제 : 행정심판

사정재결을 하는 경우 위원회는 심판청구가 이유 있다고 인정하는 경우에도 이를 인용(認容)하는 것이 공공복리에 크게 위배된다고 인정하면 그 심판청구를 기각하는 재결을 할 수 있다. 이 경우 위원회는 재결의 주문(主文)에서 그 처분 또는 부작위가 위법하거나 부당하다는 것을 구체적으로 밝혀야 한다.

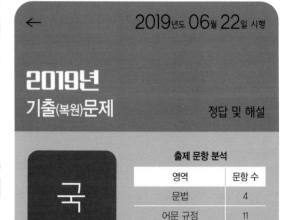

2019년도 06월 22일 시행

2019년
기출(복원)문제

정답 및 해설

국어

출제 문항 분석

영역	문항 수
문법	4
어문 규정	11
문학	5
비문학	4
한자와 어휘	1

정답				
01 ③	02 ②	03 ②	04 ③	05 ④
06 ①	07 ②	08 ①	09 ①	10 ④
11 ③	12 ④	13 ④	14 ①	15 ①
16 ②	17 ①	18 ④	19 ②	20 ④
21 ③	22 ②	23 ②	24 ③	25 ③

01 정답 ③

핵심주제 : 맞춤법

'싫은 생각이나 느낌. 또는 그런 반응'을 뜻하는 단어는 싫증이고, 실증은 싫증의 잘못된 표기법이다. 실증은 확실한 증거 또는 실제로 증명함을 뜻한다. 얇다랗다는 얄따랗다의 잘못된 표기법이다.

02 정답 ②

핵심주제 : 문법

〈보기〉의 밑줄 친 부분은 이전 글자의 종성을 다시 초성을 사용하였다. 이 말은 삼성(三聲)인 초성 · 중성 · 종성 중에서 종성 글자는 따로 만들지 않고 초성 글자를 그대로 사용하는 종성부용초성 규정이다.

03 정답 ②

핵심주제 : 맞춤법

'다투었군요'의 '투-'와 '-었-'은 합쳐져 '퉜'으로 줄여 쓸 수 있다. 따라서 '다퉜군요'로 줄여 쓸 수 있다.

04 정답 ③

핵심주제 : 로마자 표기법

로마자 표기법에 의하여 자연 지물명, 문화재명, 인공 축조물명은 붙임표 없이 붙여 쓰고, 'ㄱ, ㄷ, ㅂ'은 모음 앞에서는 'g, d, b'로, 자음 앞이나 어말에서는 'k, t, p'로 적는다. 따라서 불국사는 Bulguksa가 올바른 표기법이다. 고유명사의 첫글자는 대문자로 표기하며, 'ㄹ'은 모음 앞에서는 'r'로, 자음 앞이나 어말에서는 'l'로 적는다. 단, 'ㄹㄹ'은 'll'로 적는다. 따라서 대관령은 Daegwallyeong이 올바른 표기법이다.

알아 둘 로마자 표기법

집	jib	짚	jip	밖	bakk
값	gabs	붓꽃	buskkoch	먹는	meogneun
독립	doglib	문리	munli	물엿	mul-yeos
굳이	gud-i	좋다	johda	가곡	gagog
조랑말	jolangmal	없었습니다.	eobs-eoss-seubnida		

05 정답 ④

핵심주제 : 사자성어

주어진 글은 먹지도 않고 바라보는 '나'가 먹음직하면 사달라고 하는 '노파'에 관한 내용으로 '나'가 느끼는 감정을 표현하는 사자성어로 수연만장(垂涎萬丈)이 적절하다. 수연만장(垂涎萬丈)은 침을 만 길이나 흘린다는 뜻으로 몹시 탐냄을 나타내는 말이다.

오답해설
① 소탐대실(小貪大失) : 작은 것을 탐하다가 큰 손실을 입는다.
② 오매불망(寤寐不忘) : 자나 깨나 잊지 못하다.

③ 십시일반(十匙一飯) : 열 사람이 한 술씩 보태면 한 사람 먹을 분량(分量)이 된다.

06 정답 ①

핵심주제 : 문법

훈몽자회는 조선시대 최세진이 어린이들의 한자 학습을 위하여 지은 책으로, 상·중·하 3권으로 되어 있고 각 권에 1,120자씩 총 3,360자의 한자가 수록되어 있다.

오답해설
② 한불자전 : 1880년 프랑스 한국선교회의 이름으로 출간한 최초의 한불사전으로 프랑스인들이 한국어 공부를 하기 위해 만들어진 사전이다.
③ 말모이사전 : 1910년대 편찬된 최초의 현대적 우리말사전 원고. 당시 제작된 초기 원고는 이후 조선어학연구회로 넘어가 조선어 사전의 밑바탕이 됐다.
④ 큰사전 : 한글학회가 엮은 종합적인 대규모 국어사전이다.

07 정답 ②

핵심주제 : 수필(순서)

주어진 글의 중심적 제재는 특급품이다. (라)에서 특급품을 설명하고, 특급품의 진진(津津)한 묘미에 대하여 (나)에서 설명하고 있다. (다)에서는 (나)에서 설명한 불측의 사고에 대하여 설명하고 있다. (가)에서는 (나)와 (다)의 과정을 걸쳐 만들어진 특급품의 유연성을 설명하고 있다.

< 작품해석 >
김소운. 〈특급품〉
• 갈래 : 경수필
• 성격 : 유추적, 교훈적
• 제재 : 비자반
• 특성
 – 사물이 지닌 성질에서 삶의 지혜를 이끌어냄.
 – 사실과 의견을 적절히 섞어서 서술해 나감.
 – 특급품 비자반와 유사한 사례(베토벤, 조개, 재수생)
• 주제 : 삶의 과실을 극복할 수 있는 유연한 삶의 태도의 필요성

08　　　정답 ①

핵심주제 : 수필(주제)

균열로 인하여 가치가 떨어진다는 일반적인 생각과는 다르게 비자반은 특급품으로 가치가 상승하는 것처럼 우리 인생도 과실로 인하여 좌절하기보다는 극복할 줄 아는 유연성에 대하여 이야기하고 있다.

09 　　　정답 ①

핵심주제 : 띄어쓰기

'간'은 사이를 나타내는 의존명사, 동안을 나타내는 접미사, 장소를 나타내는 접미사의 역할을 한다. 사이를 나타내는 의존 명사의 경우 앞말과 띄어 적는 것이 올바른 표기법이다. 그러나 '부자간, 부부간, 모자간' 등의 단어는 합성어로 한단어로 인정되어 띄어쓰지 않는다.

간

- 사이를 나타내는 의존명사(**예** : 장교와 부사관 간에 소통이 원활해야 한다.)
- 동안을 나타내는 접미사(**예** : 나는 15년간 군무원으로 재직하고 있다.)
- 장소를 나타내는 접미사(**예** : 소 잃고 외양간 고친다.)

10 　　　정답 ④

핵심주제 : 맞춤법

'올곧지 않다'에 한글맞춤법 제39항을 적용하면 '–지' 뒤에 '않–'이 어울리게 되므로 '–잖–'으로 적는다. 따라서 '올곧지 않다'는 '올곧잖다'로 줄이는 것이 올바른 표기법이다.

오답해설

① 당찮다(당하지 않다)
② 그렇잖다(그렇지 않다)
③ 달갑잖다(달갑지 않다)

11 　　　정답 ③

핵심주제 : 맞춤법

시냇물, 조갯살, 두렛일은 모두 고유어와 고유어의 결합으로 나타나는 사이시옷이고, 전셋집의 경우 전세(傳貰)의 한자어와 집의 고유어가 결합하여 된소리로 발음되어 나타나는 사이시옷이다.

12　　　정답 ④

핵심주제 : 비문학(내용)

주어진 글을 통해 CD는 양자화, 디지털화 과정에서 소수점을 정확히 읽지 못하는 오류를 지니고 있다고 했다.

13 　　　정답 ④

핵심주제 : 비문학(서술방식)

(가), (다), (라)에는 '반쪽짜리 그릇', '작은 그릇', '마치 모래 위에 지어진 집처럼' 등의 직유와 은유가 사용되었다.

14　　　정답 ①

핵심주제 : 가사

㉠의 '올라 보니'의 현대어 해석은 '올라 본'이다. 따라서 ㉠의 적절한 현대어 해석은 '비로봉 정상에 올라가 본 사람이 있다면 그가 누구인가?'이다.

오르면 간성

〈 작품해석 〉
송강 정철, 〈관동별곡(關東別曲)〉
- 갈래 : 가사, 기행가사
- 사상적 배경 : 유교의 충의사상과 도교의 신선사상
- 문체 : 가사체, 운문체
- 특징
  - 3 · 4조 4음보의 율격 사용, 결사의 마지막은 시조의 종장과 같은 3 · 5 · 4 · 3의 음수율이 사용됨.
  - 영탄법과 대구법의 묘를 살렸고, 적절한 생략법의 구사로 문장의 멋을 살림.
  - 경치의 객관적 묘사에 그치지 않고, 작가 자신이 자연에 몰입하여 새로운 시경과 시상을 창조함.

15 정답 ①

핵심주제 : 회의의 과정

일반적 회의 의안 심의 과정은 '개회 → 인원확인 → 의견제출 → 상정 → 제안 설명 → 질의응답 → 찬반 토론 → 표결 → 폐회'순이다.

16 정답 ②

핵심주제 : 맞춤법

신년도는 새로이 시작된 한 해 동안을 나타내는 말로, 새로이 시작되는 해라는 뜻의 신년과 '그 해, 그 달 따위에 해당하는 기간'을 뜻하는 접미사 '-도'가 합쳐져 만들어진 파생어이다. 따라서 두음법칙 제10항에 해당하지 않는다.

17 정답 ①

핵심주제 : 띄어쓰기

'데'는 장소나 일 또는 경우의 의미를 나타내는 의존명사로 사용될 경우 앞말과 띄어씀을 원칙으로 한다. 따라서 어제 갔던 장소를 뜻하는 '데'는 띄어쓰는 것이 올바르다.

모르면 간첩

데와 -데

• 의존명사 '데'
– 곳이나 장소의 뜻을 나타내는 말
– 일이나 것의 뜻을 나타내는 말
– 경우의 뜻을 나타내는 말
• 어미 '-데'
– 해할 자리에 쓰여, 과거 어느 때에 직접 경험하여 알게 된 사실을 현재의 말하는 장면에 그대로 옮겨 와서 말함을 나타내는 종결어미

18 정답 ④

핵심주제 : 맞춤법

'새다'는 목적어를 취하지 않는 자동사이고, '새우다'는 목적어를 취하는 타동사이다. '새다'는 '날이 밝아 오다'는 의미로 쓰고, '새우다'는 '한숨도 자지 아니하고 밤을 지내다'는 의미로 쓴다.

따라서 〈보기〉에 추가할 적절한 문장은 '몇 밤을 뜬눈으로 새웠다.'이다.

오답해설

① 밤을 새워서라도 일을 끝마치겠다.
② 수연은 수다를 떠느라 밤새는 줄도 몰랐다.
③ 밤새운 보람이 있다.

19 정답 ②

핵심주제 : 높임법

주어진 〈보기〉에는 주체높임법(아버지께서, 쓰시던), 객체높임법(그분께, 드리-), 상대높임법(-습니다)이 사용 되었고 이 모두가 사용된 것은 ②이다. ②의 '선생님은, 계시-'는 주체높임법, '여쭈었던'은 객체높임법, '-습니다'는 상대높임법이다.

20 정답 ④

핵심주제 : 문법

사전에서 단어를 찾기위해서는 단어의 기본형을 표제어로 검색하여야 한다. '신신당부했건만'의 기본형은 '신신당부하다'이므로 올바른 사전 검색의 표제어가 된다.

오답해설

① '생각대로'는 보조사 '대로'를 뺀 '생각'이 표제어가 된다.
② '그릇째'는 '그릇'과 접미사 '-째'를 따로 검색하여야 한다.
③ '들려주곤'의 기본형은 '들려주다'이므로 '들려주다'로 검색하면 된다.

21 정답 ③

핵심주제 : 시어의 의미

ⓒ의 찬밥은 과거의 어린 시절 가난하고 혼자서 빈방을 지켜야 했던 자신의 불쌍한 처지를 비유한 말이다.

〈 작품해석 〉
기형도. 〈엄마 걱정〉
• **성격** : 회상적, 서사적, 애상적, 감각적, 고백적
• **제재** : 외롭고 슬픈 어린 시절의 추억
• **주제** : 시장에 간 엄마를 걱정하고 기다리는 애틋한 마음, 외롭고 두려웠던 유년에 대한 회상
• **표현**
 − 어린 아이의 목소리를 통하여 동시적 분위기를 형성함.
 − 유사한 문장의 반복과 변조를 통해 리듬감 형성
 − 감각적 이미지를 사용하여 엄마의 고된 삶과 나의 정서를 생생하게 표현함.
 − 각 행을 비종결어미로 끝냄으로써, 내용상 마지막 행을 수식하는 구조로 됨.
 − 이러한 문장 구조는 유년기의 고통을 현재까지 연장시키는 효과를 낳기도 함.

22

정답 ②

핵심주제 : 시의 표현기법

'배춧잎 같은 발소리'에 사용된 수사기법은 직유법이다. 직유법은 '～처럼, ～같은'과 같은 말로 비슷하거나 같은 성질, 모양을 비유하는 수사기법이다. 따라서 ②의 '찬밥처럼'에 직유법이 사용되었다.

23

정답 ②

핵심주제 : 표준어

상다리 모양이 대의 다리처럼 휜 막치 소반을 뜻하는 단어는 개다리소반이다. 고유어 계열인 '개다리밥상'이 생명력을 잃고, 한자어 계열인 '개다리소반'이 널리 쓰이므로 '개다리소반'만 표준어로 삼고, '개다리밥상'은 버린다.

24

정답 ③

핵심주제 : 문장부호

기준 단위당 수량을 적을 때는 가운뎃점(·)이 아닌 빗금(/)을 사용하여 나타낸다. 가운뎃점(·)은 일정한 기준으로 열거할 어구

를 묶어서 쓸 때에 사용한다.

25

정답 ③

핵심주제 : 외래어 표기법

외래어 표기법 제3항에 의하여 받침에는 'ㄱ, ㄴ, ㄹ, ㅁ, ㅂ, ㅅ, ㅇ'만을 쓴다.

외래어 표기법

제1장 표기의 원칙
제1항 외래어는 국어의 현용 24 자모만으로 적는다.
제2항 외래어의 1 음운은 원칙적으로 1 기호로 적는다.
제3항 받침에는 'ㄱ,ㄴ,ㄹ,ㅁ,ㅂ,ㅅ,ㅇ'만을 쓴다.
제4항 파열음 표기에는 된소리를 쓰지 않는 것을 원칙으로 한다.
제5항 이미 굳어진 외래어는 관용을 존중하되, 그 범위와 용례는 따로 정한다.

출제 문항 분석

영역	문항 수
경영학 기초	7
생산관리	2
인사관리	1
조직행위	3
마케팅	4
재무관리	4
회계학	2
국제경영과 국제경제	1
계량의사결정론	1

경영학

정답				
01 ①	02 ③	03 ②	04 ③	05 ①
06 ③	07 ②	08 ③	09 ③	10 ①
11 ②	12 ①	13 ④	14 ③	15 ③
16 ②	17 ③	18 ③	19 ③	20 ④
21 ④	22 ③	23 ③	24 ③	25 ①

01
정답 ①

핵심주제 : 마케팅

탐색조사에는 사례조사, 면접조사, 관찰조사, 질문지법 등이 있다. 패널조사는 탐색조사가 아니라 기술조사에 속하는 것이다.

마케팅 조사 방법

• **탐색조사** : 광범위한 문제를 세분화한 뒤 변수들을 찾아내고 새로운 방안을 제시하기 위한 조사 방법
• **기술조사** : 구체적인 수치나 빈도를 설명하기 위한 조사 방법
• **인과조사** : 인과관계를 밝히기 위해 실험상황과 그에 따른 변수들을 파악하기 위한 조사 방법

02

정답 ③

핵심주제 : 재무관리

활동성 비율은 매출액을 각종 주요 자산항목으로 나눈 비율로 측정되는데, 자산의 효율적 활용도를 나타내는 비율이다.

오답해설
① 수익성 비율은 투자한 자본으로 어느 정도의 이익을 달성했는지 측정하는 비율이다.
② 유동성 비율은 유동자산항목과 유동부채항목을 통해 단기채무지급능력을 평가하는 비율이다.

재무비율 유형

• **유동성 비율** : 기업이 단기부채를 상환할 수 있는 능력인 유동성을 보여주는 비율로, 짧은 기간 내에 갚아야 하는 채무를 지급할 수 있는 기업의 능력을 측정해줌
• **레버리지 비율** : 타인자본에 의존하고 있는 정도를 나타내는 비율로, 부채성 비율이라고도 함
• **활동성 비율** : 기업 자산의 효율적 활용도를 나타내는 비율
• **수익성 비율** : 기업의 전반적인 활동이 종합적으로 어떤 결과를 나타내는가를 측정하는 비율
• **시장가치 비율** : 투자자가 기업의 과거 성과와 미래 전망에 대해 어떤 평가를 하는지 측정하는 비율

03
정답 ②

핵심주제 : 회계학

기업 제품의 단위당 가격을 구하는 방법은 다음과 같다.
(총수익)-(총비용)=(순이익)
(총비용)=(변동비)+(고정비)
따라서, B 회사 냉장고의 단위당 가격을 구하면 다음과 같다.
$1,000x-\{(200,000 \times 1,000(변동비))+30,000,000(고정비)\}=20,000,000$
$1,000x=250,000,000$
$\therefore x=250,000,000 \div 1,000=250,000$

04
정답 ③

핵심주제 : 조직행위

소프트웨어는 7S모델에 해당하는 것이 아니라, 정보시스템의 구성요소에 해당하며, 컴퓨터 운영을 통제하는 시스템이다.

파스칼 · 피터스의 조직문화 구성요소(7S 모델)

• 공유가치(Shared Value)
• 전략(Strategy)
• 구조(Structure)
• 제도(System)

- 구성원(Staff)
- 기술(Skill)
- 리더십 스타일(Leadership Style)

05 정답 ①

핵심주제 : 생산관리

서로 반대된 설명이다. 즉, 적시생산시스템(JIT)은 요구에 의한 풀(Pull) 시스템이며, 자재소요계획(MRP)은 계획에 의한 푸시(Push) 시스템이다.

적시생산시스템과 자재소요계획 비교

구분	적시생산시스템	자재소요계획
재고형태	부채	자산
로트규모	즉시 필요한 양의 크기	일정계획에 의거한 경제적 로트
납품업자	인간적 관계	기능적 관계
조달기간	짧게 유지	길수록 좋음
생산준비기간	최소	상관없음
전략	요구에 의한 풀 시스템	필요에 의한 푸시 시스템
생산계획	안정된 일정계획 (MPS)	변경이 잦은 일정계획
관리방식	칸반 형식	컴퓨터 처리
제품품질	무결점만 허용	불량품 허용
적용	반복생산	비반복생산

06 정답 ③

핵심주제 : 마케팅

제품 판매에 있어서 소매, 도매의 구분은 어떤 고객과 거래하느냐에 따른 구분이다. 소매상은 개인적으로 사용하려는 최종소비자에게 직접 제품을 제공하는 유통기관이며, 도매상은 제품을 재판매하거나 산업용 및 업무용으로 구입하려는 재판매업자나 기관구매자에게 제품을 제공하는 유통기구이다.

07 정답 ②

핵심주제 : 국제경영과 국제경제

환경오염의 원인으로는 인구증가, 도시화로 인한 도시공해, 산업화 등을 꼽을 수 있다. 환경오염은 그저 한 국가 안에서만 문제 삼을 것이 아니기 때문에 범세계적인 문제로 삼고 국제적인 해결 방안을 모색해야 한다.

08 정답 ③

핵심주제 : 조직행위

상대방에게 직접적으로 질문하지 않고 어떠한 단어나 그림 같은 간접적인 정보를 제공해 상대방이 자유롭게 투사하여 표현하도록 하는 방법을 투사법이라고 한다.

오답해설
① 프로빙 기법은 상대방의 대답이 불명확할 때 다시 묻는 것으로 캐묻기라고도 한다.
② 래더링 기법은 소비자가 제품의 속성이나 가치 등을 자신의 개인적 가치에 어떻게 연결하는가를 설명하는 기법이다.
④ 에스노그라피는 특정 집단 구성원의 삶의 방식, 행동 등을 그들의 관점에서 관찰하고 기술하는 연구 방법이다.

09 정답 ③

핵심주제 : 계량의사결정론

시험에 적응함에 따라 그 결과가 점점 변화하는 것을 시험효과라고 한다. 즉, 피시험자가 시험에서 먼저 경험한 것이 뒤따른 경험에 영향을 미치게 되는 것이다.

오답해설
① 성숙효과는 시간의 흐름에 따라 자연스럽게 변화하는 것을 말한다.
② 매개효과는 매개변인에 의해 어떠한 변화가 일어나는 것을 말한다.
④ 상호작용효과는 두 가지 이상의 변수가 서로 간에 변화를 일으키는 효과이다.

10 정답 ①

핵심주제 : 회계학

우선주란 보통주와는 달리 재산에 대한 우선권이 인정되는 대신 의결권이 부여되지 않은 주식이다. 일반적인 우선주는 분기별로 고정배당이 지급된다.

오답해설

② 사채에 대한 설명이다.

④ 우선주의 우선 배당은 비용이 공제된 후에 이루어진다.

11 정답 ②

핵심주제 : 경영학 기초

수직적 결합은 전방적 결합과 후방적 결합으로 구분할 수 있는데, 특정 제품의 완제품 생산 회사가 부품 업체와 결합하면 후방적 결합이라 하며, 완제품 판매회사와 결합하면 전방적 결합이라 한다.

오답해설

① 수평적 결합은 동업종 기업 간의 합병을 의미하는 것이다.

12 정답 ①

핵심주제 : 경영학 기초

다각화란 기업 영업의 위험분산을 위해 주 사업 이외의 다른 분야로 사업 범위를 확장시키는 경영전략을 말한다. 다각화는 크게 관련다각화와 비관련다각화로 나눌 수 있는데, 관련다각화란 기업의 기존 사업 분야의 연장선상에서 제품 개발을 확장하는 것이고, 비관련다각화는 기존 사업 분야와는 다른 새로운 사업 분야에 진출하는 것을 말한다. 그러므로 기존 사업 분야에서 갖추었던 핵심 역량을 활용할 수 있다는 것은 비관련다각화가 아니라 관련다각화의 특징에 해당한다고 볼 수 있다.

다각화와 계열화

	다각화	계열화
특징	• 위험분산을 목적 • 기존 업종 외에 다른 업종에 진출	• 생산 공정 합리화와 안정된 판로 확보를 목적 • 서로 다른 기업이 생산이나 판매, 자본 등의 이유로 관계를 맺음
종류	• 수직적 다각화 • 수평적 다각화 • 사행적 다각화	대기업의 중소기업 계열화

13 정답 ④

핵심주제 : 인사관리

성과급은 근로자의 성과 및 능률에 따라 임금을 다르게 지급하기 때문에 기본급이 고정되어 있더라도 근로자의 작업량 측정이 곤란하여 계산하기가 복잡하다고 볼 수 있다.

오답해설

①, ③ 성과급은 근로자의 수용성이 높고 원가절감 효과와 근로자의 생산량 및 소득 증대 효과가 있지만, 임금이 확정적인 것이 아니기 때문에 액수가 불안정하고 생산량만을 중시하며 제품의 품질이 낮아질 수 있다는 우려가 있다.

② 집단성과급이란 집단별로 성과평가를 하여 성과급을 차등지급하는 것인데, 집단성과급에는 럭커플랜, 스캔론플랜, 임프로쉐어플랜 등이 있다.

14 정답 ③

핵심주제 : 재무관리

적대적 M&A(기업 인수·합병)란 거래당사자와의 합의에 따르지 않고 일방적인 전략과 작전에 의해 행하는 기업 인수·합병 방법을 말한다. 역으로 상대기업을 인수하려고 공개매수를 시도하는 방법인 역매수 제의는 이러한 적대적 M&A를 저지하기 위한 방어 전략 중 하나이다.

오답해설

①, ②, ④ 적대적 M&A를 주도하는 측은 대상 기업에게 위임장 경쟁, 공개시장매수, 주식공개매수의 방법을 활용한다.

15 정답 ③

핵심주제 : 생산관리

유기적 조직이란, 개인과 개성이 존중되며 이들의 기능이 기업 전체의 목적에 부합하도록 유도하는 관리체계이며, 기계적 조직은 공식적 권한 계층이 존재하고 명령계통 원칙이 적용되는 통제 중심의 조직구조이다. 그러므로 단위생산은 유기적 조직, 대량생산은 기계적 조직에 어울린다.

16 군무원 필수

정답 ②

핵심주제 : 경영학 기초

쇠사슬형은 수직적 경로를 통해 의사가 전달되며, 주로 군대식 조직에서 활용된다. 권력적인 서열이 엄격하기 때문에 조직 구성원의 만족도는 당연히 낮은 편일 수밖에 없다.

모르면 간청

의사소통 네트워크	
쇠사슬형	공식 명령 체계(수직적)
수레 바퀴형	• 공식 작업 집단 • 간단한 작업의 경우에 유효 • 상황파악과 문제해결에 즉각적 • 중심적 리더가 존재
완전 연결형	• 비공식 조직 • 가장 높은 구성원의 만족도 • 구성원들의 창의성이 최대한 발휘되는 형태
원형	• 위원회 조직 • 자유방임적 조직 • 종합적 문제해결 능력은 낮지만 구성원 만족도는 높음
Y형	• 라인—스탭 조직 • 명확하진 않지만 리더의 존재가 있음

17

정답 ③

핵심주제 : 경영학 기초

창업 시 고려해야 할 사항으로는 기술성, 경제성, 시장성 등이 있다. 반면에, 성장성은 기업의 창업 이후에 고려해야 할 사항이라고 할 수 있다.

18

정답 ③

핵심주제 : 경영학 기초

업무 수행을 감독하는 역할은 지휘가 아니라 통제에 해당하며,

지휘는 근로자에 대한 동기부여와 행동 지휘, 갈등해결의 역할을 한다. 따라서, 갈등을 해결한다는 설명은 옳지만 업무 수행을 감독하는 역할을 한다는 설명은 틀린 것이다.

19

정답 ③

핵심주제 : 경영학 기초

포터(M.Porter)는 기업의 가치 창출 활동을 본원적 활동, 지원 활동으로 구분하는데, 본원적 활동에는 물류투입, 제조·생산, 물류, 영업마케팅 및 서비스가 해당되고, 지원 활동에는 기업 하부구조, 인적자원, 기술개발, 조달활동이 해당된다.

20 군무원 필수

정답 ④

핵심주제 : 마케팅

마케팅 컨셉이란 모든 마케팅의 중심을 고객의 관점에 두는 마케팅 전략이다. 즉, 기업의 목표는 소비자의 욕구를 파악하고 그것을 충족시키는 활동을 경쟁 기업보다 효율적으로 이루어내는 것이 된다.

오답해설

①, ②, ③ 기업의 관점에 따른 마케팅이다. 생산 컨셉이란 소비자가 가격이 낮은 제품을 더 선호한다는 전제로, 대량생산과 유통으로써 제품원가를 낮추는 마케팅을 말하며, 판매 컨셉이란 소비자에게 경쟁사보다 제품을 더 많이 판매하기 위해 가능한 모든 판매활동과 촉진수단을 활용하는 마케팅을 말한다. 또한, 제품 컨셉이란 소비자가 더 나은 품질의 제품을 더 선호한다는 전제로, 보다 높은 품질의 제품을 생산하여 판매량을 높이려는 마케팅을 말한다.

21

정답 ④

핵심주제 : 마케팅

제품 차별화 전략은 제품의 특성, 서비스, 이미지, 기술력 등에서 다른 제품과의 차별성을 통해 시장점유를 확대하는 전략이다. 그러므로 경쟁이라는 것은 제품 차별화에는 속하지 않는 개념이다.

22 정답 ③

핵심주제 : 경영학 기초

주식회사는 합명회사, 합자회사, 유한회사와는 달리, 소유(자본)와 경영을 분리하여 주주라는 불특정 전문경영자에 의한 운영이 가능하다.

23 정답 ③

핵심주제 : 재무관리

기업의 자본 조달 방법에는 직접적 자본 조달 방법과 간접적 자본 조달 방법이 있다. 직접적 자본 조달 방법에는 주식 발행과 회사채 발행이 있고, 간접적 자본 조달 방법에는 기업어음 발행과 은행차입이 있다. 그러므로 옳은 것은 ㄴ, ㄹ이 된다.

24 정답 ③

핵심주제 : 경영학 기초

사회적 책임 투자는 재무적 요소뿐만 아니라 환경, 노동, 지배구조, 지역사회 공헌도 등의 요소도 고려하여 지속가능 경영을 실천하는 기업에게 투자하는 것이다. 그러므로 환경오염이나 유해행위를 일삼는 기업은 투자 대상에서 배제하여 도태되도록 한다. 중소기업벤처 역시 지속가능 경영을 실천하는 기업으로는 볼 수 없기 때문에 사회적 책임 투자 대상에 들어가지 않는다.

25 정답 ①

핵심주제 : 재무관리

자본예산 기법에 있어서 손익분기점 분석을 주로 이용하여 원가를 가장 중요한 기준으로 삼는 가격결정 방법을 목표이익률 가격결정이라고 한다. 또한, 목표이익률 가격결정은 생산자의 입장에서 결정하는 방법이다.

오답해설

② 모방 가격결정은 현재 시장가격을 기준으로 업계의 가격 수준에 맞춰 가격을 결정하는 방법이다.
③ 지각기준 가격결정은 제품의 지각가치를 기반으로 소비자 입장에서 가격을 결정하는 방법이다.
④ 입찰참가 가격결정은 경쟁 기업이 입찰할 때에 설정한 가격을 기준으로 비슷하게 가격을 결정하는 방법이다.

행정법

출제 문항 분석

영역	문항 수
행정법통론	5
행정작용법	10
행정법상의 의무이행확보수단	3
행정구제법	7

정답

01 ②	02 ③	03 ③	04 ④	05 ③
06 ②	07 ④	08 ③	09 ②	10 ③
11 ②	12 ④	13 ④	14 ①	15 ①
16 ②	17 ③	18 ②	19 ②	20 ④
21 ④	22 ④	23 ①	24 ②	25 ②

01 군무원 필수

정답 ②

핵심주제 : 정보공개

녹음물을 폐기한 행위는 사무집행으로서의 법원행정상의 구체적인 사실행위에 불과할 뿐, 청구인에 대한 구체적인 법적 불이익을 가지고 있지 않으므로 행정청이 우월적 지위에서 헌법소원의 대상이 되는 공권력의 행사로 볼 수 없다.

〈 판례 〉
피청구인이 청구인에 대한 형사재판이 확정된 후 그 중 제1심 공판정심리의 녹음물을 폐기한 행위는 법원행정상의 구체적인 사실행위에 불과할 뿐 이를 헌법 소원심판의 대상이 되는 공권력의 행사로 볼 수 없다(헌재 2012.3.29. 2010헌마599).

02

정답 ③

핵심주제 : 행정법

판례의 입장은 다음과 같다.

지하철공사의 근로자가 지하철 연장운행 방해행위로 유죄 판결을 받았으나, 그 후 공사와 노조가 위연장운행과 관련하여 조합간부 및 조합원의 징계를 최소화하며 해고자가 없도록 한다는 내용의 합의를 한 경우, 이는 적어도 해고의 면에서는 그 행위자를 면책하기로 한다는 합의로 풀이되므로, 공사가 취업

규칙에 근거로 하여 위 근로자에 대하여 한 당연퇴직 조치는 위 면책합의에 배치된다(대판 2007.10.25. 2007두2067).

03 군무원 필수

정답 ③

핵심주제 : 행정법

행정의 자기구속의 법리가 인정되기 위해서는 1회 이상의 행정이 있어야 하고, 재량인 행정이어야 하며, 적법해야 한다. 따라서 위법한 행정이 반복되었다면 자기구속의 법리가 인정되지 않는다.

〈 판례 〉
행정청이 조합설립추진위원회의 설립승인 심사에서 위법한 행정처분을 한 선례가 있다고 하여 그러한 기준을 따라야 할 의무가 없는 점 등에 비추어, 평등의 원칙이나 신뢰보호의 원칙 또는 자기구속의 원칙 등에 위배되고 재량권을 일탈·남용하여 자의적으로 조합설립추진위원회 승인처분을 한 것으로 볼 수 없다(대판 2009. 6. 25. 2008두13132).

04

정답 ④

핵심주제 : 공법, 사법 관계

(라) 변상금은 행정청이 우월한 지위에 일방적으로 부과하는 처분에 해당한다.

〈 판례 〉
국유재산법 제51조제1항에 의한 국유재산의 무단점유자에 대한 변상부과는 대부나 사용, 수익허가 등을 받은 경우에 납부하여야 할 대부료 또는 사용료 상당액 이외에도 징벌적 의미에서 국가측이 일방적으로 그 2할 상당액을 추가하여 변상금을 징수토록 하고 있으며 그 체납시에는 국세징수법에 의하여 강제징수토록 하고 있는 점 등에 비추어 보면 그 부과처분은 관리청이 공권력을 가진 우월적 지위에서 행하는 것으로서 행정처분이라고 보아야 하고, 그 부과처분에 의한 변상금징수권은 공법상의 권리로서 국유재산의 무단점유자에 대하여 국가가 국유재산법 제51조제1항이 적용되지 않는다(대판 1992.4.14. 91다42197).

(마) 공무원복무규율 등의 적용을 받는 공법관계로 본다.

〈 판례 〉
국가나 지방자치단체에 근무하는 청원경찰은 국가공무원이나 지방공무원상의 공무원은 아니지만, 다른 청원경찰과는 달리

그 임용권자가 행정기관의 장이고, 국가나 지방자치단체로부터 보수를 받으며, 산업재해보상보험법이나 근로기준법이 아닌 공무원연금법에 따른 재해보상과 퇴직급여를 지급받고, 직무상의 불법행위에 대하여도 민법이 아닌 국가배상법이 적용되는 등의 특질이 있으며 그 외 임용자격, 직무, 복무의무 내용 등을 종합하여 볼 때, 그 근무관계를 사법상의 고용계약관계로 보기는 어려우므로 그에 대한 징계처분의 시정을 구하는 소는 행정소송의 대상이지 민사소송의 대상이 아니다(대판 1993.7.13. 92다47564).

오답해설

(가) 국유일반재산의 대부는 사법관계에 해당한다.

(나) 일종의 손해배상의 예정으로서 사법관계에 해당한다.

(다) 사법상 고용계약으로 본다.

05 정답 ③
핵심주제 : 행정법 관계

협의의 행정개입청구권은 재량상태인 경우에서는 인정될 수 없고, 재량이 0으로 수축되는 경우에 비로소 발생한다. 건축법 제79조는 시정명령에 대하여 규정하고 있으나, 일반 국민에게 시정명령을 신청할 권리를 부여하지 않고 있고, 피청구인에게 시정명령을 할 것인지, 한다면 어떤 내용으로 할 것인지 재량권이 인정되고, 시정명령을 해야 할 법적의무가 있는 경우로 판단되지 아니한다는 판례의 취지이다.

〈 판례 〉
이 사건 건물의 높이제한 등에 위반하여 시공되어 인접주택의 소유자인 원고의 일조권을 침해하고 있다고 하더라도 원고로서는 이 사건 사용승인처분의 취소를 구할 이익이 없다고 한 원심의 판단은 정당하고, 거기에 상고이유에서 주장하는 바와 같은 사용승인처분 취소에 관한 법리오해 등의 위법이 없다(대판 2007.4.26. 2006두18407).

06 정답 ②
핵심주제 : 행정입법

대법원의 명령·규칙의 위헌성 심사를 통하여 헌법 또는 법률에 위반 된다는 사실이 확정되면, 당해 사건에 한하여 명령·규칙은 배제된다는 것이 원칙이다. 헌법재판소에서 위헌판결이 나게 되면, 일반적으로 대상 법률의 효력이 소멸한다.

07 정답 ④
핵심주제 : 행정행위

무효 중 선행 처분이 무효이면 그에 따른 후행 처분 역시 무효라는 법리도 있다. 따라서 기본적 법률행위인 토지거래가 무효라면 이에 의한 토지거래허가도 무효에 해당한다.

08 정답 ③
핵심주제 : 부관

택시의 운행시간과 구역을 제한한 택시영업은 부담이 아니라 법률효과의 일부 배제에 해당한다.

오답해설

① 부관은 행정행위의 효과를 제한하거나 의무를 부과하거나 보충하는 행정청의 종된 의사표시이다.

② 부담은 독립하여 항고소송의 대상이 되는 처분에 해당한다.

④ 부담은 실무상 제한, 조건, 기한 등의 용어로 사용되고 있다.

09 정답 ②
핵심주제 : 하자승계

선행행위의 제소기간 경과로 불가쟁력이 생겼으나 후행행위와 함께 1개의 법률효과를 일으킬 때는 선행행위에 하자가 있을 경우 후행행위에 승계되므로 선행행위의 하자를 이유로 후행행위의 효력을 다투는 하자의 승계를 인정한다.

10 정답 ③
핵심주제 : 행정행위

행정의 자동결정은 컴퓨터를 통하여 이루어지는 자동적 결정이기는하나 행정행위의 개념적 요소를 구비하는 경우 일반적으로 행정행위로 인정한다.

오답해설

① 행정의 자동결정 역시 일반 행정행위와 같이 법치행정이 적용된다.

② 자동신호기에 의한 교통신호, 객관식 OMR 프로그램 등은 행정의 자동 결정의 예에 속한다.

PART 06 **2019**

④ 행정의 자동결정에서의 오류로 인한 손해는 손해배상의 대상이 된다.

11 군무원 필수   정답 ②

핵심주제 : 공법상 계약

계약직 공무원에 대한 채용계약해지는 행정처분과 같이 「행정절차법」을 따라야 할 필요가 없다.

〈 판례 〉
계약직 공무원에 관한 현행 법령의 규정에 비추어 볼 때, 계약직공무원 채용계약해지의 의사표시는 일반 공무원에 대한 징계처분과는 달라서 항고소송의 대상이 되는 처분 등의 성격을 가진 것으로 인정되지 아니하고, 일정한 사유가 있을 때에 국가가 채용 계약 관계의 한쪽 당사자로서 대등한 지위에서 행하는 의사표시로 취급되는 것으로 이해되므로, 행정 처분과 같이 행정절차법에 의하여 근거와 이유를 제시하여야 하는 것은 아니다(대판 2002. 11. 26. 2002두5948).

12   정답 ④

핵심주제 : 행정계획

판례도 행정계획에 대하여 구체적으로 정의 내린 바 있다. 행정계획을 행정에 관한 전문적 · 기술적 판단으로 종합해 특정한 행정목표를 달성하기 위하여 서로 관련되는 행정수단을 종합 · 조정함으로써 장래의 일정한 시점에 있어서 일정한 질서를 실현하기 위한 활동기준으로 설정된 것이다.

〈 판례 〉
행정계획은 특정한 행정목표를 달성하기 위하여 행정에 관한 전문적 · 기술적 판단을 기초로 관련되는 행정수단을 종합 · 조정함으로써 장래의 일정한 시점에 일정한 질서를 실현하기 위하여 설정한 활동기준이나 그 설정행위를 말한다(대판 2018.10.12. 선고2015두50382).

13 군무원 필수   정답 ④

핵심주제 : 정보공개

정보공개 청구권은 법률상 보호받는 구체적인 권리로서, 청구인

이 공공기관에 대한 정보공개를 청구하였다가 거부를 받은 것 자체만으로도 법률상 이익의 침해에 해당한다.

〈 판례 〉
정보공개청구권은 모든 국민이 가지고 있는 표현의 자유에 입각한 권리이므로 정보공개 신청에 대한 거부처분을 받은 것 그 자체로 법률상 이익의 침해가 있다고 보는 것이 판례의 입장이다(대판2004.9.23. 2003두1370).

14   정답 ①

핵심주제 : 개인정보보호

'개인정보처리자'란 업무를 목적으로 개인정보파일을 운용하기 위하여 스스로 또는 다른 사람을 통하여 개인정보를 처리하는 공공기관, 법인, 단체 및 개인 등을 말한다(개인정보 보호법제2조제5호). 따라서 민간에 의하여 처리되는 정보까지 보호받는다.

〈 법령 〉
「개인정보보호법」
제2조(정의) 이 법에서 사용하는 용어의 뜻은 다음과 같다. 〈개정 2014. 3. 24., 2020. 2. 4.〉
4. "개인정보파일"이란 개인정보를 쉽게 검색할 수 있도록 일정한 규칙에 따라 체계적으로 배열하거나 구성한 개인정보의 집합물(集合物)을 말한다.
5. "개인정보처리자"란 업무를 목적으로 개인정보파일을 운용하기 위하여 스스로 또는 다른 사람을 통하여 개인정보를 처리하는 공공기관, 법인, 단체 및 개인 등을 말한다.
6. "공공기관"이란 다음 각 목의 기관을 말한다.
가. 국회, 법원, 헌법재판소, 중앙선거관리위원회의 행정사무를 처리하는 기관, 중앙행정기관(대통령 소속 기관과 국무총리 소속 기관을 포함한다) 및 그 소속 기관, 지방자치단체
나. 그 밖의 국가기관 및 공공단체 중 대통령령으로 정하는 기관

15   정답 ①

핵심주제 : 직접강제

비대체적 작위의무나 부작위를 불이행한 경우에 의무자에게 심리적 압박을 통해 의무이행을 간접적으로 강제하는 금전적 수단은 이행강제금 또는 강제금이다.

16 정답 ②

핵심주제 : 부당이득

개발부담금 부과처분이 취소되면 그 후의 부당이득으로서의 과오납금 반환에 관한 법률관계는 단순 민사관계이고, 반드시 행정소송 절차를 따라야 한다고 볼 수 없다.

〈 판례 〉
개발부담금 부과처분이 취소된 이상 그 후의 부당이득으로서의 과오납금 반환에 관한 법률관계는 단순한 민사 관계에 불과한 것이고, 행정소송절차에 따라야 하는 관계로 볼 수 없다(대판1995.12.22. 94다51253).

17 정답 ③

핵심주제 : 행정대집행

계고의 성질을 준법률행위적 행정행위로 보고 있으며, 행정소송법상 처분에 해당하므로 위법한 계고에 대해서는 취소소송을 제기할 수 있다고 하였다. 또한 복수의 계고가 반복된 경우에는 제1차 계고만이 독립한 처분에 해당한다고 하였다.

〈 판례 〉
제1차로 철거명령 및 계고처분을 한 데 이어 제2차로 계고서를 송달하였음에도 불응함에 따라 대집행을 일부 실행한 후 철거의무자의 연기원을 받아들여 나머지 부분의 철거를 진행하지 않고 있다가 연기기한이 지나자 다시 제3차로 철거명령 및 대집행계고를 한 경우, 행정대집행법상의 철거의무는 제1차 철거명령 및 계고처분으로써 발생하였다고 할 것이고, 제3차 철거명령 및 대집행계고는 새로운 철거의무를 부과하는 것이라고는 볼 수 없으며, 단지 종전의 계고처분에 의한 건물철거를 독촉하거나 그 대집행기한을 연기한다는 통지에 불과하므로 취소소송의 대상이 되는 독립한 행정처분이라고 할 수 없다(대판 2000. 2. 22. 98두4665).

18 정답 ②

핵심주제 : 행정질서벌

「질서위반행위규제법」 제8조에 따르면 자신의 위법을 오인하고 오인에 대한 정당한 이유가 있을 때에만 과태료를 부과하지 않는다.

〈 법령 〉
「질서위반행위규제법」
제7조(고의 또는 과실) 고의 또는 과실이 없는 질서위반행위는 과태료를 부과하지 아니한다.
제8조(위법성의 착오) 자신의 행위가 위법하지 아니한 것으로 오인하고 행한 질서위반행위는 그 오인에 정당한 이유가 있는 때에 한하여 과태료를 부과하지 아니한다.

〈 판례 〉
질서위반행위규제법은 제7조에서 "고의 또는 과실이 없는 질서위반행위는 과태료를 부과하지 아니한다."고 규정하고 있으므로, 질서위반행위를 한 자가 자신의 책임 없는 사유로 위반행위에 이르렀다고 주장하는 경우 법원으로서는 그 내용을 살펴 행위자에게 고의나 과실이 있는지를 따져보아야 한다(대결 2011.7.14. 2011마364).

19 정답 ②

핵심주제 : 행정입법예고

행정입법을 제정·개정·폐지하려고 하는 경우, 입법예고를 하여야 한다. 이 경우 국회 소관 상임위원회에 제출을 하여야 하는 절차는 대통령령 해당한다.

〈 법령 〉
「행정절차법」
제42조(예고방법) ① 행정청은 입법안의 취지, 주요 내용 또는 전문(全文)을 다음 각 호의 구분에 따른 방법으로 공고하여야 하며, 추가로 인터넷, 신문 또는 방송 등을 통하여 공고할 수 있다. 〈개정 2019. 12. 10.〉
1. 법령의 입법안을 입법예고하는 경우: 관보 및 법제처장이 구축·제공하는 정보시스템을 통한 공고
2. 자치법규의 입법안을 입법예고하는 경우: 공보를 통한 공고
② 행정청은 대통령령을 입법예고하는 경우 국회 소관 상임위원회에 이를 제출하여야 한다.

20 정답 ④

핵심주제 : 손해배상

「국가배상법」 제5조의 내용은 다음과 같다.

〈 법령 〉
「국가배상법」
제5조(공공시설 등의 하자로 인한 책임) ① 도로·하천, 그 밖

의 공공의 영조물(營造物)의 설치나 관리에 하자(瑕疵)가 있기 때문에 타인에게 손해를 발생하게 하였을 때에는 국가나 지방자치단체는 그 손해를 배상하여야 한다. 이 경우 제2조제1항 단서, 제3조 및 제3조의2를 준용한다.
② 제1항을 적용할 때 손해의 원인에 대하여 책임을 질 자가 따로 있으면 국가나 지방자치단체는 그 자에게 구상할 수 있다.
[전문개정 2008. 3. 14.]

행정청에 의하여 노선 인정 등이 없다면 영조물이라 할 수 없다는 것이 대법원의 입장이다.

〈 판례 〉
국가배상법 제5조 소정의 공공의 영조물이란 공유나 사유임을 불문하고 행정주체에 의하여 특정 공공의 목적에 공여된 유체물 또는 물적 설비를 의미하므로 사실상 군민의 통행에 제공되고 있던 도로 옆의 암벽으로부터 떨어진 낙석에 맞아 소외인이 사망하는 사고가 발생하였다고 하여도 동 사고지점 도로가 피고 군에 의하여 노선인정 기타 공용개시가 없었으면 이를 영조물이라 할 수 없다(대판 1981.7.7. 선고80다2478)

21 정답 ④
핵심주제 : 손해배상

국가배상책임의 요건 중 하나인 직무집행은 외형이론에 따라서 판단하는 것이다. 따라서 공무원의 직무행위인가 여부의 판단기준은 객관적 외형주의에 따라 판단한다.

〈 판례 〉
국가배상법 제2조제1항의 "직무를 집행함에 당하여"라 함은 직접 공무원의 직무집행행위이거나 그와 밀접한 관계에 있는 행위를 포함하고, 이를 판단함에 있어서는 행위 자체의 외관을 객관적으로 관찰하여 공무원의 직무행위로 보여질 때에는 비록 그것이 실질적으로 직무행위가 아니거나 또는 행위자로서는 주관적으로 공무집행의 의사가 없었다고 하더라도 그 행위는 공무원이 "직무를 집행함에 당하여" 한 것으로 보아야 한다(대판 1995.4.21. 93다14240).

22 정답 ④
핵심주제 : 행정소송

소송요건의 구비 여부는 법원의 직권조사사항이다. 따라서 당사자가 이를 주장하거나 입증할 필요가 없다.

23 정답 ①
핵심주제 : 행정소송

법령개정사실의 통보와 공무원 연금관리공단이 퇴직연금 중 일부 금액에 대하여 지급거부의 의사표시는 항고소송의 대상이 되는 처분이 아니다. 따라서 항고소송으로 다툴 문제가 아니라 당사자 소송으로 다툴 문제이다.

24 정답 ②
핵심주제 : 행정소송

부작위가 성립하기 위해서는 당사자의 신청이 있어야 하는데, 신청의 내용이 되는 처분은 행정소송법상 처분으로 재결을 포함한다. 그러나 비권력적 사실행위나 사경제적 계약의 체결요구 등은 포함되지 않는다.

〈 판례 〉
신청의 내용이 되는 처분은 공권력 행사의 요구이어야 하므로 비권력적 사실행위의 요구 또는 사법상 계약 의 체결 요구 등은 이에 해당하지 아니한다(대판 1991 .11. 8. 90누9391).

25 정답 ②
핵심주제 : 행정심판

청구의 변경은 「행정심판법」 제29조제3항에 의하여 서면으로 신청하여야 한다.

〈 법령 〉
「행정심판법」
제29조(청구의 변경) ① 청구인은 청구의 기초에 변경이 없는 범위에서 청구의 취지나 이유를 변경할 수 있다.
② 행정심판이 청구된 후에 피청구인이 새로운 처분을 하거나 심판청구의 대상인 처분을 변경한 경우에는 청구인은 새로운 처분이나 변경된 처분에 맞추어 청구의 취지나 이유를 변경할 수 있다.
③ 제1항 또는 제2항에 따른 청구의 변경은 서면으로 신청하여야 한다. 이 경우 피청구인과 참가인의 수만큼 청구변경신청서 부본을 함께 제출하여야 한다.

← 2018년도 08월 11일 시행

2018년
기출(복원)문제

정답 및 해설

국어

출제 문항 분석

영역	문항 수
문법	7
어문 규정	4
문학	7
비문학	5
한자와 어휘	2

정답

01 ①	02 ③	03 ④	04 ③	05 ③
06 ①	07 ②	08 ②	09 ④	10 ②
11 ①	12 ②	13 ①	14 ②	15 ①
16 ④	17 ④	18 ③	19 ①	20 ③
21 ④	22 ②	23 ③	24 ④	25 ②

01 군무원 필수
정답 ①

핵심주제 : 띄어쓰기

'-ㄹ뿐더러'는 어떤 일이 그것만으로 그치지 않고 나아가 다른 일이 더 있음을 뜻하는 어미이다. 따라서 어간에 붙여 쓴다. 앞의 관형어와 띄어 쓰는 명사 '뿐'과는 차이가 있다.

오답해설

② 보잘것없다 : 볼만한 가치가 없을 정도로 하찮다.

③ 하잘것없다 : 시시하여 해 볼 만한 것이 없다. 또는 대수롭지 아니하다.

④ 물샐틈없다 : 물을 부어도 샐 틈이 없다는 뜻으로, 조금도 빈틈이 없음을 비유적으로 이르는 말이다.

02
정답 ③

핵심주제 : 문법

감탄사를 글자 그대로 풀이하면 '느끼어 저절로 나오는 말'이라는 뜻이다. 즉, 감탄사는 놀람, 느낌, 부름이나 대답을 나타내는 단어를 말한다. 예를 들어, "어머나, 아기가 너무 귀엽다."에서 '어머나'가 감탄사다. 이 밖에도 감탄사에는 '앗, 얘, 예, 어' 등이 있다. 감탄사는 문장에서 독립적으로 쓰이기 때문에 '독립언'이라고도 한다.

03 군무원 필수
정답 ④

핵심주제 : 문법

'절대'는 아무런 조건이나 제약이 붙지 아니함을 뜻하는 명사이기도 하지만 부사 '절대로'와 동의어로 어떠한 경우에도 반드시를 뜻하기도 한다.

오답해설

① 그는 내가 지시하는 대로 행동에 옮겼다.

② 실패를 인정함으로써 더 큰 성공을 거둘 수 있다.

③ 그는 어떤 질문에도 일절 답하지 않았다.

04 군무원 필수
정답 ③

핵심주제 : 가사

㉠에는 손발 따위를 이리저리 내두르는 모양이나 힘에 겨워 힘들어하는 모양을 뜻하는 '허위허위'가, ㉡에는 기운이 없이 걷는 모양을 뜻하는 '설피설피'가 적절하다.

05
정답 ③

핵심주제 : 문법

훈몽자회에서는 훈민정음의 28자 중에서 'ㆆ'이 빠진 체계를 보여준다. 이 27자를 초성종성통용팔자(初聲終聲通用八字), 초성독용팔자(初聲獨用八字), 중성독용십일자(中聲獨用十一字)로 나누었다. 초성에만 쓸 수 있는 자음으로 'ㅋ, ㅌ, ㅍ, ㅈ, ㅊ, ㅿ, ㅇ, ㅎ'으로 8자이다.

06 군무원 필수   정답 ①

핵심주제 : 속담, 사자성어

동병상련(同病相憐)이란 같은 병자(病者)끼리 가엾게 여긴다는 뜻으로, 어려운 처지(處地)에 있는 사람끼리 서로 불쌍히 여겨 동정(同情)하고 서로 도움을 뜻한다. 비렁뱅이가 하늘을 불쌍히 여긴다는 빌어먹는 형편에 하늘을 보고 처지가 가련하다고 한다는 뜻으로, 주제넘게 동정을 하거나 엉뚱한 일을 걱정하는 경우를 비유적으로 이르는 말이다. 따라서 두 속담과 한자어의 뜻은 서로 유사하지 않다.

07   정답 ②

핵심주제 : 문법

②의 주어는 '한글', '사실'로 무생물 주어이고, 지나친 명사화 구성을 쓰지는 않았다. '알려져 있다'는 '알다'에 사동 접사 '-리'가 결합하여 '알리다'가 되었다. '알리다'에 피동형 '-어지다'가 결합하여 '알려져 있다'가 되었다. 따라서 이중 피동 표현을 사용하지 않았다.

08 군무원 필수   정답 ②

핵심주제 : 띄어쓰기

'만'은 앞 대상의 정도에 달함을 나타내는 말이므로, 앞 대상과 붙여 쓰고, '한'의 경우 동사 '하다'를 나타내므로 띄어쓴다.

09   정답 ④

핵심주제 : 비문학(주제)

주어진 글에서는 관계 내에 갈등이 발생할 경우 무엇보다도 성급한 판단을 피하라고 하며, 되도록 문제를 객관적인 방향으로 표현하여야 한다고 말한다. 그러면서 문제를 객관적으로 표현하기 위해 묘사적인 언어 사용을 제시하고 있다. 따라서 주어진 글의 적절한 제목으로 '갈등을 해소하기 위한 대응 전략'이다.

10   정답 ②

핵심주제 : 비문학(주제)

주어진 글의 중심주제는 '관계 내에 갈등이 발생할 경우 무엇보다도 성급한 판단을 피하고, 되도록 문제를 객관적인 방향으로 표현하여야 한다. 문제를 객관적으로 표현하기 위해 묘사적인 언어 사용해야 한다.'이다.

11 군무원 필수   정답 ①

핵심주제 : 어휘

'질정 없다'는 '갈피를 잡아 뚜렷이 결정한 것이 없다'라는 뜻이다. '일 처리를 잘하여 뒤끝이 깨끗하다'는 뜻의 단어는 '간정하다'이다.

12 군무원 필수   정답 ②

핵심주제 : 비문학(순서)

〈보기〉의 제재는 '실패하고 좌절하는 연습'이다. 따라서 (나)에서 불운한 상황, 위급 상황을 말하며 좌절적 상황을 제시하였다. 따라서 〈보기〉의 내용은 (나) 뒤에 위치하는 것이 적절하다.

13 군무원 필수   정답 ①

핵심주제 : 로마자 표기법

주어진 문장 '웃는 순간 어색함이 사라진다.'는 [운는 순간 어새카미 사라진다]로 발음이 되므로 올바른 로마자 표기법은 'unneun sungan eosaekami sarajinda'이다.

14 군무원 필수   정답 ②

핵심주제 : 높임법

'-어요'는 상대높임법의 비격식체이다.

15 정답 ①

핵심주제 : 어문 규정

〈보기〉의 단어들의 발음은 각각 '절약[저략] - 몰상식한[몰쌍시칸] - 낯설다[낟썰다] - 읊조리다[읍쪼리다]'이다.

16 정답 ④

핵심주제 : 외래어 표기법

섬, 강, 산맥 등의 말을 앞말에 붙여 적는 것이 원칙이다. 따라서 히말라야산맥(Himalaya山脈), 몽블랑산(Mont Blanc)은 올바른 외래어 표기이다.

17 정답 ④

핵심주제 : 시(해제)

화자가 청자에게 같이 행동할 것을 요청하는 청유형과 본뜻은 숨기고 비유하는 말만으로 숨겨진 뜻을 암시하는 수사법인 풍유법은 이 작품에 나타나지 않고 있다.

〈 작품해석 〉

정호승, 〈수선화에게〉
• 갈래 : 자유시, 서정시
• 성격 : 운명 순응적, 성찰적
• 주제 : 삶의 본질인 외로움을 수용하는 태도
• 특징
  - 청자에게 말을 건네는 형식을 통해 주제를 드러냄
  - 감정 이입의 수법을 통해 정서를 표현함

---

18 정답 ③

핵심주제 : 시(화자)

화자가 '너'로 지칭하는 대상은 수선화로, 수선화는 화자 자신을 포함한 모든 외로움을 느끼는 대상을 지칭한다.

19 정답 ①

핵심주제 : 시(주제)

외로움은 삶에 주어진 숙명으로 인간과 자연 모두 외로운 존재임을 알고 잘 견디라 위로해 주고 있다. 따라서 시의 주제는 '삶의 본질은 외로움이고, 이를 잘 견뎌내야 한다'이다.

20 정답 ③

핵심주제 : 비문학(주제)

주어진 글은 역사적 사실의 인식에 대하여 서술하고 있다. 마지막 문단의 '주관적인 선입견을 배제하고 논리적인 사고를 통하여 얻어진 객관적 사실은 역사를 이해하는 토대가 된다.'라는 문장을 통해 이 글의 중심 내용을 요약 정리하였다.

21 정답 ④

핵심주제 : 비문학(서술방식)

구체적인 통계치는 신뢰성을 얻을 수 있으나 주어진 글에서는 주장에 대한 구체적인 통계치를 제시하고 있지 않다.

22 정답 ②

핵심주제 : 설화

바보 온달이 평강 공주와 혼인하여 뛰어난 장수가 되었다는 이야기로 〈온달 설화〉는 김부식의 《삼국사기》 〈열전(列傳)〉에 실려 있다. 《삼국사기》에는 〈온달 설화〉, 〈호동왕자〉 등이 수록되어 있다.

23 정답 ③

핵심주제 : 문법

15세기의 주격조사와 서술격 '이다'는 자음 받침으로 끝난 체언 뒤에서는 '이', 'ㅣ' 외의 모음으로 끝난 체언 뒤에서는 'ㅣ', 'ㅣ' 모음으로 끝난 체언 뒤에서는 'ø[zero]' 주격이 쓰였다.

24 군무원 필수 ⭐ 　　　　　　　　　정답 ④

핵심주제 : 소설

전설(傳說)이라는 증거는 구체적인 시간과 장소가 제시되어 특정 증거물을 갖는 이야기이다. 푸른 못이 그 구체적인 증거이다.

25 군무원 필수 ⭐ 　　　　　　　　　정답 ②

핵심주제 : 한자어

㉠의 원소는 연못에 얽혀 내려오는 전설이므로 원소(怨沼)가 올바른 한자표기법이다.

경영학

출제 문항 분석

영역	문항 수
경영학 기초	3
생산관리	2
인사관리	1
조직행위	7
경영정보시스템	1
마케팅	9
재무관리	1
회계학	2

정답					
	01 ①	02 ②	03 ④	04 ④	05 ②
	06 ②	07 ③	08 ③	09 ③	10 ①
	11 ①	12 ②	13 ③	14 ④	15 ④
	16 ③	17 ②	18 ③	19 ③	20 ②
	21 ④	22 ③	23 ①	24 ①	25 ④

01 　　　　　　　　　　　　　　　정답 ①

핵심주제 : 회계학

회계정보의 질적 특성은 목적적합성과 신뢰성으로 나눌 수 있다. 목적적합성에는 적시성과 피드백가치, 예측가치가 있고, 신뢰성에는 검증가능성, 중립성, 표현의 충실성이 있다.

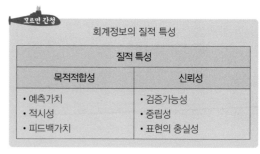

회계정보의 질적 특성	
질적 특성	
목적적합성	신뢰성
• 예측가치 • 적시성 • 피드백가치	• 검증가능성 • 중립성 • 표현의 충실성

02 군무원 필수 ⭐ 　　　　　　　　　정답 ②

핵심주제 : 재무관리

주당순이익은 보통주 1주에 해당하는 순이익을 나타내는 비율이며, 값을 구하는 식은 기업의 당기순이익을 주식수로 나누는 것이다. 부채비율은 채권자 소유의 기업 부채가 소유주에 비해 몇 배가 되는지 나타내는 비율이며, 유동 및 비유동 부채를 자기자본으로 나누는 것으로 값을 구할 수 있다. 총자산회전율은 기업의 총자산이 매출액을 창출하는 데에 얼마나 효율적인지 측정하는 비율로, 기업의 매출액을 평균총자산으로 나누어 값을 구한다.

오답해설

ㄱ. 자기자본비율은 자본을 총부채값으로 나누는 것이 아니라, 총자산값으로 나눈 것이다.

ㅁ. 주가수익률은 우선주 1주당 주가를 주당순이익으로 나눈 것이 아니라, 보통주 1주당 주가를 주당순이익으로 나눈 것이다.

03 정답 ④

핵심주제 : 경영학 기초

전문경영자는 소유경영자의 자산을 늘리기 위해 고용된 대리인이 아니라, 전문적 지식을 바탕으로 기업의 성장을 도모하는 역할을 한다.

오답해설

① 일선경영자란 현장의 최일선에서 생산 및 제조에 직접 관여하며 근로자의 활동을 감독하는 경영자를 말한다. 그러므로 현장실무능력이 요구된다.

② 최고경영자란 기업의 가장 높은 위치에 있는 경영자로, 기업 전반의 경영을 계획하고 그에 따른 책임을 지는 경영자를 말한다.

③ 직능경영자란 한 가지 직능적 활동이나 부서의 활동에 책임을 지는 경영자를 말한다.

04 정답 ④

핵심주제 : 인사관리

노조에 가입한 조합원뿐만 아니라 비조합원도 채용할 수 있도록 하는 제도란 오픈숍을 말하는 것이다. 오픈숍은 근로자 또한 노조 가입과 탈퇴가 자유롭다는 특징이 있다.

오답해설

① 유니온숍은 조합원뿐만 아니라 비조합원도 채용할 수 있지만, 채용된 근로자는 일정 기한 내에 반드시 노조에 가입해야 하는 제도이다.

② 클로즈드숍은 근로자를 채용할 때에 근로자가 노조에 가입되어 있는 것을 채용조건으로 하는 제도이다.

③ 에이전시숍은 조합원과 비조합원 모두에게 조합비를 징수하는 제도이다.

05 정답 ②

핵심주제 : 마케팅

웨버의 법칙에 따르면, 소비자들은 가격이 웨버상수의 비율값 이상 변해야 변화를 감지할 수 있다. 따라서, 그에 따른 가격인상 정도를 구하면 다음과 같다.

1,000원×0.2(웨버상수)=200원

그러므로 소비자가 가격인상을 감지하려면 200원 이상 변해야 한다.

06 정답 ②

핵심주제 : 조직행위

직무특성이론에서 '직무에 대한 의미감'과 관련 있는 요소에는 기술다양성, 직무정체성, 직무중요성이 있으며, '직무에 대한 책임감'과 관련이 있는 요소에는 자율성이 있다.

07 정답 ③

핵심주제 : 마케팅

소비자의 구매의사결정과정에서 대안평가 방식에는 보완적 평가방식과 비보완적 평가방식이 있다. 지문에 해당하는 것들은 비보완적 평가방식에 속하는 것들이며, 우선순위를 결정하고 우선순위별로 1순위부터 가장 높은 평가점수를 받는 대안을 선택하는 방법은 사전편집식을 말하는 것이다.

오답해설

① 순차적 제거식은 우선순위별로 최소 평가기준을 정하고 그 기준에 충족하지 못한 대안을 순차적으로 제거하는 방법이다.

② 분리식은 최소 평가기준을 정하고, 한 가지 기준이라도 최소 수준을 만족하면 선택대상에 포함시키는 방법이다.

④ 결합식은 최소 평가기준을 모두 충족한 대안만 선택하고, 나머지는 탈락시키는 방법이다.

08 군무원 필수   정답 ③

핵심주제 : 조직행위

맥클리랜드(McClelland)는 동기부여이론에 있어서 개인의 욕구를 권력욕구, 친교욕구, 성취욕구 3가지로 나누었는데, 그중 성취욕구를 가장 중요시했다.

오답해설

① 매슬로는 욕구를 '생리적 욕구 – 안전의 욕구 – 애정과 공감의 욕구(사회적 욕구) – 존경의 욕구 – 자아실현의 욕구'로 구분했다.
② ERG이론에서는 현재욕구가 좌절되면 하위욕구가 증가한다.
④ 허즈버그(Herzberg)의 2요인이론은 위생요인, 동기요인으로 구분된다. 위생요인에는 임금, 업무조건, 회사정책 등이 있고, 동기요인에는 성취감, 인정, 책임감 등이 있다.

09   정답 ③

핵심주제 : 마케팅

효율적 운영을 위해 고정된 형태를 가져야 하는 것이 수직적 통합이다. 그러므로 수직적 통합은 유연성이 떨어지는 단점을 가질 수밖에 없다.

오답해설

① 기업 활동에서 최종구매자 방향으로 과정을 통합하면 전방통합이라고 한다.
② 수직적 통합은 자원의 분산으로 인해 전문성이 감소될 우려가 있기 때문에 자원의 집중과 전문성 증가를 위해서 수직적 통합을 피하고 아웃소싱을 활용하는 게 좋다.

10   정답 ①

핵심주제 : 경영학 기초

반대된 설명이다. 구체적 이미지의 브랜드가 추상적 이미지의 브랜드보다 확장 범위가 넓은 것이 아니라, 추상적 이미지의 브랜드가 구체적 이미지의 브랜드보다 확장 범위가 넓다. 브랜드의 이미지가 추상적일수록 의미의 해석 여지가 많기 때문이다.

11 군무원 필수   정답 ①

핵심주제 : 마케팅

성숙기는 이미 판매량과 이익이 최고점을 찍고 나서 매출이 불안정해지는 시기이기 때문에, 매출이 점점 증가한다는 설명은

옳지 않다. 제품수명주기에서 매출이 점점 성장하는 시기는 성장기이다.

오답해설

②, ③ 성숙기에는 시장점유율을 차지하기 위해 가격을 인하하거나 많은 광고비용을 투자한다.
④ 성숙기에는 새로운 제품 개발을 위한 연구개발비 비용이 투입된다.

모르면 간첩
제품수명주기
- **도입기** : 인지도나 판매성장률이 낮고 판매량이 적어 제품의 수요를 자극하는 전략이 필요한 시기
- **성장기** : 제품이 시장에 정착하여 수요가 급격히 증가하고 기업의 매출액이 증가하는 단계
- **성숙기** : 판매와 경쟁이 최고에 도달한 시기로 갈수록 이익이 감소한다.
- **쇠퇴기** : 제품 판매가 멈추거나 수요가 점차 하락하는 단계

12   정답 ②

핵심주제 : 마케팅

시장기회 분석에서 변수 척도 중 하나인 비율척도는 0이 절대적인 값을 가지며 범주, 서열, 거리 등에 대한 정보를 가지고 있어 명목, 서열, 등간척도의 모든 성질을 가지고 있다.

모르면 간첩
시장기회 분석의 변수 척도
- **명목척도** : 범주나 종류 구분을 위한 척도로, 분류적인 개념만 제시
- **서열척도** : 명목척도의 분류적 속성에 서열적 속성을 추가한 기준
- **등간척도** : 대상을 서열화할 수 있고 대상들 간의 간격을 표준화한 척도로 표시할 수 있음
- **비율척도** : 등간척도와 유사하나 0이 절대적인 값을 갖는 척도

13   정답 ③

핵심주제 : 회계학

매출총이익률은 매출총이익을 매출액으로 나눈 값이므로, 냉장고 1대의 값을 구하려면 매출총이익률에 0.3을 대입해 매출액에서 제조원가를 뺀 값을 다시 매출액으로 나눈 값과 같아야 한다. 그 식은 다음과 같다.

$$(매출총이익률)=\frac{(매출총이익)}{(매출액)}$$

$$0.3=\frac{x-210}{x}$$

$0.3x=x-210$

$0.7x=210$

$\therefore x=300$

따라서, 냉장고 1대의 가격은 300만 원이 된다.

14

정답 ④

핵심주제 : 마케팅

기존의 아기비누를 변경하지 않고 그대로 유지하면서 피부가 민감한 성인을 대상으로 새로운 시장에 진출하려는 것으로 보아 시장침투 전략이 아닌 시장개발 전략에 해당한다고 보아야 한다. 즉, 시장개발 전략은 기존 판매 제품을 유지하면서 새로운 시장으로 진출하는 전략을 말한다.

앤소프 매트릭스 마케팅 전략 기법

구분	기존 제품	신제품
기존 시장	시장침투	제품개발
새로운 시장	시장개발	다각화

- **시장침투 전략** : 기존 시장에서 기존 제품과 서비스를 더 많이 판매해 성장하려는 전략
- **시장개발 전략** : 기존 판매 제품은 유지하면서 새로운 시장으로 진출하는 전략
- **제품개발 전략** : 같은 고객 또는 같은 시장에서 새로운 제품과 서비스를 판매하는 전략
- **다각화 전략** : 신제품을 새로운 시장에 판매하는 전략

15

정답 ④

핵심주제 : 경영학 기초

복제 가능한 범위의 경제효과로는 세금 혜택, 위험 감소, 종업원 보상 등이 있는데, 시장지배력은 복제하기 어려운 범위의 경제효과에 해당한다. 복제하기 어려운 범위의 경제효과에는 내부자본 할당, 복수시장 경쟁, 시장지배력, 핵심 역량 등이 있다.

16

정답 ③

핵심주제 : 조직행위

피셔·유리의 협상갈등해결 전략에서는 상황보다 이익에 초점을 두는 것이 아니라, 이익보다는 상황에 초점을 두어 상호 이익을 취하는 합의점을 찾는다.

피셔·유리의 협상갈등해결 전략

- 사람과 문제를 분리
- 입장이 아닌 이해관계에 초점
- 상호 이익이 되는 옵션 개발
- 객관적 기준 사용

17

정답 ②

핵심주제 : 인사관리

유연시간근무제는 근로자들의 개인 여건에 따라 근무 시간을 조정하는 제도이므로, 직원별로 근무 시간대가 서로 다를 경우 일정관리 조정이 어렵다는 특징이 있다.

오답해설

① 탄력근무제는 작업량이 많을 때는 특정 근로일의 근무 시간을 연장하고, 작업량이 적을 때는 근무 시간을 줄이는 것으로 회사의 업무가 급할 때 유용하다.

18

정답 ③

핵심주제 : 경영정보시스템

폭포수 이론은 프로젝트의 진행이 폭포수처럼 순차적으로 하향으로 이루어지기 때문에 개발에 들어가면 수정이 어려워서 유연성이 낮다는 단점을 지니고 있다. 그렇기 때문에 실제 실행에 있어서 불가능한 이론이라는 비판을 받기도 한다.

오답해설

②, ④ 애자일 이론은 요구사항 개발과 변경을 지속적으로 받아들이며 효율적으로 시스템을 개발하는 이론이다. 애자일 이론에서는 일정 기간 단위를 반복하는 이터레이션을 활용해 프로젝트의 결과물을 수정한다.

19 정답 ③

핵심주제 : 인사관리

대체형식법은 복수양식법과 동일한 검사방식으로, 대등한 둘 이상의 측정도구로 동일 대상을 검사하는 것이다. 같은 시험을 다시 실시하는 것은 실시─재실시 검사이다.

오답해설

① 실시─재실시 검사는 동일 대상에게 동일한 시험을 시간차를 두고 재실시하는 것이다.
② 양분법은 하나의 검사를 양쪽으로 나누어 측정하는 것으로 홀수와 짝수로 대상을 나누는 것도 해당된다.

20 정답 ②

핵심주제 : 생산관리

회귀식 분석은 양적 예측기법에 속하는 것이다. 여러 전문가의 의견을 반복적으로 집계하여 합의된 아이디어를 도출하는 델파이 기법은 질적 예측기법에 속한다.

오답해설

③ 마코브 분석은 일정 기간 동안 한 직위에서 다른 직위로 조직구성원이 시간 흐름에 따라 이동할 확률을 분석하여 인적자원의 흐름을 예측하는 기법이다.

21 정답 ④

핵심주제 : 마케팅

기업에서 생산하는 제품은 구매 목적에 따라 산업재와 소비재로 구분한다. 산업재는 제품을 생산하기 위해 직간접적으로 요구되는 부품. 설비 원자재 등이며, 마케팅을 할 때 주로 인적판매를 활용한다.

마케팅 커뮤니케이션 방법

- **광고** : 비인적 매체를 통해 정보전달
- **판매촉진** : 중간상과 최종소비자에게 전달하는 단기적이며 다양한 자극책
- **홍보** : 광고와 달리 돈을 지불하지 않는 비인적 매체를 통한 정보전달
- **인적판매** : 고객들과의 대화나 만남을 통해 판매를 성사시키는 방법
- **직접마케팅** : 우편. 팩스. 이메일 등의 직접 의사소통을 활용하는 방법

22 정답 ③

핵심주제 : 마케팅

소비자를 대상으로 하는 판매촉진 방법에는 가격 수단으로 현금 환급. 할인쿠폰 등이 있으며, 비가격 수단으로는 샘플 제공. 사은품 제공 등이 있다. 푸시 지원금은 중간상을 대상으로 하는 판매촉진 방법에 해당한다.

모르면 간첩

판매촉진 방법

구분	소비자 대상	중간상 대상
가격 수단	현금 환급, 할인쿠폰 등	푸시 지원금, 광고공제 등
비가격 수단	샘플 제공, 사은품 제공 등	판매원 파견, 반품 회수. 인센티브 등

23 정답 ①

핵심주제 : 마케팅

면도기의 가격을 낮게 설정하고 그 소모품인 면도날의 가격을 높게 설정하는 것은 결합제품 가격결정에 해당한다. 즉. 결합제품 가격결정은 어느 한 제품의 가격을 낮게 설정하고 그 제품의 소모품 가격을 높게 설정하는 가격결정 전략을 말한다.

오답해설

② 부산물 가격결정은 제품 제조 시 발생하는 부산물 가격을 결정하는 전략이다.
③ 선택사양제품(옵션제품) 가격결정은 핵심제품에 추가하여 제공하는 각종 옵션 또는 액세서리의 가격을 결정하는 전략이다.
④ 묶음제품 가격결정은 둘 이상의 제품을 결합해 할인된 가격으로 판매하는 가격결정 전략이다.

24 정답 ①

핵심주제 : 인사관리

평가를 할 때 절대적인 기준에 초점을 두지 않고 평가 대상을 다른 사람이나 평가자 자신과 비교하여 나타나는 오류를 대비효과라고 한다.

② 투사효과는 평가자가 자신의 감정이나 성향을 평가 대상자의 능력을 평가하는 데에 전가하는 오류이다. 주관의 객관화라고도 한다.

③ 후광효과는 평가 대상자의 두드러진 한 특성이 다른 특성을 평가하는 데에도 영향을 미치는 오류이다. 현혹효과라고도 한다.

④ 상동적 태도는 평가 대상자를 출신 지역이나 출신 학교 등의 소속 집단으로 평가하는 오류이다.

25   정답 ④

핵심주제 : 조직행위

허즈버그의 동기 이론이란 개인의 행동이 과거 경험을 바탕으로 만족스러운 결과를 추구했던 과정에서 형성된다고 보는 이론을 말한다. 허즈버그는 동기 이론에서 욕구의 원인인 동인을 1차적 동인과 2차적 동인으로 구분하였는데, 1차적 동인은 생리적 동인으로 학습되지 않는 반면에 2차적 동인은 사회발생적 동인으로서 학습된다. 그중 일반적 동인이란 1차적 동인과 2차적 동인 사이에 있으면서 1차적 동인처럼 학습되지 않는 동인을 말한다.

행정법

출제 문항 분석

영역	문항 수
행정법통론	6
행정작용법	10
행정법상의 의무이행확보수단	2
행정구제법	7

정답

01 ②	02 ①	03 ①	04 ④	05 ②
06 ①	07 ②	08 ②	09 ③	10 ①
11 ②	12 ③	13 ④	14 ④	15 ②
16 ④	17 ④	18 ③	19 ①	20 ②
21 ①	22 ②	23 ①	24 ①	25 ③

01   정답 ②

핵심주제 : 통치행위

헌법재판소는 일반사병의 자이툰부대 이라크 파병결정에 대하여 통치행위라 인정하였다.

〈 판례 〉

대통령이 국군(일반사병)을 이라크에 파견하기로 한 결정은 그 성격상 국방 및 외교에 관련된 고도의 정치적 결단을 요하는 문제로서, 헌법과 법률이 정한 절차를 지켜 이루어진 것임이 명백하므로, 대통령과 국회의 판단은 존중되어야 하고 헌법재판소가 사법적 기준만으로 이를 심판하는 것은 자제되어야 한다. 이에 대하여는 설혹 사법적 심사의 회피로 자의적 결정이 방치될 수도 있다는 우려가 있을 수 있으나 그러한 대통령과 국회의 판단은 궁극적으로는 선거를 통해 국민에 의한 평가와 심판을 받게 될 것이다(헌재 2004.4.29, 2003헌마814).

모르면 간첩

통치행위를 부정한 판례

- 군인들의 군사반란 및 내란행위(대판 96도3376)
- 남북정상회담의 개최과정에서 사업권의 대가명목으로 이루어진 대북송금행위(대판 2003도7878)
- 대통령의 2009년 전시증원연습결정(헌재 2007헌마369)

02 군무원 필수 ☆ 정답 ①

핵심주제 : 행정법의 일반원칙

신뢰보호가 인정되기 위해서는 행정청의 선행조치가 있어야 한다. 이러한 선행조치는 법령·행정규칙·처분·확약·계약·합의·행정계획·행정지도 등에 의해 적극적·소극적 또는 명시적·묵시적 언동, 적법·위법행위를 불문하고 국민이 신뢰하게 만드는 것을 말하는데, 판례는 이를 '공적인 견해표명'이라 표현하고 있다. 무효인 행정행위는 신뢰의 대상이 될 수 없으므로 여기에 해당하지 않는다.

〈 판례 〉
판례는 상대방의 질의에 대한 행정청의 회신내용이 일반론적인 견해표명에 그치는 경우 선행조치로 인정하지 않는다(대판 90누10384). 또한 판례는 '행정청의 공적 견해표명이 있었는지의 여부를 판단하는 데 있어 반드시 행정조직상의 형식적인 권한분장에 구애될 것은 아니고 담당자의 조직상의 지위와 임무, 당해 언동을 하게 된 구체적인 경위 및 그에 대한 상대방의 신뢰가능성에 비추어 실질에 의하여 판단하여야 한다'고 판시하고 있다(대판 1997. 9. 12, 96누18380).

03 정답 ①

핵심주제 : 확정력

불가쟁력이라 함은 비록 하자있는 행정행위일지라도 그에 대한 불복기간이 경과되거나 쟁송절차가 모두 종료된 경우에 행정행위의 상대방, 그 밖에 관계인이 그 행정행위의 효력을 다툴 수 없게 되는 힘을 말한다. 불가쟁력은 행정법관계를 형식적으로 확정하는 데 불과하여 행정주체는 불가쟁력이 발생한 경우라도 직권으로 그 행위를 취소할 수 있다.

〈 판례 〉
행정처분이나 행정심판 재결이 불복기간의 경과로 인하여 확정될 경우 확정력은 처분으로 인하여 법률상 이익을 침해받은 자가 처분이나 재결의 효력을 더 이상 다툴 수 없다는 의미일 뿐 판결에 있어서와 같은 기판력이 인정되는 것은 아니어서 처분의 기초가 된 사실관계나 법률적 판단이 확정되고 당사자들이나 법원이 이에 기속되어 모순되는 주장이나 판단을 할 수 없게 되는 것은 아니다(대판 1993. 4. 13, 92누17181).

04 군무원 필수 ☆ 정답 ④

핵심주제 : 자기완결적 신고

자기완결적 신고는 적법한 신고가 있다면 유효한 신고가 된다. 신고 없이 행해진 행위는 일반적으로 과태료부과 대상이 된다.

05 군무원 필수 ☆ 정답 ②

핵심주제 : 사인의 공법행위

전역지원 의사표시가 진의 아닌 의사표시라 하더라도 사인의 공법행위는 민법상의 비진의의사표시의 무효에 관한 규정이 적용되지 않으므로, 비록 의사표시가 진의가 아닌 경우에도 표시된 대로 효력이 발생한다.

〈 판례 〉
전역지원의 의사표시가 진의 아닌 의사표시라 하더라도 그 무효에 관한 법리를 선언한 민법 제107조 제1항 단서의 규정은 그 성질상 사인의 공법행위에는 적용되지 않는다 할 것이므로 그 표시된 대로 유효한 것으로 보아야 한다(대판 1994.1.11, 93누10057).

〈 법령 〉
「민법」
제107조(진의 아닌 의사표시) ①의사표시는 표의자가 진의아님을 알고 한 것이라도 그 효력이 있다. 그러나 상대방이 표의자의 진의아님을 알았거나 이를 알 수 있었을 경우에는 무효로 한다.
②전항의 의사표시의 무효는 선의의 제삼자에게 대항하지 못한다.

06 군무원 필수 ☆ 정답 ①

핵심주제 : 법규명령

행정입법이란 행정주체가 법조의 형식으로 일반적·추상적 법규범을 정립하는 작용을 말한다. 법규범의 정립작용이라는 점에서 입법작용에 속하고, 행정권의 의사표시라는 점에서 행정작용에 해당된다.

07
정답 ②

핵심주제 : 행정규칙

고시는 행정기관의 의사표현의 한 방법으로 법적 성질이나 효력은 그 내용에 따라 결정되며, 법규명령적 고시와 행정규칙적 고시, 일반 처분적 고시, 통지행위적 고시, 사실행위로서의 고시 등이 있다.

〈 판례 〉

고시 또는 공고의 법적 성질은 일률적으로 판단될 것이 아니라 고시에 담겨진 내용에 따라 구체적인 경우마다 달리 결정된다고 보아야 한다. 즉, 고시가 일반·추상적 성격을 가질 때는 법규명령 또는 행정규칙에 해당하지만, 고시가 구체적인 규율의 성격을 갖는다면 행정처분에 해당한다. 이 사건 국세청 고시는 특정 사업자를 납세병마개 제조자로 지정하였다는 행정처분의 내용을 모든 병마개 제조자에게 알리는 통지수단에 불과하므로, 청구인의 이 사건 국세청 고시에 대한 헌법소원심판청구는 고시 그 자체가 아니라 고시의 실질적 내용을 이루는 국세청장의 위 납세병마개 제조자 지정처분에 대한 것으로 해석함이 타당하다(헌재 1998. 4. 30, 97헌마141).

08
정답 ②

핵심주제 : 인·허가의제

인·허가의제는 인·허가에 따라 입장의 변화가 생기므로 법적 근거가 존재해야 한다.

09

정답 ③

핵심주제 : 부관

원칙적으로 행정행위의 부관은 재량행위에만 붙일 수 있으며, 기속행위의 경우 법령에 근거규정이 있는 경우가 아니라면 붙일 수 없다. 즉, 재량행위에 있어서는 관계 법령에 명시적인 금지규정이 없는 한 행정목적을 달성하기 위하여 부관을 붙일 수 있으며(대판 97누164), 기속행위나 기속적 재량행위에는 부관을 붙일 수 없고 가사 부관을 붙였다 하더라도 이는 무효의 것이다(대판 87누1106).

10
정답 ①

핵심주제 : 하자승계

선행행위에 무효사유인 하자가 있는 경우 그 하자는 후행행위에 승계된다. 선행행위에 취소사유가 있는 경우 동일한 목적을 달성하기 위한 일련의 절차인 경우(선후 행정행위가 결합하여 하나의 효과를 완성하는 형태)에는 그 하자가 승계되며, 선후 행정행위가 독립하여 별개의 효과를 목적으로 하는 경우에 당연 무효가 아닌 그 하자는 승계되지 않는다.

〈 판례 〉

개별공시지가결정에 위법이 있는 경우에는 그 자체를 행정소송의 대상이 되는 행정처분으로 보아 그 위법 여부를 다툴 수 있음은 물론 이를 기초로 한 과세처분 등 행정처분의 취소를 구하는 행정소송에서도 선행처분인 개별공시지가결정의 위법을 독립된 위법사유로 주장할 수 있다(대판 1994. 1. 25, 93누8542).

하자의 승계 여부(부정판례)

하자의 승계가 부정된 경우
• 경찰공무원 직위해제처분과 면직처분
• 과세처분과 체납처분
• 변상판정과 변상명령
• 택지개발예정지지정처분과 택지개발계획의 승인처분
• 건물철거명령(하명)과 대집행계고처분
• 사업계획승인처분과 도시계획시설변경 및 지정 승인고시처분
• 사업인정과 토지수용위원회 수용재결처분
• 도시계획결정 또는 도시계획사업의 실시계획인가와 수용재결처분
• 표준공시지가결정과 과세처분
• 표준공시지가결정과 개별공시지가결정
• 위법건물의 철거명령과 대집행 계고처분
• 액화석유가스판매사업허가처분과 사업개시신고 반려처분
• 보충역편입처분과 공익근무요원소집처분
• 지방의회 의안 의결과 지방세부과기준
• 감사원의 시정요구결정과 그에 따른 행정처분취소
• 수강거부처분과 수료처분

11

정답 ②

핵심주제 : 행정행위

행정행위의 취소는 주로 손해배상이 문제가 되고, 철회는 손실보상이 문제가 된다.

취소와 철회의 비교

구분	취소	철회
행사 권자	처분청, 감독청(다수설), 법원	처분청(→ 감독청은 법률규정에 있는 경우에 한함)
법적 근거	특별한 법적 근거를 요하지 않음(다수설 · 판례)	학설은 대립, 판례는 법적 근거를 요하지않는다고 봄
사유	원 행정행위에 하자가 존재(→성립 시 하자)	성립 후의 후발적 사유 (→ 원 행정행위는 하자가 없음)
제한	주로 직권취소에 논의	주로 수익적 행위에 논의
효과	소급효가 원칙(예외적으로 장래효 인정됨)	장래에 향하여 소멸(원칙적으로 소급효 부정)
전보	손해배상 문제	손실보상 문제

12 정답 ③

핵심주제 : 행정지도

행정지도의 상대방이 그의 자유로운 판단에 따라 손해 발생의 가능성을 인식하면서 위법한 행정지도를 따른 경우에는 행정지도와 손해발생 간의 인과관계가 부정되어 손해배상 청구가 인정되지 않는다.

〈 판례 〉

행정지도가 강제성을 띠지 않은 비권력적 작용으로서 행정지도의 한계를 일탈하지 아니하였다면, 그로 인하여 상대방에게 어떠한 손해가 발생하였다 하더라도 행정기관은 그에 대한 손해배상 책임이 없다(대판 2008. 9. 25, 2006다18228).

13 정답 ④

핵심주제 : 행정계획

도시계획구역 내 토지 등을 소유하고 있는 주민이라면 도시 계획입안권자에게 도시계획의 입안을 요구할 수 있는 신청권이 있다.

〈 판례 〉

도시계획구역 내 토지소유자는 입안권자에게 도시계획입안을 요구할 수 있는 신청권이 있다고 할 것이고, 이러한 신청에 대한 거부행위는 항고소송의 대상이 되는 행정처분에 해당한다 (대판 2004.04.28, 선고 2003두1806).

14 정답 ④

핵심주제 : 정보공개

공공기관의 정보공개신청에 대한 거부에 취소소송을 통해 인용이 확정되었음에도 공공기관이 정보를 공개하지 않으면 「행정소송법」 상의 간접강제의 요건을 갖추었다 볼 수 있다.

〈 판례 〉

거부처분에 대한 취소의 확정판결이 있음에도 행정청이 아무런 재처분을 하지 아니하거나, 재처분을 하였다 하더라도 그것이 종전 거부처분에 대한 취소의 확정판결의 기속력에 반하는 등으로 당연무효라면 이는 아무런 재처분을 하지 아니한 때와 마찬가지라 할 것이므로 이러한 경우에는 행정소송법 제30조 제2항, 제34조 제1항 등에 의한 간접강제신청에 필요한 요건을 갖춘 것으로 보아야 한다(대판 2002. 12. 11, 2002무22).

15 정답 ②

핵심주제 : 행정대집행

계고는 의무를 이행하지 않을 경우 대집행의 의사를 알려주는 의사의 통지로서 준법률행위적 행정행위라고 보는 견해가 다수이다.

16 정답 ④

핵심주제 : 이행강제금

「건축법」 상 이행강제금에 대한 불복은 이전법의 개정으로 비송사건절차에서 행정심판 또는 행정소송절차로 바뀌어 행정소송절차를 따라야 한다.

17　　정답 ④

핵심주제 : 청문

「행정절차법」상 당사자가 의견진술의 기회를 포기한다는 뜻을 명백히 표시할 경우 의견청취를 하지 않는다.

〈 법령 〉
「행정절차법」
제22조(의견청취) ① 행정청이 처분을 할 때 다음 각 호의 어느 하나에 해당하는 경우에는 청문을 한다. 〈개정 2014. 1. 28.〉
1. 다른 법령등에서 청문을 하도록 규정하고 있는 경우
2. 행정청이 필요하다고 인정하는 경우
3. 다음 각 목의 처분 시 제21조제1항제6호에 따른 의견제출기한 내에 당사자등의 신청이 있는 경우
　가. 인허가 등의 취소
　나. 신분 · 자격의 박탈
　다. 법인이나 조합 등의 설립허가의 취소
[전문개정 2012. 10. 22.]
[시행일 : 2020. 6. 11.] 제22조

18　　정답 ③

핵심주제 : 처분절차

사전통지나 의견제출 절차를 거치지 않은 침해적 처분은 위법하다.

〈 판례 〉
행정청이 침해적 행정처분을 함에 있어서 당사자에게 사전통지를 하거나 의견제출의 기회를 주지 아니하였다면 사전통지를 하지 않거나 의견제출의 기회를 주지 아니하여도 되는 예외적인 경우에 해당하지 아니하는 한 그 처분은 위법하여 취소를 면할 수 없다(대판 2004. 5. 28, 2004두1254).

19　　정답 ①

핵심주제 : 국가배상

설치 · 관리의 대상에 있어 국가배상법은 민법의 공작물보다 그 범위를 확대하여 공작물에 한하지 않으며, 영조물 점유자의 면책사유를 인정하지 않는다.

〈 법령 〉
「국가배상법」
제5조(공공시설 등의 하자로 인한 책임) ① 도로 · 하천, 그 밖의 공공의 영조물(營造物)의 설치나 관리에 하자(瑕疵)가 있기 때문에 타인에게 손해를 발생하게 하였을 때에는 국가나 지방자치단체는 그 손해를 배상하여야 한다. 이 경우 제2조제1항 단서, 제3조 및 제3조의2를 준용한다.
② 제1항을 적용할 때 손해의 원인에 대하여 책임을 질 자가 따로 있으면 국가나 지방자치단체는 그 자에게 구상할 수 있다.
[전문개정 2008. 3. 14.]

20　　정답 ②

핵심주제 : 손실보상

사업시행자가 이주대책을 수립하고 신청자의 신청을 결정해야 수분양권이 발생한다.

21　　정답 ①

핵심주제 : 사정재결

행정심판에 있어서 행정심판위원회는 심판청구가 이유 있다고 인정하는 경우에도 이를 인용(認容)하는 것이 공공복리에 크게 위배하는 경우 기각하는 재결을 사정재결이라 한다.

〈 법령 〉
「행정심판법」
제44조(사정재결) ① 위원회는 심판청구가 이유가 있다고 인정하는 경우에도 이를 인용(認容)하는 것이 공공복리에 크게 위배된다고 인정하면 그 심판청구를 기각하는 재결을 할 수 있다. 이 경우 위원회는 재결의 주문(主文)에서 그 처분 또는 부작위가 위법하거나 부당하다는 것을 구체적으로 밝혀야 한다.
② 위원회는 제1항에 따른 재결을 할 때에는 청구인에 대하여 상당한 구제방법을 취하거나 상당한 구제방법을 취할 것을 피청구인에게 명할 수 있다.
③ 제1항과 제2항은 무효등확인심판에는 적용하지 아니한다.

22 정답 ②

핵심주제 : 행정심판

재결의 형성력이란 재결의 내용에 따라 새로운 법률관계의 발생이나 종래의 법률관계의 변경·소멸을 가져오는 효력을 말한다. 이러한 형성력은 심판청구의 당사자뿐만 아니라 제3자에게도 효력이 미친다. 형성력은 인용재결에는 인정되나 사정재결에는 인정되지 않는다.

23 정답 ①

핵심주제 : 처분

토지대장은 토지에 대한 공법상의 규제, 개발부담금의 부과대상, 지방세의 과세대상, 공시지가의 산정, 손실보상가액의 산정 등 토지행정의 기초자료로서 공법상의 법률관계에 영향을 미칠 뿐만 아니라, 토지에 관한 소유권보존등기 또는 소유권이전등기를 신청하려면 이를 등기소에 제출하여야 하는 점 등을 종합해 보면, 토지대장은 토지의 소유권을 제대로 행사하기 위한 전제요건으로서 토지 소유자의 실체적 권리관계에 밀접하게 관련되어 있으므로, 이러한 토지대장을 직권으로 말소한 행위는 국민의 권리관계에 영향을 미치는 것으로서 항고소송의 대상이 되는 행정처분에 해당한다.

〈 판례 〉
토지대장은 토지에 대한 공법상의 규제, 개발부담금의 부과대상, 지방세의 과세대상, 공시지가의 산정, 손실보상가액의 산정 등 토지행정의 기초자료로서 공법상의 법률관계에 영향을 미칠 뿐만 아니라, 토지에 관한 소유권보존등기 또는 소유권이전등기를 신청하려면 이를 등기소에 제출해야 하는 점 등을 종합해 보면, 토지대장은 토지의 소유권을 제대로 행사하기 위한 전제요건으로서 토지 소유자의 실체적 권리관계에 밀접하게 관련되어 있으므로, 이러한 토지대장을 직권으로 말소한 행위는 국민의 권리관계에 영향을 미치는 것으로서 항고소송의 대상이 되는 행정처분에 해당한다(대판 2013.10.24. 선고 2011두13286).

24 정답 ①

핵심주제 : 공무원의 징계

판례에 의하면 행정규칙에 의한 '불문경고조치'가 비록 법률상의 징계처분은 아니지만, 항고소송의 대상이 되는 행정처분에

해당한다.

〈 판례 〉
행정규칙에 의한 '불문경고조치'가 비록 법률상의 징계처분은 아니지만 위 처분을 받지 아니하였다면 차후 다른 징계처분이나 경고를 받게 될 경우 징계감경사유로 사용될 수 있었던 표창공적의 사용가능성을 소멸시키는 효과와 1년 동안 인사기록카드에 등재됨으로써 그 동안은 장관표창이나 도지사표창 대상자에서 제외시키는 효과 등이 있다는 이유로 항고소송의 대상이 되는 행정처분에 해당한다(대판 2002.7.26, 2001두3532).

25 정답 ③

핵심주제 : 공물법

도로의 특별사용을 반드시 독점적·배타적인 것으로 볼 수 없고 사용목적에 따라 달리 보아야 한다.

〈 판례 〉
도로의 특별사용은 반드시 독점적·배타적인 것이 아니라 그 사용목적에 따라서는 도로의 일반사용과 병존이 가능한 경우도 있고, 이러한 경우에는 도로점용 부분이 동시에 일반공중의 교통에 공용되고 있다고 하여 도로점용이 아니라고 할 수 없다(대판 1998.9.22. 선고94누7342)

← 2017년도 07월 01일 시행

2017년
기출(복원)문제
정답 및 해설

국어

출제 문항 분석

영역	문항 수
문법	6
어문 규정	7
문학	4
비문학	5
한자와 어휘	3

정답

01 ④	02 ①	03 ③	04 ④	05 ④
06 ①	07 ③	08 ③	09 ②	10 ④
11 ②	12 ④	13 ②	14 ③	15 ③
16 ①	17 ①	18 ②	19 ②	20 ③
21 ①	22 ③	23 ④	24 ④	25 ③

01
정답 ④
핵심주제 : 맞춤법

㉠ 어떤 때의 무렵을 뜻하는 '녘'은 의존 명사이므로 앞말과 띄어쓰지만, 날이 샐 무렵을 뜻하는 새벽녘은 붙여 쓰는 것을 원칙으로 한다.

㉣ '넉넉하지 않다'의 경우 '넉넉지 않다'가 되고, 준말은 '넉넉잖다'이다.

오답해설

㉡ 내가 짐작건대 그는 장차 크게 될 아이다.

㉢ 잠시 눈을 붙이고 나니 피로가 풀렸다.

02
정답 ①
핵심주제 : 고전문학

용비어천가는 경기체가가 아닌 악장에 속한다.

03
정답 ③
핵심주제 : 띄어쓰기

'우는데도'는 어미 '-ㄴ데'에 조사 '도'가 결합한 형태로 '-ㄴ데'가 연결어미로 사용되었으므로 앞말과 붙여 쓴다.

04
정답 ④
핵심주제 : 현대소설

㉣의 눈물은 인가를 죽인 죄책감의 눈물이 아닌 빚 대신 끌려간 딸을 만나 기쁨과 행복의 눈물의 의미이다.

> **모르면 간첩**
>
> 〈 작품해석 〉
> **최서해, 〈홍염(紅焰)〉**
> • 갈래 : 단편소설, 신경향파 소설
> • 배경
> – 시간적 : 1920년대 일제 식민지 치하
> – 공간적 : 중국 서간도 빼허(白河), 조선인 이주민 마을
> • 시점 : 전지적 작가 시점
> • 특징 : 속도감과 강한 인상을 주는 간결체의 문장. 남성적이고 폭력적인 속성
> • 주제
> – 간도에서의 조선인 이주민들의 비참한 삶과 악덕 지주에 대한 그들의 저항
> – 간도 이민 생활의 곤궁과 지주에 대한 울분과 징계

05
정답 ④
핵심주제 : 표준어

'어수룩하다'는 '겉모습이나 언행이 치밀하지 못하여 순진하고 어설픈 데가 있다'라는 뜻의 표준어이고, 비슷한 뜻으로 '겉모습이나 언행이 치밀하지 못하여 순진하고 어리석은 데가 있다'라는 뜻의 '어리숙하다' 역시 표준어이다.

06
정답 ①
핵심주제 : 속담

'일이 잘되도록 노력해야 할 사람이 도리어 엉뚱한 행동을 한다'

라는 뜻의 속담은 '논 팔아 굿하니 맏며느리 춤추더라'이다. 이 속담은 없는 형편에 빚까지 내서 굿을 하니 맏며느리가 분수도 없이 굿판에 뛰어들어 춤을 춘다는 의미이다.

오답해설

② 눈 어둡다 하더니 다홍고추만 잘 딴다 : 눈이 어두워 잘 못 본다고 하면서도 붉게 잘 익은 고추만 골라 가며 잘도 딴다는 뜻으로, 마음이 음흉하고 잇속에 밝은 사람을 비유적으로 이르는 말

③ 동방삭이는 백지장도 높다고 하였단다 : 동방삭이 불로장생(不老長生)한 것은 백지장(白紙張)도 높다고 할 만큼 조심스러웠기 때문이라는 뜻으로, 모든 일에 조심하여 실수가 없도록 하라는 말

④ 봄에 깐 병아리 가을에 와서 세어 본다 : 봄에 깐 병아리들을 여름이 다 가도록 내버려두었다가 가을에 와서 헤아려 보면 그 수가 그대로일 리 없다는 뜻으로 이해타산에 어수룩함을 이르는 말

---

07 정답 ③

핵심주제 : 비문학

주어진 글은 신입사원에게 술을 강압적으로 권하는 우리 사회의 술 문화에서 지금은 다른 문화를 형성하고 있음에 대해 이야기하고 있다. 따라서 예전 술 문화의 이해와 관련된 내용의 ⓒ은 주어진 글과 어울리지 않는다.

---

08 정답 ③

핵심주제 : 사자성어

간담상조(肝膽相照)는 '간과 쓸개를 내놓고 서로에게 내보인다'라는 뜻으로, 서로 마음을 터놓고 친밀(親密)히 사귐을 뜻한다. 실패 후 악착같이 공부하는 모습에 쓰일 한자 성어는 아니다. 적절한 한자성어는 칠전팔기(七顚八起), 와신상담(臥薪嘗膽) 등이 있다.

오답해설

① 고장난명(孤掌難鳴) : 외손뼉은 울릴 수 없다는 뜻으로, 혼자서는 일을 이루지 못하거나, 맞서는 사람이 없으면 싸움이 되지 않음을 일컫는 한자성어

② 남부여대(男負女戴) : 남자는 등에, 여자는 머리에 짐을 인다는 뜻으로, 가난한 사람이나 재난을 당한 사람들이 살 곳을

찾아 이리저리 떠돌아다님을 일컫는 한자성어

④ 구밀복검(口蜜腹劍) : 입에는 꿀을 바르고 뱃속에는 칼을 품고 있다는 뜻으로, 겉으로는 꿀맛 같이 절친한 척하지만 내심으로는 음해할 생각을 하거나, 돌아서서 헐뜯는 것을 일컫는 한자성어

---

09 정답 ②

핵심주제 : 비문학(순서)

주어진 글은 첨단 과학과 기술의 발달에 의한 영향을 이야기하고 있다. 가장 먼저 (라)의 긍정적인 영향을 제시하였다. 이에 (나)를 통하여 부정적인 영향의 존재를 설명하고, (마)를 통하여 부연설명을 하였다. (가)에서 부정적 영향을 언급하였고, 무한 경쟁에 대하여 언급하였다. (바)에서 이 무한 경쟁을 자세히 설명하고, (다)를 통해 독일 호르크하이머가 이를 오래전부터 예견하였음을 알려주었다.

---

10 정답 ④

핵심주제 : 로마자 표기법

로마자 표기법 제2장(표기일람)제1항 [붙임2]에 의하여 장모음의 표기는 따로 하지 않는다. 하지만 주어진 〈보기〉의 단어로는 이를 알 수 없다.

오답해설

① 압구정(Apgujeong), 묵호(Mukho), 집현전(Jiphyeonjeon), 오죽헌(Ojukheon)

② 압구정(Apgujeong)

③ 묵호(Mukho), 집현전(Jiphyeonjeon), 오죽헌(Ojukheon)

---

11 정답 ②

핵심주제 : 문법

'훔치다'는 '물기나 때 따위가 묻은 것을 닦아 말끔하게 하다.', '보이지 아니하는 곳에 있는 것을 찾으려고 손으로 더듬어 만지다.', '농업 논이나 밭을 맨 뒤 얼마 있다가 손으로 잡풀을 뜯어내다.'라는 뜻을 가진 동사이다. ②의 '훔치다'는 '농업 논이나 밭을 맨 뒤 얼마 있다가 손으로 잡풀을 뜯어내다.'라는 뜻으로 사

용되었고, 나머지 ①, ③, ④는 '물기나 때 따위가 묻은 것을 닦아 말끔하게 하다.'라는 뜻으로 사용되었다.

12 정답 ④
핵심주제 : 비문학(주제)

주어진 글은 경제협력개발기구(OECD)의 자료를 사용하며, 노인 빈곤층 문제에 대하여 이야기하고 있다. 노인 빈곤층 문제를 대처하기 위해서는 노인 복지 정책 강화를 해야 한다고 주장하는 것이 적절하다.

13 정답 ②
핵심주제 : 맞춤법

가욋일은 한자어 가외(加外)와 순우리말 일이 결합하여 뒷말의 첫소리 모음 앞에서 ㄴㄴ 소리가 덧나는 유형이다. 베갯잎, 깻잎, 나뭇잎은 모두 순우리말과 순우리말이 결합하여 뒷말의 첫소리 모음 앞에서 ㄴㄴ 소리가 덧나는 유형이다.

14 정답 ③
핵심주제 : 띄어쓰기

'씨(氏)'가 어느 한 사람에게 쓰는 호칭어일 경우 성과 띄어 써야 하지만, 성씨 자체만을 뜻하는 경우 붙여 쓰는 것을 원칙으로 한다. ③의 '최 씨 문중'의 경우 최씨의 집안, 가문을 뜻하므로 붙여 쓰는 것이 올바르다.

15 정답 ③
핵심주제 : 소설

며느리는 시어머니와 남편 사이의 갈등을 해결하고자 시어머니의 얘기를 유도하고 있다.

모르면 간첩

〈 작품해석 〉
이청준, 〈눈길〉
- **갈래** : 단편소설, 순수소설, 귀향소설
- **성격** : 회고적, 상징적, 서정적
- **배경** : 1970년대 어느 해 겨울, 시골
- **구성** : 역순행적 구성
- **시점** : 1인칭 주인공 시점
- **주제**
  - 눈길에서의 추억을 통한 인간적인 화해
  - 집안의 몰락이 준 어머니의 깊은 한

16 정답 ①
핵심주제 : 한자어

염증(炎症)이란 생체 조직이 손상을 입었을 때에 체내에서 일어나는 방어적 반응을 뜻한다. 하지만 ①의 문장에서의 염증은 단조로운 생활에 싫증, 무미건조함을 뜻하므로, 염증(厭症)이 올바른 한자의 표기이다.

17 정답 ①
핵심주제 : 문법

주어진 문장의 '틀리게'의 기본형은 '셈이나 사실 따위가 그르게 되거나 어긋나다'의 뜻을 가진 동사 '틀리다'이다. '틀리다'에 부사격 어미 '-게'를 활용하여 용언을 수식하므로 문장 성분은 부사어이다.

18 정답 ②
핵심주제 : 문법

'축복하다'와 '격려하다'의 사용에 있어 사이에 연결어미 '고'를 사용하여 올바른 문장이다.

오답해설
① 이 영화에 나오는 장면은 허구이므로 어린이들은 절대 흉내내면 안 된다.
③ 정성을 다하여 시공을 하고 최대한 공사 기간을 단축하여 차

도 공사를 마무리하도록 하겠습니다.

④ 춘향호의 선장과 선원들은 배 침몰로 인해 사망했습니다.

19 군무원 필수 ⭐

정답 ②

핵심주제 : 맞춤법

'안절부절못했다'의 기본형은 '안절부절못하다'로, 마음이 초조하고 불안하여 어찌할 바를 모른다는 뜻의 동사이다. 합격자 발표를 기다리는 사람을 표현하기에 적절한 어휘이다. 안절부절하다는 안절부절못하다의 잘못된 표현이다.

> **오답해설**
> ① '쉬었다'는 '피로를 풀려고 몸을 편안히 두다.'라는 뜻으로 주어진 문장에는 '쉬웠다'가 적절한 어휘이다.
> ③ '와중에도'는 '일이나 사건 따위가 시끄럽고 복잡하게 벌어지는 가운데'라는 뜻으로 주어진 문장에는 '중에도'가 적절한 어휘이다.
> ④ '비율'은 '다른 수나 양에 대한 어떤 수나 양의 비'라는 뜻으로 주어진 문장에는 '비중'이 적절한 어휘이다.

20

정답 ③

핵심주제 : 비문학

주어진 글의 글쓴이는 세대만의 문화가 존재하고, 그 문화를 서로 존중해 주는 것을 주장한다. 따라서 세대 간의 갈등을 줄이기 위하여 공통의 문화를 만드는 것이 아닌 서로의 문화를 이해하고 존중하는 태도의 필요성을 주장한다.

21 군무원 필수 ⭐

정답 ①

핵심주제 : 외래어 표기법

'shadow-boxing'은 섀도우복싱, 섀도박싱, 섀도우박싱, 쉐도우복싱 등 여러 가지로 표기되지만, 'shadow-boxing'의 올바른 표기법은 섀도복싱이다.

22

정답 ③

핵심주제 : 비문학

주어진 글은 동양 의학과 서양 의학의 질병관에 대한 견해차를 이야기하고 있다. 질병 치료를 우선적으로 생각하는 서양 의학과는 달리 동양 의학은 정기의 손상 여부를 우선적으로 생각한다.

23

정답 ④

핵심주제 : 시

주어진 시들의 가난은 현실 속의 빈곤에 초점을 두는 것이 아닌 욕심없는 마음, 친근함의 표시 등으로 표현되어 있다. 따라서 (다)의 가난 역시 물질적 가난을 의미하지만 생활의 빈곤을 강조하는 것은 아니다.

24

정답 ④

핵심주제 : 문법

④의 '바른'은 오른쪽을 이를 때 쓰는 말로 체언 앞에 놓여서, 그 체언을 꾸며 주는 역할을 하는 관형사이다.

> **오답해설**
> ①, ②, ③ 사물의 성질이나 상태를 나타내는 형용사로 활용할 수 있어 동사와 함께 용언에 속한다.

25

정답 ③

핵심주제 : 언어 예절

'사돈어른'은 항렬이 같은 남자 사돈을 부르는 말이다. 사위의 누나 쪽에서 볼 때, 남동생의 장인은 항렬이 높은 항렬이고, 위 항렬은 성별에 관계없이 '사장 어른'이라고 부른다. 남동생의 장인을 '사돈어른'이라고 부르는 것은 잘못된 표현이다.

02 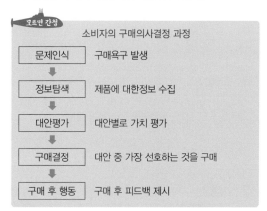 정답 ④

핵심주제 : 마케팅

소비자 구매결정과정 5단계는 '문제인식→정보탐색→대안평가
→구매결정→구매 후 행동'의 순서로 이루어진다.

소비자의 구매의사결정 과정

문제인식	구매욕구 발생
정보탐색	제품에 대한정보 수집
대안평가	대안별로 가치 평가
구매결정	대안 중 가장 선호하는 것을 구매
구매 후 행동	구매 후 피드백 제시

출제 문항 분석

영역	문항 수
경영학 기초	5
조직행위	3
경영정보시스템	2
마케팅	8
재무관리	3
회계학	4

경영학

정답

01 ②	02 ④	03 ②	04 ③	05 ④
06 ④	07 ③	08 ①	09 ②	10 ①
11 ③	12 ③	13 ④	14 ②	15 ①
16 ④	17 ①	18 ④	19 ②	20 ②
21 ①	22 ④	23 ②	24 ②	25 ④

01 정답 ②

핵심주제 : 마케팅

기업의 제품에 대해 소비자가 높은 관여도를 보일 때에는 복잡한 구매행동이 나타나며, 소비자의 관여도가 높은 제품일수록 부조화를 감소시키려는 구매행동이 나타난다.

오답해설

습관적 구매행동과 다양성 추구 구매행동은 기업의 제품에 대해 소비자의 관여도가 낮을 때 나타나는 구매행동이다.

관여도별 소비자 구매행동 유형

구분	저관여	고관여
상표 간의 큰 차이가 있는 경우	다양성 추구의 구매행동	복잡한 구매행동
상표 간의 차이가 거의 없는 경우	습관적 구매행동	부조화 감소 구매행동

03 정답 ②

핵심주제 : 경영학 기초

매슬로 욕구단계이론에서는 욕구 단계를 '생리적 욕구→안전의 욕구→애정과 공감의 욕구(사회적 욕구)→존경의 욕구→자아실현의 욕구'의 순서대로 설명하고 있다.

04 정답 ③

핵심주제 : 회계학

부채는 총자산에서 자본을 뺀 값이다. 여기서 자본은 자산에서 부채를 자감한 자기자본을 말한다. 자본은 자본금, 자본잉여금, 이익잉여금, 자본조정으로 구성된다. 따라서, 총자산 4,000만원에서 자본금과 이익잉여금을 합한 2,300만 원을 뺀 1,700만 원이 부채의 값이다.

05 정답 ④

핵심주제 : 재무관리

연이율 10%를 적용하여 2년 후 5,750만 원을 만들기 위한 원금을 구하는 식은 다음과 같다.

5,750만 원 = (원금)×(1+0.1)^2 = (원금)×1.21

∴ (원금) = $\frac{5,750}{1.21}$ = 4,752만 원

06 정답 ④
핵심주제 : 회계학

현금흐름표란 일정 기간 동안의 현금유입과 현금유출을 나타내는 재무제표이다. 현금흐름표의 구성요소로는 재무활동 현금흐름, 투자활동 현금흐름, 영업활동 현금흐름이 있다.

07 정답 ③
핵심주제 : 경영학 기초

노나카(Nonaka) 지식경영이론에서 말하는 통합화(종합화)란 어느 한 형식지식을 새로운 형식지식으로 전환하는 단계를 말한다.

오답해설
① 내재화란, 형식지식을 암묵지식으로 내부화시키는 것이다.
② 사회화란, 타인의 암묵지식을 자신의 암묵지식으로 습득하는 것이다.
④ 외재화란, 암묵지식을 형식지식으로 전환하는 것이다.

08 정답 ①
핵심주제 : 마케팅

마케팅믹스(4P)에는 제품(Product), 유통(Place), 가격(Price), 촉진(Promotion)이 있다. 포지셔닝(Positioning)은 마케팅믹스가 아니라 마케팅 전략의 구성요소에 해당한다.

09 정답 ②
핵심주제 : 마케팅

서비스는 무형적 특성(무형성)을 지니고 있음에도 불구하고 물리적인 요소와 결합할 수 있다는 특징이 있다. 즉, 서비스라는 것은 기업이 제공하는 제품과 결합할 수 있다는 것을 의미한다.

오답해설
① 서비스는 생산 및 소비 과정에서 소비자가 참여하기 때문에 생산되자마자 소비된다(비분리성).
③ 서비스는 제공자에 따라 서비스의 품질이 다를 뿐만 아니라, 같은 제공자라고 하더라도 시간에 따라 다른 수준의 서비스를 제공한다는 이유 때문에 표준화하기가 어렵다(이질성).
④ 한 번 생산된 서비스는 저장하기가 곤란하기 때문에 소비되지 않으면 소멸해버린다. 그러므로 재고로 비축할 수가 없다(소멸성).

모르면 간첩 서비스 마케팅 유형
• **내적 마케팅** : 서비스 제공자가 고객을 교육하고 동기부여
• **외적 마케팅** : 기업이 고객을 대상으로 하는 전통적 마케팅
• **상호작용 마케팅** : 서비스 제공자와 고객 간의 상호작용의 질에 따라 고객이 느끼는 서비스의 질이 달라지는 마케팅

10 정답 ①
핵심주제 : 재무관리

재구매율이란 이미 구매를 한 사람들 중에 다시 구매한 사람들의 비율을 말한다. 따라서 주어진 정보로 재구매율을 구한 값은 다음과 같다.

∴ (재구매율)=$\frac{12}{50}$×100%=24%

11 정답 ③
핵심주제 : 회계학

손익분기점 매출량은 고정비를 단위당 공헌이익으로 나눈 값이다. 여기서 단위당 공헌이익이란 단위당 판매가격에서 단위당 변동비를 뺀 값을 말한다. 따라서 B 상품의 손익분기점 매출량을 구한 값은 다음과 같다.
(단위당 공헌이익)=2,000−1,000=1,000
(손익분기점매출량)=$\frac{700,000}{1,000}$=700

12 정답 ③
핵심주제 : 마케팅

단수 가격결정은 제품의 가격 끝자리를 홀수로 표시하여 가격이 저렴하다는 인식을 심어주는 가격결정 전략이다. 그 예시로

20,000원인 제품을 19,900원으로 판매하는 경우가 있다. 그러므로 비용 단위를 단순화한다기보다 오히려 복잡하게 한다고 볼 수 있다.

오답해설

① 유인 가격결정은 어느 한 제품의 가격을 낮게 결정하고 다른 제품의 구매를 유도하는 가격결정 전략이다.

② 옵션제품 가격결정은 제품 성능이나 옵션에 의해 가격이 변동하며, 대체로 기본제품을 낮은 가격으로, 옵션제품을 높은 가격으로 결정한다.

④ 결합제품 가격결정은 핵심 제품의 가격을 낮게 설정하고 그 제품과 연관된 다른 제품의 가격을 높게 설정하는 가격결정 전략이다.

13   정답 ④

핵심주제 : 마케팅

BCG Martix에서 별(Star) 영역에 속한 사업은 높은 시장성장률과 시장점유율을 확보한 상태이다. 그러므로 시장점유율을 계속해서 유지하고 증가시키기 위해 많은 투자가 필요하여 현금의 유입뿐만 아니라 유출도 크다. 따라서 현금흐름이 긍정적이지만은 않다.

오답해설

① BCG Matrix는 x축에 시장점유율을, y축에는 시장성장률을 두어 사업에 대한 투자 전략을 분석하는 기법이다.

② 시장성장률은 10%를 기준으로 매트릭스를 그리며, 이 때 시장점유율은 가운데 지점을 1로 둔다.

③ 현금젖소(Cash Cow) 영역에는 낮은 시장성장률과 높은 시장점유율의 사업이 속한다. 저성장시장에 있기 때문에 추가적인 설비 투자비용을 지출하지 않고 높은 시장점유율을 유지하여 수익을 창출하는 정책을 사용해야 한다.

14 정답 ②

핵심주제 : 경영학 기초

포드 시스템은 컨베이어벨트를 이용하여 작업의 복잡화가 아니라, 작업 단순화를 도모하는 공정원리를 채택하는 경영관리론이다. 또한, 포드시스템은 기계 전문화, 제품 단순화, 부품 표준화를 기준으로 삼는다.

포드 시스템과 테일러 시스템 비교

포드 시스템	테일러 시스템
• 동시관리	• 과업관리
• 작업능률 중시	• 근로자 능률 중시
• 고임금 저가격	• 고임금 저노무비
• 컨베이어벨트	• 작업자 중심
• 기계 중심	

15 정답 ①

핵심주제 : 경영학 기초

카르텔이란 기업 간의 경쟁 제한이나 완화를 위해 동종 혹은 유사산업 분야의 기업 간에 결성되는 기업결합 형태를 말한다. 카르텔은 일정한 협약에 따라 경쟁을 피하고 시장을 통제하여 가격을 유지하지만 결속력이나 통제력은 약한 편에 속한다.

16 정답 ④

핵심주제 : 경영학 기초

민츠버그(Mintzberg)의 경영자 역할에는 정보전달자 역할, 의사결정자 역할, 대인관계에서의 역할이 있다. 상품전달은 상품 판매나 서비스의 영역에 있는 것이다.

17 정답 ①

핵심주제 : 조직행위

변혁적 리더십은 부하가 미래에 대한 비전을 받아들이고 추구하도록 격려한다. 변혁적 리더는 구성원에게 동기를 부여하고 업무결과에 대한 욕구를 자극하여 구성원이 스스로 노력을 통해 성과를 얻도록 유도한다.

오답해설

③ 자기통제에 의해 스스로를 이끌어 나가는 셀프리더로 성장시키는 리더십은 슈퍼 리더십이다.

④ 서번트 리더십은 리더의 희생으로 조직 발전을 추구하는 리더십이다.

18 정답 ④

핵심주제 : 마케팅

제품수명주기에서 제품의 쇠퇴기 때는 일부 기업들이 시장에서 철수하고 나머지 기업들도 회수 전략을 위해 가격을 인하시키는 시기이다. 그러므로 가격을 인상한다는 설명은 옳지 않은 설명이다.

19 정답 ②

핵심주제 : 회계학

매출원가란 기초재고자산과 당기상품매입액을 더한 값에서 기말재고자산을 뺀 값을 말하며, 판매가능자산이란 기초재고자산과 당기상품매입액을 더한 값을 말한다. 여기서 판매가능자산은 곧 매출원가와 기말재고자산을 더한 값과 동일하다. 따라서 주어진 자료를 통해 계산한 매출원가값과 판매가능자산값은 다음과 같다.

(매출원가)=(기초재고자산)+(당기상품매입액)−(기말재고자산)=500만 원+750만 원−600만 원=650만 원

(판매가능자산)=(기초재고자산)+(당기상품매입액)=(매출원가)+(기말재고자산)=650만 원+600만 원=1,250만 원

20 정답 ②

핵심주제 : 경영정보시스템

채찍효과는 최종소비자에서부터 소매업, 도매점, 제조업체, 부품업체순으로 시스템이 거슬러 올라갈수록 상부단계에서는 최종소비자의 수요를 불확실하게 인식하여 수요의 변동폭이 커지는 현상이다. 이런 문제점을 해결하기 위해 공급자에서 최종소비자까지의 모든 과정을 파악하고 관리하는 작업흐름이 공급사슬관리(SCM; Supply Chain Management)이다.

오답해설

① ERM(Employee Relationship Management)은 기업과 종업원 간의 관계를 관리하기 위한 방법이다.

③ 시그마란, 표준편차를 의미하는데, 6시그마는 100만 개의 생산품에서 3~4개의 불량품만 허용되는 품질수준을 유지하는 것을 말한다.

④ JIT(Just in Time)는 재고값을 0으로 유지하며 제품을 적기에 공급하는 방법이다.

21 정답 ①

핵심주제 : 마케팅

마케팅 계획에 있어서 전방통합이란 어느 한 기업이 유통부문에 대하여 소유권과 통제권을 갖는 인수·합병 방식을 말한다. 즉, 어느 한 제품의 유통시스템을 지배하는 것이다.

22 정답 ④

핵심주제 : 경영정보시스템

e 비즈니스 시스템 모델의 구성요소인 균형성과표(BSC)란 기업의 비전 및 전략을 달성하기 위해 도입된 것으로, 기업성과에 기여하는 요소에 대한 성과측정 수단을 말한다. 균형성과표의 분야로는 재무, 고객, 내부 프로세스, 학습 및 성장이 있다. 그러므로 환경은 균형성과표의 구성요소가 아니다.

23 정답 ②

핵심주제 : 조직행위

허즈버그(Herzberg)의 2요인이론은 만족과 관련된 요인을 동기요인으로, 불만족과 관련된 요인을 위생요인으로 분류했다. 동기요인에 불만족 해소와 만족 증진 차원이 양립하는 이유는, 2요인이론에서는 만족과 불만족의 개념이 서로 대립하는 것이 아니라 독립된 개념으로 보기 때문이다. 그러므로 불만족 원인의 제거가 만족 상승 유도로 이어진다고 볼 수는 없다.

오답해설

① 성취감은 위생요인이 아니라 동기요인에 속한다. 위생요인이란 직무 자체보다는 직무의 맥락과 관련 있는 것으로, 기업 정책 및 행정, 관리감독, 대인관계, 근무환경, 보수 등이 있다. 동기요인의 예로는 직무 자체, 성취감, 타인으로부터의 인정, 책임감 등이 있다.

③ 2요인이론에서는 만족과 불만족을 서로 독립된 개념으로 보기 때문에, 불만족의 해소가 만족의 상승으로 이어지는 것은 아니다.

④ 직원의 동기 수준을 높이는 것은 위생요인이 아니라 동기요인과 관련되어 있다. 위생요인은 불만족을 해소할 뿐이고 만족을 증진시키지는 않는다.

24 정답 ②

핵심주제 : 재무관리

내부수익률(IRR)이란 사업기간 동안 현금수익 흐름을 현재가치로 환산하여 합한 값이 지출과 같아지도록 할인하는 이자율로서, 투자에 대한 순현재가치(NPV)가 0이 되도록 현금유입과 현금유출의 양을 같게 하는 할인율이기도 하다. 또한, 순현금흐름의 현재가치의 합과 기초투자액을 일치시키는 할인율이다.

오답해설

① 순현재가치는 미래 현금흐름을 자본비용으로 할인하여 현재 현금유입에서 현재 현금유출을 차감한 값이다. 순현재가치가 0보다 커야 타당성 있는 사업이라고 볼 수 있다.

③ 수익성지수(PI)는 자본비용으로 할인된 현재 현금유입을 현재 현금유출로 나눈 값으로, 투자금액 1원에 의해 창출된 이익을 나타낸다. 수익성지수가 1보다 크면 경제성이 있다고 볼 수 있다.

모르면 간첩

현금흐름할인법

화폐 시간가치를 고려하여 투자의 가치를 평가하는 방법. 순현재가치, 내부수익률, 수익성지수를 포함

모르면 간첩

프로젝트 조직과 위원회 조직 비교

구분	프로젝트 조직	위원회 조직
지속성	장기를 전제	단기를 전제
구성원	역할 분담 조직	전문성, 기술 중시
구성원의 배치	안정적	유동적
직무에 대한 구성원 태도	수동적	적극적

---

25 정답 ④

핵심주제 : 조직행위

프로젝트 조직이란 특정 과업이나 목표를 달성하기 위해 임시로 조직 내의 인적 · 물적 자원을 결합하는 조직을 말한다. 프로젝트 조직은 단기 지속을 전제로 하며 구성원이 전문성을 갖추면서 배치가 유동적으로 구성된다는 특징을 지니고 있다.

오답해설

① 사업부제 조직이란 사업부 단위를 편성하고, 각 사업부에 독자적 생산 · 마케팅 · 영업의 권한을 부여하는 분권화된 의사결정을 지닌 조직이다.

② 매트릭스 조직은 프로젝트 조직과 기능별 조직을 절충한 조직 형태이다. 어느 한 구성원이 담당부서와 프로젝트에 동시에 속하게 된다.

③ 기능별 조직은 이름 그대로 인사, 영업 등과 같이 각 부서를 기능별로 구분한 조직 형태이다.

행정법

출제 문항 분석

영역	문항 수
행정법통론	8
행정작용법	6
행정법상의 의무이행확보수단	3
행정구제법	8

정답

01 ③	02 ④	03 ①	04 ④	05 ②
06 ③	07 ①	08 ④	09 ②	10 ②
11 ①	12 ③	13 ④	14 ③	15 ①
16 ③	17 ①	18 ①	19 ②	20 ②
21 ③	22 ②	23 ①	24 ①	25 ②

 행정법의 비례원칙

- **의의** : 넓은 의미의 비례원칙(과잉금지의 원칙)은 행정작용에 있어 목적 실현을 위한 수단과 당해 목적 사이에는 합리적인 비례관계가 유지되어야 한다는 원칙을 말함
- **내용**
  - 적합성의 원칙 : 행정목적 달성을 위해 행정청에서 행하는 행정작용(수단)은 그 행정목적 달성에 적합하여야 한다는 원칙
  - 필요성의 원칙(최소 침해의 원칙) : 행정목적을 위해 행하는 행정작용은 그 상대방과 일반국민에 대하여 최소한도의 침해적인 것이어야 한다는 원칙
  - 상당성의 원칙(협의의 비례원칙) : 공익이나 질서유지 등의 행정목적 달성과 그에 따른 기본권의 침해·제한 간에는 합리적인 비교형량이 요구된다는 원칙

01
정답 ③

핵심주제 : 계엄선포

6·3사태(1964년 한일국교정상화 반대투쟁)를 수습하기 위해 발동한 대통령의 비상계엄선포행위, 10·26사태를 수습하기 위해 선포한 대통령의 비상계엄선포행위를 대법원에서 통치행위로 인정했다.

02
정답 ④

핵심주제 : 행정법의 원칙

신뢰보호의 원칙은 행정기관의 명시적·묵시적 언동의 정당성 또는 존속성에 대해 국민이 신뢰한 경우, 보호가치 있는 신뢰를 보호해 주어야 한다는 원칙으로, 행정청의 선행조치, 보호가치가 있는 사인(관계인)의 신뢰, 신뢰에 기인한 사인의 처리(처리보호), 인과관계, 선행조치에 반하는 후행처분과 권익침해, 공익이나 제3자의 정당한 이익을 현저히 해할 우려가 없어야 한다. 비례의 원칙 중 필요성의 원칙(최소 침해의 원칙)은 행정목적을 위해 행하는 행정작용은 그 상대방과 일반국민에 대하여 최소한도의 침해적인 것이어야 한다는 원칙이다. 따라서 ㉠은 신뢰보호원칙을 말하고, ㉡은 비례원칙을 말한다.

03
정답 ①

핵심주제 : 행정주체

소득세법에 의한 소득세원천징수의무자를 공무수탁사인으로 인정하는 것이 다수설이나, 판례는 인정하지 않는다.

〈 판례 〉

원천징수의무자가 비록 과세청과 같은 행정청이더라도 그의 원천징수행위는 법령에서 규정된 징수 및 납부의무를 이행하기 위한 것에 불과한 것이지, 공권력의 행사로서의 행정처분을 한 경우에 해당하지는 아니한다(대판 1990.3.23. 89누4789).

04
정답 ④

핵심주제 : 특별권력관계

국·공립대학 입학, 공무원관계의 설정, 국·공립도서관 이용 등은 임의적 동의에 의한 경우이고, 학령아동의 초등학교 취학 등은 의무적 동의에 의한 경우이다.

05
정답 ②

핵심주제 : 시효

판례는 공법상 부당이득은 사권으로 봐야 하며, 이에 관한 소송은 민사소송에 의한다고 하였다. 다만, 다수설은 공법상 부당이

득은 공법상의 원인에 기하여 발생한 결과에 대해 조정하기 위한 제도이므로 공권으로 봐야 하고, 이에 관한 소송은 당사자소송으로 하여야 한다고 본다. 특정한 규정이 없으면 공법관계와 사법관계의 시효는 5년으로 한다.

〈 판례 〉
조세부과처분이 당연무효임을 전제로 하여 이미 납부한 세금의 반환을 청구하는 것은 민사상의 부당이득반환청구로서 민사소송절차에 따라야 한다(대판 1995.4.28, 94다55019).

06 정답 ③
핵심주제 : 사인의 공법행위

골프장 이용료 변경에 대한 신고의 경우 수리를 요하지 않는 신고이다.

〈 판례 〉
행정청에 대한 신고는 일정한 법률사실 또는 법률관계에 관하여 관계행정청에 일방적으로 통고를 하는 것을 뜻하는 것으로서 법에 별도의 규정이 있거나 다른 특별한 사정이 없는 한 행정청에 대한 통고로서 그치는 것이고 그에 대한 행정청의 반사적 결정을 기다릴 필요가 없는 것이므로, 체육시설의설치·이용에관한법률 제18조에 의한 변경신고서는 그 신고 자체가 위법하거나 그 신고에 무효사유가 없는 한 이것이 도지사에게 제출하여 접수된 때에 신고가 있었다고 볼 것이고, 도지사의 수이행위가 있어야만 신고가 있었다고 볼 것은 아니다(대판 1993. 7. 6., 자, 93마635)

07 정답 ①
핵심주제 : 행정입법

법령보충적 규칙은 그 자체로서 법규성을 갖지 못하고, 법률이나 명령을 보충하여 완성됐을 경우에 법률이나 명령의 일부분으로서의 법규성과 대외적 구속력을 가진다.

08 정답 ④
핵심주제 : 부관

행정행위의 부관은 행정청의 의사표시에 의한 것이라는 점에서

특정한 행정행위 효과의 제한이 직접 법규에 의해 정해지는 법정부관과 구별된다.

09 정답 ②
핵심주제 : 하자승계

개별공시지가결정과 양도소득세부과처분은 하자의 승계가 인정된 경우이다.

〈 판례 〉
개별공시지가결정에 위법이 있는 경우에는 그 자체를 행정소송의 대상이 되는 행정처분으로 보아 그 위법 여부를 다툴 수 있음은 물론 이를 기초로 한 과세처분 등 행정처분의 취소를 구하는 행정소송에서도 선행처분인 개별공시지가결정의 위법을 독립된 위법사유로 주장할 수 있다(대판 93누8542).

> 모르면 간섭
> **하자승계의 요건(전제)**
> • 항고소송의 대상이 되는 둘 이상의 연속된 행정처분이 있어야 한다.
> • 선행행위에 취소사유가 발생하여야 한다(무효사유의 경우는 하자도 당연 승계됨).
> • 선행행위에는 하자가 존재하나 후행행위 자체에는 하자가 존재하지 않아야 한다.
> • 선행행위에 불가쟁력이 발생하여 더 이상 다툴 수 없어야 한다.

10 정답 ②
핵심주제 : 정보공개

「공공기관의 정보공개에 관한 법률」 제15조제1항에 따라 전자적 형태로 보유·관리하는 정보에 대하여 청구인이 전자적 형태로 공개하여 줄 것을 요청하는 경우에는 그 정보의 성질상 현저히 곤란한 경우를 제외하고는 청구인의 요청에 따라야 한다.

〈 법령 〉
「공공기관의 정보공개에 관한 법률」
제15조(정보의 전자적 공개) ① 공공기관은 전자적 형태로 보유·관리하는 정보에 대하여 청구인이 전자적 형태로 공개하여 줄 것을 요청하는 경우에는 그 정보의 성질상 현저히 곤란한 경우를 제외하고는 청구인의 요청에 따라야 한다.
[전문개정 2013. 8. 6.]

11 정답 ①

핵심주제 : 정보공개

「공공기관의 정보공개에 관한 법률」 제11조(정보공개 여부의 결정), 제18조(이의신청)에 의하여 ㉠은 10, ㉡은 20, ㉢은 30, ㉣은 7이다.

〈 법령 〉

「공공기관의 정보공개에 관한 법률」

제11조(정보공개 여부의 결정) ① 공공기관은 제10조에 따라 정보공개의 청구를 받으면 그 청구를 받은 날부터 10일 이내에 공개 여부를 결정하여야 한다.
[전문개정 2013. 8. 6.]
제18조(이의신청) ① 청구인이 정보공개와 관련한 공공기관의 비공개 결정 또는 부분 공개 결정에 대하여 불복이 있거나 정보공개 청구 후 20일이 경과하도록 정보공개 결정이 없는 때에는 공공기관으로부터 정보공개 여부의 결정 통지를 받은 날 또는 정보공개 청구 후 20일이 경과한 날부터 30일 이내에 해당 공공기관에 문서로 이의신청을 할 수 있다.
③ 공공기관은 이의신청을 받은 날부터 7일 이내에 그 이의신청에 대하여 결정하고 그 결과를 청구인에게 지체 없이 문서로 통지하여야 한다.
[전문개정 2013. 8. 6.]

12 정답 ③

핵심주제 : 행정대집행

취소소송을 청구하여도 처분의 효력이나 절차는 정지되지 않으므로 취소소송 도중 철거가 되면 소의 이익이 없어진다. 따라서 철거 집행의 일부나 전체 집행정지를 통하여 구제를 받을 수 있다.

13 정답 ④

핵심주제 : 행정대집행

비례원칙에 따라 불이행을 방치함이 심히 공익을 해할 경우 의무불이행만으로 대집행이 가능한 것은 아니고 그 불이행의 방치가 심히 공익을 해하는 경우에만 대집행이 가능하다. 개발제한구역 내 불법 건축된 교회 건물은 대집행이 가능하다.

〈 판례 〉

개발제한구역 및 도시공원에 속하는 임야상에 신축된 위법건축물인 대형 교회건물의 합법화가 불가능한 경우, 교회건물의

건축으로 공원미관조성이나 공원관리 측면에서 유리하고 철거될 경우 막대한 금전적 손해를 입게 되며 신자들이 예배할 장소를 잃게 된다는 사정을 고려하더라도 위 교회건물의 철거의 무의 불이행을 방치함은 심히 공익을 해한다(대판2000. 6. 23. 98두3112).

14 정답 ③

핵심주제 : 행정벌

「질서위반행위규제법」 제15조(과태료의시효)에 따라 과태료의 시효는 3년이 아닌 5년이다.

〈 법령 〉

「질서위반행위규제법」

제15조(과태료의 시효) ① 과태료는 행정청의 과태료 부과처분이나 법원의 과태료 재판이 확정된 후 5년간 징수하지 아니하거나 집행하지 아니하면 시효로 인하여 소멸한다.
② 제1항에 따른 소멸시효의 중단·정지 등에 관하여는 「국세기본법」 제28조를 준용한다.

15 정답 ①

핵심주제 : 처분

신청에 대한 거부처분이 행정절차법(제21조 제1항)의 처분의 사전통지의 대상이 되는가에 대하여 긍정설과 부정설의 대립이 있는데, 판례는 부정설을 취하여 사전통지대상이 아니라 하였다.

〈 판례 〉

신청에 따른 처분이 이루어지지 아니한 경우에는 아직 당사자에게 권익이 부과되지 아니하였으므로 특별한 사정이 없는 한 신청에 대한 거부처분이라고 하더라도 직접 당사자의 권익을 제한하는 것은 아니어서 신청에 대한 거부처분을 여기에서 말하는 '당사자의 권익을 제한하는 처분'에 해당한다고 할 수 없는 것이어서 처분의 사전통지대상이 된다고 할 수 없다(대판 2003. 11. 28, 2003두674).

16 정답 ③

핵심주제 : 청문

법령상 청문규정이 있다면 청문을 생략할 수 없다.

〈 법령 〉

「행정절차법」

제22조(의견청취) ① 행정청이 처분을 할 때 다음 각 호의 어느 하나에 해당하는 경우에는 청문을 한다. 〈개정 2014. 1. 28.〉

1. 다른 법령등에서 청문을 하도록 규정하고 있는 경우
2. 행정청이 필요하다고 인정하는 경우
3. 다음 각 목의 처분 시 제21조제1항제6호에 따른 의견제출기한 내에 당사자등의 신청이 있는 경우
   가. 인허가 등의 취소
   나. 신분 · 자격의 박탈
   다. 법인이나 조합 등의 설립허가의 취소

17 정답 ①

핵심주제 : 손해배상

판례상 구청 공무원의 시영아파트 입주권 매매행위는 「국가배상법」상 직무행위로 보기 힘들다.

〈 판례 〉

구청 공무원 갑이 주택정비계장으로 부임하기 이전에 그의 처 등과 공모하여 을에게 무허가건물철거 세입자들에 대한 시영아파트 입주권 매매행위를 한 경우 이는 갑이 개인적으로 저지른 행위에 불과하고 당시 근무하던 세무과에서 수행하던 지방세 부과, 징수 등 본래의 직무와는 관련이 없는 행위로서 외형상으로도 직무범위 내에 속하는 행위라고 볼 수 없고, 그 손해와 갑의 사후적 범행관여 사이에 상당인과관계를 인정하기 어렵다(대판 1993.1.15. 선고 95다8514).

18 정답 ①

핵심주제 : 손실보상

손실보상은 재산권의 침해에 대해서만 그 대상으로 하며, 비재산상의 손해에 대해서는 보상하지 않는 것이 원칙이다. 재산권의 경우 소유권은 물론이고 그 밖의 법에 의해 보호되는 모든 재산적 가치가 있는 권리를 말하는 것으로, 사법상이든 공법상이든 구분하지 않는다.

19 정답 ②

핵심주제 : 행정쟁송

권한의 위임 · 위탁의 경우에는 현실적으로 처분을 한 수임 · 수

탁청이 피고가 되는데, 내부위임의 경우에 위임기관의 명의로 처분하였다면 위임기관이 피고이며, 수임기관의 명의로 처분하였다면 수임기관이 피고가 된다.

〈 판례 〉

행정관청이 특정한 권한을 법률에 따라 다른 행정관청에 이관한 경우와 달리 내부적인 사무처리의 편의를 도모하기 위하여 그의 보조기관 또는 하급행정관청으로 하여금 그의 권한을 사실상 행하도록 하는 내부위임의 경우에는 수임관청이 그 위임된 바에 따라 위임관청의 이름으로 권한을 행사하였다면 그 처분청은 위임관청이므로 그 처분의 취소나 무효확인을 구하는 소송의 피고는 위임관청으로 삼아야 한다(대판 1991.10.8. 판결 91누520).

20 정답 ②

핵심주제 : 소송요건

소송요건은 사실심 변론종결시는 물론 상고심에서도 존속하여야 하고 이를 흠결하면 부적법한 소가 된다.

〈 판례 〉

행정처분의 직접 상대방이 아닌 제3자라 하더라도 당해 행정처분으로 인하여 법률상 보호되는 이익을 침해당한 경우에는 그 처분의 취소나 무효확인을 구하는 행정소송을 제기하여 그 당부의 판단을 받을 자격, 즉 원고적격이 있고, 여기에서 말하는 법률상 보호되는 이익은 당해 처분의 근거 법규 및 관련 법규에 의하여 보호되는 개별적 · 직접적 · 구체적 이익을 말하며, 원고적격은 소송요건의 하나이므로 사실심 변론종결시는 물론 상고심에서도 존속하여야 하고 이를 흠결하면 부적법한 소가 된다(대판 2007.4.12, 2004두7924).

21 정답 ③

핵심주제 : 부작위위법확인소송

부작위위법확인소송 중 「행정소송법」 제22조(처분변경으로 인한 소의 변경), 제23조(집행정지), 제28조(사정판결), 제32조(피고의 소송비용부담)에 관한 규정은 준용되지 않는다.

 부작위위법확인소송 준용규정

「행정소송법」 제9조(재판관할), 제10조(관련청구소송의 이송 및 병합), 제13조(피고적격), 제14조(피고경정), 제15조(공동소송), 제16조(제3자의 소송참가), 제17조(행정청의 소송참가), 제18조(행

정심판과의 관계), 제19조(취소소송의 대상), 제20조(제소기간), 제25조(행정심판기록의 제출명령), 제26조(직권심리), 제27조(재량처분의 취소), 제29조(취소판결 등의 효력), 제30조(취소판결 등의 기속력), 제31조(제3자에 의한 재심청구), 제33조(소송비용에 관한 재판의 효력) 및 제34조(거부처분취소판결의 간접강제)의 규정은 부작위위법 확인소송의 경우에 준용된다(「행정소송법」 제38조제2항).

22   정답 ②

핵심주제 : 판결의 효력

기판력이란 판결이 확정된 때에는 후에 동일한 사건이 소송상 문제가 되었을 경우 소송당사자는 이에 저촉되는 주장을 할 수 없으며 법원도 이에 저촉되는 판단을 하지 못하게 하는 효력을 말한다. 즉 전소의 확정판결이 후 소에 미치는 구속력을 말한다.

〈 판례 〉

어떠한 행정처분에 위법한 하자가 있다는 이유로 그 취소를 소구한 행정소송에서 그 행정처분을 취소하는 판결이 선고되어 확정된 경우에 처분행정청이 그 행정소송의 사실심변론종결 이전의 사유를 내세워 다시 확정판결에 저촉되는 행정처분을 하는 것은 확정판결의 기판력에 저촉되어 허용될 수 없고 이와 같은 행정처분은 그 하자가 명백하고 중대한 경우에 해당되어 당연무효이다(대판 1989. 9. 12, 89누985).

23   정답 ①

핵심주제 : 국가공무원법

시보 임용기간에는 공무원의 신분이 보장되지 않고 제한된다.

〈 법령 〉

「국가공무원법」

제29조(시보 임용) ③ 시보 임용 기간 중에 있는 공무원이 근무성적 · 교육훈련성적이 나쁘거나 이 법 또는 이 법에 따른 명령을 위반하여 공무원으로서의 자질이 부족하다고 판단되는 경우에는 제68조와 제70조에도 불구하고 면직시키거나 면직을 제청할 수 있다. 이 경우 구체적인 사유 및 절차 등에 필요한 사항은 대통령령등으로 정한다. 〈개정 2015. 5. 18.〉
[전문개정 2008. 3. 28.]

24   정답 ①

핵심주제 : 병역법

대통령령으로 정하는 예술 · 체육 분야의 특기를 가진 사람으로서 문화체육관광부장관이 추천한 사람을 예술 · 체육요원으로 편입할 수 있다.

25   정답 ②

핵심주제 : 행정주체

병무청은 중앙소속이나 행정입법을 할 수 없다.